ウーバー戦記

Super Pumped
The Battle for Uber

いかにして
台頭し席巻し
社会から憎まれたか

Mike Isaac
マイク・アイザック

秋山勝●訳

草思社

SUPER PUMPED
The Battle for Uber
by Mike Isaac

ウーバー戦記●目次

プロローグ 009

Part I

第1章 10の10乗 026

第2章 創業者の作り方 049

第3章 心に刻まれた教訓 063

第4章 ニューエコノミー 074

第5章 揺るぎない上昇志向 087

Part II

第6章 「好きなように作れ」 104

第7章 ベンチャーキャピタルでもっとも背の高い男 121

第8章　二人のステップ《パ・ド・ドゥ》　134
第9章　チャンピオンの気がまえ　147
第10章　ホームショー　164

Part III

第11章　兄と弟　180
第12章　成長　188
第13章　魅力攻勢　199
第14章　文化戦争　220
第15章　帝国建設　231
第16章　アップル問題　250
第17章　「最大の防御とは……」　269

第18章 自律走行車の衝突 285
第19章 前途洋々 301

Part IV

第20章 三カ月前 320
第21章 #デリートウーバー 327
第22章 「ウーバーで過ごしたとてもとても奇妙な一年……」 340
第23章 殴り続けられても倒れない《ザ・ハーダー・ゼイ・フォール》 354
第24章 誰もラリー・ペイジから盗むことはできない 368
第25章 グレイボール 382
第26章 致命的な失敗 401

Part V

第27章 「ホルダー・レポート」●422
第28章 シンジケート●440
第29章 ベンチャーキャピタリストたちの復讐●455
第30章 ダウンはしたがまだ敗れたわけではない●477
第31章 大取引《グランドバーゲン》●495
エピローグ●511
追記●527
結びにかえて●532
謝辞●540
情報源に関する但し書き●543
訳者あとがき●545
原註●580

［編集部註］

・番号ルビは原註を示し、巻末にまとめて掲載した。
・＊の原註と、＊訳註の訳註は、奇数頁に傍註として示した。
・〔　〕亀甲内の小さな文字は訳註を示した。

ウーバー戦記

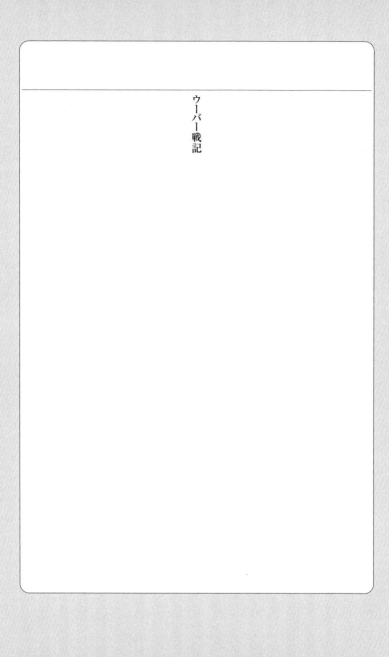

セイラとブルーナに――

戦いにはふた通りの手段があるのを知っておかなくてはならない。

ひとつは法による戦いであり、もうひとつは力による戦いだ。

人間は法にしたがって戦い、けだものは力で戦う。

しかし、たいていの場合、法のもとで戦っても十分な勝利が得られなければ、力に訴えなければならない。

ニッコロ・マキャヴェッリ（一五一三年）

「超気合い《スーパーパーバンプド》を入れてガンガン攻めればなんでもできる。

どんな難題だろうが、何かとんでもないことを実現させる、とてつもないチャンスに変えられる」

トラビス・カラニック（二〇一五年）

プロローグ
進撃の夜

その夜、家まで歩いて帰ろうと思う者は誰もいなかった。

二〇一四年冬、オレゴン州ポートランドは厚いジャケットでなければ過ごせないほど冷え込んでいた。繁華街は学生や帰宅を急ぐ通勤客、クリスマスの買い物をする人たちであふれていた。週明けに降った雪のせいで、通りは雪どけ水や雨で濡れ、うっかりすると足をとられてしまいそうだ。目抜き通りの並木では飾りつけられたイルミネーションがきらめき、クリスマスシーズンらしい浮き立った光景が広がっていた。いらいらしながらバス停で立っているにはふさわしい夜ではなかった。しかし、市の当局者は、冷え込んでいく夜気の底で、足元を濡らし、待ちくたびれて腹を立てながら、配車の依頼を何度も繰り返していた。

帰宅するために車を呼んでいたのではない。彼らはポートランド交通局（PBOT）に勤務する職員で、この日、ある命令を受けていた。ウーバーのドライバーとして車を運転する者を発見し、ただちにそれを阻止せよという命令である。ウーバーは配車サービス《ライド・ヘイリング》を提供する新興企業《スタートアップ》で、そのころアメリカ国内で急激な成長を続けていた。事業の認可をめぐって、ウーバーと市当局との交渉は数カ月に及んだが、話し合いは決裂してしまい、結局、ウーバーは交渉をやめてしまった。そしてこの日の夕方、ウーバーは市の認可を受けないままサービスを開始しようとしていた。

ウーバーにとって、それはいつもの流儀だった。二〇〇九年の創業以来、この会社は規制当局や警察官、タクシー会社の運転者や経営者、さらに関係する労働組合との対立を繰り返してきた。ウーバーの共同創業者で最高経営責任者(CEO)のトラビス・カラニックにすれば、既存の制度は自分たちのようなスタートアップの足を引っ張るものでしかなかった。シリコンバレーの大半の起業家と同じように、カラニックもテクノロジーが持つ変革の力を信じていた。彼が提供するのは、人びとの暮らしを改善する、これまで以上に効率的なサービスで、商品を買いたい人間とそれを売りたい人間を仲介し、社会全体をよりよきものに変えていくサービスだった。それを実現させたのが、スマートフォンとデータ解析、さらにリアルタイムのGPS情報を組み合わせたプログラムがもたらす圧倒的な力だった。

カラニックは用心深い世の中の人間に不満を募らせていた。彼らは社会の古い制度や仕組みはもちろん、考え方さえ変えようとしない。タクシー業界を支配し、支えてきた制度はすでに陳腐化している。それは十九世紀や二十世紀の制度だ。ウーバーは、時代に取り残されたタクシー業界の考えを破壊し、この産業を二十一世紀にふさわしい姿に変えるために存在するとカラニックは考えていた。にもかかわらず、交通当局の担当者は議員の顔色をうかがい、議員は議員で支援者や政治献金を差し出す者たちに借りを負っている。こうした支援者のなかには、タクシードライバーの労働組合や大手のタクシー会社、ウーバーの破綻を望んでいる敵もいる。

これまでウーバーは紳士的にポートランドの当局と交渉してきた。サービス開始の二十四時間前、交通局を懐柔するため、カラニックは、辣腕の選挙コンサルタントとして知られるデービッド・プルーフを使者に立てて電話をかけさせた。政治交渉にかけて、プルーフほど巧みな弁舌を操れる者はいない。二〇〇八年のアメリカ大統領選でバラク・オバマが大統領になれたのは、プルーフのおかげだと誰もが考えていた。地方の政治家を相手にどう話せばいいのか、プルーフは十分心得ていた。ポートランド市長チャーリー・ヘールズに電話をかけ、ウーバーが次に何を予定しているのかかいつまんで説明した。ヘールズは気さくな人柄で市民に慕われていたが、市長室で電話を受けたヘールズのかたわらには、ポートランド市交通局局長のスティーブ・ノビックがいた。

ヘールズが気さくで温厚な市長なら、ノビックは汚れ仕事もいとわない、豪腕で知られる法の執行者である。身長は4フィート9インチ（145センチ）、度の強い眼鏡をかけており、怒ったときには声がひっくり返って、高い声でまくしたてる癖があるが、ブルドッグのように好戦的な人物だった。母親はウエイトレス、父親はニュージャージーで労働組合のオルガナイザーとして働いていた。ノビックには生まれつき左手と両足の腓骨《ひこつ》がなかったが、障害を負っていたせいで持ち前のボクサーのような闘志はますます養われた。一八歳で学士号を取得してオレゴン大学を卒業、その後、ハーバード大学ロースクールに進み、法学士として卒業したのは二一歳のときだった。ユーモアのセンスもあり、選挙運動中、自分は「強烈な左フック《フック》が武器のボクサー」だと紹介したことがあった。彼は左手に金属製の鉤型《フック》の義手をつけていた。

プルーフは友好的な調子で話を切り出し、ウーバーはすでに十分すぎるぐらい待ち続けてきたと市長と局長に話すと、彼ならではの気取らない気さくな口調で、ウーバーは明日から町中で営業を開始する計画だと伝えた。

「いいですか、お二人とも。よその町の郊外では、すでにどこでもウーバーが走っていますよ。この大都市でもわが社に対する要望は高まる一方です」。プルーフが入社して以来、ウーバーの売り込みは巧妙になり、大衆の利益や権利を守るポピュリストの色合いを帯びるようになった。このサービスは、市民が自分で所有する車を使い、それぞれの意志に基づき、自分の都合に応じて収入を得る方法なのだ。そればかりか、飲酒運転が減るので、交通事故も減少して市民の安全を守れるだろう。乗客にとって、公共交通機関が十分に整備されていない場所でも、容易に利用できる選択肢がひとつ増えることにもなる。「私たちが本当に取り組んでいるのは、ポートランドの市民のために新たなサービスを提供することなのです」とプルーフは続けた。

ノビックはそんな話を認めなかった。「ミスター・プルーフ、言っておくが法に反する行為は市民のためにはならない」と応じた。怒りのあまり、義手のフックが市長のデスクに食い込んでいく。「そっちが言っているのは、タクシー事業の規制改正に関するまともな話し合いではなく、自分たちは法の適用外にあると考えている一企業の話にすぎない」

市長と局長は、それまで何カ月にもわたり、ウーバーに対して、市内への車の乗り入れと開業はできないと説いてきた。準備がまだ整っていないからである。タクシードライバーの労働組合の反発は激しく、ウーバーが提供するサービスには現行の法令で禁止されている業務もいくつか含まれていた。「ライド・ヘイリング」は新たに登場したサービスで、その認可をめぐり、当時のポートランドの法令では開業に際して、対処のしようがなかった。つまり、その法令が整うまでウーバーは待たなくてはならなかった。

ヘールズもノビックも融通がきかないというわけではない。ヘールズは市長就任に際して、輸送業務に関する規制の見直しを公約に掲げていた。(1) 数週間前には宿泊施設をシェアするサービスを提供するスタートアップのエアビーアンドビー（Airbnb）が市内で開業できる法案を作成したばかりで、アメリカ国内では同社の開業を率先して認可した市のひとつだった。そうした先進的な発想ができる市なら、同じようにライド・ヘイリングも認可するだろうという期待がすでに一年以上も前から高まっていた。

しかし、ポートランドの前向きな姿勢は、カラニックが期待していた工程表に沿ったものではなく、両者の交渉は行き詰まっていた。「好き勝手にやるなら、この町からとっとと消え失せろ」。スピーカーフォンに向かって、ノビックが声を張り上げた。人を魅了することで知られるプルーフも、電話の向こうで黙り込んでしまった。

ウーバーの紳士的な交渉はそれまでもうまくいったことがなく、うまくいくとはウーバーも考えていなかった。設立してから五年、二人のエンジニアを雇い、サンフランシスコのアパートで起業したスタートアップは、世界中の何百もの都市で事業を展開する巨大な多国籍企業にたちまち変貌し、いまなお拡大を続けていた。町から町へと、ウーバーは整然と事業を拡大してきた。斬り込み部隊として社員をあらかじめ進出先の町に送り込み、ドライバーとして何百人もの人間をリクルートしておき、キャンペーン登録したユーザーのスマートフォンに無料乗車のクーポンを配信し、ドライバーが時間をかけずに乗客を拾える市場を手際よく作り出してきた。不意を突かれた地元当局は、その動きを規制するどころか、動きを知ることさえできなかった。ポートランドでもこの計画にしたがってサービスが始まろうとしていた。市長や市長の右腕がなんと言おうとも問題ではなかった。待ちくたびれたカラニックはうんざりしていた。

そのころトラビス・カラニックは、ポートランドの南600マイル（970キロ）に位置するサンフランシスコのマーケットストリートに建つ本部ビルの周囲を早足で歩きまわっていた。

三八歳のCEOは歩くことに取りつかれていた。彼の友人たちも、カラニックは歩きまわってばかりいたと記憶している。歩きまわることは子供のころからの習慣で、そのせいで息子の寝室のカーペットは擦り切れ、穴が開いてしまったと父親も話している。この習慣は大人になっても変わらず、それどころか、年齢とともにさらに激しくなった。歩き続けることは彼の一部になっていた。はじめての商談相手の前でも、ひと言断って席を離れ、社屋の周囲を歩きまわっていることがあった。「ちょっと失礼させてもらう。外の空気を吸ってくる」と言ったときには、すでに席を立っていた。しばらくして戻ってくると、全身からエネルギーを発散させ、ふたたび打ち合わせを続けた。本部で働く者なら誰でもカラニックのこの習慣に慣れていたので、そんなときはCEOの邪魔をしないように気をつけていた。

ウーバーの本部ビルは、彼のこの習慣を念頭に置いて特別に設計されていた。サンフランシスコの中心部に建つ本社のオフィススペースは22万平方フィート（2万平方メートル）に及び、屋内にはスタンディングデスクの列や共用会議室のテーブルの列を通り抜けるようにして、周囲四分の一マイル（400メートル）の円形のトラックがコンクリートのフロアに敷かれていた。[2] このトラックこそ、健康的で効率的な「歩きながら会議《ウオーク・アンド・トーク》」の見本だとカラニック自身もよく語り、四分の一マイルのトラックを毎週一六〇周歩くので、総延長は40マイル（64キロ）にもなると自慢気に話していた。

だが、ポートランド市当局との交渉は「歩きながら会議」のようにはいかなかった。法令の改正について、市側はすでに一年以上にわたって引き延ばしを続けていた。ここに及んでウーバーは、市長の同意がないまま、この町で事業に乗り出すことにした。当局が準備を整え、法令を改正するのを待っている余裕などウーバーにはなかった。「法令はいつもイノベーションに追いついていけません」。ポートランドの一件について、ウーバーの広報を担当していた女性はのちにそう述べ、「ウーバーがサービスを立ち上げたころ、ライド・シェアリングに関する法令は存在していませんでした[3]」と説明した。

ウーバーが提供する黒塗りのハイヤーの配車サービスは問題なかった。実際、このサービスが多くの町で正常に営業できたのは、制服を着たドライバーが運転するリムジンに関する法令にしたがっていたからである。問題はウーバーXだった。野心的で、しかも手ごろな料金で利用できる配車サービスで、きちんと整備された車を所有し、採用に際して簡単な身元確認をパスした者なら、ほぼ全員がウーバーのドライバーとして公道で運転することができた。任意に人を採用して、料金を取って客を車に乗せるサービスを許可することには多くの問題がともなっていた。だが、この問題が際立っていたのは、そうしたサービスが合法なのかそうでないのか、誰にも判断がつかなかった点である。そして、ウーバーには、そんなことに気づかう者はほとんどいなかった。

カラニック自身は、当局と紳士的に交渉しようとはほとんど考えていなかった。この問題に対する政治家の反応は、結局いつも同じだ。彼らが守りたいのはこれまで通りの秩序だ。ウーバーがどれほど革新的であるのかは問題ではない。アイフォーンを何度かタップするだけで、見知らぬ他人が車で拾ってくれる。タクシーや運輸関連の労働組合はこのビジネスモデルにいらつき、彼らの怒りの電話やメールで市長室はあふれかえった。その一方でウーバーは、手軽で簡単なサービスにすっかり満足した住民の絶大な支持を得ながら、喜々として荒稼ぎに精を出していた。

もう待ちすぎるぐらいに待ち続けた。そのときがついに来たのだ。カラニックは進撃の命令を発し、太平洋岸北西部地区に配置されていたゼネラルマネージャーたちはその命令を受け取った。ドライバーたちを守り、警官の目を欺き、ポートランドの町にウーバーを解き放つのだ。

翌日の夕方、エリック・イングランドは、歴史のある建物として知られるアーリン・シュニッツァー・コンサートホールの前で待っていた。ホールは、ポートランドの商業地区として知られるブロードウェイ通りに建っている。イングランドは再起動したウーバーのアプリに目を凝らしていた。

とくにコンサートが好きなわけではない。彼がオレゴン交響楽団の本拠地でもあるホールの前にいるのは、公演が終わって帰宅を急ぐファンを装い、タクシーを探すふりをしながら、迎えにきたウーバーのドライバーを取り押さえるためである。ポートランド市交通局の法令執行官であるイングランドは、ウーバーのアプリを開き、自分を迎えにくるはずの車の到着を待っていた。

「ウーバーのドライバーを捕まえてこい」。プルーフとの電話を終えたスティーブ・ノビックは、部下に突撃命令をくだした。イングランドたちがウーバーのドライバーを一人でも取り押さえることができれば、そのドライバーに対して、民事と刑事の双方――必要な保険への未加入、公共の安全に対する違反行為、営業許可書の不備――で数千ドルの罰金を科し、さらに車両の没収を迫ろうと考えていた。あの会社を押しとどめられないことはノビックにもわかっていた。だが、ドライバーを震え上がらせれば、多少なりとも市当局はウーバーの進出を押し返せる。地元のメディアも市の対応を記事にするはずだ。

一方、ウーバーに手抜かりはなかった。新しい町に進出する際、ウーバーはいつも同じ方法を使っていた。その方法ならまちがいはなかった。まず本部から社員が派遣され、地元で〝ゼネラルマネージャー〟を採用した。たいていの場合、選ばれるのは二十代のテンションの高い若者か、あるいはひと旗あげたがっている向こう気の強い者だった。採用されたマネージャーは、数週間かけてクレイグスリスト(Craigslist)*訳註にドライバーの募集広告を書き続ける。新規入会の特典ボーナスのほか、目標を達成すれば数千ドルの現金支給という条件が応募者の気持ちをそそった。広告にはさらに「ウーバーXで最初に乗客を乗せたドライバーにはもれなく五〇〇ドルを支給」と書かれていた。(4) 広告の掲載を続けるマネージャーの大半は、募集広告の扱いには素人同然だったが、本部の人材採用担当者にとってそれは問題ではなかった。ウーバーが期待していたのはただひとつ、新規の現場で働くスタッフの旺盛な野心と、一日一二時間から一四時間ぶっ続けで働ける能力があり、必要とあればルール――場合によっては法律さえ――を巧みに逃れる覚悟があるのかどうかだった。

イングランドはもう一度アプリを起動した。どうやら予約が完了したようだ。車はあと五分で到着する。

だが、時間になっても車は現れない。ドライバーはイングランドの予約をキャンセルして、車は通りすぎていったとアプリに表示されている。どれがその車だったのか、彼はまったく気づかなかった。

イングランドが知らない事実があった。各都市の斬り込み部隊向けに、ウーバーのゼネラルマネー

訳註＊クレイグスリスト：サンフランシスコのクレイグスリストが運営する世界最大級のクラシファイドコミュニティーサイト。目的や地域で分類された募集広告や告知を三行広告の感覚で掲載することができる。日本語版も運営されている。

ジャーやエンジニア、セキュリティーの専門家たちが数カ月の時間をかけて開発した精巧なシステムの存在である。そのプログラムをアプリに組み込んでおけば、当局の管理官かもしれない予約者が特定でき、彼らの動きを監視し、かりに予約が入っても気づかれないまま乗車を拒否できるので、ドライバーが捕まることはなかった。ポートランドでもそのシステムが使われていたのだ。結果は狙いどおりだった。客を乗せても、ドライバーは捕まることなく運転を続けられた。イングランドがそうだったように、こんなうさん臭い手口の存在を知る管理官はおらず、何が起きているのか突きとめられる者もいなかった。

イングランドをはじめポートランドの当局者は、自分たちが相手にしている連中の正体をまったく理解していなかった。ウーバーはコンピューターにのめりこんだ過激な若僧たちの集団で、たぶん、起業によって運輸業界に変革を起こそうという夢に入れ込みすぎている会社ぐらいの認識しか持ち合わせていなかった。社員は厚かましく、傲岸でさえあったが、それは若者ばかりが集まったせいなのだろう。

しかし、実態は違う。ウーバーは無邪気とはほど遠い会社だった。ＣＩＡ（中央情報局）、ＮＳＡ（国家安全保障局）、ＦＢＩ（連邦捜査局）の元職員たちを社員として採用し、高度なスパイ行為を行っている企業だった。ウーバーのセキュリティー担当者は、政府関係者の動きまでひそかに目を光らせ、彼らのデジタルライフを洗い出し、自宅まで尾行することも珍しくはなかった。

会社にとって問題となりそうな人物を特定すると、ウーバーはもっとも効果的な武器を使って応じていた。グレイボール（Greyball）である。グレイボールはウーバーが開発したソフトウエアで、ユーザーが登録したウーバーのアカウントにしのばせてあり、自社にとって脅威となる人物を特定して識別できる。対象となる人物とは、おとり捜査の警察官や議会関係者、さらにイングランドのような交通局の規制官だった。

グレイボールのせいで、イングランドや同僚職員がインストールしていたウーバーのアプリには正しい情報が表示されず、モニターに現れるのは現実には存在しない車両だった。規制しようにも、これでは違法なドライバーを捕まえるチャンスなど皆無で、ドライバーが客を乗せていても、それさえ気づけなかった。

それから三年間、ウーバーはとがめられることなくポートランドでの営業を続けた。だが、二〇一七年、「ニューヨーク・タイムズ」がこの事実を報じ、ウーバーがグレイボールを使い、当局の目をどのようにして逃れてきたのかが明るみに出たことで、市当局もついにその全容を知った。

しかし、その時点ではすでに手の打ちようがなかった。ウーバーの営業は認可され、車はポートランド市内をくまなく走りまわっていた。市にとっては欠かせない足となり、使い勝手のよさを知る市民は当たり前のように利用していた。カラニックと斬り込み部隊は地元の道路運送法にずっと違反してきたが、町から叩き出されるかわりに、社会を一変させるような、途方もない成功を築いていた。

カラニックと彼の実行部隊はポートランドだけではなく、ほかの多くの町でも法令を無視してきた。しかし、かつてこの会社で働いていた社員に当時の心境を尋ねても、彼らは違法な行為をしているとは考えていなかったと答え、その後もこうした行動を支持する者もなかにはいる。グレイボールは当局を欺く違法なソフトなどではなく、ウーバーが企業として掲げる一四の行動基準《バリュー》のひとつ、「信念に基づく対立」という考えにかなっていたからである。ウーバーはドライバーを守る一方で、官僚制度や旧態依然とした規制に庇護された既存のタクシー業界を〝腐敗している〟と見なしていた。法律がそもそもいい加減であるなら、「法律を犯す」という考えは当てはまらないと彼らは信じていた。カラニック自身、ウーバーのサービスをいったん知ったら、ユーザーはふたたびクリックすると信じて疑わなかった。既存のサービスは非効率的で料金ばかり高く、正しいのはカラニックの方法だとウーバーの社員も納得していた。

たしかにカラニックは正しかったという見方もできるだろう。私が原稿を書いているいまの時点で、ウーバーは世界的な規模で普及している。南極を除くほぼすべての大陸でサービスが提供され、競合他社やウーバーの模倣企業が現れて、カラニックが経営の舵取りをしていた八年間に築いた成長戦略や事業展開をせっせと真似している。地方政府との交渉を経て、ウーバーはほかの公共の交通機関と同じように、あちらこちらで目にするものになったばかりか、さらに未来に向けて、乗車を希望する人のもとに自動運転の車両を配車する研究にも取り組んできた。

しかし、それにもかかわらず、ウーバーの創業物語はかならずしも成功の物語と見なされてはいない。二〇一七年、ウーバーの急速な成長があやうく破綻しかけたのは、それまで何年にもわたって繰り返されてきた、創業者カラニックの限界ぎりぎりのきわどい言動と一歩も引こうとしない好戦性、そして最後には彼の個人的な失墜に、会社もまた直面しなければならなかった結果だった。カラニックをめぐる物語は、スタートアップの創業者たちだけではなく、資金を提供するベンチャーキャピタル(VC)のあいだでも、ある種の教訓としてささやかれ続け、シリコンバレーの最良の部分と最悪の部分の双方を象徴する物語になっている。

ウーバーをめぐる物語《サーガ》とは、要するにトラビス・カラニックの物語であると同時に、テクノロジー革命に対して尊大で過剰に反応した物語にほかならない。何十億ドルという利益と輸送産業の未来のあり方がこの物語の成り行きにかかわっていたが、それはまた過去一〇年間に及ぶシリコンバレーの変化という遠大なテーマをめぐる物語でもある。急激に発展していくテクノロジーが、長い年月をかけて確立されてきた労働システムにどのような激震をもたらし、都市整備を大混乱に陥れ、ほんの数年のあいだでひとつの産業そのものをどのように転覆させてしまったのか。

そして、これは深刻なセクハラが横行する産業界の物語でもある。この業界にはびこるあけすけな性差別は、女性社員と男性社員の圧倒的な数の不均等、テクノロジーこそすべてだという能力主義に対する誤解に満ちた信仰、そうした偏見に対するみずからの無知によってあおられてきた。さらに言うなら、これはスタートアップに対する投資の物語でもある。すでに広く知られてはいる物語だが、その理解はやはり表面的だ。出資の結果、急成長を遂げる企業のリーダーや社員、顧客にどのような影響を与えるのかが本書では語られている。同時に本書は、ユーザーデータと個人情報をめぐる醜悪な意思決定の物語であり、ＩＴ企業は顧客データを利用しようと躍起になっている。

しかし、なんといってもウーバーをめぐる物語とは、スタートアップ企業の創業者への盲信がどれほど大きな堕落をもたらすのかを記した物語であり、最後にはとてつもない大失敗に終わることをさとす教訓の物語でもある。

トラビス・カラニックとウーバーの経営陣が生み出したのは、トマス・ホッブズが書いた『リヴァイアサン』と、『アニマル・ハウス』*訳註『ウルフ・オブ・ウォールストリート』**訳註という二本の映画をいっしょくたにしたような企業環境だった。中毒性の高いウーバーの企業文化は、若き経営者のまわりにはイエスマンと信奉者しかいなかった結果であり、創業者はほぼ好き勝手に資金を使えたばかりか、倫理的にも法的にもまともな監視下に置かれないまま経営は続けられてきた。競合他社ばかりか、戦いは社内でも繰り広げられ、数百億ドルの企業価値評価がある帝国を支配する権力をめぐり、全社をあげてたがいに探りを入れ、中傷を繰り返し、訴訟さえ辞さなかった。

カラニックのせいでウーバーの企業価値評価は下落し、失った価値は数百億ドルにも達した。破綻していたかもしれない競合他社はそれで息を吹き返し、その後、世界中に新たな足場を築くことができた。さらにウーバーは連邦政府の調査を受け、その件数は片手では数え切れないというありがたくない歴史を残している。会社の将来そのものが危ないと、社員や投資家が考えたのは一度や二度のことではなかった。

ベイエリアの住民として、そしてジャーナリストとして過ごしてきた一〇年、この間私は、ウーバーが権力の座にのぼりつめていく様子を目の当たりにしてきた。私が目撃していたのは、革新的なアイデアがまたたく間に都市交通網を変えてしまう風景であり、スタートアップ企業の経営に対して、リーダーの強烈な個性がどれほど桁違いの影響を与えるのかという現実だった。

「ニューヨーク・タイムズ」の記者として、ウーバーに関する私の記事の連載は二〇一四年に始まった。当時、ウーバーは絶頂期にあり、カラニックの狡猾さとルールなど屁とも思わない感性によってライバルを出し抜いたばかりか、一〇億ドルの出資を引き出し、この会社はまちがいなく世界を制覇するとさえ思っていた。

しかし、それから数年後、ウーバーは自滅への道《コリジョンコース》を突き進んでいく。カラニックのリーダーシップがこの会社にとってすでに負債になっていたのだ。シリコンバレーの歴史において、二〇一七年はいくつもの企業が次々と不祥事にまみれた一年となった。ウーバーもまた、身から出た錆《さび》のせいで痛手を被り、その姿を世間にさらしていた。

取材を通じて私は、最終的にウーバーの物語の一部を加えることになった。その物語は、嘘と裏切りと欺瞞《ぎまん》による倒錯した神話にくるまれていた。それはカラニックをはじめ、ＩＴ業界で絶対的な力《ジャガノート》を築き上げ、支配しようとする起業家たちが用いていた詐術であり、モバイル時代になってはじめてユニコーンになりえたひとつの企業の物語である。数百億ドルという企業価値評価を持つその企業は、私たちが世界を移動する方法を変えることには成功したものの、みずからの不品行と下劣な決断、さらに貪欲という業火に焼かれ、あやうく破滅する危機に直面した。

ジャーナリストとして、私は運よくこの物語に乗り合わせることができたようである。

訳註＊『アニマル・ハウス』：一九七八年公開されたアメリカの映画。一九六〇年代の名門校を舞台に、劣等生グループと優等生グループの男子学生クラブ（フラターニティー）の対立を軸にしたドタバタコメディ。ジョン・ランディス監督、ジョン・ベルーシ主演。

訳註＊＊『ウルフ・オブ・ウォールストリート』：二〇一三年公開のアメリカ映画。最後には収監される株式仲買人ジョーダン・ベルフォートの回想録をもとに、ウォール街の金と人間を描くコメディ映画。マーティン・スコセッシ監督、レオナルド・ディカプリオ主演。

Part I

第1章 10の10乗

ウーバーはまたひとつ目標点《マイルストーン》に達した。世界中の社員に向けて、「ウーバーレット*はともに祝おう」と書かれたメールがいっせいに送信された。

成長目標を達成するたびに、トラビス・カラニックが社員を引き連れて旅行に出るのはウーバーの恒例だった。何十億ドルというベンチャーキャピタル(VC)の資金をうしろ盾に、こうした旅行は社員の士気を高め、社員同士の親睦を図る方法だと受けとめられていた。しかし、それは世界の遠く離れたどこかの場所で、一週間続くドンチャン騒ぎに興じる言い訳でもあった。このときの目標達成の旅行では、特別な町をカラニックは考えていた。ラスベガスである。

前回の社員旅行をしのぐ盛大なイベントにするなら、今度のラスベガス行きについてカラニックは、さらにあっと言わせる知恵を絞らなくてはならなかった。前回二〇一三年の旅行は、配車予約の総収益が一〇億ドル――当時としては途方もない業績だった――に達したのを祝ったもので、カラニックはマイアミでドンチャン騒ぎを企画した。このときの旅行は、「9」を意味する漢字の「九」とともに社内で記憶されている。旅行前にカラニックが全社員に送ったメールには、「九」には「ウーバーの社内では意味が通じる」が、「外部に向かって話すようなことではない」[1]と書かれていた。*訳註 さらに社員に次のようにアドバイスしていた。大きなビア樽を高いビルから放り出してはならない。社員間の肉体交渉は、かならず双方による明確な合意、すなわち「はい、私はあなたとセックスをします」と言葉を交わし、そのひと言がなければ社員間の肉体交渉は禁じる。また、ホテルの敷地内で嘔吐した者には、いかなる事情であれ二〇〇ドルの罰金を科すとも書かれていた。こんな調子で旅行に関する説明が続いていた。

カラニックが準備していたラスベガスの計画は、マイアミの規模をはるかにうわまわっていた。ラスベガス旅行は別格のイベントで、特別視されてきた目標点を達成したイベントだったのだ。数値目標の指数の桁がひとつ増えるたび、ウーバーはこれまで盛大なパーティーを開いてきた。社員の数やサービスを提供する町が拡大するにつれて、記念の祝賀パーティーの規模も拡大していた。収益の数字にまたひとつ「〇」が加わるごとに、会社が全費用を負担して、何千人もの社員を引き連れて世界各国の目的地に向かった。

総収益一〇〇億ドルという数字にはやはり特別な意味があった。概数とはいえ、これほど巨大な数字が帯びる意味は、社員の誰もがよく理解しており、とりわけカラニックには指数関数的成長という数学モデルに強いこだわりがあった。それを祝うこのパーティーについては、誰もが「XのX乗」

＊テクノロジー企業の場合、どの会社も拡大に向かう時期に、その企業の社員を意味する名称が生み出される。グーグルは「グーグラー」、ツイッターの社員は「ツイープ」といったぐあいだ。ウーバーの社員は創業当時、自分たちを「ウーバーレット」と呼んでいた。語源は正確には伝わっていないが、その後、入社してきた社員の多くはこの自称にとまどっていた。

訳註＊ここでいう「九」は一〇億ドル――「10の9乗」、つまり一〇億を意味していた。

――つまり「10の10乗」パーティーと呼んでいた。このパーティーを華やかに演出するため、カラニックはデザイナーだけで構成されたチームを先遣隊としてラスベガスに派遣していた。招待状や看板のデザイン、さらにリストバンドまですべて同じデザインで統一され、四角い黒地を背景に、ローマ数字で「X^{X}」と白く描かれていた。

最高の祝賀パーティーはさておいても、なんらかの祝賀会を催すにはいい機会だった。シリコンバレーで社員の引き抜きを続けてきた結果、二〇一五年秋の時点でウーバーは世界中に五〇〇〇人近くの社員を抱えていたからである。アマゾン(Amazon)、フェイスブック(Facebook)、アップル(Apple)、テスラ(Tesla)、とくにグーグル(Google)から大勢の人間が移ってきたばかりか、アイスクリームチェーンのコールド・ストーン・クリーマリー、ホテルのザ・バッテリー、コワーキングスペースのウィワーク(WeWork)などのベンチャーキャピタルの出資を受けているスタートアップからも大勢の人間が流れ込んでいた。サンフランシスコではこうした企業のエンジニアの引き抜きはすでに日常茶飯事だった。

エンジニアはさまざまに形容されたウーバーの記事をそれまで目にしていた。ウーバーは「急激な成長を続けている」「好戦的」な企業で、「絶対的な力《ジャガノート》」である。[2] 収益は他社を圧倒する勢いで上昇しているという噂話を耳にし、企業価値は急騰してすでに数十億ドル台に余裕で達しているのをその目で見てきた。彼らは、ハッカーのような精神を創業や経営に持ち込んだカラニックの流儀を気に入っていた。次のグーグルやフェイスブックになる企業に、立ち上げから入社できるチャンスだ。そんな絶好の機会を見逃す者は誰もいない。

リクルーターもその点は心得ており、野心的なエンジニアのＦｏＭＯ《フォーモ》*を刺激しながら話を持ちかけた。「君だって、ロケットのように急騰する会社に入れるチャンスを見逃したくないだろう」と話すたびに、シリコンバレー中のエンジニアがリンクトイン（LinkedIn）の登録に殺到した。ウーバーのような急激な成長を遂げる会社の株式が手に入れれば、いずれ売却した際には、サンフランシスコでいちばん不動産価格が上昇しているベイエリアでもそれなりの邸宅が買える。あるいはウーバーで四年働き、保証された金を手にしたら、それを元手に起業することを夢見る者もいた。

こんな光景はベイエリアではじめてではない。グーグルやツイッター、フェイスブックが新規株式公開を果たすと、新たに誕生した何百人もの億万長者でシリコンバレーはあふれかえった。そしていま、年長の同僚からウェブ1・0の熱狂の日々の話を聞いた何千という若きエンジニアにとって、ウーバーに入社することは、エンジニアとしてひと山当てるという彼らの夢を実現させることを意味していた。

当時、ウーバーの社員になることはステータスであり、テスラの電気自動車に乗ったり、ロレックスを腕にはめていたりするのと同じだった。そのためなら、仕事にともなう不安やストレス、一日一二時間以上の仕事という苛酷なスケジュールをこなしていくことにも十分な価値がある。こんな苦労も大金持ち《ビッグタイム》という形で報われるはずだ。

二〇一五年一〇月、数千名に及ぶウーバーの社員たちがラスベガスのマッカラン国際空港に到着した。飛行機を降りた社員たちは、華氏一〇〇度（摂氏三八度）のもと、空港の前に並んだシャトルバス

＊FoMO：Fear of Missing Outの略で、「取り残されることへの恐れ」を意味する。

やタクシー*に乗り込むと、繁華街に建つホテルへと向かっていった。いよいよパーティーの始まりだ。

カラニックは費用を惜しまなかった。目抜き通りに建つバリーズ、ザ・クワッド、フラミンゴをはじめ、あちこちのカジノホテルで何百もの部屋を借り上げていた。社員全員に前払い済みのVisaカードが渡され、食事や遊興に使えたが、カードはほとんど使われずじまいだった。パーティー会場にはたくさんの料理が並び、オープンバーも用意されていたからである。「X」のロゴがついたリストバンドをしていれば、会社が手配していたイベントに自由に出入りできた。しかも、一週間続くこのお祭り騒ぎを楽しめるように、エンジニアは個人専用のガイドアプリを大急ぎで用意していた。さらに参加者全員に、「10の10乗」と書かれた小さなタトゥーシールも配られていた。

大盤振る舞いにこだわるカラニックに対して、取締役のなかにはこのドンチャン騒ぎが世間の目にどう映るのかを心配している者がいた。グーグル出身のレイチェル・ウェットストーンは、ウーバーでは最優先政策およびコーポレイト・コミュニケーション担当の上級副社長として働いていた。稟議を経たのち、彼女は行動規範について記した詳細な「べからず集」を社員にメールした。ウーバーのロゴが入ったTシャツは着用しないこと。会社に関連する数字やデータの話は控えること、とくに報道関係者には絶対に口外してはならない。業務用のGメールのロゴマークは「X」に置き換え、大小にかかわらずウーバーのロゴは絶対に残してはならない。エンジニアが人前で作業をしているとき、社外の人間の目に触れるのを避けるためだ。

二〇一五年ごろになると、ウーバーはすでに傲慢のオーラを放つようになっていた。IT系の高収入男子を意味する「テック・ブロ」という言葉は広く使われていたが、シリコンバレーでこれほど怒りを買っている連中はほかにいない。彼らの特徴は、若くて金に恵まれ、子供はいない。エンジニアか営業職としてIT企業で働き、日常生活にともなう雑務とも無縁だ。バリスタやハウスキーパー、給仕スタッフが彼らに代わってすべてをこなし、彼らもそれが当然だと考えている。彼らの最大の懸念は、自分が働いている会社がその年のもっとも熱い〝ユニコーン〟であるかどうかだ。「ユニコーン」とは二〇一三年にあるベンチャーキャピタリストが使った言葉で、企業の価値評価額が一〇億ドル以上の未上場のスタートアップのことをいう。[3] 二〇一五年秋の時点で、ウーバーはユニコーンのなかでも、最大のユニコーンに成長していた。テック・ブロなら誰でも、その場に自分がいなくてはならない会社だった。

テック・ブロにとって約束の地はウーバーだけではない。スナップチャット(Snapchat)は一時期、ソーシャルネットワークに革新的なアプリを提供して、シリコンバレーの寵児《ちょうじ》ともてはやされた。だが、同社のCEOがスタンフォード大学在学中に友人に送ったメールがリークされ、その内容のあまりのひどさ(たとえば「ろくでもないアバズレは、とっととやっちまえ」とか)に社会の激しい非難を浴びた。[4] ドロップボックス(Dropbox)とエアビーアンドビーの社員は、サンフランシスコのサッカー場で競技をしている子供たちを蹴散らし、フィールドから追い払った。[5] 両社対抗のゲームを始めるためだった。だが、その一部始終が撮影されており、動画がネットにあげられて拡散すると、社会の激しい怒りを買い、結局、両社とも謝罪に追い込まれた。ウェットストーンをはじめ、コーポレイト・コミュニケ

＊二〇一五年のこのパーティー以前まで、地元のタクシードライバーの組合はライド・シェアリング〔相乗りサービス〕を排除してきた。パーティーのちょうど一カ月前からウーバーはラスベガスでサービスを開始していたが、空港で乗客を乗せることは禁じられていた。空港エリアは依然として既存のタクシー会社の縄張りだった。

ーションを担当する社員は、ラスベガスのドンチャン騒ぎがシリコンバレーのテクノロジー専門のブログニュースはもちろん、「デイリー・メール」にでも書き立てられたら最悪だと考え、不安を募らせていた。

しかし、ウーバーの基準からしても、大いにはめをはずしていた社員がいた。ある社員は二人の売春婦を部屋に引き込んで事に及んだ。翌朝、この社員と同室だった社員が目を覚ますと、彼らの私物はひとつ残らず消えていた。そのなかには二人が仕事で使うラップトップもあった。会社は企業秘密がブラックマーケットに流れることを恐れ、その場で二人を解雇すると、なくなったラップトップの行方を追った。

二〇一五年のパーティーでは、ロサンゼルスのゼネラルマネージャーがクビを切られている。部下である女性社員の胸を触ったのが理由だった。ほかのマネージャーたちも部下といっしょにドラッグにふけり、もっぱらコカイン、マリファナ、エクスタシーを楽しんでいた。社員のなかには彼らをホテルに運んできたシャトルバスを盗み出し、ほかの社員を乗せて楽しい時間を過ごす者もいた。

取締役たちは、毎夜、前回のパーティーをしのぐ演出を用意していた。豪華なアンコール・アット・ウィン・ラスベガスにあるクラブ「XS」で過ごした夜も社員たちの語り草になった。その夜、クラブには電子音系のミュージシャン、カイゴとデービッド・ゲッタの二人が出演し、ウーバーの社員だけを前にして深夜までライブ演奏を続けた。

しかし、やはりすごかったのは最後のコンサートの日に迎えたゲストだった。その日、社員たちはカジノホテル、パームスのイベントホールにいた。照明が落ちていくと、スモークがステージを覆う。歌が始まった。最初の数小節をゆっくり歌っている。聞き覚えのある曲だ。そして、彼女が現れた。

血のように赤いジャンプスーツを着ている。背後から当てられた照明に反射して衣装のスパンコールがきらめき、スモークマシーンがさらにその姿を霧で隠す。歌詞がはっきり聞こえてきた。二十代の社員なら誰でも口ずさめる歌詞だ――「いまの私ってクレイジーでしょう。あなたの愛が私をこんなにクレイジーにさせている」

観客のあいだから悲鳴があがり始めると、彼女がスモークのなかから現れ、スポットライトへと向かった。カラニックが何をしたのか社員たちはいまようやく気がついた。あのビヨンセをこのパーティーに呼んでいたのだ。

夜が弾け、社員はビヨンセの数々のヒット曲に合わせて踊り、声をあげて歌った。そんな彼らが静かになったのは、定番曲の「ドランク・イン・ラブ」の印象的なアコースティックの前奏が始まったときだ。社員は静かに耳を傾けた。舞台前の客席の最前列には、ビヨンセの夫であるジェイ・Zがタバコを吸いながら微笑んでいた。

ビヨンセが立つ舞台がせり出してきたとき、よろけながらカラニックがステージにあがった。音楽と流し込むウォッカでハイになり、社員たちはこれ以上ない満ち足りた瞬間に浸っていた。その夜、ここにいる者全員がセレブだった。

「君たちのことを心の底から愛している。そうだ。君たち全員だ」。マイクに向かってカラニックが声を張り上げた。ビヨンセの手を握り、カラニックは明らかに酔っている。「私もあなたのことを愛しているわ」とどこからか女性の声が返ってきた。

そしてカラニックは、ビヨンセの登場に続く二発目の爆弾を社員に向かって投げた。ビヨンセとジェイ・Zがウーバーの株主になったというニュースだ。しかし、ビヨンセとジェイ・Zがどのような経緯で出資を決めるにいたったのか、その経緯については伏せていた。この日のステージのギャラとして、カラニックはウーバーの譲渡制限付株式六〇〇万ドル分をビヨンセ側に差し出していたのだ。この株式は、その後一年足らずのうちに50パーセントも値上がりした。

祝賀パーティーの週末、ウーバーの資金管理チームは代金を精算した。結局このイベントで使った金額は現金で二五〇〇万ドルを超え、「シリーズA[*訳註]」でベンチャーキャピタルから調達した資金の二倍以上に及んでいた。

社員全員が楽しんだパーティーだった。社員の大半は高校時代、オタクと呼ばれた連中だ。大学生のころしゃれた店に入ろうにも、門前払いを喰わされてきた。そんな連中がラスベガスのナイトクラブで双手をあげての歓迎を受け、世界でも有数のスーパースターのプライベートコンサートを貸し切りで楽しんだのだ。スタンフォード、カーネギー・メロン、マサチューセッツ工科大学(MIT)出身の一介のエンジニアは、なんの前触れもなくジェイ・Zともビジネスで関係する勝ち組《ボーラー》に成り上がっていた。

誰かが言っていたように、これまでさんざん苦労してきたのは「ここまでのぼりつめる」ためだった。そして、それが現実になったのだ。

ウーバーの「10の10乗」達成は、シリコンバレーの歴史におけるある時期をまぎれもなく象徴する出来事だった。二〇〇〇年代初頭にドットコム・バブルが弾けたあと、モバイル機器のイノベーションの波が世界を一掃した。二〇〇七年にアップルのアイフォーンが発表されると、誰もが手持ちサイズのコンピューターをポケットに入れて歩くようになった。ラスベガスでウーバーの社員が祝っていたのは、彼らが開発したスマートフォン用のアプリの成功であり、そのアプリを使えばワンタッチでタクシーが手配できる。アプリ開発という仕事によって、想像もできない、不条理と思えるほどの富が彼らに転がり込んでいた。数百万ドルの邸宅やナパの有名ワイナリーへの日帰り旅行、タホ湖湖畔の別荘購入などの夢に、文字どおり一夜にして手が届くようになった。

だからといって、彼らはひと休みするわけでもない。アプリの開発で、二十代でも大金が舞い込む時代と場所で働ける自分の強運にも彼らは驚いていなかった。思い描いていたのは、ウーバーで得られる数百万ドルの金を元手に、自身の手でユニコーンを生み出すことだった。それまでの成功を踏まえれば、数年後には現在をうわまわる成功を達成する運命に自分はあるはずだ。

雑誌「ワイアード」には、スマートフォン用のアプリを開発して、大金をつかんだ若き天才たちの物語が毎号のように特集されている。だが、こうした記事を読めばわかるように、彼らが通ったあとには副産物として混乱がかならず引き起こされてきた。新世代アプリを開発することで彼らは自分の必要を満たし、思いつきを現実のものにしてきた。そして彼らの大半は、シリコンバレーに暮らす、将来を有望視される二十代かそこらの白人男性である。IT企業の内部に潜む女性差別や、意図せずにこのような偏見を助長しているトップの自由至上主義者《リバタリアン》的な考え方については、マスコミもあまり関心を向けてはこなかった。

だが、才能に恵まれたテクノロジー業界の人間と、そうした彼らに仕え、テーブルにコーヒーを運

訳註＊シリーズA：スタートアップに対して、ベンチャーキャピタルなどが最初に出資する投資ラウンドのこと。主なラウンド（段階）には、シードラウンド、シリーズA、シリーズB、シリーズCなどがある。

ぶ労働者階級との格差は日に日に明らかになっていく一方だった。サンフランシスコでは家賃が急騰し、家主は時間給で働く賃金労働者を部屋から追い払い、空いた部屋をテクノロジー企業の裕福な社員に貸し出した。ウーバーやインスタカート(Instacart)、タスクラビット(TaskRabbit)、ドアダッシュ(DoorDash)などのデリバリーサービスを手がけるスタートアップ企業が解き放った、いわゆる〝ギグエコノミー〟によって、それまでになかったテクノの作業現場で働く肉体労働者《ブルーカラー》とでも呼ぶべき、まったく新しい労働者階級の出現に拍車がかけられてきた。

フェイスブック、グーグル、インスタグラム(Instagram)、スナップチャットの台頭以来、ベンチャーキャピタルは、次のマーク・ザッカーバーグ、ラリー・ペイジ、エヴァン・シュピーゲルに資金を提供しようとあらゆる分野に目を凝らしてきた。かつてスティーブ・ジョブズが「宇宙に凹みを作る」と語っていたような、世界を一変させるものを生み出そうと考えている、斬新で才気にあふれた起業家たちだ。さらにベンチャーキャピタル以外の分野——ヘッジファンド、未公開株式投資会社《プライベート・エクイティ・ファンド》(PEファーム)、政府出資のソブリン・ウエルス・ファンド(SWF)、ハリウッドのセレブ——からも資金がシリコンバレーに流れ込んだ結果、力関係は、財布のヒモを握る側から起業家、つまりすばらしいアイデアを生み出し、そのアイデアを実現させる強い意志を持つ者が左右するようになった。資金の調達が容易になったことで、創業者は有利な条件を出資者から引き出せるようになり、会社の尻を叩き、収益計画の提出を求め、経営を監視しようとする金融機関や投資家から自社の経営権をもぎ取っていった。

アメリカのテクノロジービジネスで起きた資金調達をめぐる力関係の変化は、もっとも成功したスタートアップの創業者の流儀にも変化をもたらしていた。彼ら創業者たちは、自分の支持者に対して特別な忠誠を期待するようになった。それは〝創業者に対する個人崇拝〟であり、なんであれ自分の理念をほめ讃え、自分がこの会社のCEOである以上、自分に対して献身的な支持を捧げることを求めるようになった。一日一二時間仕事づけの毎日と社会生活とは無縁の生活がすばらしいとされ、テック・ブロの創業者が打ち立てた長時間のハードワーク《ハッスルカルチャー》を称賛する文化がもてはやされた(もちろん、彼らは徹底したハードワーカーだが、「10の10乗」のパーティーで見たように、遊ぶときには徹底的にはめをはずして楽しむ)。

創業者はルールを守らず、場合によっては法律さえ踏みにじっても、信者たちはプラトンが讃えた〝哲人王〟として創業者を遇した。彼らの多くは、創業者は世界を作り直し、さらに明晰で合理的な世の中に変えようとしていると信じていた。これまで以上に実力主義が重んじられ、効率的ですばらしい世界、つまり、大々的に改善された新たな世界がもたらされ、生活はアップグレードされていく。

テクノユートピア主義を突き詰めるとそういうことになる。カラニック自身、数年後に気がつくのだが、企業としてのウーバーの軌跡は、テクノロジー業界そのものの軌跡と非常によく似たコースを、さらにはっきりとした形でたどってきた。ウーバーも業界も、誰もが想像する以上の速度と規模で一気に成長を遂げた。だが、フェイスブックのアルゴリズムがもたらす恩恵にこの国の人が疑いの目を向けるようになると、バラ色のレンズ越しに彼らを見ようとする消費者も、もはやそんなふうには見てくれなくなった。それからしばらくして、なんの規制もないままやってこられたテクノロジー業界は、前触れもないままいきなり前進を阻まれてしまう。

その点でも、ウーバーとカラニックは同じだった。

ラスベガスのパーティー以降、ウーバーの社員たちの記憶に長くとどまったイベントがもうひとつあった。

プールサイドの脱衣場でビールを飲んで過ごした一日、ウーバーレットたちはアプリを開いて次の目的地がプラネット・ハリウッドであると確認した。ピンクや赤にキラキラ輝く入り口の照明のもと、エスカレーターに乗って広々としたアクシス・シアターへと進んでいく。シアターには七〇〇〇人を余裕で収容できるスペースがあり、内部は金色と深い紫色のベルベットで覆われていた。

古参の社員は豪勢で贅を尽くした会社のイベントに慣れていたが、このときの社員旅行は違っていた。カラニックにとって、「10の10乗」が特別な意味を持つ偉業だったように、ウーバーがどこまで成長を遂げ、それが自分にとって何を意味するのか、彼はあらゆる者に知ってほしかった。

ステージの照明が落ちていき、一対のシルエットがぐるりとまわると、古びた大きな黒板が現れた。緑色の板面は木製の枠に囲まれ、どこかの高校の実験室から盗んできたような黒板だった。カラニックがステージに現れて、黒板のほうに向かっていく。真っ白な白衣を着込み、厚い黒縁の眼鏡をかけている。

それから三時間近く、彼は〝プロフェッサー・カラニック〟として、社員たちに向かって、会社に関する自身のビジョンについて講義を行った。この講義でカラニックは、彼が「仕事の哲学」(6)と呼ぶものについて紹介していた。本人の弁によると、これは何百時間にも及ぶ慎重な検討と論議の末に編み出された哲学だという。

このプレゼンテーションは、最初から最後までアマゾンに対するカラニックの思い入れを包み隠さず訴えたものだった。ジェフ・ベゾスは若き起業家のアイドルで、ベゾスがたどってきた成功への道はカラニックの夢でもあった。ベゾスは、紙のように薄い利ザヤを積み重ね、短期間の利益ではなく長期の成長戦略に専念し、常に競合サイトよりも安値で売ることで、小さなオンライン書店を何百億ドルもの企業価値がある小売の巨大企業《ビヒモス》に変貌させた。ベゾスは利益を将来の好機に備えて投資にまわし、常にライバル企業の一歩先を進んできた。カラニックはベゾスのそうした経営手法にあこがれていた。

アマゾンこそ、ウーバーはかくあれとカラニックが考えるビジネスを体現している企業だった。ある場所から別の場所に人を運ぶ仕事は、ウーバーが宿す能力の手始めにすぎないとカラニックは考えていた。いつの日か、人を乗せるのではなく、ドライバーと小包、ドライバーと食品、ドライバーと商品を組み合わせる可能性を秘めているばかりか、物流に関する数え切れない問題を解決することもウーバーはできるようになる。ベゾスと真っ向から勝負する日がやがて訪れ、人やモノを大都市圏の中心に輸送する方法は新たに作り直されるだろうとカラニックは考えていた。

カラニックは、ベゾスとアマゾンがどのような手法を用いているのか分析し、アマゾンのウエブサイトに掲載されているコアとなる一四項目の「リーダーシップ・プリンシプル」(7)*訳註を念入りに検討した。

1 Customer Obsession

リーダーはお客様を起点に考え行動します。お客様から信頼を獲得し、維持していくために全力を尽くします。リーダーは競合に注意を払いますが、何よりもお客様を中心に考えることにこだわります。

2 Ownership
リーダーにはオーナーシップが必要です。リーダーは長期的視野で考え、短期的な結果のために、長期的な価値を犠牲にしません。リーダーは自分のチームだけでなく、会社全体のために行動します。リーダーは「それは私の仕事ではありません」とは決して口にしません。

3 Invent and Simplify
リーダーはチームにイノベーション（革新）とインベンション（創造）を求め、同時に常にシンプルな方法を模索します。リーダーは状況の変化に注意を払い、あらゆる場から新しいアイデアを探しだします。それは、自分たちが生み出したものだけに限りません。私たちは新しいアイデアを実行に移すとき、長期間にわたり外部に誤解される可能性があることも受け入れます。

4 Are Right, A Lot
リーダーは多くの場合正しい判断を行います。優れた判断力と、経験に裏打ちされた直感を備えています。リーダーは多様な考え方を追求し、自らの考えを反証することもいといません。

5 Learn and Be Curious
リーダーは常に学び、自分自身を向上させ続けます。新たな可能性に好奇心を持ち、探求します。

6 Hire and Develop The Best

リーダーはすべての採用や昇進における、評価の基準を引き上げます。優れた才能を持つ人材を見極め、組織全体のために積極的に活用します。リーダー自身が他のリーダーを育成し、コーチングに真剣に取り組みます。私たちはすべての社員がさらに成長するための新しいメカニズムを創り出します。

7 Insist on the Highest Standards

リーダーは常に高い水準を追求することにこだわります。多くの人にとり、この水準は高すぎると感じられるかもしれません。リーダーは継続的に求める水準を引き上げ、チームがより品質の高い商品やサービス、プロセスを実現できるように推進します。リーダーは水準を満たさないものは実行せず、問題が起こった際は確実に解決し、ふたたび同じ問題が起きないように改善策を講じます。

8 Think Big

狭い視野で思考すると、大きな結果を得ることはできません。リーダーは大胆な方針と方向性を

訳註＊アマゾンジャパンのウエブサイトでは、英文のニュアンスを重視して一四のプリンシプルは英文のまま掲載され、各項目の説明文が日本語に翻訳されている。本書でもその方針にしたがってプリンシプルは英文のまま記し、同社のウエブサイトに掲載されている説明文を引用した。また、原書の表記に合わせて番号を付している。なお、引用したプリンシプルは、二〇二一年九月末時点に掲載されていたものであり、現在、プリンシプルは一六に増えている。

示すことによって成果を出します。リーダーはお客様のために従来と異なる新たな視点を持ち、あらゆる可能性を模索します。

9 Bias for Action

ビジネスではスピードが重要です。多くの意思決定や行動はやり直すこともできるため、大がかりな検討を必要としません。計算したうえでリスクを取ることに価値があります。

10 Frugality

私たちはより少ないリソースでより多くのことを実現します。倹約の精神は創意工夫、自立心、発明を育む源になります。スタッフの人数、予算、固定費は多ければよいというものではありません。

11 Earn Trust

リーダーは注意深く耳を傾け、率直に話し、相手に対して敬意をもって接します。たとえ気まずい思いをすることがあっても間違いは素直に認め、自分やチームの間違いを正当化しません。リーダーは常に自らを最高水準と比較し、評価します。

12 Dive Deep

リーダーは常にすべての業務に気を配り、詳細な点についても把握します。頻繁に現状を確認し、指標と個別の事例が合致していないときには疑問を呈します。リーダーが関わるに値しない業務はありません。

13 Have Backbone; Disagree and Commit
リーダーは、同意できない場合には、敬意をもって異議を唱えなければなりません。たとえそうすることが面倒で労力を要することであっても、例外ではありません。リーダーは、信念を持ち、容易にあきらめません。安易に妥協して馴れ合うことはしません。しかし、いざ決定がなされたら、全面的にコミットして取り組みます。

14 Deliver Results
リーダーは、ビジネス上の重要なインプットにフォーカスし、適正な品質で迅速に実行します。たとえ困難なことがあっても、立ち向かい、決して妥協しません。

社員は驚いていた。うちの会社のCEOは、それほどベゾスとアマゾン、そしてアマゾンの企業文化を支えるリーダーシップ・プリンシプルに触発されていたのか。
「君たちにウーバーのバリューを紹介したい」。カラニックはそう言って、ステージに置かれた黒板を指さした。照明が背後に置かれた黒板に当てられる。黒板には白いチョークで書かれた一四の箇条書きが列記されている。いずれも言葉少ない格言もしくはモットーのようなものばかりで、どれもカラニックの脳からそのまま飛び出してきたものだ。社員たちは、カラニックが大声でまくしたてるバリューを目で追った。

1「いつも押しまくれ」
2「借家人ではなく、オーナーであれ」
3「大胆かつ大きく賭けろ」
4「町の繁栄を讃えろ」
5「顧客にこだわり抜け」
6「裏返しの発想」
7「好きなように作れ」
8「マジックを生み出せ」
9「実力主義／衝突を恐れるな」
10「楽観主義のリーダーシップ」
11「信念に基づく対立」
12「超気合いを入れろ」
13「チャンピオンの気がまえ」
14「自分らしくあれ」

話を聞いていた社員のなかには、この成り行きに混乱を隠せない者もいた。「本気じゃないよな」と隣に座る同僚にささやいた二七歳の社員がいた。「これは教授ごっこの続きじゃないのか」

この一四項目は、アマゾンという会社のバリューを、男性優位がはびこる企業の言葉に自動翻訳したようなものである。カラニックの世界にいる人間には、うれしいとか、悲しいとかいう感情はなく、彼にとって人間とは、〝超気合いが入っている《スーパーパンプド》〟人間とそうでない人間の二種類しかいなかった。ブレインストーミングは瞬発力が試される〝ジャムセッション〟だった。社員の半数はカラニックの生き生きとした多彩な言葉づかいを喜んでいたが、残りの社員は我慢して聞いていた。当のカラニックは自分と同じように、社員全員がこの一四のバリューについて〝超気合いを入れて〟取り組んでくれるように望んでいたのだ。

それから二時間半以上をかけ、カラニックはそれぞれのバリューについてうんざりするほど詳細に説明し、実際にこのバリューを体現した社内の重役や社員をステージに招いた。オペレーション担当重役のライアン・グレイブスは、「いつも押しまくれ《オールウェイズ・ビー・ハッスリン》」というバリューの好例で、真っ先に新しい町に進出していこうとする。オースティン・ガイドは創業間もないころにインターンとして入社し、ウーバーでもっとも尊敬され、経営幹部にのぼりつめた一人だった。「町の繁栄を讃えろ《セレブレイト・シティーズ》」を体現した人物として紹介された彼女は、ステージに向かって歩いていった。

「顧客にこだわり抜け《カスタマー・オブセッション》」というバリューは、ベゾスの考えをそのまま持ってきた。ベゾスと同様、カラニックも自社のサービスに関する顧客体験の向上については脅迫観念じみた、抜きがたいこだわりを持っていた。アプリを開いてから目的地に到着して下車するまで、乗車に関する一連の流れは申し分なくなめらかで、楽しめるものでなくてはならない。カラニックにとって、社員のあらゆる行動はこの観点に基づかなければならなかった。

また、「信念に基づく対立《プリンシプルド・コンフロンテーション》」は、ウーバーの社員は衝突や闘争を敬遠してはならないという考えに根差していた。この原則がある限り、社員は戦うことから逃れられない。このバリューは、ウーバーが違法とされ、歓迎されていない新しい町に乗り込む際、進出を正当化するためによく使われていた。既存のタクシー業界は腐敗し、権益を守る者たちだらけだとウーバーでは考えられていた。市民はその事実にまだ気づいていないが、その市民の利益のためにウーバーは強引に割って入っていくのだ。

とりわけ誇りにしていたのが、「超気合いを入れろ《スーパーパンプド》」というバリューだった。創業間もなくのウーバーの社員は全員、「ウーバーコンピテンシー」という八つのコアバリュー〔企業が最重要視する価値観〕——「猛烈さ」「上昇欲」「革新性」などの資質——に基づいて評価されていた。評価が低ければ解雇されたが、高評価が得られれば、その結果は昇給や昇進、さらにボーナスに反映された。こうした社員の行動評価に見られる違いは、すべて本人の〝気合い〟しだいだった。

「〝超気合いが入っている〟から、チームを前進させ、何時間でも働いていられるし、会社を正しい方向に導いていくために、どんな手段でも講じられる」。ウーバーのある社員は、「スーパーパンプド」という言葉についてそう説明してくれた。(8) 社員を採用しようというとき、カラニックが重んじていた点があるとするなら、それは自分のように並はずれた気合いを込めて、この会社で働ける人間かどうかだった。

創業から六年を迎えたいま、ウーバーはついに真価を発揮するようになったとカラニックは感じていた。銀行にはベンチャーキャピタルから集めた何十億ドルもの資金があり、ウーバーは破竹の勢いで成長を続けている。ウーバーは世界的な超巨大企業となり、もうひとつの多国籍企業アマゾンに挑戦する日はかならず訪れるとカラニックは考えていた。

この日の夕方、最初のプレゼンテーションを終えると、カラニックは聴衆である社員に向かい、ディスカッションのために特別ゲストを招いていると伝えた。ビル・ガーリーがそのゲストだった。ビル・ガーリーは元財務アナリストで、その後転進してシリコンバレーの伝説的なベンチャーキャピタリストになった人物である。ウーバーが輝かしい成功を収めるうえで欠かせない存在でもあった。ビル・ガーリーは、超一流のベンチャーキャピタル、ベンチマーク(Benchmark)のゼネラルパートナー〔無限責任出資家のこと〕として、シリーズAラウンドの投資をウーバーに対して行っていた。さらにウーバーの取締役の一人として、またこの若い会社の物申す支持者として、ウーバーの誰もがアドバイスを求めるような人物でもあった。ガーリーのほか二人の出資者がディスカッションに加わっていた。

終盤に向かうにつれて、ディスカッションのトーンが変わっていった。今後についてベンチャーキャピタリストはどのようなアドバイスを自分にしてくれるのかと、カラニックは尋ねた。ガーリーは椅子に深くもたれ、額に皺を寄せながら、この質問について考えた。出資者たちは忌憚のないアドバイスをカラニックに授けていた。

ウーバーの最大の強みとは、信じられないような製品フォーカスと活力と集中力であり、社員全員だけでなく、会社のあらゆるレベルでそれらがうかがえる。会社を拡大させていける能力によって、ウーバーは世界的な企業へと成長し、企業価値を何十億ドルにも高めてきた。「リーダーとしての君をこれまで見てきたところ、天井に届くまで社員の力を高めたいと思えば、君なら本当にやってのけるだろう」。そう語る投資家の話にガーリーはうなずいていた。投資家はさらに話を続け、「それどころか、社員はそのまま天井を突き破り、屋根の上まで飛び出してしまうはずだ」と語っていた。

そしてその過剰な強さこそ、ウーバーが抱える最大の弱みでもあると投資家たちは話した。しかし、カラニックのことだ。おそらく、社員がもっとうまく自己管理できるように手を尽くしてくれるだろう。健康管理やマッサージ、瞑想、ヨガでもいいだろうと投資家たちは提案していた。

このアドバイスに驚いた社員もいた。カラニックに向かって、少しはのんびりしろと投資家たちが話している。シリコンバレーのベンチャーキャピタリストのなかでも戦闘的な人物として知られるガーリーでさえ、肩の力を抜くことがウーバーにとって必要だと考えている。だが、ガーリーは誤っていなかった。ウーバーの社員は常に走り続け、休もうとはしない。家に帰っても仕事を続けるのは、ライバルと上司の存在を恐れていたからだ。役職にかかわりなく、会社のあらゆる部門で燃え尽き症候群が起きていた。エンジニアやデザイナーのなかには苛酷なストレスのせいで、セラピストの治療を受けている者もいた。

社員たちはこの提案に拍手を送ったが、カラニックはと言えば、顔に笑いを浮かべ、ステージの前に出て、社員たちの目の前で子供がやるようなふざけたヨガのポーズを真似した。投資家たちの指摘はまちがいなかった。カラニックといえども、「越えてはならない一線のもとで、永久に会社を経営していく」ことはできない。

だが、カラニックはさらに続けて、自分の立ち位置をはっきりさせた――ウーバーは栄光の上であぐらをかいているつもりはない。

「みんな、この点ははっきりさせておこう。これはマラソンだ」と言い、さらに「私はそう考えている」と念を押した。

第2章 創業者の作り方

カリフォルニア州ノースリッジの道路網は、やや形のくずれた格子のように配置されている。それはこの地区の形状による。町はロサンゼルス大都市圏に属し、サンフェルナンド・バレーとシミ・バレーにはさまれたところにあり、面積は9・5平方マイル(25平方キロ)、形状はユタ州によく似た台形で、そのせいでこうした道路網ができあがった。高台から見下ろすと、町全体はほぼ正方形の幹線道路に縁取られており、輸送網の効率性をうかがわせる。

トラビス・コーデル・カラニックは一九七六年八月六日、ノースリッジ病院で生まれた。父親はドナルド・カラニック、母親はボニーといい、中流階級のごく平均的で、快適な白人家庭を営んでいた。カラニックは近所の森とランチ様式のレンガ造りの家で子供時代を過ごした。家は土木技師の父親が購入したもので、周囲の家と同じように敷地内の車道は左右対称に設計され、敷きつめられたコンクリートの厚板は赤いレンガで縁取られていた。

母親のボニーは地元紙の「ロサンゼルス・デイリー・ニュース」で広告担当責任者として働いていた。サンフェルナンド・バレーで商売を営む中小企業を相手に、何十年と広告スペースを売ってきた。インターネットによる商売の圧迫はまだ遠い未来の話で、新聞業界も十分な利益が出せた時代だ。ボニーは核家族が多いノースリッジの典型的な主婦のような女性で、「いつも楽しく過ごし、陽気で明

る く、陰口を言うようなことはなかった」と同じ新聞社で働いていたメリン・アルフォンソは語っている。[1]

仕事のできた女性で融通もきき、魅力的でもあった。セールスの能力の高さと顧客をひきつける強い個性の持ち主だと会社での評判も高かった。彼女のこうした資質は息子のカラニックに引き継がれていく。笑顔は絶やさなかったが、一方で彼女は生来の負けん気の強さも秘めていたとアルフォンソは言う。[2]

しかし、激務と広告販売の一日が終わると、母親は夫とトラビス、そしてトラビスの一歳年下の弟コーリーが待つ家へと急いだ。母親は二人の息子を溺愛し、仕事以外の時間は彼らの面倒を見るために過ごしていた。

とくにトラビスは母親を慕い、母親も長男をかわいがっていた。後年、トラビスが世に知られるようになったころ、そんな息子を母親がどれほど誇りに思っていたのかと彼女の友人たちは語っている。三十代で家を出たトラビスは、例年、家族とクリスマスを祝うために実家に向かった。帰ってきた息子をもてなすため、母親はリビングとキッチンのあいだを何度も往復して料理を運び、家族のためにせっせとご馳走を用意しながら、トラビスがちゃんと食べているのかと気にしていた。息子の成功を報じる記事を切り抜いて大事にしまい、友人や近所の人、訪問客と誰かれかまわずに見せていた。

「母はとても豊かな感情の持ち主だった」とのちにトラビスは自分の母親について語っている。[3]「母が部屋に入ってくると、たちまち雰囲気が変わり、母の温かさ、母の笑顔、母の喜びで部屋中がいっぱいになった」

長男に対する母親の献身は決して揺らがなかった。スタートアップとして一夜で成功したわけでないように、子供時代のトラビスはクラス一の人気者ではなかった。ウーバーが爆発的な成功を収めるはるか以前、カラニックは起業家としては失敗したと見なされていた。製品を売り込みにいっても、門前払いばかりを喰らった。起業した会社を大手テクノロジー企業が買い上げてくれる話がまとまりかけたが、土壇場でそのチャンスも奪い取られた。起業したばかりのころ、もっとも信頼を寄せていた相談役や投資家の一人に裏切られたときには、それからしばらくのあいだ、新会社を起業できないほど落ち込んでいた。彼の友人の一人は、カラニックは飼い主に痛めつけられながら生きてきたピットブルだとたとえた。しかし、どれだけ打ちのめされても、カラニックはそれまでも、それからもあきらめたことは一度もなかった。

後年、カラニックの両親を取材した記者が、彼の頑固ぶりは誰に似たのかと尋ねたとき、自分だと母親は手をあげた。

「新聞広告の仕事をしていると、セールスは断られて当たり前だと考えるようになり、そういうものだとも思っていました」と、二〇一四年に受けたインタビューで母親は答えている。[4]「しかし、トラビスはとてもひたむきで、自分が正しいと考えたときには、決してあとに引きはしないでしょう。困難に出合ってもあきらめず、粘り強く耐える子供に育ってほしいと願っていました」

母親が一家の右脳なら、左脳はまちがいなく父親のドナルドが担っていた。仕事は土木技師で、ロサンゼルスの公共事業を数多く手がけてきた。ロサンゼルス国際空港の建設事業にもかかわっている。

ドナルドにとって、ボニーは二度目の結婚相手だった。二七歳のときに年下の女性と結婚したが、この結婚は相性が悪かったと本人も認めている。前妻とのあいだには二人の娘が生まれ、トラビスとコーリーには母親違いの姉たちになる。再婚後も前妻との関係は続いており、「穏やかで良好な関係」だと父親は語った。[5]

自分は物事を分析的に考える人間だと父親は思っている。論理とルールを重んじ、複雑なシステムを重要視している。フットボールやキャッチボールに興じる親子ではなかったが、そのかわりこの親子は、小学校に通う息子の理科の研究を二人で手がけるような関係だった。二人で変圧器を組み立てたこともある。[6]「修理屋さん」と息子は父親のことをよくそう言っていたが、実際、ドナルドはなんでも直すことができた。

「私はものを作り出すのが好きだ」とのちに父親は記者に話している。[7]「どうしても作ってみたいという思いに駆られ、『ほら、この部分は自分が作った』と自慢できるのはなんとも気持ちがいい」。はじめは短期大学に進んだが、その後、進路を変えて工学の学士号を取った。数学や数字に囲まれているほうが彼にはくつろげた。

子供のしつけには厳しかったが、大いに期待もしていた。息子たちをコンピューターの世界に導いたのも父親だった。カラニックがまだ子供のころ、父親ははじめてホームコンピューターを買った。中学生のころには自分でもプログラムが書けるようになっていたが、結局、カラニックはコンピューター言語を完全にはマスターしなかった。彼自身、製品や顧客体験などの視点から考えるほうを好んだせいだが、早い時期に親しんだテクノロジーへの関心はその後も変わらなかった。効率性を愛し、むだをなにより嫌った彼にとって、ソフトウエアとインターネットの出現で、旧来のむだが多い、破綻したシステムが一掃され、新しいシステムが再構築されるのを歓迎した。ソースコード《コーディング》の作成やプログラミングの方法をコツコツ学び、一生懸命働く意志のある人間は、社会のシステムを変えられるチャンス、つまり、世界を変えられるチャンスが手にできるのだ。

カラニックは、両親から等分の資質を受け継いでいた。

早熟な子供で、父親譲りの数学の才能を使い、同級生が紙と鉛筆で問題を解いているかたわらで、カラニックは暗算であっという間に問題を解き、周囲の人間に彼の才能を印象づけていた。セールスの才能は母親の影響だった。トラビスと父親は、小学三年生までの子供を対象にしたYMCAのインディアン・ガイドという活動に親子で参加していた。このプログラムでは活動のため例年、朝食のパンケーキを売って資金を調達する催しを行っていた。トラビスはそこでもトップセールスマンとして才能を発揮した。(8) 近所の食料雑貨店の前に立ち、店に入ろうとする客にパンケーキを売って、資金の寄付を呼びかけていた。トラビスはかわいげがあり、粘り強く、朝から店の前に立っても疲れを知らず、そのうえ負けず嫌いだった。結局、夕方になって両親が連れて帰るまで粘って売り続けた。

負けん気の強さは、中学生になっても変わらなかった。通っていたパトリック・ヘンリー中学――ノースリッジの自宅から0・5マイル(800メートル)離れたグラナダ・ヒルにあった――では、運動選手としても才能を発揮していた。トラックを走り、アメリカン・フットボールをやり、バスケットボールに興じた。一一歳のとき、母親が働く「ロサンゼルス・デイリー・ニュース」で、成績評価制度(GPA)*訳註四・〇のバスケット選手として称賛されたこともある。カラニックが手にしたのはとてつもない称賛で、それは彼の所属するチームが地区大会で優勝した勝利をはるかにうわまわるものだった。(9)

「運動競技においては、たまたまの偶然で結果は出せない。成果とはたゆみない努力と訓練の賜物なのだ」と、このとき新聞はカラニックとチームの勝利を報じた。「鍛錬とは何かを知ったとき、勝利の半分を手にしたことになる」

これだけの才能に恵まれながら、学校生活はカラニックにとって容易なものではなかった。頭がいいから、ダサいから、まったくクールではないからという理由で、針金のようにやせていたカラニックを上級生がいじめるようになった。いじめは容赦なく続いた。ひとつには、子供のころのカラニックには感情知能が欠落していたせいもあったと、友人や身近にいた者は指摘する。数学の神童で、桁数の大きな数字も暗算で一瞬に解き明かして教師の受けはいい。だが、そのせいでほかの生徒のやっかみを買い、「あいつはオタク《ギーク》だ」と陰では言われていた。そして、カラニックの中学ではオタクはいじめの標的だった。

中学時代のある時期、これ以上のいじめは許さないと心に決めた。攻撃してくる者にはひるまずに立ち向かい、それどころか別の生徒をいじめ、自分への関心をそらしてさえいた。やがて、ひるまずに反撃できるようになると、その気の強さで最後にはクールな生徒たちのあいだに自分の居場所を得ていた。

高校では流行りの服を着るようになり、見映えのいいガールフレンドもでき、それなりの仲間と連れ立って、それなりの場所に出入りするようになる。どうやって周囲に合わせればいいのか、クールな服を着こなせるようになってからは、生きるのがずいぶん楽になったが、本人は依然として流行りの服に身を包んだオタクにすぎなかった。

カラニックが生来備えていた起業家精神は、その後も変わらずに輝き続けた。十代のころ、カットコブランドのキッチンナイフの訪問販売を地元で始めている。飛び込み営業を繰り返しながら、持ち前のセールスセンスに磨きをかけていった。後年、スタートアップを起ち上げ、資金を調達しようとしたとき、このときの訪問販売で過ごした数年の経験にかけがえのない意味があったことが明らかになる。一九八〇年代の夏、当時、総額で二万ドル分のキッチンナイフを売りさばいたと本人は言う。[10] 年齢が彼より倍のカットコのセールスマンでさえ、達成するのが難しい金額だったが、カラニックはやすやすと売ってのけた。一本売るごとに、彼が手にする歩合はますます増えていった。[11]

大会社のために売るのはもう飽きた。一八歳のときには大学進学適性試験（SAT）の準備を提供するサービスを独自に始めている。パートナーはクラスメートの父親という意外な組み合わせだったが、このコンビは思いのほかうまくいった。二人が「ニューウエイ・アカデミー」と呼んでいた事業は、カラニックが教えるセミナーで、部屋に集めた一六歳の高校生たちに試験対策を指導し、サンプルの小問題を解かせるというものだった。カラニックはこれをある種の営業活動、つまり、聴衆に何かを売るためのひとつの方法だと見なしていた。

SATの問題などカラニックにとって遊びのようなものだった。彼のスコアは一六〇〇点中の一五八〇点で、あと二〇点で満点だ。数学のセクションは早々に問題を解いてしまい、残り時間を持てましていた。

サバン症候群のようなカラニックの特異な数学能力については、友人たちも覚えていた。「ロサン

訳註＊成績評価制度：各科目の成績から特定の方式によって算出された学生の成績評価値。アメリカでは広く採用されている五段階評価で、「四・〇」は点数にして「九〇～一〇〇点」、グレードは「AA」もしくは「S」。近年、日本の大学でも採用が広がっている。

ゼルスの町を車で走らせていたとき、目的地まであと17マイル（27キロ）だとカラニックは気づいた」と語るのはシーン・スタントンである。[12] スタントンはカラニックの友人で、いっしょに働いたこともある。「それからスピードメーターを見て、車の平均速度を確かめると、数秒もしないうちに、到着まで時間はあとどれくらいで、約束の時間に遅れずに到着できると話していた。あんな芸当ができるのはカラニックぐらいだ」

SATのスコアと課外活動が評価され、大学は希望する大学を選択できた。自宅に近いこともあって、カリフォルニア大学ロサンゼルス校（UCLA）に進んだ。そして、本物のスタートアップを創設する機会を、カラニックはこの大学でつかむことになる。

のちになって振り返ってみれば、カラニックがUCLAに入学を認められた時代は、インターネットが歴史的な転換点を迎えていた時期に重なっていた。一九九八年、大半の人は速度の遅いモデムとダイアル接続でインターネットにアクセスしていた。そのころ、通信回線は28・8キロボーもあればかなり速いと考えられていた。この変調速度では一点の画像ファイルをダウンロードするのに数分、三分の楽曲のダウンロードには三〇分もかかったが、それでもうまく接続できた場合だった。

しかし、カラニックのような若いコンピューターオタクにとって、当時の大学は技術を格段に高めるには格好の場所だった。一九九〇年代後半、大半の主要大学は、学内の生徒に大学のネットワークにアクセスできる環境を提供していた。学内のネットワークは、いわゆる「T1」と呼ばれる回線で結ばれており、電話によるアナログ回線とは違い、光ファイバーのデジタル専用線が使われていた。この回線を使えば、毎秒1・5メガバイトのデータを処理できた。自宅にある両親の古いコンピューターはダイアルアップ接続で、通信速度は28・8キロビット。カラニックのような学生には、一〇〇〇倍の速度でネットサーフィンができることを意味していた。何時間もかかってダウンロードしていたファイルがわずか数秒で取り込めた。

大学で専攻していたのはコンピューターサイエンスと経済学の二つで、さらにコンピューターサイエンス学部生協会に参加し、急速に拡大していく分野のまっただなかに身を置いていた。

カラニックと彼のコンピューター仲間はT1回線で結ばれたインターネットを思う存分利用し、「クエイク」「ドゥーム」のようなシューティングゲーム、「スタークラフト」のようなストラテジーゲームでたがいに腕を競い合った。ファイルの共有が当たり前のように行われ、ベースボールカードを交換するように、音楽や動画や画像ファイルを交換しあい、ダウンロードに時間を費やした。

そのうち誰かが、「こうしたファイルを直接探せるホームページを作ったら、おもしろいんじゃないか[13]」と言い出したと、のちにカラニックは語っている。彼らが育ってきたポータルサイトのようなハブであり、そんなサイトがあればほしいファイルを探し出してダウンロードできる。メールにファイルを添付して友人同士で受け渡しするよりも手軽で、世界中の誰もが利用できる。カラニックは気づいていなかったが、このとき彼が語っていたのは、ナップスター（Napster）のプロトタイプだった。ナップスターは起業家のショーン・パーカーが共同設立した音楽配信サービスで、パーカーは創設されたばかりのフェイスブックの初代CEO（最高経営責任者）として、マーク・ザッカーバーグのアドバイザーを務めた。

結局、カラニックは六人の友人とともにスカウア・ネット（Scour Net）という、グーグルの検索エンジンに似たサイトを立ち上げた。このサイトを使えば、ナップスターのように何百万というファイルを〝探《スカウア》しまわり〟、ダウンロードすることができた。カラニックは共同創業者の地位を主張したが、友人たちが異議を唱えたので営業とマーケティングを担当した。

四年生のとき、ビル・ゲイツやザッカーバーグのように、大学を中退してスカウアの仕事にフルタイムで取り組む決心をする。その決断に両親は驚いた。もっとも、それを息子に打ち明けるのははるか後年である。当時、カラニックは自宅で暮らしていたが、やがて六名の仲間と借りた寝室が二つあるアパートで生活するようになり、このアパートを拠点に、「働いて、食べて寝る」[14]だけの毎日を送るようになる。

ビジネスモデルは限られていた。だが、カラニックと仲間は、最優先すべきは会社の成長だというシリコンバレーの公理をすでに十分吸収していた。[15]成長を優先すれば、そのあとで利益への道が開かれていく。

カラニックには働くことがすべてだった。親友と呼べる者はおらず、ガールフレンドもいない。スカウアの元同僚が言っていたように、カラニックと個人的な関係を結ぶのであれば、いっしょに並んで働くしかなかった。両親を別にすれば、彼の個人的な人間関係は皆無に等しかった。

カラニックの頭を占めていたのは、スカウアを大企業にすることだった。洗濯する時間もなく、汚れ物は部屋の床に積み上げられていく。友人から金を借りても、返すのを忘れていた。手紙が届いても、何週間もそのまま。知人の一人は、カラニックのベッドサイドのテーブルには、未開封のままの手紙が山と積まれていたのを覚えている。彼らのあいだでは、働くことがなにより優先されていた。

フェイスブックとまったく同じように、ブロードバンドを使ったスカウアはどの大学のキャンパスでも人気を博し、使い勝手のよさからファイルを違法にダウンロードしようという学生のあいだで高く評価された。間もなく、ファイル共有サービスの覇権をめぐり、ナップスターと接戦を演じるようになるが、スカウアの強みは、音楽よりもファイル検索にあった。

地元紙や全国紙でスカウアが取り上げられるようになると、投資家たちの関心がスカウアに集まり始めた。カラニックの心を何年にもわたって占めてきた瞬間がついに訪れたのだ。「資金は尽きかけ、経費はかかる一方だったが、アクセス数は天井知らずの勢いで伸びていた[16]」とカラニックは言う。スカウアは設立当初から、息切れ寸前だった。大学のネットワークを使っていたのでサーバーは無料だが、みんな無給で働いていた。創立メンバーの半分は、少額ではあったが親友や家族に初期費用への出資を頼み込んでいた。しかし、急激に増えていく利用者をさばいていくには資金はまったく足りず、投資家による出資が必要である事実が間もなく明らかになる。スカウアをさらに大きくするなら、なおさら出資者を見つけなければならなかった。

友だちの友だちを通じて、メンバーはスカウアを次の段階に引き上げてくれる二人の投資家を紹介された。ロン・バークルとマイケル・オーヴィッツというベンチャーキャピタリストで、カラニックのその後の人生において、ベンチャーキャピタリストに対する彼の考え方を根底から変えることになる人物たちだった。

ビリオネアのロン・バークルは、慈善事業家として、そしてプライベート・エクイティ・ファンドのユカイパ・カンパニーズ(Yucaipa Companies)の共同創業者として知られていた。マイケル・オーヴィッツはロサンゼルスのエンターテインメント業界では伝説とされる人物だった。ハリウッド最強の代理人で、クリエイティヴ・アーティスツ・エージェンシー（ＣＡＡ）の共同創業者である。ＣＡＡは著名なスポーツ界のスターや芸能人を多数抱えている、世界屈指のエージェンシーである。オーヴィッツはディズニー社長をクビになったことでも知られていた。クビを言い渡したのは当時、CEOだったマイケル・アイズナーで、オーヴィッツは叩き出されるようにディズニーから追放された。

バークルとオーヴィッツは、スカウアに対して条件概要書《タームシート》を差し出した。これは投資条件に関して詳細を記した趣意書で、出資金の見返りに対し、会社の所有権の何パーセントを得るのかが規定されている。この概要書にはいわゆる「ノーショップ条項」が明記されていた。この規定にしたがうと、スカウアはオーヴィッツと最終合意に達するまで、ほかの投資家に資金を求められなくなる。

スカウアはこの条件をのんだが、細部の条件をめぐり、オーヴィッツとの交渉は泥沼にはまる。スカウアの手元資金はついに底を尽き、請求書だけが積み重なっていく。スカウアの社員はこの条件で手を打つか、それとも会社を去るかのどちらかを選ぶしかなかった。カラニックはオーヴィッツに電話をかけ、状況を率直に打ち明け、オーヴィッツには出資に同意する意思はないように思える以上、この契約を破棄してスカウアを解放するように頼み込んだ。

「いいですか。もう、資金が持ちません」とカラニックはオーヴィッツに話した。「どうやら、あなたに投資する気がないのは明らかだ。だが、僕たちは資金を探してこなくてはならない[17]」。オーヴィッツがただちに投資する意思がなければ、カラニックは別の誰かに出資を仰がなくてはならない。

三日後、オーヴィッツはスカウアを訴えた。「ノーショップ条項」の違約が理由だった。

カラニックは怒りくるった。自分を支え、会社を支援すべき出資者の一人が、契約違反を理由に創業者たちを訴えたのだ。

「私たちを訴えた、筋金入りの訴訟好きのこの男は、最後にはロサンゼルスから叩き出してやった[18]」。後年、カラニックはほかの起業家たちにそう話している。「当時、誰かほかに投資してくれる者がいると思うか。いるわけがない」

オーヴィッツのもくろみはまんまと成功した。社員たちはスカウアをつぶさないために、相手が提示してきた一方的な条件をのむしかなく、オーヴィッツは四〇〇〇万ドルで半数以上の株式を手にして、創設者たちから経営権を奪い取った。そしてカラニックは、ベンチャーキャピタリストとの交渉法という、その後、彼に何年もついてまわる教訓を学んでいた。

それから間もなく、ハリウッドはファイル共有サービスへの反撃を開始する。一九九九年一二月、全米レコード協会(RIAA)はナップスターを著作権侵害で提訴、二〇〇〇億ドルの損害賠償を請求した[19]。全米レコード協会が新興企業に思い知らせたかったメッセージとはただひとつ、ファイル共有サービスの設立を考えている起業家に対し、そんな真似をすれば二度と立ち上がれないほどの損害賠償を請求するという彼らの覚悟だった。この提訴から半年、全米レコード協会はアメリカ映画協会(MPAA)をはじめ三五社以上の会社とともにスカウアを訴え、総額二五〇〇億ドルに及ぶ損害賠償を請求した[20]。

エンターテインメント業界で長年キャリアを積んできたオーヴィッツには、この状況がどう転んでいくのかはすでによくわかっていた。ハリウッドの友人たちは、ファイル共有サービスのスタートアップに肩入れしている最強の代理人に対して、隠さずに怒りを示すようになっていたからである。マスコミとのコネを使って裏から手をまわし、抜け目なくスカウアとの距離を取り始めた。「ニューヨーク・タイムズ」は、オーヴィッツと親しい人物の発言として、ハリウッドの大立者は、スカウアとの「関係に不快感を募らせ」、数カ月前には同社のCEOと取締役会に対して、「著作権の侵害に関する懸念を表明」する書簡を送った[21]という話を引用していた。

これは二度目の裏切りだった。スカウアが提訴されると、オーヴィッツはただちに投資銀行のバンカーを雇い、会社を支配する手持ちの株をさっさと処分してしまう。

スカウアの創業者で無傷ですんだ者は一人もいなかった。とりわけカラニックにとってこの提訴はこれ以上ない痛手だった。彼にとってスカウアは、はじめて起業に取り組んだ会社である。全身全霊で取り組み、そのために大学も中退した。給料もあきらめ、ふたたび実家に身を寄せて暮らし、恋人を見つけて二人だけの関係を結ぶという夢さえ捨てていた。

それ以上に、新しく企業を立ち上げるという生活を、自分がどれほど楽しんでいたのかという事実にカラニックは気づいた。スカウアの人気が高まるにつれ、このクールなブランドに自分が関係していること、何十万人という人間が当たり前のように利用しているブランドに自分が携わっていることに夢中になっていた。交渉のやり方を学び、顧客関係管理が重大な局面を迎えるたび、ビジネスパートナーと大声でやり合いながら戦略を練った。契約をめぐる駆け引きが大好きだった。ハリウッドとのパイプをつなぎ、その関係を広げる一方でさらに深めていった。

ようやく試練から抜け出せたが、カラニックは疲れ果て、精神的にも激しく落ち込んでいた。毎日、一四時間から一五時間は眠り続けていた。スカウアなら世界的なネットワークを目ざせると仲間はみんな信じていた。その会社の資産が、破産裁判所で切り売りされていく様子をカラニックは目をそらさずに見届けた。

カラニックは見る影もないほど傷ついていた。そして、オーヴィッツのような人間には金輪際もてあそばれてなるものかと心に誓った。

第3章 心に刻まれた教訓

スカウアに対する全米レコード協会(RIAA)の提訴とオーヴィッツの裏切りにもかかわらず、破産裁判所から出てきたカラニックの手元にはいくばくかの資金が残っていた。だがカラニックは、いずれスカウアは何百万ドルもの価値がある企業に成長するはずだとずっと考えていた。仮の話だが、彼がもう数年早く生まれ、500マイル(800キロ)北にある町に住んでいれば、その考えはまさしくそのとおりになっていたかもしれなかった。

彼がまだ学生のころ、通称「ソーマ」と呼ばれるサンフランシスコのサウス・オブ・マーケット地区は、ドットコム企業にとっておとぎの国のような場所だった。一九九〇年代、セカンドストリートとブライアントストリートが交差する一画に建ちならぶ広々としたロフトには、ウェブの世界の変革を夢見る多数のスタートアップが入居していた。ビッグワード・コム(Bigword.com)やマクロメディア・コム(Macromedia.com)、サブスタンス(Substance)のような会社は、セカンドストリートとサードストリートに囲まれた緑豊かなサウスパークのすぐそばにオフィスを構えていた。そこから一ブロック離れたところにある「ワイアード」誌の本社では、編集者たちがドットコム時代到来に関する詳細な記事を気負いこんで書いていた。

スカウアで忙しい毎日を過ごしていたころ、カラニックは起業家としての彼のキャリアをまさに始めようとしていた。豊富なベンチャーキャピタルに恵まれた、若き創業者たちが生み出したカルチャーをそのかたわらで目を凝らして見ていた。彼の周囲ではこうしたスタートアップが次々に誕生し、右肩上がりのインターネットという見通しのもとでますます活気づいていた。

スタートアップの企業価値に対する市場評価は急騰する一方だった。利益が出せず、ばくだいな損失を負っているところでさえ、数千万ドルの価値があると見なされていた。一九九〇年から二〇〇〇年代半ばにかけ、四七〇〇を超える企業が株式を公開したが、その多くは上場に値する実績すらあげていなかった。だが、ひとたび株式が公開されると、こうした企業――（ドッグフードのデリバリー）ペッツ・コム（Pets.com）から（ネット専用の食品スーパー）ウェブヴァン（Webvan）まで――の株価は直後からうなぎのぼりに上昇した。投資家は大きな利益が見込める新規のインターネット関連株を探し、銀行家は銀行家で、創業間もないドットコム企業に電話をかけまくり、株式公開の話を持ちかけた。新規公開が決まるたびにバンカーは手数料が稼げた。

実際、有望なスタートアップもなかにはあった。アマゾンやイーベイ（eBay）などのｅコマース、ネット型旅行予約会社のプライスライン（Priceline）、ソフトウエア企業のアドビ（Adobe）などであり、一九九〇年代に起業したスタートアップの多くは、ドットコム時代を生き抜いてきた。彼らは同時代の大半の企業ができなかった何か、つまり持続可能でしかも基盤となるビジネスを打ち立てられた企業だった。

一九九〇年代のシリコンバレーは、とくにバブルへの機が熟していた。当時、連邦準備制度理事会（ＦＲＢ）の金利はきわめて低く設定され、投資家の多くは容易に資金が調達できた。彼らから出資を受けたスタートアップは、それを元手に今度はサーバーや回線容量を増強したり、ほかのドットコム企業が開発したIT製品を買い入れたりして、実体経済を超えるペースで収益と業績を拡大していった。ウォール街のファイナンシャルアドバイザーもハイテク関連株を推奨しつづけ、一般の投資家にさえ有り金をはたいてでも関連株に投資しろと勧めていた。こうした企業への出資は、今後も長期的に成長していく確実な投資なのだ。

このようなドットコム企業を顧客にしたエコシステムもシリコンバレーの各地で出現していた（ゴールドラッシュのころ、サンフランシスコでは、「自分で金《きん》を掘りにいくより、シャベルを売ったほうが儲かる」と言われた。そんな時代がかった話がふたたび大勢の人の口にのぼった）。スタートアップス・コム（Startups.com）の社員は、二万五〇〇〇ドルの予算で、新会社に対して、オフィスの手配をしてくれるばかりか、什器や備品の手配、さらに給与支払いのソフトウエアまで用意してくれた(1)。

バブルに沸く市場に反応して、インフレを懸念した連邦準備制度理事会は一九九九年と二〇〇〇年にかけて、やつぎばやに金利をあげていき、市場に野放図に流れ込んでいた資金の蛇口を閉める。その結果、大半のスタートアップは、ベンチャーキャピタルの出資で降って湧いた見せかけの利益ではなく、まぎれもない収益に基づいて経営しなくてはならなくなった。だが、それを達成できたスタートアップはほとんどなかった。こうした企業の多くは、持ちつ持たれつでたがいの製品を購入していたので、景気の悪化はハイテク部門に関連するあらゆる企業に波及していった。ある投資家は、この状況をワイリー・コヨーテ*訳註にたとえた。スタートアップはどこの会社もとっくに崖の向こうに飛び出

訳註＊ワイリー・コヨーテ：ワーナー・ブラザースのアニメーション『ワイリー・コヨーテとロード・ランナー』に登場するコヨーテ。猛スピードで走るロード・ランナーを追っていくが、気がつくと崖から落ちていくのが定番のオチ。

していたのだ。そして、立ち止まって見下ろしてみたら、足の下に地面がなかったことに彼らは気づいた。出資してくれる投資家はもはや見つからず、何百社というスタートアップが会社をたたんだ。公開していた株式は一ドル当たり数セントにまで暴落した。

「私の会社は八番街とタウンセンドの近くにあるドーレストリートにあった。バブルが弾けたあと、会社に足を踏み入れた日のことはいまでも覚えている」。そう語るのは調査会社のジュピター・リサーチ(Jupiter Research)の元財務アナリストであるロブ・レザーンだ。彼の会社が入っているビルでは入居していたスタートアップが倒産し、どの階のオフィスも空き部屋だらけになっていた。入り口の前には何週間分もの「ウォールストリート・ジャーナル」が山と積み上がり、扉のガラスにはフェデックスの不在連絡票のステッカーがそのまま何カ月も貼られていた。

レザーンの話に誇張はない。国道一〇一号線からパロアルトにかけての道路脇に立ちならぶ看板は、この世にはすでに存在しない会社を宣伝していた。死の行進を続けるスタートアップを記録する「ファックト・カンパニー」(Fucked Company)というサイトも新たに開設された。二〇〇一年夏の時点で、ソーマ地区全体のオフィススペースの五分の一が空いていたが、[2] これでも過去一八カ月間の最低記録を脱して、0・06パーセントも上昇した数字だった。サンフランシスコ全域で、月額家賃は平均で三〇〇ドル下落していたが、その一方で、コミュニティーサイトのクレイグスリストでは、デスクトップコンピューターやモニター、サーバーやメモリを記したリストであふれ、なかには使い出してわずか数週間で売りに出されたものも少なくなかった。

会社の清算にともない、社員たちも別の仕事を探すためにこの地区をあとにした。そのなかにはカリフォルニア州を去った者や、IT業界から足を洗った者もいる。のちにウーバーのプロダクトデザイン部門の担当重役になるライアン・フレータスは、二〇〇一年にデジタルとＩＴのコンサルティング企業サピエント(Sapient)をレイオフされ、(一流レストランではあったが)シェフを補佐するコックとして働き始めていた。

「あのころサンフランシスコで会社を立ち上げるなら、頭のネジが二、三本吹っ飛んでいる奴でなければやっていられなかった」とレザーンは語っている。

どうやら、トラビス・カラニックはその頭のネジが二、三本吹っ飛んでいる人間だった。

スカウアの清算直後から、共同創設者の一人だったマイケル・トッドと新会社についてアイデアを出し合った。カラニックが〝雪辱戦〟と呼んでいたスタートアップの設立を二人はただちに思いついた。その企業は、自分たちの仲間を訴え、スカウアを撃沈させた全米レコード協会とアメリカ映画協会(ＭＰＡＡ)をはじめとする、もろもろの企業に反撃を加える手段となるものだった。その会社がレッド・スウッシュ(Red Swoosh)である。

「基本的には、私たちの専門知識をピアツーピア(Ｐ２Ｐ)に応用したもので、スカウアを訴えた三三の企業や団体さえ、ユーザーとして取り込んでしまうことを考えていた」とカラニックは語っていた。

新会社のアイデアはスカウアによく似ていた。レッド・スウッシュはネット上で〝対等《ピア》〟に結ばれたコンピューターを使い、さらに効率的な方法でファイルのやり取りを行う。しかし、スカウアとは異なり、レッド・スウッシュがダウンロードするファイルは違法ではなかった。ファイルそのものはメディア企業が供給する。全米レコード協会やアメリカ映画協会さらにほかのメディア企業に対して、カラニックはレッド・スウッシュを採用するようまんまと認めさせる。このソフトを使い、ユーザーの自宅にあるセットトップ端末（STB）やパソコンに、映画や音楽などさまざまなファイルを配信するのだ。

カラニックはこの種の効率性の追求にのめり込むタイプだった。コンピューターでデータを送信することも、車両で人や物を輸送することも変わりはない。突き詰めれば問題はひとつ。ある場所から別のある場所に何かを移動させるとき、どの方法がもっとも速く、もっともむだがない方法かという問題だ。

レッド・スウッシュの立ち上げを機会に、カラニックははじめてシリコンバレーで暮らすようになった。ドットコム・バブルの崩壊で、スタートアップの楽園は〝戦死《バ》した兵士の大広間《ルハラ》〟となっていた。彼にとって不運だったのは、ドットコム・バブルが弾けた直後にシリコンバレーに進出したことだった。パロアルトで打ち合わせをしたり、投資家にレッド・スウッシュを売り込んだりしていた二〇〇一年秋、この時点でシリコンバレーの通りには人気《ひとけ》はまったくなかった。

カラニック自身、「タンブルウィードが風に吹かれて転がっていた」と言う。

投資家を相手に、レッド・スウッシュへの出資を熱心に説いたが、当初は腹を立てるばかりだった。わずか数カ月前にバブルが弾け、大損を被ったベンチャーキャピタルは、出資を請うカラニックを一笑に付して部屋から追い払っていた。面談さえかなわなかったことも一度や二度ではない。

話を聞いた投資家のなかには、レッド・スウッシュを見て、これはアカマイ・テクノロジーズ(Akamai Technologies)の二番手にすぎないと考えた者がいた。アカマイはネットワーキング・ソフトをオンラインで提供しており、事業内容はカラニックのスタートアップときわめて似ていた。バブル崩壊前、アカマイの株式の時価総額は五〇〇億ドルに達していたが、バブルが弾けると株価は急落、一億六〇〇〇万ドルとわずか0・3パーセントにまで暴落していた。レッド・スウッシュの実力にかかわらず、立ち上がったばかりのスタートアップに投資しても、ベンチャーキャピタリストが望むような桁違いの額のリターンは生み出せなかった。

後年、カラニック自身が「二〇〇一年の一月のことだった。ネットワーキング・ソフトの会社を始めようとしていた」と語っているように、出資を交渉してもむだなのは彼も理解しており、「こんなことがあっていいのか」[3]と息巻いていた。

それにもかかわらず、彼らは事業へと突き進んでいった。開設したオフィスはサンフランシスコの高速道路の出口をいくつか過ぎたサンマテオの真南にある地区で、シリコンバレーから車で北に約三〇分走ったところにあった。

しかし、開業した当初から、社員はカラニックのやり方に納得がいかなかった。六人いたエンジニアは何カ月も無給で働かされ、辞めようとすれば引き止められる。資金がショートしたとき、会社の源泉徴収済み給与税を調べた社員がいた。これは雇用主が国税庁（IRS）に払うために引き当てている金だったが、会社はこれを資金として使っていたのだ。結局、その社員は会社を去り、この使い込みでカラニックはやり玉にあげられる。さらにアドバイザーからも、会社は税金をだまし取っているようなものだと告げられる。その後何年にもわたり、カラニックはこの一件にこだわり続けた。自分は裏切られ、仲間だと思っていた人間のせいで法的な窮地に追い込まれたと考えていた。[*] この件をきっかけに、カラニックは身近な人間を容易に信じようとはしなくなった。

*源泉徴収済み給与税は最終的に納付されている。

ギリギリやっていくのも困難な状況だったが、それでもカラニックは会社をなんとかまわし続けていた。毎月のキャッシュフローも綱渡りだった。そして、会社をたたもうと考えていたちょうど二週間前、ケーブルテレビを取り扱う会社とのあいだで一五万ドルの取引に成功する。苦痛と絶望にさいなまれた経験だったが、カラニックはついに自分の経験を正当に評価できるようになった。この経験を通じて、彼は無力な立場から相手と交渉する術《すべ》を学んでいた。

レッド・スウッシュに対して、一〇〇〇万ドルの投資を約束したベンチャーキャピタルもあったが、約束は資金調達ラウンドでほかの投資家が加わることを拒んだ相手の意向でご破算に終わる。またしてもベンチャーキャピタルにだまされたとカラニックは思った。自分や会社がどうなろうと、彼らは気にもとめない。苦々しい思いだけしか残らなかった。カラニックは後年、彼のあこがれの存在だった西海岸のラッパー、スヌープ・ドッグとドクター・ドレーの二人に、「ベンチャーキャピタルの連中はただのクソ野郎ではなく、ビッチで人をだますペテン師どもだ[4]」と話して聞かせている。

レッド・スウッシュは、その後、数年にわたってそんなサイクルを繰り返してきた。資金繰りがいよいよ危なくなると、土壇場でカラニックがテクノロジー企業との取引をまとめ、ふたたび数カ月会社をまわしていく。やがてカラニックは、こうした取引を利用して別のベンチャー投資を引き出す方法を考え、一年さらにもう一年と苦境をしのいで経営を続けた。「奇妙な話だが、そんなふうにして仕事を続けていけた。いざとなると、決まってそこにキラキラ光る玉があった」と彼は言っている。「玉をほとんどは手にできたが、最後には二度と現れなかった」

カラニックにとってもっとも手痛い事件は、彼がスイスのダボスを訪れていたときに起きた。ダボスは例年開催される「世界経済フォーラム」の本拠地で、会議には世界屈指の富豪や影響力を持つ人間たちが集まる。カラニックはこの会議で催されるイベントの招待状をなんとか手に入れることができた。当時、彼はＡＯＬとのあいだで年間一〇〇万ドルの収益が見込める取引を交渉している最中だった。ＡＯＬは有利な提携先になる可能性を秘めていた。そして、その契約を結ぶ前、一通のメールがカラニックのもとに届く。会社に最後まで残っていたたった一人のエンジニアからのメールで、何カ月ものあいだ給料の遅配が続いていたにもかかわらず、辞めずに残っていた社員だった。そのメールには、マイケル・トッドに誘われ、グーグルで働くことにしたと書かれていた。マイケル・トッドは、カラニックにとってスカウア時代からの同僚だった。

最後の一人だったエンジニアを失い、最悪の事態に陥る。しかも、この事実が前出のサイト「ファックト・カンパニー」のトップページに掲載されて、事態はさらに面倒なことになっていた。レッド・スウッシュを悩ます問題がシリコンバレーに広まってしまったのだ。結局、この一件のせいでＡＯＬとの取引も流れてしまう。

だが二〇〇五年、カラニックはついに幸運をつかむ。ネットの掲示板で交わしていた実業家マーク・キューバンとの議論がきっかけだった。議論は高じていき、最後にはけんかになっていた。マーク・キューバンはビリオネアとして知られ、ＮＢＡのダラス・マーベリックのオーナーでもある。カラニックはＰ２Ｐの福音を説いたが、キューバンははなはだしい見当違いだと考えていた。キューバン自身はテクノロジー業界を嫌っていたが、この論争を通じ、カラニックの負けん気の強さを認めるようになる。とくに激しい言葉の応酬になったときにうかがえる、カラニックの粘り強さが気に入っていた。キューバンは個人的なメッセージをカラニックに送り、レッド・スウッシュに対して一八〇万ドルの投資を申し出た。この投資は会社の命運を左右する決定的な命綱となり、最後には重要な提携企業となるいくつもの契約へと結びつけることになる。さらに、シリコンバレーでは一目置かれるオーガスト・キャピタル(August Capital)からも投資を受けて、レッド・スウッシュにはさらに生命力が吹き込まれていった。

ダボスへの旅は失望の旅だったが、思いがけない希望の兆しをカラニックはこの旅で見つけていた。参入したばかりの分野の最大のライバル企業、アカマイ・テクノロジーズのCEOと知り合える機会をカラニックは得ていた。このときから六年後、倦《う》むことなくレッド・スウッシュの経営に励んだのち、カラニックはそれまでの彼の生涯において最高の取引の交渉を始める。そして、アカマイ・テクノロジーズにレッド・スウッシュを約二〇〇〇万ドルで売り渡したのである。(5) 税引き後、カラニックの手元には、正味で約二〇〇万ドルが残った。

長くて苛酷な道のりの果てにようやくたどりついた出口で、カラニックはついにひと息つくことができた。はした金のために昼夜の別なく働く必要はもはやない。次の取引を探すかたわら、実家で暮らし、セイフウェイ*訳註で買ってきた箱入りの特売ラーメンやスナックを食べて一日を過ごしていた。

レッド・スウッシュの売却から四カ月、カラニックはサンフランシスコのカストロ地区でコンドミニアムを購入した。この町いちばんの高台に建つコンドミニアムで、ベイエリアが一望できた。世界中のエリートたちをサンフランシスコに引き寄せる贅沢な眺望を楽しみながら、カラニックもくつろいで時間を過ごせるようになったのだ。スタートアップ時代の友人らを引き連れ、ガールフレンドのアンジー・ユーとともにここでのんびりできたのも、アカマイに会社を売ったおかげだった。パーティーを開いてドンチャン騒ぎをしたり、あるいはくつろいだり、そして、なによりありがたかったのは、次に何をするのかじっくり考えることができた点だった。

売却で得た巨額の資産はともかく、スタートアップとして一〇年以上に及ぶ格闘を通じて、カラニックは十分すぎるほどの実地経験を身につけながら、リーダーシップについても新たな気づきを得ていた。このころになるとある種の脅迫観念のような思いを抱くようになり、自分の周囲にいるのはいずれも危険な敵で、そのなかで生き残っていくために、ダーウィン主義にも似た〝適者生存〟の考えを抱くようになっていた。

「周囲が敵だらけのなかで会社を経営していくときは（略）、むしろこちらから打って出ていく覚悟でいなければならない」と言っていた。「生き延びて当然と思えるCEOしか、生きながらえていくことができないのだ」

しかし、それ以上に深く心に刻み込んでいた教訓は、ベンチャーキャピタルは絶対に信用してはならないという教えにほかならなかった。

「奴らは皆、創業者にはきわめて友好的だ。創業者をほめ讃えて祭り上げ、『自分たちはしがないベンチャーキャピタルでしかない』とのたまっている」。自分の経験を聞くために集まった起業家たちの前で、カラニックはかつてそう話したことがある。「しかし、スタートアップのCEOの息の根を絶つことが奴らの本性なんだ。この話に嘘はない[6]」

訳註＊セイフウェイ：カリフォルニア州に本拠を置くスーパーマーケット・チェーン。日本にも進出したことがある。

トラビス・カラニックは、国家的規模の災難がまさに始まる直前にレッド・スウッシュを売り抜けていた。

災難は二〇〇七年四月に見舞った。それまで何年ものあいだ、アメリカの銀行は住宅ローンの審査において、サブプライム層への融資を真っ先に弾いてきた。この層は信用履歴が低く、住宅ローンを組もうにも審査を通過できなかった。しかし、一九九〇年代後半、金融政策に関する国の方針が変わり、それを受けて銀行はサブプライム層への融資を歓迎するようになり、気前よく変動金利型住宅ローンを貸し付け、その件数は記録的な数に達していた。これらの住宅ローンは証券化され、金融商品に組み込まれて世界中の投資家に向けて販売されていた。

しかし、こうした仕組みは即製爆弾の時限装置のようなものだった。変動金利で融資を受けた債務者は、間もなくとてつもない勢いで上昇していく月々の返済額に直面する。債務者は次々と返済不能に陥り、その波はアメリカ経済全体にくまなく波及していった。この壊滅的な状況から回復するにはその後何年もかかり、そのまま沈んでいった者も少なくなかった。

過去に例がなかった深刻な金融危機が沸点に達するにつれて、連邦政府は衝撃を和らげるために一連の金融対策を打ち出していった。二〇〇八年九月七日、ジョージ・W・ブッシュ政権はアメリカの二大住宅ローン債権機関であるファニーメイ(連邦住宅抵当公庫)、フレディ・マック(連邦住宅金融抵当公庫)の支配株を獲得していずれも国有化した。[1] また、財務長官だったヘンリー・ポールソンは、AIG(アメリカン・インターナショナル・グループ)、J・P・モルガン、ウェルズ・ファーゴをはじめ、アメリカの大手金融機関数十社に対して何十億ドルもの巨額な公的資金を投入すると示唆した。二〇〇七年九月から金融危機が終息するまで、連邦準備銀行は公定歩合を5・25パーセントから引き下げていき、二〇〇九年には史上最低の0・25パーセントにまで下げられている。この最低水準の金利は二〇一五年一二月まで六年間据え置かれることになる。

こうした対策を講じていたが、財務長官と連邦準備銀行は、世界経済のコントロールが利かなくなり、雪崩を打って崩壊しないように必死だったといわれている。しかし、パニックにあえいでいたころ、彼らの関心はもっぱらウォール街に向けられ、ビッグ・テックに向けられることはなかった。金利を大幅に下げて銀行を救済する政策は、起業家やエンジニアにも計り知れない影響をもたらしていた。とくに北カリフォルニアを走る国道一〇一号線の50マイル(80キロ)の区間にその影響は著しく表れていた。

シリコンバレーを見舞ったドットコム・バブルの崩壊は、ある意味では災いではなく、好ましい影響をシリコンバレーにもたらした。

バブルの崩壊によって、見てくれだけのドットコム企業と真に企業価値のある会社が選別されていた。ラリー・ペイジやセルゲイ・ブリン、あるいはマーク・ザッカーバーグといった新世代の起業家は、インターネットが秘めている力の使い方、その力を高収益のビジネスに変える方法を直観的に理解していたようだった。

三つの要因がザッカーバーグやペイジのような新世代の起業家の出現をうながした。ひとつは、二〇〇八年の時点で、アメリカの75パーセントを超える世帯がコンピューターを所有しており[2]、しかも一九九〇年代や二〇〇〇年代前半とは異なり、こうしたマスユーザー層はブロードバンドにアクセスしていた点である。二〇〇八年、アメリカの成人の過半数は高速のインターネット回線を契約していた[3]。オンラインに接続する人が増えれば増えるほど、インターネットを使った新サービスへの需要も日ごとに高まっていった。

二番目の要因は、会社の設立を考えている起業家にとって、ハードルが一気に低くなった点である。アマゾン・ウェブ・サービス(AWS)の公開によって、スタートアップの仕事の進め方ががらりと変わっていたのだ。二〇〇二年に始まったAWSは、エンドユーザーではなく、エンジニアに提供するサービスで、アマゾンの歴史においてもっとも成功したイノベーションに成長していく。

AWSは、自前でサーバーインフラやサーバーファームを構築する余裕がない社外の開発者や起業家に対して、クラウドコンピューティング・サービスを提供している。サービスを利用するスタートアップが一軒の家だとしたら、AWSは電力会社あるいは家の基礎や水道を配管してくれる会社のようなものである。このサービスを利用することで、スタートアップは事業と経営を維持しながら、優先順位の高い仕事――たとえば、新規起業として真っ先に手がけなくてはならない顧客の獲得などの業務に時間を集中させることができる。

決定的だったのは、このサービスが比較的安い料金で利用できた点である。起業化のアイデアがあっても、資金が限られた開発者にとって、AWSを利用すれば誰もがインフラ構築のために資金集めに苦労することなく、会社をただちに設立できるようになったのだ。コンピューター関連の歴史ではまさに事件だった。開発者たちはアマゾンにインフラ部分を任せ、アプリの設計に集中できるようになった。

そして、三番目のもっとも決定的な要因は、カラニックがレッド・スウッシュを売却してからわずか二カ月後にあるサービスがリリースされたことだった。それはコンピューターの使い方そのものを変えるばかりか、デバイスと世界とのかかわり方さえ変えてしまうものだった。そうした変化を予想できた者は一人もいなかった。

二〇〇六年の終わり、陽がさんさんと降りそそぐパロアルトの歩道を歩いていく二人の男がいた。歩きながら二人は、未来について話を交わしていた。

黒のタートルネックに色あせたリーバイス――彼の代名詞とも言える姿でスティーブ・ジョブズがシリコンバレーの町を歩けば、どこに行こうと彼の信奉者が集まり、かならず人だかりができた。当時、ジョブズの業績は広く知られていた。マッキントッシュを世に送り出したあと、ピクサーという世界中の人びとに愛されるアニメーションスタジオの設立に助力した。その後、アイポッド、アイチューンズストアを生み出し、ハードとソフトを結びつけ、デジタルメディアで音楽を聴くという革命を世界にもたらした。何度も繰り返される革命で、ジョブズの伝説はますます不動のものになった。

彼の伝説をどのように描こうか、伝記作家たちはすでに下絵作りに取りかかっていた。珍しいタイプの膵臓《すいぞう》がんだと診断されたにもかかわらず、早期の治療を本人が拒んだ結果、がんはジョブズの体をむしばみ、彼はまたたく間にやせ衰えていった。

ジョブズの隣を歩いていたのがジョン・ドーアだった。ドーアはインテル（Intel）出身のエンジニアで、その後、ベンチャーキャピタリストに転じた。彼もまたIT業界の大立者である。華奢な体つきの控え目な人物で、細いメタルフレームの眼鏡がとがった鼻に乗っている。シリコンバレーではバラク・オバマを夕食に招いたことで注目を集めたが、実際のドーアはそんなことより、彼が七〇年代にインテルでやっていたように、研究室でシリコンチップをいじっているほうがくつろげそうなタイプだった。

ドーアは、メロンパークに建つベンチャーキャピタルとして名高いクライナー・パーキンス・コーフィールド・アンド・バイヤーズ（Kleiner Perkins Caufield & Byers）〔KPCB：現在はクライナー・パーキンス〕のパートナーとして、創業間もないネットスケープ（Netscape）に出資、同社はその後、ウェブブラウザを商品化して成功する世界最初の企業となる。アマゾンの将来性についても早い段階から注目していた。ジェフ・ベゾスがシアトルの古びた倉庫を拠点に本を売り始めたばかりのころだった。しかし、彼が行った投資でももっとも有名なのは、一九九九年のグーグルに対する一二〇〇万ドルの投資だろう。当時、グーグルはガレージで二人のエンジニアが経営する検索エンジンの会社にすぎなかった。五年後の二〇〇四年、グーグルはナスダックで株式を公開、その時価発行総額は三〇億ドルを超え、ドーアの初期投資に対して二四〇倍以上のリターンをもたらした。

ジョブズとドーアが歩いていたその日の朝、二人は北カリフォルニアで暮らす仲のいい友人にすぎず、子供たちのサッカーの試合を見にいく途中だった。

人生のことや家族のこと、そして業界についてあれこれ話している最中、ジョブズはつかの間立ち止まり、ポケットに手を入れて何かを取り出した。それはドーアが見たこともないものだった。初代アイフォーンだった。

「ジョン、これを開発するためにアップルは死ぬ思いをした」[4]とジョブズは説明した。ドーアは目の前に差し出されたガラスで表面加工された、矩形のデバイスを不思議そうに見詰めた。発表前の新製品をジョブズが見せてくれたのははじめてだ。しかし、アイフォーンの開発は噂で耳にしていた。ドーアだけではなく、IT業界の関係者のあいだでもプロジェクトの存在はすでに知られていた。ここ数年、アップルは最高機密の革新技術開発事業《スカンクワークス》を進めていると噂されていたのだ。ドーアは言葉をはさまなかったが、ジョブズが押し黙ったまま、アイフォーンをポケットに戻してしまうのはどうしても避けたい。

「このなかには新しいテクノロジーが詰まっている。これのすごいところは、そのテクノロジーをひとつ残らず搭載した点だ」。ジョブズはそう語りながら、バレーオークの並木が続くパロアルトの歩道をふたたび歩き始めた。「LCD（液晶ディスプレイ）の裏には、412メガヘルツのプロセッサー、無線装置とセンサー、それに手持ちの音楽ファイルがすべて格納できるメモリが詰まっている。アップルはとうとうやり遂げた」

ジョブズは、ブラックベリー（Black Berry）のような「醜いボタンのたぐい」はまったく使っていないと言って、アイフォーンをドーアに手渡した（当時、ブラックベリーが主要な携帯端末で、専門家の大半が使っていた）。アイフォーンはタッチスクリーンが基本で、つややかで光沢があり、デザイン性に優れた美しい外観をしていた。

生まれたばかりの赤ん坊を預けられたように、ドーアはおそるおそるアイフォーンを手にした。これまでポケットに入れてきたどの携帯より心地よく感じた。未発表の新製品を友人が見せてくれたことに驚きつつ、ドーアは手のなかでアイフォーンを裏返し、背面のパネルを確かめた。アップルの印象的なロゴの下に、白い小さなレタリング文字が置かれていた。そこに記されたわずかな情報を目にして、ドーアの興味がかきたてられた。「8GB」と記されている。ストレージの容量としては、ファイルや音楽データを保存するにしても、当時としては大きすぎる容量に思えた。

「どうして、こんなに容量が必要なんだ」と聞いたが、ジョブズはアイフォーンを受け取り、微笑んでいるばかりで答えてくれない。

ドーアにはもうわかっていた。ジョブズは何百万人という人間を相手に、音楽はアイチューンズストアに行って、そこでほしい楽曲をパソコンやアイポッドにダウンロードするものだと教え込んできた。同じように今度は、アイフォーン用の音楽ファイルやアプリケーション・プログラム――いわゆるアプリ――でやろうとしている。ジョブズは自分がコンピューターの新しい使い方の扉を開けようとしているのを知っていた。モビリティーを確立するには、ポケットのコンピューターに、デスクトップのマッキントッシュと同等の処理ができる機能を持たせなくてはならない。最終的にジョブズは、そのサービスをアップストアと名づける。

ドーアは、自分がいま絶好の機会を前にしている事実に気づいていた。その機会をなんとしても自分のものにしなくてはならない。

「スティーブ、君が何を考えているのかわかった。たしかにそのとおりだ。私もこの仕事にかかわってみたい」とドーアは言った。「資金をひとつにまとめ、事業を一気にスタートさせたい」

ベンチャーキャピタリストとしての本能にしたがったドーアの提案だった。ドーアのような投資家は、数年ごとに自社のパートナーにかけあい、何百万ドルという資金を新たな投資先に共同出資することをうながしてきた。彼らベンチャーキャピタリストはそうして用意した資金を使い、シリコンバレー中の前途有望なスタートアップの株を購入してきた。ビル・ゲイツとウインドウズベースのアプリケーションの時代のように、アイフォーン向けのアップストアは、プログラマーに巨大な新分野を生み出し、ベンチャーキャピタルはそうしたスタートアップに投資できるとドーアは考えていた。

　しかし、ジョブズは腕を振りおろしてその話をさえぎった。「だめだ。その話はここまで。この携帯を汚すだけのクソみたいなアプリが、外部から押し寄せてくる。そんなことは望んではいない」

　そう言われたら、ドーアもあきらめるしかなかった。二人は子供たちがプレーするサッカー場へと向かった。友人として、ジョブズは一度決めたら、心変わりさせられる相手ではないことが彼にはよくわかっていた。アップルのソフトウエア開発は、ビル・ゲイツとは真逆の方針だとドーアは考えた。ゲイツはサードパーティーが開発したウインドウズのアプリに対して、〝来たる者拒まず《カム・ワン、カム・オール》〟の方針で臨んできた。「ジョブズはまちがっている」とドーアは考えていた。「大勢の人間が、ジョブズが生み出した魅力的なデバイスで動くソフトを開発したいと躍起になり、最後にはアップルも受け入れるしかないだろう」

　シリコンバレーの通りを歩いている起業家の誰に尋ねても、彼らはジョブズの熱烈な支持者で、アイフォーンに対する彼の考え[5]――これは「アイポッドと電話、ネットにつながれた携帯端末」をひとつにしたプロダクトだという考えに賛同するだろう。

　スマートフォンとはどういうものなのか、アイフォーンはその問いを過激なまでに考え抜いた製品だった。ガラスでつややかに表面加工されたパネルには、緑、青、黄色などの七色に彩られた鮮やかなアイコンが並んでいる。電子メールやインターネットへの接続、さらにモバイルコンピューティングを利用できる環境が誰に対しても開かれ、ビジネスツールとしても使える贅沢な機能を備えていた。MP3プレイヤーや携帯電話だけでなく、通勤中にネットを閲覧するためかさばるラップトップを抱えていく必要もなくなる。午後の公園を散歩する際、わざわざカメラを持っていく必要もない。アイフォーンにはこうした機能がすべて格納されていた。

これほどのハードウエアを生み出したことがそもそも称賛に値した。そればかりか、アップルはその後、現在にいたるまで改良を繰り返していく。しかし、アイフォーンが本当の意味で波に乗る《テイクオフ》のは、外部から隔離された領域《サンドボックス》に〝クソみたいなアプリ〟の波が押し寄せるのをジョブズが許可する決断をくだしたときだった。アイフォーンを〝汚す〟どころか、アイフォーンの勢いをさらに加速させ、高みへと押し上げていくことになる。あのジョブズでさえ、こうした展開は予測できなかった。

翌二〇〇七年春の終わり、二人が連れ立ってサッカー場に向かってから数カ月したころだった。パロアルトの自宅にいたジョン・ドーアに友人の一人が電話を寄こした。ジョブズだった。

「去年の暮れ、話してくれた例の件、投資の話だが、覚えているか」。電話の向こうでジョブズがそう言っている。

相手の意図をただちに了解したドーアは、椅子に座りながら居ずまいを正した。「もちろん、ちゃんと覚えている。改めて考えてくれたのか」

「考え直してみた」とジョブズが言う。「君のファーム《クライナー》から投資してもらったほうがよさそうだと考えている」

ジョブズの返事にドーアの体は震えた。ジョブズの手綱のもと、アップルがどのように統制されているのか彼は知っている。ジョナサン・アイブが率いるインダストリアルデザインから、スコット・フォーストールが指揮するソフトウエアやアプリの開発まで、あらゆるものが完璧に整った組織だ。イギリス出身のジョナサン・アイブはアップルならではのデザインを手がける上級役員で、スコット・フォーストールは情熱と才能に恵まれた上級役員である。そのアップルがスマートフォンアプリという新市場の海に向かって一気に船出しようとしている。そのために必要な数百万ドルの出資をドーアに要請しているのだ。アップルはかつて手がけたこともないほど巨大で、有象無象のイノベーションの波を引き起こすことになる。

ドーアは一も二もなくこの好機に乗じた。有限責任のパートナーの了解を得て、一億ドルにまで引き上げた出資を申し出た。前代未聞の規模の投資であるばかりか、それ以上に効果がいまだ立証されていなければ、真価のほども定かではないまったく新しい形の事業に対する出資という点でも異例だった。だが、ドーアはジョブズを信じた。軌道に乗ればアイフォーンが市場でどのような潜在力を発揮するのかがドーアにはわかっていた。

その判断は正しいと説いても、十二分に伝え切れないもどかしさが残った。

二〇〇六年まで、コンピューターのプログラマーは大企業の内部部署か、あるいはソフト開発専門の会社に所属して生計を営んでいた。制作したソフトを何百万もの人たちに使ってもらうには、通常、ソフトの大手販売元《パブリッシャー》に委託して販売する必要があった。こうした販売会社にはまとまったマーケティング予算があり、すぐに納品できる大規模小売店とも取引があった。ベスト・バイ、ファンコランド、バベッジズのような家電量販店や専門店の通路には、スーパーマーケットのような商品を並べた棚が置かれ、パソコンやマック専用のプログラムの箱がずらりと並べられていた。

だが、アップストアの出現で、ソフトウエアの開発スタイルはがらりと変わった。プログラマーにとって必要なものは、アイデアとアイフォーンのソースコードが利用できる環境だけになった。この二つがあれば、誰でも自分で制作したアプリを出品でき、何百万という人たちにただちに販売できた。アマゾン・ウェブ・サービスのインフラサービスを受け、なんらかのプログラムを書き上げ、アップルに提出して審査を通過したら、晴れてアプリは出品され、何日にもわたって販売することができる。

自宅でアップストアを利用する者にとって、ここは地元のベスト・バイの通路を歩いて見てまわるようなものだった。Ｗｉ－Ｆｉが使える環境で、ちょっとした出費を惜しまなければ、何百万というゲームやプログラムに自由にアクセスしてダウンロードできる。

世界中のアプリ開発者の目には、アップストアは一攫千金の夢が果たせる巨大でまばゆい看板を掲げた場所に映った。彼らはスティーブ・ディメーターのような開発者の話を聞いていた[6]。ディメーターはフリーの開発者で、数名の友人と共同で「トリズム」という「テトリス」に似たゲームを書き上げ、数週間にわたってアップストアに出品した。ダウンロードの単価は五ドル、出品から二カ月後、ディメーターは二五万ドルを荒稼ぎしていた。アップストアが開設されたばかりのころ、トップクラスの開発者なら、毎日欠かさずにダウンロードされるアプリを書き上げれば、五〇〇〇ドルから一万ドルの売上が見込めた。

シリコンバレーのほかの投資家もこれに続いた。クライナー・パーキンスのドーアの対応とアプリ開発に大金が流れ込んでくる様子を目の当たりにして、彼らも同じことをやり始め、ベイエリア周辺のもっとも優秀で才能のあるアプリの開発者を探しまわった。

ほぼ一夜にして、アップストアは開拓時代の西部になった。ジョブズと〝ウォズ〟ことスティーブ・ウォズニアックがガレージで、彼らの最初のコンピューター「アップルI」の完成を思い描いていたように、コンピューターをめぐる次世代の革命もまた、マイクロソフトやアドビ、あるいはアップルでさえなく、もっと別のところからもたらされることになる。ベンチャーキャピタルのオフィスが建ちならんでいることで知られるパロアルトのサンド・ヒル・ロードから、何億ドルもの資金がサンフランシスコを横断するように流れ出ていった。

ビジネスとは無縁のコンピューターファンの目には、カリフォルニアは金持ちだらけの場所と映るようになり始めた。二十代そこそこの若者にベンチャーキャピタルは惜しみなく大金を投じ、次なるキラーアプリに出資できるチャンスをものにするのを望んだ。ドーアは、こうした状況を「アプリ化された経済《アピフィケーション・オブ・ザ・エコノミー》」と呼んだ。[7] それはウェブやデスクトップよりも、可動性《モビリティー》と個性的な創作を重んじる時代のことであり、アイフォーンによってもたらされた万能の可能性によって手に入れることができた。

ドーアのようにベンチャーキャピタルの世界に生きる者には、それがどのようなものであるのかがよくわかっていた。たしかに、無名の〝神童《ヴァンダーキンド》〟たちが書いたアプリが綺羅星のように続々と登場するだろう。アップストアには多くの顧客がいて、新しいソフトに対する関心も旺盛なので勝ち目もある。だが、実際に勝利するアプリは、大手ベンチャーキャピタルの支援で開発された製品だ。ベンチャーキャピタルは大企業と強固な協力関係を結ぶことができ、すばやく人材を確保できるパイプもある。もちろん、戦略的なアドバイスを与え、何百万ドルという資金を投じて成長を加速させ、市場に参入させることもできる。

セコイア・キャピタル(Sequoia Capital)、クライナー・パーキンス、アンドリーセン・ホロウィッツ(Andreessen Horowitz)、ベンチマーク、アクセル(Accel)など、シリコンバレーの名門ベンチャーキャピタルは、いずれも新たな才能の発掘を始めていた。彼らが求めていたのは、若くて貪欲な起業家で、妄想のように自身のアイデアに取りつかれている。自分自身は言うまでもなく、社会のルールさえ限界まで追い込む覚悟を持っている者たちだ。ベンチャーキャピタルは、日常生活のささいな不便のなかから、イノベーションの機会を見抜く起業家を探したいと願っていた。

そして、ベンチャーキャピタルが飛びつきそうなアイデアを思いついた若き起業家がいた。その若者はすでに富を築き、起業家としての名声を得ていた。だが、どうしてサンフランシスコの中心街ではタクシーがつかまらないのかといらついていた。その若き起業家こそギャレット・キャンプだった。

第5章 揺るぎない上昇志向

ギャレット・キャンプはいら立っていた。

二〇〇八年、時代はすでに二十一世紀に突入している。しかも、世界でもっとも豊かで、もっとも先進的といわれるこの町で、もう三〇分近くも待っているのに一台のタクシーもつかまらない。「セブン・バイ・セブン」(7マイル×7マイル)と呼ばれるように、サンフランシスコはわずか49平方マイル(127平方キロ)の小さな町だ。車がなくても生活はしていけるが、なければないで相応の不便は強いられる。

キャンプはいつも自転車で移動しているが、ディビザデロ通りのような急勾配の丘は六段変速の自転車でも大変だった。バーで飲み、夜中の二時に自転車に乗って家には帰れない。飲酒運転でつかまりかねないし、転倒して頭を打ってしまうかもしれない。

もちろん、この町にはBART《バート》――ベイエリア高速鉄道――があるが、息をぜいぜい切らしながら走っているような通勤用鉄道網だ。しかも、乗っていて気持ちがいいものではない。座席の布は汚れてつぎはぎだらけのうえに、いつも乗客でいっぱいだ。最近になってサンフランシスコに大挙して流れ込んできた二十代の若者たちを乗せられるほど十分な座席はなかった。しかも、深夜には走っていない。夜遊びを楽しみたい若者には満足できる乗り物ではなかった。

サンフランシスコに来たときからBARTにはいら立っていた。キャンプはカナダ人で、根っからの起業家だ。ビジネススクールを卒業したあと、自分のスタートアップを育てようとサンフランシスコにやってきた。その会社がウェブ2・0の申し子ともいうべきスタンブルアポン(StumbleUpon)である。彼はベイエリアの町に夢を膨らませていた。ここは若き創業者の約束の地であり、次に急成長を遂げるスタートアップを立ち上げれば、有名人にもなれるかもしれない。

キャンプは才能に恵まれていたが、彼はスティーブ・ジョブズではなかった。生まれつき内向的な性格で、サンフランシスコの坂道を歩きながら、起業化のアイデアや問題の解決策をあれこれ考えるほうが本人には楽しかった。すでに三〇歳になっていたが、くすんだ金髪を短く刈り込み、ボタンダウンのオックスフォードシャツ姿のせいで、まだ大学生のように見えた。オタクのようでもあったが知的な人間で、インターネットの複雑な基本設計概念《アーキテクチャー》が説明できた。ただ、どちらかといえば野暮くさいタイプで、イーロン・マスクのような押し出しのよさはない。歯を剝き出しにして笑い、見た目のよさより人のよさのほうが目立ち、あえて言うなら「隣の家の起業家」のような人物である。

内向的だったが、みんなと出歩くのは好きだった。旅行が好きで、ベイエリアのレストランで豪華な料理を堪能するのをなにより好んだ。仲間たちといっしょに大きな風呂桶《ホットタブ》に入るのもためらわず、仮装パーティーのときには、レンタルしたタキシードに身を包んでいそいそと出かけた。カナダ人という意識が薄れ、自分はカリフォルニアの人間だという思いが深まるとともに、キャンプは髪を伸ばすようになった。髪はやがて肩を越え、彼の風貌は現代のヒッピーのような印象を放つようになった。ロングビーチでサーフボードを抱えてぶらぶらしているのが好きそうにも見えたが、本人はコールド・ストーン・クリーマリーにこもって、背を丸めながらマックブックプロの前で作業をしていた。

キャンプはその後、「バーニングマン」に毎年参加するようになる。バーニングマンは、ネバダ州の砂漠で例年催される一週間に及ぶ盛大なイベントで、西海岸中から何千というコンピューター技術者やヒッピーたちが集まってくる。

キャンプを有名にしたのがスタンブルアポンの成功だった。スタンブルアポンはフェイスブックが普及する以前に登場したSNSの一種で、アイデアはキャンプがカナダのカルガリー大学に通っていたころに思いついた。デスクトップが主流の時代には申し分のないサイトだった。このサービスを使えば、ユーザーの好みにふさわしい未知のウエブサイトをランダムに表示し、ユーザーは驚いたり、楽しんだりできるサイトに〝出くわす《スタンブルアポン》〟ことができた。レディット(Reddit)のようなソーシャルブックマークのプロトタイプのようなサイトでもあり、これというサイトがリンクされると、ユーザーはそれまで知らなかった興味深い事実や関心事、あるいはサブカルチャーを楽しむことができた。

二〇〇〇年代早々、キャンプがスタートアップを立ち上げたころ、このアイデアは時代にかなっていた。しかし、二〇〇七年になるとスタンブルアポンは時代遅れのサービスと見なされるようになってしまう。モバイル機器が普及するにつれて、それはさらに顕著になっていった。目ざとい投資家の資金は、以前とは打って変わり、モバイルアプリへと流れていった。スタンブルアポンのようなデスクトップをベースにしたサービスは、ますます場違いなものになってしまった。

仕事仲間としてのキャンプは強情な人間であるのを友人は知っていた。真っ向から異議を唱えられるとすぐに怒り出し、自分が正しいと思ったら、折れることはめったになかった。こうしたかたくなさはスタートアップの創設者やCEOには美質となる場合が多いが、しかしそれはその意図が正しかった場合に限られる。そうでなければ、頑固で強引なCEOは、状況を〝正確〟にしかも〝明確なビジョン〟を持って見ることができなくなり、存在自体が問題になる。

もっとも、スタンブルアポンの場合、それでも利益を出し続けた。キャンプはサイトを売りに出す意向を明らかにし、インターネットオークションの最大手eベイに七五〇〇万ドルで売却した。もともと、ベンチャーキャピタルからの一五〇〇万ドルの出資を元手に起業した小さな会社だけに、見事に売り抜いた取引だった。将来を見据え、手元にはかなりまとまった株を残しておいた。この売却で彼は富豪の仲間入りを果たした。契約の調印を交わしたその瞬間、キャンプは現金と創業者としての評価を手にしていた。それは若き創業者がシリコンバレーで抱いた夢であり、その夢が実現した瞬間だった。

だが、ありあまるほどの金があるのに、それでも変えられない現実があった。好きなように町を動きまわれないのだ。タクシーの配車システムはすっかり古びてしまった。町を流れていく車体は黄色い遺物のパッチワークで、ところどころで縫い目がほころびている。無線基地で陣取るタクシー会社の経営者は、車両の維持に資金を使ってこなかった。配車システムはすっかり古びていた。配車係は客の電話を受けたら、通りを流しているドライバーに無線を入れ、客のリクエストを伝える。しかし、車が実際に来るのかどうか、客には知りようがなかった。

当てにできないシステムを前に、キャンプはあれこれ対策を考えた。そのひとつは主だったタクシー会社に電話をかけるという方法で、一社に電話をしたら別の一社に電話をかけて車を手配してもらう。最初に現れた車に乗ったら、あとの車は無視していた。社会的には受け入れられない《ディック・ムーブ》行為だが、キャンプはやましさを感じていなかった。結局、キャンプから電話があっても、タクシー会社は手配をすっぽかすことが多くなった。

タクシー会社はキャンプの手口を見抜いていた。迎えにいっても本人がいない場合が頻繁に起きていたので、しまいには配車そのものをやめてしまう。「ブラックリストに載ってしまった。もうタクシーは呼べない」とキャンプは考えた。

この問題はキャンプを悩ませた。高価な黒塗りのハイヤーを雇ったが、友人が何人も同乗しているときには、降車場所をもれなく調整するのが面倒だった。気に入ったドライバーに、遅くなったらレストランまで迎えにきてもらおうと予約してみたが、この方法もうまくいかない。ゆっくり料理を味わおうとした矢先、時間が押し迫り、慌てて食事をすませなくてはならないときが何度もあった。

会社を売却したあと、キャンプはメルセデスベンツの新車を購入したが、自分で運転するのは好きではなく、駐車するたびに悪戦苦闘した。駐車できる場所が見つかっても、傾斜三五度の丘の坂道ばかりだった。

キャンプのいら立ちは収まらない。サンフランシスコでは動きまわること自体が問題で、この問題を解決するためにきちんと取り組もうとする者は一人もいそうになかった。

アイデアは、「007」を観ているときに降ってきた。

キャンプはサウスパークに購入したばかりの豪勢なアパートでくつろぎ、映画でも観ようかと考えていた。ここから目と鼻の先の場所でツイッターのアイデアが生まれ、インスタグラムの最初のオフィスもこのアパートの近くだった。選んだ映画は、二〇〇六年にリメイクされたダニエル・クレイグ主演の「007 カジノ・ロワイヤル」だった。(1) キャンプのお気に入りの映画で、気が散らずに観られる何かがあり、ダニエル・クレイグが演じる、地味ではあるがクールなボンドの魅力が描かれていた。もしかしたら、クレイグのボンドにキャンプは自分の姿をいささか重ねていたのかもしれない。クルーカットの金髪、しかも気が短い点も彼と似ていなくはない。

映画を観ていると、日がさんさんと降りそそぐバハマの首都ナッソーの道路をボンドがフォードで走っていくシーンが現れた。車は真っ青にきらめくバハマの海辺に建つリゾート地域へと向かっていく。

海岸の風景のなかを車で走りながら、ボンドが携帯電話を開いている。[2] そのシーンがキャンプの目をとらえた。携帯自体はエリクソン(Ericsson)の角張った銀色のモデルで、その後のモデルからすればかなり時代がかっている(キーパッド部分にはたくさんのボタンがついていた)。携帯の小さな液晶にはGPSマップが表示されており、暗緑色のビットマップで描かれた地図の上を小さな矢印が移動していく。ボンドが運転する車はナッソーの景色をやり過ごしながら、目的地のオーシャンクラブへと向かっていった。

とくに意味のあるシーンではない。大半の人が映画に見入ったまま何気なく観ているシーンのはずだ。ボンドが使うしゃれた小道具として演出するのが主な目的で、さり気なくエリクソンの製品が宣伝されている。プロデューサーがなんらかの見返りを得ているようなシーンだった。

しかし、キャンプの脳裏にこのシーンが焼きついた。あらゆる栄光を手に入れることになるアイフォーンは数カ月前にリリースされたばかりで、キャンプがそれまで目にした携帯通信端末《ハンドヘルド》としては最強の製品だった(ボンドが使っていたエリクソンの携帯よりもはるかにすばらしかった)。Wi-Fiにつながり、加速度計を備えている。あとはGPSのソフトに手を加えればいい。この三つの要素がそろえば、ユーザーの位置情報をアイフォーンの地図に表示できるのだ。

タクシーを呼び出すため、ひと晩中電話をかける必要がなくなったらどうなるだろう。それを可能にするアプリがもしもあったとしたら。

そして、これがいちばん重要な点だ。つまり、それほどすごいアプリを使っている自分ほど超イケてる者《トータル・バダス》はいないはずだ。ジェームズ・ボンドにも引けをとらない。

六年に及んだ格闘のあと、カラニックもまたくつろいだ毎日を過ごしていた。

ただ、二〇〇〇万ドルで会社を売り抜いたからといって、次なるマーク・ザッカーバーグになれるわけでもなく、レッド・スウッシュの売却金額はギャレット・キャンプの足元にも及ばなかったが、カラニックもキャンプも会社を売ったことで金持ちになれた。二〇〇七年、一カ月違いのほぼ同時期に会社を手放したが、キャンプのほうが明らかに好条件で売り抜いていた。シリコンバレーのようなところでは、スタンブルアポンのようなユーザーに人気のあるアプリのほうが、企業がインフラとして導入するP2Pのファイル共有ソフトよりも確実に高値で売れる(しかもメディアでの扱いの差も大きい)。

とはいうものの、カラニックの着地も十分すぎるほどの成功を彼にもたらしていた。仕事をやめても余裕のある生活ができたばかりか、サンフランシスコ湾のクルージングで時間を過ごし、スタートアップのイベントを品定めして、新興の投資ファンドが主催するパーティーにも招待された。生まれてはじめて、人にしばられず、自由に過ごせた。何百万ドルという現金を手に入れ、それにふさわしくふるまいたかった。

クエンティン・タランティーノ監督の『パルプ・フィクション』はカラニックのお気に入りの映画

で、ハーヴェイ・カイテルが演じる役にとくに入れ込んでいた。細い口ひげに皺ひとつない黒いタキシードを着込み、朝八時のロサンゼルスの町を銀色に輝くアキュラNSXを飛ばし、不可能と思える九分三七秒で町の端から端まで横断する。目的は、ジョン・トラボルタとサミュエル・L・ジャクソンがとんだ手違いから車内で撃ち殺した男の後始末だった。二人の車は血だらけだった。カイテルが演じているのは、「ザ・ウルフ」と呼ばれるウィンストン・ウォルフで、やっかいな問題が起きたとき、ウォルフはそれをたちどころにかたづける〝始末屋〟だった。

　カラニックはザ・ウルフのようなフィクサーになりたかった。カストロ地区の高台に建つコンドミニアムの購入後、カラニックは少額ではあったがさまざまなスタートアップに投資を始めた。スタートアップにとって、自分は個人的に支援するフィクサーになろうと考えた。創業者が助けを必要とするときには、ただちにかけつけ、問題を解決してやるつもりだった。

　利益をせっつく投資家とのあいだで問題を起こしていないか。ウルフだったら解決できる。新しいエンジニアをどこで見つければいいのか知っているか。そんなときには、ウルフに電話するだけでいい。次にどんな手を打てばいいのか。ひと晩中そんなことを考えていたら、誰かに相談したくなるだろう。心配無用。ウルフがいる。

　カラニックはブログで、自分が出資しているスタートアップの売り込みを始めた。彼らに対する敬意を込め、ブログ名はほとばしる激しさを意味する「スウッシング」だった。(3) ブログにはカラニック本人の自意識過剰な写真が掲載されていた。きかん気《カウボーイ》なスタートアップといった風情の写真で、実際、本人はデニムのシャツにテンガロンハットを被り、帽子にはサングラスを載せるという完璧なスタイルで写り込んでいた。こうした演出もいわゆる〝エンジェル投資家〟と呼ばれる者にとっては当たり前のたしなみだ。エンジェル投資家の場合、ベンチャーキャピタルに比べれば、投資額は多くても五桁規模で、資金とともにアドバイスを起業家に授け、その見返りに株式を受け取る。この株式はいつか大金をもたらす可能性がある。カラニックにとってブログに書き込むことは、スタートアップ企業の親睦会や気軽なパーティーで時折話を交わすことと並んで、彼自身を売り込むことでもあった。*

「周囲の連中は、〝金銭支援をするよき羊飼い〟だと僕のことを考えている」と、部屋に集まった若いエンジニアたちの前でカラニックはかつて話したことがある。(4)「スタートアップ・ミックソロジー」という定期的に開かれている、二十代のコンピューター技術者《テッキー》たちが参加するカクテルパーティーで、会の趣旨は文字どおり、「起業化するためのカクテル調合法《ミックソロジー》」だった。ステージのカラニックはリモコンを操作して、背後に映るスライドを変えた。ローブをまとい、フードをかぶり、羊飼いの杖を握ったイエス・キリストの映像が映った。「しかし、僕がどうしようもないほど夢中になっているのはこれだ」。そう言ってリモコンのボタンをもう一度押した。画像が変わり、毛むくじゃらの猫が現れた。玩具に噛みついたり、叩いたりしている。「僕のことは〝ザ・ウルフ〟として考えてほしい」

売り込みにしてはおもしろくもない、ありきたりなおふざけだが、自信に満ち、たじろぎもしないカラニックの様子に興味を覚えた者も少なからずいた。最終的にカラニックは、企業向けの経費報告書制作のソフト会社エクスペンシファイ(Expensify)をはじめ、口コミを管理・誘導するソーシャルメディア・マネジメント企業のライブファイア(Livefyre)、データの収集や管理を行うクラウドフラワ

＊近年ではベンチャーキャピタルも以前のように裏方にいて、姿を潜めていることはできない。若き起業家たちの目に好ましい存在に映るように時間をかけて努力し、事あるごとに自分たちを売り込む機会を得ようとしている。

ー(CrowdFlower)、SNSサービスを提供するフォームスプリング(Formspring)などとともに、およそ半ダースほどのスタートアップに個人的な資金を投じた。カラニック自身、最終的にフォームスプリングの経営に加わっている。ソーシャルメディアがベンチャー業界ばかりか一般の人びとのあいだに普及しはじめたころ、SNS関連の企業は前途有望に思えた。

身なりを改めようと、ボタンダウンのシャツやもう少しまともなジーンズを購入するようになり、スニーカーやソックスもけばけばしいものは控えた。油絵を購って自室の壁を飾るように、スタートアップへの投資を行い、ブログに掲載された自身のプロフィールに書き連ねた。友人たちに対して、投資先の企業一覧は自分の「美術収集品」だと言っていた。

しかし、カラニックは〝金銭支援をするよき羊飼い〟にとどまらず、自分にはもっと差し出せるものがあると考えていた。苦労してレッド・スウッシュを立ち上げ、それを売り抜き、売却した以上のものを手に入れていた。過去四年というもの、毎日一〇〇回は「ノー」という言葉を聞かされてきたが、若い起業家を鍛える意味ではなによりの洗礼だった。体のなかはいまも闘志が渦巻いている。自分を鍛えてきた結果、カラニックは自分のなかにブルース・バナーと同質のものを生み出していた。怒りや憎しみに駆られると、超人ハルクに変身するあのコミックの主人公だ。

その一方で、フルタイムの投資家に心から満足していたわけではない。ベンチャーキャピタルやスタートアップの世界で横行している不公正を見るたびに怒りを募らせていた。「僕自身、うなぎのぼりで売上を急増させているこの会社の一部だ。僕たち創業者は、とてつもない才能に恵まれた経営陣を築き上げてきたのに、ベンチャーキャピタルの連中は、そうした創業者をクビにしようとする」(5)。若い起業家たちに向かい、カラニックはそう語ったことがあった。社会的に成功した創業者であるカラニックは、彼の投資先企業の創業者を守るためにこう問いかける。「どうして、創業者を会社から追い出そうとするのだ。僕にはよくわからない。わかるなら、誰か教えてくれないか」

「ベンチャーキャピタルの連中は理念などおかまいなしだ」とカラニックは考えていた。彼らがこの業界にいるのは、自分のように世界を変えたいからではなく、そんなことなど露ほど考えていない。彼らの関心はただひとつ。最終利益だ。

何カ月にもわたり、自信満々の日々を過ごしてきた。パワーポイントのスライドの前に立ち、次から次に何十回となくスタートアップ向けのイベントで売り込みを繰り返してきた。しかし、彼が本当に必要としていたのは、自分の才能を見せつけられる場所であり、若い起業家たちが自分のもとを訪れ、いっしょになって新しいアイデアについてセッションできる場所だった。テクノロジーという変革の力で、世界を変えたいと願う若い起業家がくつろげる場所を作りたかった。この願いは間もなく現実になる。〝ジャムパッド〟という愛称で呼んでいた自宅を仕事のために開放したのだ。数百万ドルで購入したカストロ地区の高台に建つコンドミニアムで暮らしていたが、飾りつけらしい飾りつけもせず、まるで録音スタジオのように殺風景な家だった。

ジャムパッドをサロンとして使い、テッキーたちを集めて私的なシンポジウムを開催した。カウチに深々と身を沈め、ビールとグリルしたTボーンステーキを囲みながら、くつろいで未来について話し合っていた(カラニックは「Tボーン」というニックネームで自分のことを呼んでもらいたがっていた。自分の「考えを知ってもらい、ときには物議を醸すこともある言葉」[6]だが、ツイッターのアカウントも「@KonaTbone」だった。アバターは血のしたたるような牛肉の写真である)。

室内の様子はお世辞にも華やかとは言えなかった。これという家具は置かれておらず、壁を飾る絵もない。ガレージにフェラーリはなく、イームズのラウンジチェアがあるわけでもなかった。薄暗い家で、「スタートアップのサロン」というより、じめじめした洞窟に似ていた。彼ほどの成功者が暮らす家としては、あまりにも殺風景だと友だちは言っていた。投資先のスタートアップ企業のコレクションにあれほど気を使うなら、これというインテリアに惜しみなく金を注ぎ込んでもおかしくないと彼らは考えていた。しかし、カラニックにはそんな気がまったくなかった。インテリアなど、彼は考えたこともなかった。

当時のカラニックについて誰もが記憶しているのがテニストーナメントだ。このころカラニックがのめり込んでいたのがテニスだった。といっても任天堂Ｗｉｉのテニスだったが、間もなく友人全員に勝つようになり、ハイスコアを記録する世界中のプレイヤーとオンラインで対戦して打ち負かすまでになっていた。広いだけの質素な部屋のなかで、コントローラーを前後に振って飛びまわるその姿は、さながらバーチャル空間のジョン・マッケンローかアンドレ・アガシのようであり、不運な対戦者に容赦ないサーブを打ち込んでいた。

ジャムパッドは主に二つの目的を果たしていた。ひとつはカラニックが寝泊まりする場所、もうひとつは技術者の友人たちと理想についてあれこれ語り合う場所である。こうした議論をカラニックは「即興演奏《ジャミング》」と呼び、それはジャズのセッションやサイケデリックのロックバンドの演奏のようだった。リスクを負って起業化を進める者たちに対するカラニックの支援と熱意は、少数ではあったが彼の信奉者を生み出し、彼にとっては掛け値なしの友人になっていた。のちにカラニックは、「こうしたたわいのないジャミングからすべてが始まった」と語っている。

「即興の演奏だったが、最後にはひとつにまとまるようになり、やがて目も覚めるような音楽に変わっていった」とカラニックは言う。

ギャレット・キャンプの頭から例のアイデアは離れようとしなかった。

キャンプにとって、サンフランシスコのタクシーはどこもカスばかりだ。この町の大半のタクシー会社から乗車を拒否され、状況はますますひどくなり、ハイヤーを利用するようになっていた。さらに、町で一番の個人タクシーを調べつくし、夜遊びに出るときにはいつも電話して呼び出していた。

しかし、それでも完璧とは言えなかった。料金や面倒な送迎の手配、友人と相乗りするときの煩わしさにうんざりするばかりだった。キャンプが求めていたのはとびきりのタクシーだった。キャンプや彼の友人がアイフォーンを使って手間なく拾えるタクシーだ。それがウーバーキャブ(Übercab)であり、キャンプにはどうしても必要だった。

ウーバーの前身ウーバーキャブ(ÜberCab)は、当初、ウムラウト記号がついた「Über」を使っていた。「Über」はドイツ語で「上」を意味する。キャンプが抱いていたアプリのイメージには、ほかにも「ベストキャブ」のような案があったが、結局、アメリカの利用者には混乱を招きやすいという理由で、ウムラウト記号なしの「U」になる。だが、アイデアそのものは決して手放さず、友人のほとんどにこの話をもちかけた。そのなかの一人に、新進の起業家でエンジェル投資家、最近会社を売ったばかりの人間がいた。トラビス・カラニックである。

キャンプもまたカラニックのジャムパッドに参加していた一人で、こうした若手の起業家の多くは、カラニックから目をかけられていたり、あるいは投資を受けていたりする会社の関係者だった。デービッド・バレットとルーカス・ビーワルドの二人もカラニックの投資先企業のCEOで、ジャムパッドの常連だった。やはりジャムパッドの仲間であるメロディ・マックロスキーもカラニックから投資を受けていた一人で、のちにマックロスキーはスタイルシート(StyleSeat)を創業する。

これ以降、キャンプはなにかといえばウーバーキャブのアイデアについて話すようになった。口を開けば、事業の可能性についてカラニックと話し込んだ。「タクシーの営業免許《メダリオン》の費用がどのくらいか知っているか。年間五〇万ドルも払っているんだ」と友人たちに触れてまわり、さらに「配車の無線基地がどんなふうに運営されているか、これまで調べたことはあるか」と問いただしていた。タクシー業界のテクノロジーは非効率を極めていた。黄色の車両は壊れかけたフォードのクラウンビクトリアで、ガロン(3・8リットル)当たり16マイル(27キロ)がやっと、無線装置と油断のならない料金メーター同様、まったくあてにはならなかった。もっと上質なサービスを提供できる方法があるはずだ。

だが、キャンプはエリート意識から抜け出せなかった。ウーバーキャブを売り込もうとしていたのは、人口が密集したサンフランシスコの町に暮らす、自分のように選ばれた者で、セレブ気分が味わえる、ある種のクラブのようなサービスを提供しようと考えていた。ウーバーキャブを利用するにはまず会員登録をして、「会員としてふさわしい顧客」[7]であることを明らかにしてから、最高級車を使った乗車サービスが受けられる。ベンツやBMW、リンカーン・コンチネンタルなど、町で乗りまわしている姿を見てもらいたくなるタイプの車だ。キャンプが考える最高のシナリオでは、ウーバーキャブによって旅客自動車運送事業のリーディングカンパニーが生み出され、しかも、年間何億ドルもの収益がもたらされるかもしれない。最悪の場合でも、サンフランシスコのセレブを相手にした、小規模なハイヤー会社を立ち上げることができる。どちらに転んでも、自分や自分の友人たちのような高所得者向けの移動サービスは向上する。かりに失敗に終わっても、キャンプが失うものは何もない。

キャンプはぶれもせずこのアイデアを推し進めた。やがて「ウーバー」という言葉は、彼にとって「すばらしい《グレート》」を意味する言葉と同義となり、「グレート」と言うところを「ウーバー」と言うようになった。これは「すばらしい《ウーバー》」、あれも「すばらしい《ウーバー》」というぐあいだ。「あの車は」「ウーバー、クールだ」。「晩の食事にピザはどう」「ウーバーなピザで」。「ウーバー」という一語が、ドイツ語の前置詞ではなく、もっとクールな意味を持つ言葉になってほしかった。

　キャンプもカラニックもウーバーの起業というアイデアは大歓迎だった。だが、問題があった。二人ともウーバーの経営を渋っていたのだ。三二歳のカラニックは、レッド・スウッシュで働き詰めに働いた数年の結果手にした〝金銭支援をするよき羊飼い〟というザ・ウルフの役どころに執着していた。また、後進の起業家にアドバイスをしていないとき、カラニックは飛行機に乗ってヨーロッパ、南アメリカ、東南アジアの国々を訪れていた。レッド・スウッシュという洞窟にこもってひたすら働いていたころに満たせなかった旅への情熱をいやすためだ。一方、キャンプがほしがっていたのは、ドライバーたちが使っている車とガレージで、そうした発想にカラニックはまったく興味はない。とるに足りない問題だったとはいえ、カラニックをうんざりさせるには十分だった。

　しかし、キャンプは計画を投げ出さなかった。車とガレージの件はあきらめることで、とうとうカラニックをくどき落とした。業界関係の会議に出席するためフランスに向かった二人は、パリ滞在中もずっといっしょだった。キャンドルライトに照らされたディナーのテーブルで、大酒を飲みながら、試算を繰り返して連日の夜を過ごし、車一台当たりの利益はどうするか、あるいは車両は会社で所有すべきなのかについて論じ合い、なんらかの手応えを得て二人は帰路についた。カラニックが常勤でかかわることについて正式に応じるまでにはさらに数カ月かかったが、キャンプはついにカラニックをくどき落とすことができた。

ウーバーに必要だったのは、会社を率いていける闘士だった。ベンチャーキャピタルの投資を受けた競合他社と鎬《しのぎ》を削る苛酷な世界に乗り出していける能力とともに、横並びの談合が染みついたタクシー業界を相手に戦っていける闘士でなくてはならない。カラニックこそそれにふさわしい人間であることは、キャンプはもちろんカラニック自身にもわかっていた。

Part II

その仕事に最適な人間だからといって、仕事そのものが少しは楽になるわけではない。

スタートアップを立ち上げるとは、それはそれはとても難しい事業だ。新しいソフトウエアを現実に生み出すため、創業者はまずエンジニアに対して、会社の株式と交換に安い給料で我慢してもらうことを納得させなくてはならない。さらに同じ交渉をマーケティング担当者や営業担当者をはじめ、数少ない社員を相手に行う必要がある。創業者は賃金や出資、さらに税務にも通じていなくてはならず、自前のガレージがなければオフィスも用意することにもなるだろう。

創業者にはいくつもの役割をこなせる能力が不可欠だ。人事をしきった次の日には講演会でスピーチを行い、あるいは広報担当マネージャーとして自社の売り込みに精を出さなくてはならない。楽観主義者であり、チアリーダーとして組織を盛り上げ、セラピストであると同時に問題解決者として会社の成長に必要なことと、社員一人ひとりにとって必要なことの両立を図っていかなくてはならない。もちろん、社員の配偶者や子供の存在も無視できないだろう。銀行の残高が減ってきたら、シリコンバレーへとただちに出向き、ベンチャーキャピタルから資金を引っ張ってくる必要がある。もっとも、残高があったらあったで、今度は出資者の要求を手際よくさばいていかなくてはならない。投資家が望んでいるのはひたすら続く会社の成長だ。

ただし、以上の能力を極めても、事業が軌道に乗るという保証があるわけではない。タイミングの問題もある。アイデアが実現する前に、資金が底を突くかもしれない。資金やアイデアが堅実でも、製品そのものに訴求力がない場合もある。いいアイデアはたしかに重要だが、そのアイデアを実現させることはさらに重要だ。ものすごいアイデアを抱えていながら、銀行残高はゼロという連中でシリコンバレーはあふれかえっている。この町は、最初にアイデアを思いついたからといって、かならず勝者になれる場所ではない。

キャンプもカラニックも創業者に課された難題は負いたくなかった。その会社はアプリを使い、黒塗りのハイヤーを顧客の注文に応じて手配する会社である。二人はツイッターで創業者の募集を呼びかけた。

二〇一〇年一月五日、カラニックは次のようなメッセージをツイッターにあげた。[1]「起業家精神旺盛なプロダクトマネージャー四名、事業開発《ビズデブ》責任者四名募集。位置情報サービス。設立準備。株式分配。いい奴ばかり。委細は要連絡」

ちょうどそのとき、たまたまツイッターをのぞいて、カラニックのメッセージに目をとめた者がいた。当時、IT企業でインターンとして働いていた二六歳のライアン・グレイブスである。求人に興味を覚えたが、すぐに返事をして切羽詰まっているとは思われたくなかった。だが三分後、グレイブスはカラニックにこんな生意気なリツイートを送っていた。「手がかりはこちら。メールを請う。アドレスは graves.ryan[at]gmail.com」[2]

グレイブスは気づいていなかったが、結局、この返信は彼に対して一〇億ドルを超える大金をもたらすことになる。彼の生涯において、もっとも幸運な決断だったことがのちに明らかになった。

とはいえ、二〇一〇年一月のこのとき、グレイブスはこれという目的とは無縁の二十代の若者にすぎず、スタートアップの世界で大成功しようと考えている大勢の青年の一人でしかなかった。ウーバーキャブのような単発の仕事《ギグ》に賭けてみるのもクールではないかと思えた。

グレイブスはフットボールチームのキャプテンのような風貌をしていた。身長は6フィート3インチ（190センチ）で髪はくすんだ金髪、骨張った顎と贅肉のないがっしりとした体格で、「サーファー野郎《ブロ》」というニックネームがいかにもふさわしい青年だった。サンディエゴの海沿いの地区に生まれ、子供のころからサーフボードで太平洋の波に親しんできた。毎週土曜日、自宅近くのオーシャンビーチやトルマリン・サーフィンパークでその姿を見ることができた。(3)

実家を出てオハイオ州の大学に進んだグレイブスは、サーフィンではなく水球を始め、一八三九年に設立された「ベータ・シータ・パイ」という学生友愛クラブ《フラタニティ》に入会した。いっしょにいると心安らぐ温かい人柄の持ち主で、テクノロジー業界でもまれな存在として、「グレイブスは高いEQ（感情指数）の持ち主だ」と友人たちはよく言っていた。エンジニアには変わり者が多く、しかも、シリコンバレーでそれなりの地位にある人物には分析が好きな理論家が少なくない。しかし、グレイブスについては友人も同僚も決まってこう口にしていた。ライアン・グレイブスは「本当にいい奴だ」。

起業家になることはグレイブスの昔からの夢だった。スティーブ・ジョブズ、ラリー・ペイジ、セルゲイ・ブリンのような起業家を敬愛し、アイデアとコンピューターだけで途方もない成功を築き上げた彼らの生き方にあこがれていた。グレイブスのブログはアマゾンのジェフ・ベゾスの写真、アインシュタインの言葉、イーロン・マスクについて書かれた記事であふれていた。(4) なかでも、ファンにはジェイ・Zの名前で知られるラッパーのショーン・カーターの言葉は彼のお気に入りで、崇拝すらしていた。[5]「おれはビジネスマンじゃない。おれが〝ビジネス〟なんだよ《マン》」

カラニックのメールを見る一年前の二〇〇九年、グレイブスは自分の仕事に飽き飽きしていた。当時、彼はシカゴにあるゼネラル・エレクトリック(GE)のヘルスケア部門でデータベースを管理していた。やりたかったのはクールな仕事で、彼が使っているアイフォーンのディスプレイに表示されているアプリを開発しているようなスタートアップだった。フォースクエア(Foursquare)はそうした企業の一社で、位置情報に基づき、モバイルチェックイン機能でおすすめの場所を提案するアプリを生み出した。シリコンバレーのエリートに人気のアプリで、評判にもなっていた。この会社に入ろうと正攻法で挑んだが門前払いに終わる。フォースクエアには技術者になりたいと心から願う志願者が殺到していたのだ。だが、グレイブスはあきらめなかった。もっといいアイデアが彼にはあった。夜や週末になると、シカゴのバーやレストランに電話をかけ始め、店の経営者やマネージャーにフォースクエアのサービスを売り込んだ。フォースクエアの社員のふりをして営業を行い、その結果、シカゴの町で新たに三〇件の契約をまとめていた。[6]グレイブスは契約先のリストをフォースクエアと同社に出資している何人かの投資家に送り、改めて求職に臨んだ。

フォースクエアのマネージャーたちに一瞬で自分を印象づけた。スタートアップの世界では、グレイブスのようにみずから行動を起こせる人間はやがて頭角を現してくる場合が少なくない。結局、グレイブスはインターンとしてフォースクエアに雇われ、シカゴを拠点にした事業開発を任されるようになった。

フォースクエアで働いていたころ、グレイブスは自分のブログにある写真を掲載していた。類人猿をかたどった金属製の小さな像の写真で、キャップをうしろ向きにかぶり、壊れた電子機器を積んだ山の上で骨を振りかざしている写真だ(7)(映画『2001年宇宙の旅』を踏まえた写真で、映画そのものはフォースクエアで働く大半のインターンが生まれる約二〇年前に製作された)。悪趣味な像だが、これはクランチー賞の受賞者に授けられるトロフィーで、この年、フォースクエアはシリコンバレーでもっとも優れたモバイルアプリを開発したことでこの賞を受賞していた。IT業界のオスカー像のようなものであり、自分もほしいとグレイブスは望んでいた。

スタートアップの交流会に出かけて充実した時間を楽しみ、「タイムズ」や「ザ・ジャーナル」(The Journal)、「テッククランチ」(TechCrunch)や「ベンチャービート」(VentureBeat)、「テックミーム」(Techmeme)などのサイトに掲載された記事を読みふけった。ツイッターのフィードも欠かさずチェックし、ベンチャーキャピタリスト、IT企業のCEOや創業者のツイッターももれなくフォローしていた。いつの日か、マイケル・アーリントンが自分のことを記事に書いてくれないかと願っていた。マイケル・アーリントンはシリコンバレーでよく知られた弁護士で、「テッククランチ」を立ち上げた人物である。彼が記事に書いてくれれば、起業化したり、いちやく脚光を浴びたりすることができた。とにかくチャンスがほしかった。そんなときに目にしたのがカラニックのツイートである。グレイブスはこのチャンスを見逃さず、カラニックのメッセージに応えた。

二人はひと目で意気投合した。グレイブスは、カラニックの世の中への関心と〝金銭支援をするよき羊飼い〟という男気が気に入っていた。カラニックもまたグレイブスの大胆さとやる気、行動力を認めた。実際、グレイブスは困難なことにも進んで挑戦しようとするタイプだ。それから間もなく、二六歳のライアン・グレイブスは、ウーバーキャブの正社員第一号となる。

「世界を変えるかもしれないスタートアップに立ち上げから参加できた」と中西部を離れる準備をし

ているころ、グレイブスはフェイスブックに投稿している。[8]「そこは健康保険もなく、毎晩遅くまであれこれやり合い、無限の責任を負う世界だが、これまで経験したなかでもっとも胸躍る楽しみが待ちかまえている世界だ。僕はわくわくしている」

グレイブスと結婚したばかりの妻モーリーは、荷物をトラックに積み込むと、シカゴのアパートを出て、サンフランシスコへと西に向かった。

カラニックもキャンプも仕事には直接かかわりたくなかったので、ウーバーキャブの初代CEOは若くて、やる気も旺盛なグレイブスに任せることに決めた。グレイブスは興奮した。スタートアップを成功に導く能力が自分にあることを、世間に認めさせられる機会がついに訪れたのだ。

しかし、その興奮は長く続かなかった。友人たちによるグレイブス個人の評価は「Aプラス」と申し分なかったが、CEOとしての彼は「Bマイナス」でしかなかった。創業直後の資金調達の期間、ベンチャーキャピタルとの重要な会議の席で、グレイブスは統計数値をまちがえたり、話の論点をつかみそこねたりしていた。本人の自信にもかかわらず、出資契約を結べるに足る納得のいく説明ができなかった。キャンプのような起業経験はなく、カラニックのような並はずれた計算能力もグレイブスは持ち合わせていなかった。人柄は魅力的で、人一倍の努力家だったが、そうした資質だけでは限りがあった。投資家はウーバーキャブのアイデアそのものには興味を抱いていたが、グレイブスがそれを実現させ、大きな成功を得られるとは思っていなかった。

ハイテク《テクノラティ》をこよなく愛する者にはおなじみの警句がある。「アイデアはたしかに重要だ。だが、ベンチャーキャピタルはいつでも、正しいタイミングで、正しい相手に賭けてくる。その目にくるいはない」。創業者を値踏みするとき、ベンチャーキャピタルは次の点にこだわる。「この男――男性優位のIT業界では、たいていの場合、創業者は男性――は限られた人数の社員の尻を叩きながら、ゆくゆくは会社を『フォーチュン500』に格付けされる企業にできるのか。窮地に直面しても、逃げ出さずに踏みとどまれるのか。何百万ドルもの金を、はたしてこの男に賭けてもいいのだろうか」。みんなグレイブスのことは大好きだったが、彼と会った大方のベンチャーキャピタルはそうではなかった。以上の質問に対する彼らの答は「ノー」だった。

グレイブスがCEOだった創設期、共同創業者のキャンプはウーバーキャブについて謎めいたツイートを始めていた。三人とも新会社についてはまだ正式な発表はしておらず、ウーバーキャブについては「ステルス・スタートアップ」ともったいぶってツイートしていた。このフレーズは人の興味をかき立てる常套句としてよく使われていた(本当にそれに値するのかどうかはともかくとして)。

決まり文句を使ったキャンプのツイートを見て、興味を覚えたのがファースト・ラウンド・キャピタル(First Round Capital)のパートナーのロブ・ヘイズだった。メールを送って彼らに会うと、すぐさまシードステージの資金調達ラウンドとして五〇万ドル近い小切手を切った。ジャムパッドに出入りしていたカラニックの友人クリス・サッカもまとまった額の資金を提供するとともに、スタートアップの〝アドバイザー〟――初期の出資者に授けられる栄誉の称号――になる親しい知人を何名か紹介してくれた。文字どおり〝種《シード》〟となる起業前の資金を提供している出資者は忠告や戦略を授けてくれるが、なかでもヘイズとサッカは手厳しいアドバイザーだった。しかし、彼らの出資はある日、何億ドルもの価値を生み出す。

シードラウンドの出資を得て、ウーバーキャブは、一人前のスタートアップに成長するうえで絶対に欠かせないものを築き上げていく助走路に立てた。ファースト・ラウンド・キャピタルのヘイズのオフィスで数カ月間仕事をしたあと、共用ワークスペースにデスクを借り、スタートアップのメンバーを迎え入れた。

グレイブスはたしかにすばらしい男だが、彼はCEOの器ではない。その点ではヘイズとサッカをはじめ、出資者の意見は一致していた。グレイブスはCEOの座から降りなくてはならない。創業から間もなく、カラニック、キャンプ、ヘイズは集まり、グレイブスに対してできるだけ穏やかな調子で全員の決断を告げた。プライドは傷ついたものの、グレイブスは納得したうえで話を聞き、CEOを降り、ゼネラルマネージャー兼事業運営副社長に就任する話を受け入れた。

会社を支配する機会はカラニックが握った。CEOに就任する話には応じるが、そのかわり持株の割増しを要求した。会社の方針について絶対的な決定権を持つことがなにより重要だとカラニックは信じていた。そのためには会社の株式の過半数を握っておかなくてはならない。報酬金額には執着はない。レッド・スウッシュを売却して、富の味がどういうものなのか彼はすでに知っていた。今度は権力がほしかった。

そして、カラニックはその力を手に入れた。CEOに就任する対価として、大量の株を彼に譲る契約書にキャンプとグレイブスはサインした。この譲渡で起業の結果は成功するしないにかかわらず、常にカラニックが負うことになったが、たいていの場合、途方もない失敗に終わる可能性のほうが高かった。

こうして組織は再編されたが、そのさなか、グレイブスは長く胸に秘めてきた悲願をかなえていた。二〇一〇年一二月二二日、ウーバーの最初の正社員となった人物は念願がかない、ついに「テックククランチ」の記事に取り上げられた。しかしそれは、彼が長年願ってきたような記事ではなかった。見出しには、「ウーバーの〝超気合いの入った《スーパーパンプド》〟CEO、近く創業者と交代へ」と書かれていた。[9] 身も蓋もない酷評に、グレイブスは奈落の底に突き落とされてしまった（実際、この記事のせいで彼はすっかり気落ちしていた）。

カラニックは〝超気合いの入っている〟ふりをする必要はなかった。彼の気合いは本物だった。「ウーバーのCEOとして専任で働くことに武者震いしている」と「テッククランチ」のマイケル・アーリントンに話している。ウーバーの可能性をいち早く見抜いていたアーリントンも冷静ではいられなかった。

彼は次のように書き残していた。「このCEO交代に、誰もが心の底から興奮《パンプド》している」

立ち上げたばかりのころ、ウーバーはアプリを使っていなかった。ユーザーはパソコンからウーバーのホームページにアクセスして配車を手配していた。想定では、リクエストに応じて一〇分以内で黒塗りの車が到着、料金はイエローキャブの一・五倍とされていた。よそのタクシーよりは高額だが、利用者はオンデマンドサービスならではの確実さと手軽さに金を出してくれるはずだと考えていた。間もなく外注によって市場を開拓し、荒削りなものだったが、アイフォーンにダウンロードする最初のアプリを社外のプログラマーに作らせた。バグが多く、重いアプリだったが、ともかく使うことはできた。

キャンプは派手好きで、ウーバーのブランド化を重んじていた。使用する車はリンカーン、シボレー・サバーバン、キャデラック・エスカレードなどのような最高級の車両を使い続けることにこだわっていた。「誰にでも専用ドライバー」――創業時に掲げたこのモットーが意味していたのは、ウーバーに乗れば、誰でも優越感とセレブ感を満たせるという意味だった。クールさがにじみ出ていないブランドは、ブランドではないというのがキャンプの持論だった。

起業の準備を進めていたころ、サンフランシスコで働くリムジンの運転手に何百という電話をかけたのもそのクールさを売りにするためで、ウーバーが提供する新しいサービスのために働かないかと勧誘しなくてはならなかった。やっかいな仕事だが、もっぱらグレイブスが担当した。グーグルでリムジンの運転手を検索すると、アポもなしに彼らの車庫の前に現れ、当惑している相手に向かってウーバーキャブの運転を売り込んだ。

AT&T(米国電話電信会社)と取引したのもこのころで、何千という数のアイフォーンを大量購入による特別価格で買い求め、リムジンの運転手に無料で提供していた。アイフォーンにはウーバーキャブのアプリがあらかじめダウンロードされていた。AT&Tとの取引で、テクノロジーを毛嫌いしていた運転手たちを可能な限り早くネットワークの世界に取り込むことができた。ウーバーキャブの各オフィスの壁には、何万ドルもの資金を投じて購入したアイフォーンが、まるで白いレンガを積み上げたようにずらりと並べられていた。スタッフが配っていくよりも早く、その上に新たなレンガが積み上げられていく。このころウーバーで働いていたマット・スウィーニーは、ある写真をインスタグラムにあげていた。積み上げられ、シュリンク包装されたアイフォーン4のパレットの上で、目をつむり、大の字で寝ている彼の姿を写した写真だった(10)。

この作戦はうまくいった。わずかしかいなかった初期の社員が、関心を示した運転手にアプリを売り込んでいくにしたがい、サンフランシスコのタクシー市場はウーバーに登録した運転手たちであふれるようになっていた。アプリを称賛する記事がメディアで紹介されるようになると、アップストアでのランキングも急上昇していった。ウーバーお気に入りの業界のニュースサイト「テッククランチ」は、ウーバーが持ち込んだビジネスモデルは、革新的かつ破壊的で、「輸送業界のエアビーアンドビー」とでも言うべきものだと絶賛していた。[11] そう持ち上げられたが、この記事からわずか数年後、われこそは「〇〇界のウーバー」と自称するスタートアップが現れてくるようになる。

「車とドライバーと料金を選んで、支払いに見合ったものを手に入れる」とアーリントンは「テッククランチ」の記事に書いていた。[12] ウーバーもまた、「タクシーの営業免許《メダリオン》という悪の帝国を打倒するために手を貸せ」とこれ以上ない言葉で表現していた。

サンフランシスコ中に口コミが広がっていった。ウーバーを試した者は誰もが絶賛していた。サンフランシスコ市営鉄道（Ｍｕｎｉ）が走っていないポトレロヒルで立ち往生したり、サンセット地区で身動きがとれなくなったりした経験がある者、あるいはベイエリア高速鉄道が運行をやめた深夜、町に取り残されことがある者すべてにとって、ウーバーこそサンフランシスコの住民が待ち望んできたサービスそのものだった。

このアプリが利用者にこれほど歓迎されたのは、カラニックとキャンプがユーザー体験――ＩＴ業界でいう「ＵＸ」に時間をかけ、徹底的に考え抜いていたからである。配車のリクエストから車を降りるまで、ウーバーキャブに乗っているあいだは可能な限り快適で、申し分のないものでなくてはならないと二人は考えていた。カラニックが言っていたように、「徹底してなめらか《フリクションレス》」な乗り心地こそＵＸを考えるうえでの決め手になった。

たとえば、従来のタクシーは、配車を頼んでも何分後に車が到着するのかはもちろん、本当に来るのかどうかさえわからない。しかしウーバーなら、配車を頼めばアイフォーンのモニターに、車の進行がピクセルで表示されているのが確認できる。サンフランシスコの古ぼけたタクシーは薄汚れ、シートはべとついて破れているが、ウーバーキャブのハイヤーはピカピカに磨かれた状態で迎えに現れる。洗練された黒い革張りの内装、車内のエアコンは快適で、ウインターグリーンのミントキャンディーの香りであふれ、キリキリに冷やされた「アクアフィナ」のボトルが置かれている。

ウーバーの乗車体験でもっとも重要な決め手のひとつは支払いだった。支払いの煩わしさを乗客に考えさせてはならないとカラニックは言い続けた。ウーバーキャブを利用した場合、支払いはクレジットカードだけの決済にする。車のドアを開けたときから降りるまで、旅そのものをシンプルに終わらせる。チップもなし、お釣りもなし、面倒なことはいっさいあってはならないのだ。

間もなく、スタートアップのCEOやベンチャーキャピタリストがウーバーを利用するようになる。ウーバーのアプリをダウンロードしておくことは、彼らにとってステータスシンボルだった。運まかせのタクシーではなく、もっとスマートなサービスを知っている証《あかし》になっていたのだ。ウーバーの社員は販売促進用にギフト券付きカードを何枚も印刷して、インフルエンサーやベイエリアのハイテク業界で名の知られた人物に送り、ウーバーのサービスを口コミで広げてもらったり、ツイッターに書き込んでもらったりするように努めた。

サービスを開始してから数カ月もしないうちに、カラニックとキャンプが起業した会社はシリコンバレーで話題になっていた。

しかし、ウーバーが成長企業であることを立証するには、ベイエリア以外の町でも同様な成功を収めなくてはならなかった。サンフランシスコはある種の〝楽勝《ギミー》〟の町で、テクノロジー企業には敷居の低い安息の地である。おもしろそうなアイデアを真っ先に体験して、それを自慢するために惜しみなく金を使う若い連中がたくさん暮らしている。一般向けのアイフォーン用アプリを開発しても、この町でヒットしなければ、さっさと荷物をまとめて実家に帰ったほうがいい。

二四歳のオースティン・ガイドはその現実を思い知らされていた。二〇一〇年、ガイドは英文学の学位を取ってカリフォルニア大学バークレー校を卒業したばかりだった。しかし、卒業後の自分の人生をどうやって生きていけばいいのか彼女は迷っていた。小売業で働いたことはあったが、正社員として働いた経験は一度もなかった。ウーバーキャブのインターンに応募したその日、ピーツ・コーヒー&ティーのバリスタの仕事を断られていた。店はミルバレーの繁華街にあった。ミルバレーは北カリフォルニアでももっとも富裕な者が暮らす町で、ウーバーの社員たちが最終的に顧客開発を目ざすことになる住民たちの家があった。

彼女がインターンとして入社したころ、ウーバーにはまだオフィスらしいオフィスはなく、顧客基盤も限られていた。彼女自身、とりたててマーケティングに通じているわけではなく、何をやっていいのか皆目わからなかったので、結局、何から何まであらゆることをやるしかなかった。町中のハイヤー会社に電話をかけ、ウーバーと提携しないかと売り込んだ。クレイグスリストに何度も広告を掲載し、歩道のかたわらに三行広告やチラシを貼ってまわった。仕事そのものは単調でつまらなかったが、こうして働けることに彼女は感謝し、持ち前の〝やる気〟を見せつけた。カラニックはこうしたやる気が好きだった。

ウーバー初の斬り込み部隊《シティランチャー》がガイドだった。進出先の市場に舞い降り、開業してサービスを始めるという、事業基盤を整えるのが彼女の仕事だ。進出のもっとも早い段階から綿密な計画を立てて準備を進めた。仕事はオフィス探しから、地元のハイヤー会社との関係作りにまで及び、〝設立記念パーティー用のケーキ購入〟のようなこまごまとした手配も仕事の一環だった。

彼女がただちに気づいた事実があった。主だった大都市圏は、小規模なハイヤー会社やリムジンの送迎サービスを提供する会社であふれかえっていた。こうした会社がもっぱら対象としているのは、独身最後のパーティー《バチェラーパーティー》客、週末に遠出をする旅行客、空港に向かう金持ちたちだった。しかし、常に仕事で埋まっているわけではなく、ドライバーは長い空き時間を持てあまし、次の配車の無線が入るまでガレージの前や脇道で待ち続けていた。

この問題にガイドは解決策を提案した。「わが社の好意の証として、ウーバーのアプリがダウンロードされたアイフォーンを御社のドライバーの皆さんに無料で差し上げます」と持ちかけ、「通常の業務のちょっとした空き時間のとき、アプリを開いていただければ片手間でかなりまとまった小遣いが稼げます」。一方、ウーバーはウーバーで、アプリのネットワークを介して、ドライバーと乗客を仲介するごとに20~30パーセントのマージンを取っていた。

「誰もが損をせず、みんなが得をします」とガイドは言っていた。

「正直なところ、ハイヤー会社の経営者にすれば、いちいち考える必要もない、格好の申し出だったはずだ。話を受けなければ、車は寝かせておくだけだ」と初期のウーバーで働いていた者は言う。需要を一気に高めるため、ウーバーは乗客とドライバーの双方にインセンティブを用意していた。この方法はその後、ウーバーのマーケティング手段の定番のひとつとして使われるようになる。乗客の場合、新規登録をすると初回の乗車が無料になった。一方、ドライバーは設定された一週間の最低乗車回数をクリアすると数百ドル単位のボーナスが約束されていた。乗客をリピーターに変えるため、料金を20～50パーセントまで割り引いたり、無料サービスを実施したりしたときもあった。その場合、乗車料金はウーバーが負担し、ドライバーには差額分が支払われていた。

資金のかかる戦略で、客が乗るたびにウーバーは補塡金を支払っていた。しかし、乗客がますます頻繁にサービスを利用するようになると、この戦略は利益をもたらすようになっていった。「ウーバーからどれほど仕事をまわしてもらっているのか、ハイヤー会社の経営者が気づくようになると、本業外の仕事をさばくために新車の台数を増やし、フルタイムで働けるドライバーをさらに雇い入れるようになった」と話す元ウーバーの社員もいる。

新しい町に舞い降りるたび、ガイドは自分が別の町に移動したあとも事業が継続していけるようにチームを立ち上げてきた。市場を整備してメッセージを発信し、乗客とドライバー双方の興味を喚起するのがコミュニケーション・マネージャーの仕事だ。彼女はいかにもＭＢＡ（経営学修士）取得者というタイプの社員を数名雇い、彼らが「配車管理事業《ドライバーオペレーション》」と呼ぶ作業を任せた。やむことなく流れ込んでくる乗客とドライバーの位置情報から、需要と供給を一致させる計算ソフトによる作業である。それぞれの町にゼネラルマネージャーがトップとして支部を管理し、ボスとして采配を振るっていた。

職業人としての足場をようやく見つけたとガイドは感じた。ウーバーキャブを新しい町で立ち上げることが彼女の日常になっていた。ウィキペディアに似た社員向けのサイトで彼女は自分の手法を体系化したマニュアルを書き込み、斬り込み部隊の作戦帳《プレイブック》を生み出した。シアトル、サンアントニオ、シカゴなど進出先にかかわりなく、送り込まれた斬り込み部隊は彼女のプレイブックにしたがって作業を進め、需要に弾みがついて高まっていく様子を見守っていた。ガイドは、現地での事業立ち上げをきわめて手際よくこなせるようになり、それから八年ものあいだ飛行機に乗って各地を飛びまわり、サンフランシスコでやったことを世界中の町で再現する。

ガイドがアメリカ国内のプレイブックを仕上げようとしていたころ、国外でウーバーキャブを展開するなど、夢のまた夢だった。それどころか、事業がまだカリフォルニア州にとどまっていたころ、ウーバーキャブは存続の危機に直面していた。

二〇一〇年一〇月二〇日、グレイブスがCEOから正式に退任することに同意してから間もなく、交通局の職員がオフィスに現れた。彼らは「テッククランチ」を読んでいなかったので、グレイブスに面談を求めた。ウーバーキャブに対して、事業の停止命令が出されていると、彼ら――サンフランシスコ市交通局(SFMTA)――はグレイブスに伝えた。現行の運輸規制を回避する行為は法律に違反しており、連日の稼働中、一回の乗車につき五〇〇〇ドル以下の罰金がウーバーキャブに科されたという。

会社を破綻させるには十分すぎるぐらいの罰金だった。このころ、ウーバーキャブは一日当たり数百件のサービスをサンフランシスコ市内で提供していた。罰金だけでなく、一〇月二〇日以降も業務を継続した場合、グレイブス、カラニックをはじめほかの社員も一日当たり九日の拘留が科される。

事業停止命令は、グレイブス、ガイド、カラニックほか、取締役のロブ・ヘイズらが共有ワークスペースとして使っている狭いオフィスにいるときに受け取った。全員信じられない面持ちで通告書を見ていた。

グレイブスは脅えた。「どうすればいいんだ」と声をあげ、通告書に書かれている自分の名前を見ていた。このまま事業を続ければ刑務所行きになると記されている。ヘイズはなんと言っていいのかわからなかった。ベンチャーキャピタリストとして一般消費者向けのテクノロジー企業への投資には慣れているが、こうした企業は（かりにあったにせよ）実際に法律に抵触することはほとんどない。ガイドはほんの数カ月前に大学を卒業したばかりだ。落ち着かない様子で、押し黙ったままその場に立っていた。社会人として彼女がはじめて経験した試練である。このまま刑務所に送られるかもしれなかった。

カラニックはまったく動揺していない。「無視する」と部屋に向かって言い放った。

何事かと誰もがカラニックのほうを向いた。「『無視する』って、どういうつもりだ」とグレイブスは言い、助けを求めるようにヘイズの顔を見た。ベンチャーキャピタリストだから、スタートアップの経営についてはなんらかの経験があるはずだ。だが、ヘイズは肩をすくめるばかりだった。

「これは無視する」とカラニックは繰り返し、そして「ウーバーキャブから『キャブ』の文字をなくす」と、まるで弁護士が虚偽広告でどこかの企業を訴えるかのように宣言した。

この決定でウーバーキャブは新たに「ウーバー」として知られるようになり、停止することなくそのまま事業を継続していく。

第7章 ベンチャーキャピタルでもっとも背の高い男

ビル・ガーリーはどうしてもこの投資に参加しなければならなかった。

一〇年以上に及ぶ投資経験を通じて、成功したスタートアップは十分すぎるぐらい見てきたが、この会社――「みんなのプライベートドライバー」と謳うウーバーは、ほかのスタートアップとはまったく異質な企業である事実を彼は見過ごしてしまった。急激な成長を続けているだけではない。ウーバーはアイフォーンのアプリとして完璧であり、そしてアイフォーンは世界を変えるデバイスだ。キャンプやカラニックとは違い、ガーリーは贅沢とか〝大金持ち〟の気分が味わえるという考えにはひかれていない。市内の移動にも困っていない。車を一台所有しており、自宅もウッドサイドに近い郊外にあった。彼が暮らしている地区は、サンフランシスコとシリコンバレーの中間に位置しており、富裕層が多く暮らしている。

ガーリーはウーバーの将来性を買っていた。ウーバーはさらに大きく成長するはずだ。スタートアップといっても、その大半は既存のビジネスを踏襲したものであり、あるいはわずかに改善を加えるか、効率性を高めただけにすぎない。だが、ウーバーはひとつの業界そのものをひっくり返してしまうはずだ。その業界は過去何十年にもわたり、イノベーションらしいイノベーションがほとんど行われてこなかった業界である。ウーバーがこの勢いで成長していくなら、ウーバーにもたらされる価値とは、タクシー市場全体に等しい規模の価値だ。なによりもまず、この新しい企業がまったく何もないところから生み出され、しかも何十億ドルもの価値を潜在的に秘めている点がいい。この会社によってアナログ世界に安住してきた輸送業界は事実上、一夜にしてデジタル世界に引きずり込まれることにもなりかねない。さらに言うなら、業界をデジタル世界に引きずり込んだ者が、市場の条件をことごとく置き換えられるのである。

ウーバーのアプリをダウンロードすることで、乗客にはいつ、どこにいてもただちに自動車を召喚できる力と自由が授けられる。ドライバーも乗客と結びつくために何百ドルもの金を投じて、邪魔な無線機をダッシュボードに取り付ける必要がなくなる。スマートフォンホルダーを一〇ドルで買っておくだけですみ、しかもウーバーならアイフォーンはただでもらえる。

「これは魔法だ」とガーリーは唸った。[1]

ウーバーは格好のタイミングでガーリーのレーダーに姿を現した。ベンチャーキャピタリストとして、ガーリーは彼が「電子市場《マーケットプレイス》」と呼ぶものにずっと心を奪われてきた。マーケットプレイスは新たな製品を生み出しもしなければ、他者に何かを売ることもない。市場のこちら側にある欲望と、市場の向こう側にある商品を単に一致させる場というビジネスカテゴリーであり、そこでは中間業者が排除されている。

業界でのキャリアが七年目を迎えたとき、ガーリーはベンチマークのパートナーになった。この時点で彼はすでに「マーケットプレイス」にすっかり夢中だった。eベイは、ベンチマークが出資先として大きな成功を収めたサイトのひとつだ。生まれるべくして誕生したサイトで、何百万人もの売り手と買い手をマッチングしてきたが、いずれもインターネットの普及で可能になった。ジロー(Zillow)

も同じで、「不動産業界のｅベイ」とも言えるオンライン不動産データベースだ。オープンテーブル(OpenTable)は投資家としてのガーリーが初期のころに出資した企業のひとつで、レストランのオンライン予約サービスを提供している。グラブハブ(Grubhub)はフードデリバリーをマッチングしている。ドッグバケイ(DogVacay)は、「飼い犬のエアビーアンドビー」と言えば説明がつくだろう。

ガーリーの投資はほぼ例外なくひとつの方針に基づいていた。既存のリアルな世界で生きる人間に対して、彼らが求めている経験や場所、物に対する願望を満たせる能力が、インターネットで高まるのかどうかだ。インターネットが登場する以前、ビーニーベイビーズのコレクターは、あらゆる場所をくまなく探してシリーズもののキリンのぬいぐるみを見つけなければならなかった。だが、インターネットによってこの人形の在庫を倉庫に山ほど持っている人間とつながれるようになった。ネット空間には売り手と買い手の無限のつながりが存在し、若き起業家の頭のなかから、何百という数の有望なマーケットプレイスの構想がふつふつとわき上がってくる。彼らは、ベンチマークの祝福と投資によってそれに命が吹き込まれることを待っていた。

ガーリーがパートナーとして参加する前から、ｅベイはベンチマークにとってもっとも収益率の高い投資先だった。一九九七年、少数精鋭の固い絆で結ばれたベンチマークはｅベイに六七〇万ドルの投資を行った。二年後、ベンチマークが所有する株は五〇億ドルを超えるまでになっていた。

ガーリーは優れた実績を携えてベンチマークに移籍した。ベンチマークの前に働いていたハマー・ウィンブラッド・ベンチャー・パートナーズ(Hummer Winblad Venture Partners)では、五〇〇〇万ドルの投資を二億五〇〇〇万ドルにまで増やして機関投資家に還元していた。[2] ベンチマークに移ったドットコム・バブル崩壊直前の一九九九年半ば、ガーリーは数々の投資ですでに大成功を収めていた。

だが、ガーリーは満足していなかった。これぞ特大ホームランというものを自分でも打ってみたかった。そのためには、どうしてもウーバーへの出資話をまとめなくてはならない。

ジョン・ウィリアム・ガーリーこと〝ビル〟・ガーリーは、一九六六年五月一〇日、テキサス州ディッキンソンに生まれた。ディッキンソンは人口七〇〇〇人の小さな町で、メキシコ湾に面する東テキサスの町ガルベストンに向かう旅行客は途中、立ち止まることなくヒューストン郊外にあるこの町を通りすぎていった。一九二〇年代、ディッキンソンはメイシオ一家が経営する賭場で名前を馳せていたが、現在では例年開催されているザリガニ・パーティーで有名である。

父親のジョン・ガーリーは創設間もないNASA（アメリカ航空宇宙局）の航空エンジニアとして、ヒューストンにあるジョンソン宇宙センターに勤務していた。[3] 父親は数学と分析に秀でており、その点はいずれも息子に受け継がれた。母親のルシアも積極的な人柄の女性だった。代用教員のかたわら町議会の議員を一一年務め、さらに地元の図書館でボランティアとして活動し、町の公立学校の助成金として数千ドルの資金を集めた。時間を見つけては町の美化運動を進め、通りの清掃を手伝っていた。[4] もちろん母親のことは愛していたが、それ以上に尊敬もしていた。労働に対する母親の倫理観、忠誠心、さらに地域に対する義務感にガーリーは敬服していた。

地元の学校に通い出すようになったころ、ガーリーはコンピューターに熱中するようになった。一九八一年にはコモドール（Commodore）のVIC‐20を二九九ドルで購入している。現在のドルに換算するなら八五〇ドル相当のパソコンで、当時、出回り始めた比較的廉価なホビーパソコンの一台だった。[5] 中学三年生のころには、コンピューター雑誌の巻末に掲載されているサンプルを参考に、自分でもプログラムを書くようになっていた。

子供のころから背の高さで目立っていた。小学校から高校まで、ほかの生徒より頭ひとつ背が高かった。背が高すぎることは自分でも気づいており、気にもしていた。しかし、大学に進むとその長身がものを言う。ミシシッピー州の大学で数年学んだあと、ゲインズビルにあるフロリダ大学に転入して、ガーリーはバスケットボールチームに所属した。当初は奨学金なしの選手《ウォークオン》だったが、のちの全米大学体育協会のディビジョンⅠのスカラープレイヤーに選ばれている。フロリダ大学《ゲイターズ》はリーグとしてはサウスイースタン・カンファレンス（SEC）に所属していたが、ガーリーが学生だったころ、チームはとくに目立った成績を残せなかった。ガーリーももっぱらベンチで時間を過ごしていた。[6] 全米大学体育協会のトーナメントでボロ負けした対ミシガン大学戦では、一分間だけプレーに参加したが、唯一のショットははずしてしまった。[7] それでも、コンピューター工学の学位を取得して大学を卒業している。

コンピューターは卒業後も続け、ヒューストンにあったコンパック（Compaq）に就職する。会社は実家のあるディッキンソンの町からも近かった。一九八九年、コンパックは大手コンピューターメーカーとして成長を続けていた時期に当たり、幸運にもガーリーは、そのコンパックでソフトのミスを見つけて修正するデバッグの職を得られた。電気工学を専攻していた姉が、この会社の社員番号63の社員として働いていたことも幸いした。

仕事以外の時間はテクノロジーの進化を詳細に調べていた。ＩＴ企業の株をネットの個人口座で買っていたので、関連雑誌をむさぼるように読むだけでなく、新進気鋭の企業の財務状況を念入りに分析した数字だらけのレポートを苦労して読んでいた。自分でも抑えられないほど、ガーリーはテクノロジーの世界に心を奪われていた。[8]テクノロジーには社会を変革し、人を夢中にさせずにはおかない力があると考えていた。その世界に彼はもっと近づきたかった。

コンパックを退社したガーリーは、オースティンにあるテキサス大学に進んでMBAを取得する。その後、半導体メーカーのアドバンスト・マイクロ・デバイセズ(Advanced Micro Devices)に入社してマーケティングを担当する。だが、入社はしたものの、自分が求めているのはこの仕事ではないとただちに気づいた。彼がやりたかったのは、もっと大きな何かであり、計算と分析に秀でた自分の能力を必要とする、現れつつあるテクノロジーに関する何かだった。

テキサス大学のビジネススクールで学んでいたころ、彼の関心を引きつけた産業分野があった。ベンチャーキャピタルである。これこそ彼が求めていた仕事だ。数字を調べ、新たに出現した技術トレンドを見抜くことは、好きが高じて彼がすでにやってきたことだった。好きなことをやって給料がもらえるなら、それはまさに夢にほかならない。とはいえ、だからといって履歴書を携えてベンチャーキャピタルに出向いても、それですむという話ではない。実際、オースティンにあるベンチャーキャピタルを何社か訪問したが、若すぎるということと、経験がないことを理由に断られている。そこで決心したのは、オースティンではなく、ウォール街で自分の運を試してみることだった。

一九九〇年代のウォール街は、シリコンバレーとは真逆の考え方を持ち、フィルムにたとえるならポジとネガの関係にあった。シリコンバレーのベンチャーキャピタルは「ムーンショット」——創業者が少額の先行投資金の手配を何年か繰り返しながら、ついに実現させた壮大で、文字どおり「宇宙に凹みを作る」アイデアを探し続けていた。だが、ウォール街で求められていたのは三カ月以内の結果である。

東海岸と西海岸の真ん中の州に暮らすテキサス人として、ガーリーは両者それぞれの発想を持ち合わせていた。テクノロジー企業の創設者に備わる大胆さと短期の収益を無視できる豪胆さを評価する一方、彼は現実主義者でもあった。バランスシートを見るより、未来のプロジェクトを夢見ることに大半の時間を費やしている企業は、その夢を実現させるはるか以前に、運にもそして金にも見放されてしまうだろうと考えていた。

ガーリーはウォール街の名だたるベンチャーキャピタルに売り込みの電話をかけた。名門私立大学出身のウォール街のビジネスマンたちの目には、自分が面接をしている相手はテキサス出身の大男で、うぶな目をして落ち着かない様子に映った。テクノロジー企業を相手にした仕事がしたいという。そうやって仕事を探していた一九九三年、ガーリーはついに念願の夢をかなえる。クレディ・スイス・ファースト・ボストン(CSFB：Credit Suisse First Boston)にセルサイドのアナリストとして採用された。それまでアナリストや証券売買を経験したこともない二七歳の青年には大きなチャンスだった。

そして、これほどガーリーにふさわしい仕事もなかった。担当したのはパソコン業界の統合分析である。彼の書いたアナリスト・レポートはほかの企業の社員も見ることができ、ガーリーのレポートを参考にして何百万ドル単位の株式の売買を決めるようにまでなる。ＣＳＦＢには彼よりも年上で、経験豊富なアナリストがいた。チャーリー・ウルフ、デービッド・コース、ダン・ベントンの三人で、当時のパソコン業界について造詣が深く、彼らの発言は新聞に引用されたり、テレビのインタビューを受けたりしていた。彼らのように脚光を浴び、同じように富を手にしたいとガーリーは願った。仕事は困難だったがやりがいがあり、それ以上に仕事そのものが彼には楽しかった。テクノロジー業界について意見を求められていると考えただけでワクワクした。しかも、それで金までもらえる。

ガーリーがウォール街のスターになるまでに時間はかからなかった。上へ上へとガーリーがのぼり詰めていくにしたがい、自分より年上の同僚を抜き去っていった。だが、彼らは若いガーリーと金融モデルを共有し、何年もかけて培ってきた貴重な洞察を授けてくれた。そうした同僚の一人がチャーリー・ウルフで、「アジェンダ」への出席を取り持ってくれた。「アジェンダ」はサンフランシスコで例年開催されている有名なカンファレンスで、テクノロジー業界の精鋭が集まる。参加したガーリーはあこがれのスターに熱狂する面持ちで会場をうろついていた。大学時代、ベンチを温めていた控え選手は、自分がこのカンファレンスのメンバーであることに思いをめぐらしていた。参加者のなかにはビル・ゲイツやラリー・エリソン、マイケル・デルのような人物もいる。コンピューターの開発史に名前が刻まれた錚々《そうそう》たる面々である。

ガーリーの成功はよき先輩たちの力添えのおかげだけではない。彼がまたたく間に名声を得たのは、テクノロジー市場のトレンドを踏まえ、それにふさわしい株を推奨していたからだ。CSFBの大立者の一人であるフランク・クアトローネさえ、ガーリーのことは認めていた。クアトローネはシリコンバレーでは伝説と化した投資銀行家で、投資先には史上もっとも高い収益を生み出したテクノロジー企業が何社もある。二人は関係を深めていき、その関係はCSFB以降も続き、最終的にはドイツ銀行でもふたたびいっしょに仕事をする。クアトローネは早い時期から、ガーリーはエンジニアとしての教育を受け、職業としてアナリストを手がける逸材で、自分がカバーする業界については並々ならない洞察力を持つ人材だと認識していた。

ガーリーが担当する企業の取締役も彼に対しては同様な見方をしていた。アマゾンが株式公開の準備を進めていた一九九七年、ジェフ・ベゾスとアマゾンの取締役が新規公開を手がける幹事会社として選んだのは、モルガン・スタンレー(Morgan Stanley)でもゴールドマン・サックス(Goldman Sachs)でもなかった。両社とも著名な証券会社として知られているが、両社のかわりにベゾスたちはドイツ銀行を指名してアマゾンの上場を進めた。注目度の点ではモルガン・スタンレーやゴールドマン・サックスより見劣りはしていたが、ドイツ銀行もすばらしい銀行である。選定契約の決め手となった点こそ、ドイツ銀行が抱えるスターバンカーと、その彼とともに働く主席アナリストのコンビだった。そのコンビこそフランク・クアトローネとビル・ガーリーの二人だった。二人はオンライン書店とこのビジネスの潜在性に関する知識を披瀝《ひれき》して、ベゾスをはじめアマゾンの取締役を驚かせた。モルガン・スタンレーとゴールドマン・サックスには華やかな名前があるが、ドイツ銀行にはクアトローネとガーリーがいた。

世界最大のオンライン書店アマゾンにとって、ガーリーは頼りになるアナリストとして存在感を増していく。アマゾンは単なるオンライン書店ではなく、はるかに大きな存在に変貌する機会が訪れるとガーリーはきわめて早い時期から見据えていた。

ガーリーの最大の才能は、周囲の意見に異を唱えることをいとわない姿勢にあった。ドットコム・バブルに沸いていた一九九〇年代後半、彼のようなハイテク部門のアナリストは、ネット関連株上昇の栄えある推進者と見なされる場合が多かったが、ガーリーはその流れには乗らず、彼ならではの道を進んだ。ドイツ銀行時代にもっとも物議を醸した彼の発言が、ネットスケープ(Netscape)に関する悪評ふんぷんのレポートだった。ネットスケープは商用としては初の本格的なブラウザで、黎明期を迎えたインターネットの開拓者だった。アナリストの大半はネットスケープを肯定的に評価していた。だが、すでにマイクロソフトがインターネットエクスプローラーの市場投入の準備を進め、さらに無償で配布すると約束していた。ブラウザ市場を支配するネットスケープにとってこれは脅威であると判断したガーリーは、ほかのアナリストたちとは異なり、マイクロソフトの圧力のもとで、ネットスケープがどのような経営判断をくだすのか不安を感じていた。ネットスケープの株式は過剰評価されていると考え、ガーリーは格下げを実行したのだ。翌日、ネットスケープの株価は20パーセント近くにまで下落し、その後、二度と値を戻すことはなかった。*

アナリストとして成功はしていたが、ガーリーはただのアナリストであるのをやめ、実際に投資を始めたいとクアトローネに話した。クアトローネがその希望をかなえてくれた。しかるべきベンチャーキャピタルとしてハマー・ウィンブラッド(Hummer Winblad)を紹介してくれたが、間もなくさらに大手のベンチャーキャピタルからヘッドハンティングされる。ウィンブラッドの投資会社に移ってからちょうど一年半、業界でも一流とされるベンチマーク・キャピタルに引き抜かれた。

ベンチマークとガーリーの関係は長く続くことになるが、それも当然だった。ベンチマークは少数精鋭の固い結束のもとで運営され、パートナーはたがいにそれぞれの意思決定にかかわり、会社の投資先企業についてはもれなくアドバイスをしあっていた。新しいパートナーもほかのパートナーと協調関係を築かなくてはならなかった。

ベンチマークの創業パートナーであるケビン・ハーベイがガーリーを引き抜いた。ハーベイはアナリストとしてのガーリーの考えに注目していた。とりわけハーベイの印象に残っていたのはガーリーの粘り強さだった。

「彼はある種の動物だ」[9]とほかのパートナーたちに語っていた。たとえばガーリーと二人で森のなかでイノシシを追っていたとしよう。二人で茂みに潜んでいると、ガーリーは突然立ち上がり、絶壁を跳び越え、丘を駆けおりて獲物を追っていく。ハーベイにはあまり関心のない獲物だ。「彼は私をなまけ者だと思っている。私がその獲物をほしがろうとしないからだ」

一九九九年、ベンチマークには五人のパートナーがいた。ガーリーが六番目のパートナーとして加わった。全員が人並みはずれて長身だった。並んで立つと、大学のバスケットボールチームの先発メンバーが勢ぞろいしたようにも見えた。時とともにパートナーも顔ぶれは変わったが、ガーリーはいつも先発メンバーの一人としてそこにいた。

ビル・ガーリーは、常にいちばん背の高い男であり続けた。

ベンチャーキャピタルの世界で二〇年近くも驚異的な実績を残してきたにもかかわらず、ビル・ガーリーに会った人間が最初に抱く印象は彼の並はずれた背の高さだ。

プロのバスケット選手を除けば、6フィート9インチ（2メートル6センチ）のガーリーは、ほとんどの人を見下ろすことになる。ガーリーのような立場にあるほかの人間が、人並みはずれた体格を都合

＊この格下げは、ある若き起業家の怒りも買うことになった。その若者もまたのちに大きな影響力を持った著名なベンチャーキャピタリストになる人物で、名前をマーク・アンドリーセンという。ネットスケープの共同創業者で、商用インターネットの開発に貢献したと評価されている。マイクロソフトのブラウザ市場参入でネットスケープは低迷、同社は最終的にAOLに買収されるが、アンドリーセンはガーリーのレポートを決して忘れなかった。後年、ガーリーとアンドリーセンはともに成功を収めてばくだいな財をなすが、二人の確執はその後も続いた。「ニューヨーカー」誌のインタビューで、アンドリーセンはガーリーについてこう語っている。「彼には我慢できない。テレビドラマの『となりのサインフェルド』を見たことはあるかい。ビル・ガーリーは私にとって主人公の敵役であるニューマンのような存在だ」

よく利用したとしよう。たぶん、競合相手を威圧しようとでも考えているのだろうが、そんな真似は威張りくさったベンチャーキャピタルの地をさらけ出すようなものである。

ビル・ガーリーはそうではなかった。自分の体の大きさにむしろ痛々しいほど恥じ入り、できるだけ目立たないようにしようと心がけていた。みんなで集まるときには部屋の隅にいたほうが落ち着き、ディナーパーティーではカーテンを背にするようにしていた（そんなことをしてもむだだった。彼の姿を認めるや、友人やレポーター、起業家たちが彼を取り囲んでいた）。自分の体を持てあましているようにも見えた。ひょろ長い脚と薄い骨格をどう動かせばいいのか、考えながら体を操作しているようだった。映画『メン・イン・ブラック』のように、ある日、ガーリーの頭部がパカッと開き、そのなかから指ほどの大きさの異星人が現れても驚きはしないと仲のいい友人の一人が言っていた。小さな異星人がガーリーの姿をした宇宙船を必死になって操縦しているのだ。

会議やプレゼンテーションの中休みなど、たわいないおしゃべりで時間を過ごすこともなかった。むだ口を叩かず、静かなままだ。相手が何か重要なことを口にしたときには一歩退くときもある。その様子は文字どおり、全身で相手の発言を吸収しているようでもあった。

これがガーリーの思考法で、何が起こっているのか、何が語られていたのか、そして何が語られるのかを分析しているのだ。あるいは、ただ気後れしているだけなのかもしれない。実際、彼はものおじする性分だ。シリコンバレーのような土地柄では、はにかむタイプは相手から無視されるか、発破《はっぱ》をかけられるだけである。だが、問題は自分のアイデアを裏づけられる頭脳《ブレイン》を持っているのかいないのかだ。

頭脳と、それからもうひとつ必要なのが熱意だ。シリコンバレーで働く大勢の仲間たちのように、ガーリーもまたテクノロジーとイノベーションに備わる変革の力を信じていた。ものすごいアイデアを抱えた若き創業者と数百万ドルの資金によってもたらされるプラスの影響を評価していた。ＩＴ系のメディアはガーリーからシリコンバレーに関する悲観的なコメントを引き出そうとこだわったが、自分は楽観主義者だとガーリー本人は言っている。

業界がもっとも苛酷な状況に直面したときでさえ、ベンチャービジネスから逃げ出そうとはしなかった。世紀の変わり目に起きたドットコム・バブルの崩壊のときも有望な創業者を探し続けていた。二〇〇八年、世界経済を土台から揺るがした金融危機のときには、スタートアップに対する投資を強化していた。

「このような環境だからこそ、まぎれもない起業家とそうではない偽者を選別できる」と金融危機がピークに達した時期にガーリーは書いていた。[10]「シリコンバレーで金が簡単に手に入るようになれば、集まってくるのは、永続的な会社を立ち上げようとする者ではなく、手っ取り早く金を作ろうと考えている近視眼的な楽天家だ。最高の起業家だけがこんな大荒れの海に船出していく」

第8章

二人のステップ《パ・ド・ドゥ》

ベンチャーキャピタルとは、職業ではなくむしろ人目をはばからずに繰り広げられるけんかだ。スポーツにたとえるなら、マウスガードなしで行うラグビーのようなものである。これというルールは皆無で、あるとすれば、契約をまとめるために必要ならどんな手段を使ってもかまわないという点である。

見た目ほど難しい仕事ではない。やることといえば人から集めてきた金を企業に差し出すだけである。たしかにそうだが、ベンチャーキャピタリストのカレンダーは連日ミーティングで埋まっている。出資先企業の創業者、彼らの資金支援者、業界のアナリスト、さらにジャーナリストとの面談である。また、大手企業のCEOに会って、市場の動向や求人活動に関する打ち合わせに時間を費やし、投資銀行の担当者と企業と市場について情報を交換する。ベンチャーキャピタルの支援を得ようと、熱心な起業家が大勢詰めかけるので彼らの攻勢もかわさなくてはならない。ローズウッドはパロアルトに建つ豪華なホテルで、テクノロジー業界の資金の環流の打ち合わせは、長くこのホテルのバーで行われてきた。だが、バーでくつろいでいるときも、起業家たちのぎこちないセールストーク《エレベーター・ピッチ》に邪魔をされてしまうかもしれないのである。

ベンチャーキャピタリストの仕事とは、あらゆる雑音を切り抜け、自分たちに投資した出資者に特大のリターンをもたらすスタートアップを見つけ出すことなのだ。彼らに投資しているのは年金基金をはじめとする各種基金、あるいはファミリーオフィス*訳註や富裕層など、いわゆる「LP《エルピー》」と呼ばれる有限責任のリミテッド・パートナーである。ベンチャーキャピタルの投資ファンドはだいたい一〇年サイクルで運用するのが普通で、LPは初期投資に対して20〜30パーセントの利回りが期待できる。

しかし、ベンチャーキャピタルにはリスクがともなう。大まかに言って投資の三分の一は失敗に終わるからである。(1) しかし、高い〝リスク特性〟は領域によるものだ。機関投資家の希望がローリスクの投資なら、安全な地方債やマネー・マーケット・ファンドで運用する。リスクは低いが、リターンも低い。

失敗に終わる確率がこれほど高いので、ベンチャーキャピタルは多岐にわたる産業や部門に資金を分散して投資する。投資金額の一〇倍、二〇倍、五〇倍のリターンをもたらす投資なら、損失分やパフォーマンスの悪いスタートアップへの投資を補塡できる。ベンチャーキャピタルでいわゆる「ムーンショット」と呼ばれる企業――産業界全体を再編して、支配することを目ざす起業家によって経営されている――は、ベンチャーキャピタルがのどから手が出るほど求めている投資先で、これ以上ない栄誉がもたらされる。

投資の方程式そのものは単純だ。ベンチャーキャピタルはスタートアップに資金を提供し、見返り

訳註*ファミリーオフィス：大富豪一族の資産運用を目的に設立されたチームで、資産マネージャーや弁護士、税理士などで構成される。一族の資産運用から税金対策、必要な法律手続きを行う。対象とする一族の最低資産額は二〇〇億円程度とされる。

に出資額に応じた株式を取得する。投資を受け入れることを決めた企業の創業者に対して、*会社の成長段階に応じたベンチャーキャピタルの投資ラウンドが始まる。最初は「シード」と呼ばれるラウンドで、通常、数万ドルから数十万ドル程度の小規模の投資が行われる。その後はアルファベット順に「シリーズAラウンド」「シリーズBラウンド」と続く。このようなラウンドは最終的に投資先の企業が以下のような状態になるまで続けられる。

A 廃業。この状態がもっとも一般的なシナリオ。

B 別の巨大企業に買収される。

C 株式を新規公開して、外部の投資家が証券取引所で株式を購入できるようになる。

ベンチャーキャピタルと創業者が目標とするのはBとC、つまり会社が〝流動資産〟になる段階だ。ベンチャーキャピタルは最終的に保有していた会社の株式を現金化する。

ラウンドごとにそれぞれ方針が異なり、ベンチャーキャピタルに対する評価も違ってくる。通常、これというスタートアップに対する投資が早ければ早いほど、成功した場合、ベンチャーキャピタルに対する評価は高まる。大企業に成長し、高い利益をもたらすスタートアップを見抜いて投資する先見性とスキルがあると見なされるからで、時間をさかのぼるほどベンチャーキャピタルは高評価が得られる。グレイロック・パートナーズ(Greylock Partners)のデービッド・ジーは、フェイスブックとリンクトインの両社に早くから投資したことでこれからも語りつがれていくはずだ。両社の価値評価額が数十億ドル規模ではなく、まだ数百万ドルにすぎない時点で投資していた。元グーグルの弁護士で、ベンチャーキャピタリストに転じたクリス・サッカはウーバーのほか、ツイッターとインスタグラムに対して早い時期から出資しており、この投資によってサッカはビリオネアになった。ベンチャーキャピタルが早期の投資にこだわる理由はほかにもある。その理由は明快だ。投資が早ければ早いほど、少額の資金で投資先の企業の株式が多く手に入る。

この会社は投資にふさわしい会社なのか、ものになりそうなアイデアなのか、次にどの業界に投資をすればいいのかなど、この仕事のいちばん難しい点はかならずしもそうした問題ばかりとは限らない。その会社がふさわしい人物によって経営されているのかどうかを見極めること、つまり、創業者をめぐる判断がいちばん難しい。

「創業者」はシリコンバレーでもっとも称賛されてきた肩書であり、今後もそれは変わらないだろう。「創業者」とは肩書というより、むしろ名乗りをあげることである。「私がこれを作った」と名乗りをあげた者が創業者なのだ。「無からこれを発明した。私がこの世に出現させた」。カラニックはよく、「スタートアップを立ち上げることは、小さな子供を育てるようなものだ」とたとえていた。(2)

よき創業者はスタートアップに息を吹き込み、いきいきとした生を授ける。マーク・ザッカーバーグが言っていたように、創業者は「素早く行動して破壊しなくてはならない」。創業者は「ハッカ

＊あらゆるスタートアップがベンチャーキャピタルの出資を受け入れるわけではない。こうしたスタートアップは「ブートスタッピング」と呼ばれ、資金は自己調達している。ブートスタッピングの創業者は自社株をすべて保有し、起業が成功した場合、利益を独占できるが、失敗した場合にはすべてを失う。

ー・ウエイ」の精神を持っている。創業者は海賊船の船長なのだ。よき創業者は、今日もガンガン働いて明日はもっと働く。よき創業者が眠るのは彼が死んだときである(あるいは、一週間に及ぶ例年恒例の〝バーニングマン〟のイベントから帰ってきてから)。レッド・スウッシュを創業したときのカラニックのように、よき創業者は厳しい資金繰りのもとで会社を導きながら、正しい支援者を誤ることなく選ぶ。よき創業者は会社の成功を自分の誇りとするが、失敗に対する非難から逃れるような真似はしない。時宜を得たアイデアは大切だが、そのアイデアを実現する創業者も同じように大切な存在だ。そしてなにより重要なのは、真の創業者はめったにいないということである。

メシア待望のように聞こえるなら、創業者とはメシアであるからだ。シリコンバレーの基層に横たわる信仰としての創業者文化——より正確に言うなら創業者崇拝——は、いくつもの疑似宗教哲学から現れてきた。一九六〇年代のサンフランシスコは、解放された時代意識とユートピア社会を求める考えに触発され、セックスやドラッグ、ヒッピーカルチャーを唱える革命を受け入れてきた。この反体制的なカウンターカルチャーは、その後現れた、個人の欲望をどこまでも認める考えや創造的破壊を信条とする理念とひとつになっていった。

シリコンバレーの技術者たちは、この流れのなかから、それまでとは異なるカウンターカルチャーを生み出していった。それは既存の権力構造を根絶やしにして、社会を機能させるために革新的な方法を生み出そうとする文化だった。創業者たちは町のインフラや決済システム、人びとの日常に潜んでいる非効率性に目を凝らし、現代資本主義というツールを使い、私たちの生活を向上させるソフトウエアハウスを設立して、怠惰な支配者層から権力を奪い取っていった。創業者は理想の統治者である〝哲人王〟となり、徹底した個人主義者として、官僚的で公平性が欠落した時代遅れのシステムから社会を救い出そうとしている。

ソフトウエアの開発者で投資家のマーク・アンドリーセンが、「ソフトウエアが世界を食いつくしつつある」[3]と語ったのはよく知られている。当時、技術者たちはそれをいいことだと考え、つい最近まで世界の大半もこの考えに同意していた。ベンチャーキャピタルの投資件数は二〇〇〇年代前半から二〇一〇年代にかけて73パーセント増加している。[4]二〇〇五年、世界全体のベンチャーキャピタルの投資総額は数百億ドル規模だったが、二〇一〇年以降、数千億ドル規模に跳ね上がっていった。[5]そして、こうした取引の世界的震源地として姿を現してきたのがサンフランシスコだった。[6]

その一方で、勢力の均衡が揺らぎ始めていた。スタートアップが前例のないペースで世界中の既存のインフラを破壊していくにつれて、旧勢力の中枢が侵食され、場合によってはその周辺に現れたスタートアップに置き換わっていく姿を起業家たちは目にしていた。クレイトン・クリステンセンは『イノベーションのジレンマ――技術革新が巨大企業を滅ぼすとき』(玉田俊平太監修・伊豆原弓訳、翔泳社)で、素早く変化していく競合企業の脅威が見抜けないほど巨大化した企業を待ち受けている危機について明言していた。ベンチャーキャピタルの後押しを受け、スタートアップが新たな支配層になっていた。

変化はそれだけにとどまらなかった。創業者たちは自分が握っている主導権の心地よさに気づいたのだ。彼らはあれこれ口を出してくる株主や投資家、世間の人びとなどの外部の人間から自由になりたかった。彼らはやがて自分たちの権力を守る方法を見つけた。彼らは持ち前の未来を見通す先見性を使い、投資家たちに対して、創業者を支配する力を譲り渡すことを納得させていった。

この方法を強化して、制度化したのが、グーグルの共同創設者ラリー・ペイジとセルゲイ・ブリンの二人だった。一九九八年、手狭なガレージで二人は、「世界中の情報を整理して、世界のどこからでもアクセスでき、誰もが利用できる」[7]検索エンジンの開発という、正気の沙汰とは思えない理念を実現する会社を創業した。その理念はベンチャーキャピタルなら後押ししたくなるような、まさに典型的なムーンショットの発想にほかならなかった。

しかし、グーグルの創業者は世界を変えることに胸を躍らせていたが、投資家たちの思惑にしたがって決断はしたくなかった。「邪悪になるな」*というモットーは創業者と彼らの取り組み方の代名詞になり、そこには「成熟した企業に成長していこうとも、金のためにひどいことをするつもりはない」というメッセージが込められていた。

二〇〇四年、グーグルがＩＰＯ（株式公開）を実施したとき、彼らは「複数議決権株式」を発行して物議を醸した[8]。一般投資家には「クラスＡ」という株式を売り、社内の創業者は「クラスＢ」の株式を保有していた。株式としての価値はＡもＢも同じだが、Ｂには特別な権利が付与されていた。クラスＢの株式はいずれも一株当たり〝一〇票〟の議決権を持っていた。つまり、経営判断に対する「イエス」「ノー」に対して、創業者たちは一〇人分の発言権を持っていたのだ。これに対してクラスＡの株式は、一株一議決権でしかなかった。ペイジとブリンの二人は、これ以降、過半数支配を維持するために必要な自社株を確実に保持しつづけてきた。さらに見逃せないのは、この目的を果たすため、ＩＰＯ時に十分なクラスＢの株式を発行していた点である。

二人とも本当はグーグルの株式公開を望んでいなかった。ナスダックにグーグルを上場させることは、会社の経営をめぐり、テクノロジーについて無知で、鬱陶しいだけの人間に口をはさむ機会を許してしまうことを意味する。投資家たちはグーグルから現金をかすめ取っていくだろう。それだけではない。こうした投資家たちは会社の収益構造が思った以上に強固ではないと考えたとき、二人に対して、議決権を行使して数を頼りに集団で経営方針の変更を迫ってくるはずだ。

ある投資家の話では、ペイジとブリンの二人がグーグルの株式公開に同意したのは、ビジネス界の伝説の大御所ウォーレン・バフェットと面談した直後だったという。バフェットが二人の若き創業者に複数議決権株式について知恵を授けたのだ。

ペイジは株式を公開する際、「グーグルの株主のためのオーナーズマニュアル」[9]と題された書類を当局に提出している。なかなか生意気なタイトルだが、そのなかでペイジは、「われわれが生み出そうとしているのは、長期的な視点に立ち、安定性を重視した企業構造を持つ会社である」と書いている。「グーグルに投資をすることで、わが社のチーム、とくにセルゲイと私、そして私たちの革新的なアプローチに対して、ほかとは異なる長期の賭けを行うことになる。(略)新規の投資家は、長期にわたるグーグルの経済的未来を十二分に共有するが、議決権の行使でグーグルの戦略的意思決定に影響を与えるのはほぼ不可能だろう」

創業者の多くがグーグルのこの戦略に倣った。「ラリーとセルゲイがやったなら、俺たちもできるかもしれない」と若い起業家たちは自問した。マーク・ザッカーバーグは、マイクロソフトが持ちかけた一〇億ドルの買収を拒んだとき、気が触れたのではないかと思われていた。フェイスブックが二〇一二年に株式を公開したあとも、複数議決権株式によってザッカーバーグは圧倒的な影響力を維持してきた。取締役会の抵抗を抑え込むことで、全社をあげてモバイルデバイス向けの製品構築に集中

＊二〇一八年、グーグルは「邪悪になるな」というモットーを企業行動規範の序文から除外した。

でき、ばくだいな見返りをもたらす大きな賭けに打って出ることができた。*

フェイスブックに続いて、リンクトイン、ジンガ(Zynga)、グルーポン(Groupon)などのようなウェブ2・0に属する企業が、いずれも複数議決権株式という手法を導入して上場した。テック業界のもう一人の神童であるエヴァン・シュピーゲルに率いられたスナップ(Snap)は、二〇一三年、フェイスブックから提示された三五億ドルの買収話を蹴っている。[10] 同社が上場した二〇一五年、二六歳のシュピーゲルは世界でもっとも若いビリオネアになった。

シュピーゲルがこれほどの申し出を断り、その度胸のよさが称賛される場所など、シリコンバレーをおいてほかにはないだろう。ここではほかのどこよりも創業者が寿《ことほ》がれている。創業者信仰とは無縁の者からすれば、シリコンバレーはこんな理屈に合わない選択がまかり通る場所に思えるかもしれないが、〝創業者崇拝〟が物語っているのは、創業者がたとえどんな決定をくだそうとも、彼の判断は十中八九正しいのだ。なぜなら、なによりもまず彼は、誤りを犯さない創業者だからである。

二〇一〇年に勢力関係の比重が創業者にシフトしていくにしたがい、もっとも有望なスタートアップをめぐるベンチャーキャピタル同士の戦いはさらに激しさを増していった。起業家のためにパーティーを催し、「ナパ」や「バー・クルード」「スプルース」などのレストランでワインや料理をふるまった。時には派手な演出を凝らした招待も功を奏した。チャーターしたリアジェット31に二十代のエンジニアたちを乗せ、毎年三月にテキサスで行われる大イベント「サウス・バイ・サウスウエスト」(SXSW)に繰り出し、創業者にベンチャーキャピタルにはこうやってみんなを旅に連れ出す力があることを誇示した。やはり、プライベートジェットほど贅沢なものはない。

ガーリーはこうした金のかかる売り込みのほかにも手を尽くした。若き起業家に的確なアドバイスを与え、夜の一一時三〇分にかかってくる電話にも応じていた。すでに子供たちは眠りにつき、彼もうとうとしかけていたが、彼らに戦略を授け、うろたえて危機の瀬戸際にある彼らを正しい道へと導いていた。ガーリーが競っていたのはもっとも価値のある取引だった。そして、たいていの場合、彼は勝ちを収めてきた。

ベンチマークはこれまでも、何度かタクシーの配車サービスやタクシー関連のビジネスに関する投資を模索してきた。ガーリー自身、キャビュラス（Cabulous）やタクシー・マジック（Taxi Magic）のような企業をはじめ、配車サービスに基づくサンフランシスコの何社かの企業と面談を進めてきた。こうしたサービスを手がける会社のなかでも人気の会社は、技術者が「ネットワーク効果」と呼ぶ効果をただちに発揮した。「ネットワーク効果」をひと言でいうなら、「そのサービスを使う人間が増えるほど、時間とともにあらゆる人に対して恩恵がもたらされる」ことを意味する。そして、ウーバーがサンフランシスコの町で人気を高めていくことは、乗客とドライバーの双方のマーケットプレイスに強固なネットワーク効果を生み出している事実を意味していた。

ウーバーは数カ月前にシードラウンドの資金調達を果たしていた。クリス・サッカやファースト・

＊マーク・ザッカーバーグに対する創業者信仰は二〇一六年を境に消えた。この年行われた大統領選にフェイスブックが関与していたと報道され、また、ミャンマーの民族浄化に関して、プラットフォームの監視がされていないため、迫害の温床になっていると報道されたからである。ザッカーバーグはたしかに天才だが、自分が開発したソフトウエアがどのような力を持っているのか、そしていかに脆弱なものかについては気づいていないと評論家は批判した。

ラウンド・キャピタルのロブ・ヘイズからの出資だったが、カラニックはすでに次の「シリーズA」への投資家を探していた。新たな成長のために、次のラウンドの投資では数百万ドルの資金を必要としていた。ガーリーはウーバーへの出資について、シードの段階で行うようベンチマークのパートナーに提案していたが、このときは全員の同意は得られなかった。二度とそんな結果を招いてはならない。ウーバーにはかならず投資しなくてはならない。この投資は、見逃せるようなちっぽけなチャンスではなかった。

ガーリーは気づいていなかったが、彼がウーバーへの投資にこだわっていたように、カラニックもまたベンチマークとの投資を成立させることを望んでいた（ベンチマークの社会的評価はウーバーよりもはるかに高かった）。また、ガーリーのような得がたい人物がウーバーの取締役会に加わるという考えが気に入っていた。ガーリーが重大な決定にかかわることで、会社が成長する扉が開かれていくだろう。さらにベンチマークがこれまで何年にもわたり、大きな投資を行ってきたことをカラニックはよく知っていた。

ドットコム・バブル崩壊後にシリコンバレーに参入してきた数あるベンチャーキャピタルのなかでも、ベンチマークは超優良のファームで、尊敬もされてきた。カラニックは〝最高〟を求めていた。しかもその〝最高〟は正しい意味において〝最高〟でなくてはならない。テクノロジー業界では、たとえば、アップルやグーグルに投資したセコイア・キャピタルが名門中の名門ベンチャーキャピタルとされている。セコイアに対して、カラニックは何度も投資を求めてきたが、序盤のラウンドで断られ続けてきた。

ガーリーが開設したブログ「アバブ・ザ・クラウド《ほかの人より抜きん出て》」は大勢の人に読まれてきた。ガーリーはブログで、折に触れてはテクノロジー業界への投資に関する試論や理念について書き込んできた（壮大なブログ名だが、自分の背の高さについて茶化している）。インターネットが普及するはるか以前、彼がアナリストのころにファックスレターとして始まった。一九九六年にブログとして一般に公開すると、さらに多くの人の目に触れるようになった。わずか三〇〇〇ワードの記事を掲載するために何カ月も熟考し、友人や同僚を相手に自分の考えを検証したうえで、世界に向けて発信してきた。ブログを更新するたびに、大勢の読者がその記事を読んだ。たった一本の記事をめぐり、シリコンバレーではその後何週間も論議が続く場合があり、カラニックもこのブログは評価していた。

たがいの思いが一致して、カラニック――カストロ地区の高台に住んでいた――はガーリーに電話をかけた。二〇一一年のある日曜日のことで、時刻は夜一一時ごろだった。電話を受け、ガーリーはただちにカラニックに会って意見を交わそうと、サンフランシスコの郊外から車を走らせた。

ガーリーはためらわなかった。車に飛び乗り、北に30マイル（48キロ）の距離を四〇分で走らせた。落ち合う先はダブリュー・ホテル。ここのバーはサンフランシスコでも最高級の店で、日曜日の夜遅くまで営業をしている。二人はよく冷えたビールを飲みながら、ウーバーに関するアイデアの“即興演奏《ジャミング》”に興じ、製品思想について意見をぶつけ合い、長期の戦略目標について、ああでもないこうでもないと何時間も話し合った。そして、ガーリーの家族がまだ眠っていた早朝、ベンチャーキャピタリストと創業者はウーバーへの出資を確認しあった。ウーバーの企業価値評価はおよそ五〇〇〇万ドルと二人は見積もり、ベンチマークは立ち上がったばかりのこの会社の株式の20パーセント弱を保有することが決まった。

翌日、ベンチマークで事務処理が始まり、その後間もなく、カラニックに対して一一〇〇万ドルの投資が実施され、同時にガーリーはウーバーの取締役に就任した。この時点でウーバーの取締役会はわずか三人、ギャレット・キャンプ、ライアン・グレイブス、そしてカラニックのほかに取締役はいなかった。ガーリーは、カラニックという粘り強いCEOに投資しているのだと考えていた。年齢は彼よりもちょうど一〇歳下で、まだ三十代だが、ベンチマークがそれまで投資してきた創業者に劣らず不屈の精神を持っていた。その精神こそ、世界中の既存の輸送機関が握っている利権に対して、果敢に挑んでいく勇気をカラニックに与えていた。そして、二人ともまだ気づいてはいなかったが、この精神のせいで、カラニックは、ガーリーがそれまで会ったどの起業家よりも、さらに強烈で、抑えのきかない創業者に変貌していく。

しかし、この時点ではそんなことは何も考えていなかった。それどころか、ラストオーダーで頼んだビールを前にガーリーが考えていたのは、彼が追い求めてきた獲物である、輸送業界のネットワークサービスのスタートアップをついに手に入れたという思いだった。

こうしてガーリーはウーバーにかかわっていくことになる。

第9章 チャンピオンの気がまえ

カラニックにとって、起業家は称賛に十分値する存在だった。

彼のような創業者たちは、会社を経営するために奮闘して日々を過ごしている。しかも、名声や財産、幸福は常に破綻の危機にさらされている。それに対してベンチャーキャピタルが負っているのはOPM——つまり、投資用に集めた他人の金《アザー・ピープルズ・マネー》を失うかもしれないリスクだけだ。彼らのポートフォリオとは、投資先企業の失敗を見越したものにすぎない。だから彼らは投資先を分散し、複数の産業部門に資金を投じている。新興企業のウーバーが破綻しても、ベンチャーキャピタルは背中の皮を剝がされるわけではない。痛みに歯をくいしばるのはカラニックであり、彼の仲間たちだ。投資家たちとの戦争に向け、トラビス・カラニックは身構えていった。

国中にウーバーを普及させる準備を進めながら、今度はこれまでのようにはさせないとカラニックは誓っていた。二度のスタートアップを通じて彼は多くのことを学んだ。最初に起業したスカウアでは、あまりにも多くの権限を投資家たちにゆだねてしまった。スカウアが窮地に陥ったとき、彼らは自分たちの安全は図ったが、カラニックを飢えたオオカミの前に差し出した。レッド・スウッシュのときは売り抜けたが、ぎりぎりのタイミングであり、製品も訴求力に劣っていた。

今度はウーバーだ。この会社なら理想的なタイミングで、売れるべくして売れる製品を手にして勝ちを取りにいける。なにより、会社の全権を彼が握っていた。ウーバーに関するあらゆること——アプリの設計から、脇目も振らず果敢に攻めていく企業文化まで、すべてカラニック一人で決められる。既得権益にあぐらをかく腐敗したタクシー会社と、金まで払ってそんな会社を保護している政治家とのあいだで繰り広げられる、生死を懸けた戦いから自分は逃げないとカラニックは考えていた。彼はこの戦争の最前線に立って指揮をとる将軍だった。

　大げさなたとえであるのは本人も承知していたようだが、進行中の戦争について、カラニックはよく政治キャンペーンにたとえていた。「候補者はウーバーで、政敵は〝タクシー〟という名前のクソ野郎だ」。また、業界のカンファレンスの席上でもかつてこんな発言をしている。「誰も彼《タクシー》のことなど好きではないし、いい奴でもない。だが、こいつは集票組織に組み込まれ、多くの人間がこいつに借りを作るよう織り込まれている[1]」

　カラニックの戦争は、こうした発言さえ手ぬるいと思わせた。彼は戦闘集団としてウーバーを組織化した。どこの町であろうと、当局がウーバーの進出を押し返すなら、カラニックはウーバーのユーザーを盾にして、市当局への兵器にすぐさま変えた。ユーザーにメールを一斉配信して、ウーバー弾圧が引き起こした不満を地元議員に表明せよと伝えた。斬り込み部隊はドライバーに向けてとにかく走り続けるように訴え、違反キップを切られても、レッカー車で引っ張られてもかまわないとメッセージを送った。

「タクシー業界は救いようがないほど腐敗し、どうしようもないほど縁故主義がはびこり、しかも規制当局の締めつけは尋常ではない。すでに合法とされている事業について事業許可を素直に願い出ても、決して認可はされないだろう[2]」とカラニックはレポーターに話したことがある。法令にしたがえば、ウーバーに勝つ見込みはないと考えていたのは明らかで、そうなればカラニックはこの戦争でまちがいなく敗れてしまう。

カラニックの本能は正しかった。ウーバーのゲリラ戦略は、市当局者やタクシー会社の経営者の機転や技術的な読みをはるかに圧倒していた。たとえば、シアトル進出のときである。空挺団の兵士のようにこの町に舞い降りたオースティン・ガイドは、ただちに地上支援の要員を雇い、乗客やドライバーの好奇心をあおった。続いてライアン・グレイブスが舞い降り、町のハイヤー会社に売り込みをかけ、「われわれは貴社のドライバーに特別収入が得られる方法を伝授できる」と触れまわった。ウーバーはわずか数週間で相当数の乗客を生み出していたが、当局は何が起きているのか気づきようはなかった。当局が動き出すころには、すでにウーバーは市民の絶大な支持を得ていたので、審理して操業停止に追い込むことさえできなかった。利用者がいったん臨界質量に達してしまうと、市の交通局のマンパワーでは営業中の車両を停めることはできない。

カラニックにすれば、ウーバーは何も悪いことはしていない。なんといっても、操業している車両は市が公認したリムジンであり、認可を受けたハイヤー会社で働く運転手だった。車両の手入れは行き届き、保険にも入っている。ドライバーは、ウーバーのサービスのおかげでむだな客待ちのあいだに副収入が稼げる。少なくともこの時期、ウーバーで運転しているのは、全員資格を持つプロのドライバーだった(これは自家用車での営業を認めた「ウーバーX」が始まる以前の話だ)。シアトル、ニューヨーク、ロサンゼルス、シカゴと、ウーバーの足跡がアメリカを横断していくにしたがい、サービスはますます人気を博し、どの町でも操業に歯止めをかけるのはますます困難になった。

カラニックは決して統計値を公表しなかったが、シアトルでサービスを始めたころ、「教えてやれるのはせいぜいここまでだが、サンフランシスコは大成功で、ニューヨークでは目標を達成しつつある(3)」とレポーターに向かい、素っ気なくウーバーの大成功の物語について話した。

社員が大量に採用された。大学を出たばかりの二十代の野心的な若者たちで、カラニックの売り文句に目をキラキラさせて聞き入る者たちばかりだ。ウーバーが最終的に目ざしているのは、「よどまずに流れていく水のように信頼できる輸送手段*」を、あらゆる町で生み出すことだとカラニックは語り続けた。マネジメントの経験はスターバックスの店舗程度という者が、ウーバーの本部で採用されるケースも珍しくはなく、新しい市場を開拓するために送り込まれていった。

カラニックはかなりの権限を社員にゆだねていた。各地のゼネラルマネージャーはまるでCEOのようにふるまい、財務に関する重要な決定権が授けられた。どの社員も自分の地位を〝負っている〟ことに対する責任があった。進出先の町でマイクロマネジメントをさせるより、社員には権限を与えたほうがいいというのがカラニックの考えだった。ウーバーが何十億ドルもの利益をあげるようになると、乗客やドライバーのインセンティブを高める費用として、各地区のマネージャーには一〇〇万ドル単位の経費が自由に使える裁量権が与えられる。これらの金はウーバーに対する需要を喚起するため、のちには配車サービスを手がける競合他社から乗客を奪うため、無料の乗車券を配る原資として使われるようになる。

こうした社員たちが本部を訪れることはほとんどなかった。サンフランシスコにあるウーバーの本部にいる幹部社員たちは、たとえばシカゴやフィラデルフィアで働く社員についてはほとんど知らず、財務についても管理らしい管理はしていなかった。地域マネージャーたちは自身のカンと、表計算ソフトを使って自分で作ったデータに基づき、一〇〇万ドル単位のセールスプロモーションにゴーサインを出していた。

カラニックの取り組み方は、いろいろな点ですばらしかった。マイアミで採用した地元の社員は、自分の町にふさわしい形でウーバー導入の準備が図れた。その点では、マイアミの住民や制度について無知なサンフランシスコの人間を雇って任せるよりうまくいく。

だが、弊害もあった。二十代そこらの若い連中にあまりにも大きな裁量権を与えてしまえば、場合によっては女性を蔑視する大群に権限を授けてしまうことになる。フランスのウーバーでは、「ものすごくセクシーな女の子がただ乗り《フリーライド》させてくれる」(4)と恥ずかしげもなくプロモーションしていた地区もあった。ニューヨークのオフィスは、男尊女卑の体質《カルチャー》で悪名を轟かせた。ニューヨーク事務所を率いるゼネラルマネージャーのジョシュ・モーラーは、元友愛会に所属していた学生で、その後、MBAを取得していたが、やたらといばり散らすばかりか、攻撃的な運営のせいで結局は辞任に追い込まれてハラスメントを申し立てられる。よくも悪しくもウーバーは、各地区のオフィスそれぞれで微妙に異なる企業体質を抱えていた。

しかし、奔放なほどの自主性を重んじる考えを社員に授けたことで、カラニックのリーダーシップに対する彼らの信頼は高まった。カラニックにすれば、自身の軍団を雇い入れたようなものだった。軍団は規模こそ劣るが一人ひとりが起業家で、彼らに対してカラニックは「征服せよ」という、たっ

*カラニックと取締役たちは社員を鼓舞するため、この話を定期的に繰り返していた。だが、世界の多くの地域では肝心な水道そのものがないのが現実で、まずその必要が満たされなければならない。だが、そうした詳細な点については、カラニックや彼の仲間は決して触れなかった。

たひとつの命令をくだしていた。一人ひとりが担当地区という領地の創業者である。市レベルではあったが、めいめいがスタートアップの起業とハッカーの精神《エートス》を経験していた。ウーバーが野火のように広がっても、カラニックが育み、決して失ってほしくない何かを彼らは味わっていた。カラニックは配下の士官を激励して戦場に送り込んだ。彼らは戦場でみずからの歩兵部隊を編成してウーバーのために戦った。「いつも押しまくれ《オールウェイズ・ビー・ハッスリン》」とカラニックはよく言っていた。

カラニックは、ウーバーがシリコンバレーの新たな規範になること――起業家精神を鼓舞する絶対的な力を体現した存在になることを思い描いていた。フェイスブックやグーグルのように、〝原《ウル》ウーバー〟とでも呼ぶべきものを、ある種の文化資本としてシリコンバレーの風土にもたらしたかった。ウーバーでの経験を糧にして、配下の兵士たちがいずれ独立して自身の会社を起業することを望んだ。カラニックにとって、起業という行為は美徳そのものだった。

カラニックという人物は、作家アイン・ランド*訳註が書いた小説の登場人物のような人間だったのかもしれない。リバタリアンさながらの調子で、陳腐で皮相的なスタートアップ論を口にしていた。あるいは、部下がクタクタになって倒れる寸前まで仕事に駆り立てていただけなのかもしれない。しかし、彼の下で働く者にとって、自分のうしろにカラニックがいることが大切だった。彼らはこの戦争をカラニックといっしょに戦っていたのだ。

部下たちにとってこれ以上の創業者はほかにはいなかった。

ウーバーはウイルスのように増殖していった。

シアトルとニューヨークに次いで、シカゴ、ワシントンDC、ロサンゼルスへの進出が続いた。しかし、カラニックの野望はそれで収まるようなものではなく、世界市場への進出を狙っていた。二〇一二年にパリに進出すると、ロンドン、シドニー、メルボルン、ミラノへと広がり、さらに何十もの都市がそのあとに続いた。ゲリラ的な販促キャンペーンによって、ウーバーの存在は新規の乗客へと知れ渡り、利用した客の口コミによって大勢の人たちが有機体のように結ばれてサービスを利用していった。

ハイヤーのオンデマンドサービスでセレブ気分が味わえるという、カラニックとキャンプのもくろみは大きな利益を生み出していた。サンフランシスコではすでに大金をもたらしたうえに、ウーバーを利用するベンチャーキャピタリストやスタートアップの創業者たちは、自分のスマートフォンからハイヤーを呼んで大いに満足していた。しかし、巨大な産業に成長を遂げていくスイッチが入ったことで、このサービスは高級志向というビジネスモデルを超えて発展していくことになる。

スニル・ポールは、サイドカー(Sidecar)というスタートアップを拠点にして、カラニックとは異なる方法で、彼が暮らすサンフランシスコの住民にライドサービスを提供する実験を進めていた。起業家としてのポールは複数の会社を立ち上げ、以前からテクノロジーを利用した運輸業務に関心があった。ウーバーの仕事ぶりを調べ、その強気で攻撃的な姿勢を買っていた。しかし、彼が「P2Pライド・シェアリング」と呼ぶビジネスモデルには、ウーバーの方法よりもはるかに巨大な市場機会があ

訳註＊アイン・ランド(一九〇五～一九八二年)。アメリカの思想小説家。サンクトペテルブルクに生まれ、一九二六年に渡米。『水源』、『肩をすくめるアトラス』のベストセラーで知られる。リバタリアンやアメリカの保守主義に大きな影響を与え続けてきた。

る事実に気づいていた。このビジネスモデルでは、リムジンのプロのドライバーではなく、そのかわり、自家用車を所有する一般ドライバーを説得して、パートタイムの運転手になってもらう点に知恵が絞られていた。ポールの見るところ、町の道路は十分に活用されていない車ですでにいっぱいだ。四人乗り、六人乗りの車にドライバー一人だけがほとんどだ。輸送能力はありあまるほどで、利用しなければ空間の浪費になってしまう。

このアイデアを最初に思いついたのはポールで、当時としては彼が考える以上に先見性に富んだアイデアだった。しかし、シリコンバレーでは最初にアイデアを思いつくことに意味はない。問題はベストのアイデアであるかどうかなのだ。

ポールがP2Pのアイデアを実現しようと試みていたころ、別のスタートアップも同様のアイデアを温めていた。ジムライド(Zimride)である。ジムライドは、輸送手段にとくに情熱を捧げていたローガン・グリーンと元リーマン・ブラザーズのアナリストだったジョン・ジマーの二人が、ベイエリアで共同創業した自動車《マイカー》の相乗りサービスを手がけるスタートアップで、彼らも独自のアイデアの中心になろうと模索中だった(ジョン・ジマーは、リーマン・ブラザーズが二〇〇八年に倒産する三カ月前に逃げおおせた)。ジムライドがそのころ着目していたのは、大学のキャンパス間を走る長距離の相乗りサービスで、ローガン・グリーンがカリフォルニア大学サンタバーバラ校の学生だったころから考え続けてきたアイデアだった。だが、二人は休みなく働いたものの、ジマーはなかなか出口が見えずに苦戦していた。そんなとき、サイドカーでスニル・ポールが取り組んだように、ジムライドの共同創業者もP2Pが打開策になるのではないかと考えるようになった。

カラニックは神経をとがらせていた。ウーバーの本部がある町の反対側でジムライドが進めている計画の話を聞き、スニル・ポールも何か途方もない計画を準備しているという噂が耳に入ってきたからである。カラニックは、マーク・ザッカーバーグの友人――少なくともザッカーバーグにとても近い知人――が口にした言葉について考えていた。「カラニックは警戒しなくてはならない」とザッカーバーグが話していたというのだ。サイドカーのサービスにフェイスブックの社員が夢中になっている――とザッカーバーグはその友人に話していた。「サイドカーに用心しろ」とザッカーバーグがカラニックに警告していたのだ。

しばらくして、グリーンとジマーは方針転換した彼らのサービスを発表した。ジムライドは長距離の相乗りプログラムを見直し、リフト(Lyft)という新しいサービスを立ち上げた。計画では手軽な相乗りサービスを通じて、楽しくてフレンドリーな体験をしようという内容であり、自分の車にいっしょに乗ってもらい、目的地に着くまで気さくな会話を楽しもうというものだった。計画の仕上げとして、キュートなピンクの口ひげのトレードマークが提案されていた。リフトのドライバー全員に送られるフードオーナメントで、一風変わったピンク色の大きなプラッシュでできており、これを車のフロントグリルにつけて走りまわる。* リフトはあっという間にヒットした。

カラニックはただちに行動に移った。彼にとっては副官に当たるライアン・グレイブスとオースティン・ガイドの二人に対し、リフトが成長してウーバーの脅威になる前に片をつけるよう命じた。

*笑ってしまうような話だが、このピンク色のひげのアイデアは、ジムライドの社員の一人が「トラック・ナッツ」をヒントにして生まれた。「トラック・ナッツ」は、文字どおり「睾丸《ナッツ》」をかたどったジョークグッズで、車のバンパーにぶらさげておく。理由はともかく、リフトのひげもトラック・ナッツも世間では大いに受けた。

グレイブスもガイドもそうだったが、とりわけカラニックにいたっては、必要とあれば卑怯な手段を用いることもいとわなかった。三人はサンフランシスコの規制担当官と秘密に会う約束をとりつけ、彼らに対してリフトとサイドカーに目を光らせるよう求めた。かつては小ばかにしていた市当局だが、その担当者に対してウーバーは競合企業の営業を停止させるよう懇願していたのだ。「彼らは法律に違反している」と、その気のない当局の担当者に向かってグレイブスとガイドは訴えた。スニル・ポールのサイドカーは、結局、努力のかいなく離陸できずじまいだったが、リフトは一気に勢いを得ていった。町の住民は間抜けなピンクの口ひげが気に入っていた。

市の担当者は、リフトのこうした営業方法に反対していた。理屈のうえでは、やはり法律に違反していたからだ。ウーバーも以前から何度かドライバーを募集していたが、それらはいずれも法にかなっていた。ウーバーのドライバーは市の交通局に登録された、配車事業者の免許を持つ、制服を着たドライバーばかりだった。しかし、リフトはこの規制をひっくり返してしまった。口ひげをたくわえたスタートアップは、自家用車を所有するドライバーや一般車両の運転に制限されたクラスCのドライバーを勧誘して、リフトのために車を運転させている。

だが当時、リフトと競合していたウーバーの社員が言っていたように、「法律とは単に文字に記された条文ではなく、執行されなければ法律ではない」。何も手を打ってくれないサンフランシスコの交通局にカラニックは失望していた。カラニックも市の規制官など無視し、既存の業界は打破しろとわめいていたが、実際はリフトやサイドカーほどではなかった。このころのカラニックには、一線を越えてまで過激なライドシェアに手を出す考えはなかった。

しかし、その躊躇はまちがっていた。サイドカーをはじめて利用したカラニックのなかで、カチッとスイッチが入った。Ｐ２Ｐの配車サービスには、毎日運転できるドライバーを備えた途方もない規模の潜在市場が広がっている。同様な仕組みをウーバーのなかに立ち上げなければならない。

その様子をかたわらで見ていたガーリーは、電撃に見舞われたような衝撃を受けていた。ウーバーが勝ちとろうとして戦っているのは、タクシーやハイヤー市場の単なる一部ではなかった。現存するあらゆる輸送手段に対して、ウーバーは戦いを挑んでいるのだ。

「価格とサービス内容が一致点に達すれば、ウーバーは自家用車よりも好ましい移動手段になるだろう」[5]。ガーリーはのちに自身のブログでそのように書いている。

ウーバーは全力で取り組むことを決めた。そして、低価格のライドシェアサービス「ウーバーＸ」誕生がホームページの経営方針書で告知される[6]。ウーバーはリフトに対して真正面からぶつかっていくつもりだった。

「われわれは法令にしたがい、競合他社を阻むこともできた」。ウーバーＸの立ち上げに際し、カラニックはそう書いてうそぶいていた。「だが、われわれはあえて競合企業の土俵にあがり、そこで勝負することを選んだ」

トラビス・カラニックを知る大半の者が同じことを口にする。彼がプレーするゲーム、彼が参加する競技、彼が他者と競い合うあらゆる場所において、カラニックが常に求めているのはただひとつ、それは圧倒的な優位に立つことだった。

彼を子供時代から知る友人たちは、カラニックは自分が一番であることに躍起だったという。中学時代、セントラルバレーのほかの学校との陸上レースやディベート大会、あるいは楽しみで手がけるものでも、常に勝つことをカラニックは目的にしていた。

「あの子のせいでノイローゼになった担任の先生もいました」[7]。母親のボニーは息子の執拗さについてかつてそう語ったことがある。カラニックにとってディベートはとくに刺激的だった。討論の最中に論理の筋道を見つけ出し、相手の弱点を暴き立てるのを楽しんでいた(何十年たってもその点は変わらず、敵対する相手の欠点を見つけ、そこにつけ込んでいくことこそ、彼にとって無上の楽しみだった)。

勝利することがただ好きだったからというわけではない。彼は勝たなければならなかった。カラニックにとって勝つことこそ、自分に許した唯一の選択肢であり、目的にほかならなかった。試合当日のその日の夜、金メダルをさげて家に帰らなければ、そもそも試合に参加した意味がなくなる。ウーバーにとって勝利とは、あらゆる敵対者を撃破することを意味していた。ウーバーとリフトが共存できる余地など市場にはないとカラニックは考えていた。これはゼロサム・ゲームなのだ。失っていい市場はひとつもなく、その市場では道路を走るどの車もウーバーのドライバーがハンドルを握っていなくてはならない。完全な独占でなければ満足はできないのだ。

カラニックはこの戦争を楽しんでいた。戦争はリフトの共同創業者ジョン・ジマーをツイッターで意地悪くからかうことから始まった。リフトの保険証書や実務、さらに一見すると難解な業界用語でジマーを挑発すると、ふざけたような辛辣なジャブが繰り出された。その後、ジマー本人やリフトのサービスについてこきおろすメッセージが続いた。

「追いつきたいなら、やるべきことはまだたくさんある」というメッセージを送ったこともある。[8] ツイートには「#clone」のハッシュタグをよくつけていた。「クローン」、つまり、リフトはウーバーの模倣だと当てこすっていたのだ。ジマーは正攻法で応じていたが、カラニックはそんなジマーをカンカンに怒らせ続けた。

「勝つだけでは満足できなかった」とカラニックの衝動について、ウーバーの元取締役の一人は語っていた。「ねちねちとなじり続けたくてたまらないのだ。飼い犬が言うことを聞くようになるまでしつけるようだった。容赦がなかった」[9]

いらつかせるたびに、さらにいやがらせを繰り返してジマーを追い込んでいった。リフトが軌道に乗ったことで、ジマーは何カ月にもわたって社外での折衝に追われるようになった。シリコンバレーの投資会社、ヘッジファンドのマネージャー、未公開株を専門に扱うファンドチームと面談を繰り返し、リフトの事業を成長させるために必要な資金の調達を進めた。しかし、出資が見込めそうな新規の投資会社との会議にジマーが出かけるたび、カラニックは先回りして地雷をしかけておいた。どういうわけか、ジマーの居場所をカラニックはいつも把握していた。

「われわれはリフトがとてつもない大金を集めようとしているのは知っている」とカラニックが認めていたことは記録にも残っており、ライバルを叩きのめしてやると息巻いていた[10]。投資家に対しては、ウーバーとリフトのどちらか一社にしか出資できないと言い聞かせていた。彼の念頭にあったのは、まず情報を共有することだった。出資が見込めそうな相手に対しては、「ひと言申し上げておくが、この件が片づいたらウーバーは資金調達を始める予定だ。その前に彼らへの出資を決定したら、こちらとしては、その直後に資金調達を実行することになるだろう。それだけは覚えておいてほしい」と念を押していた。


この戦略が功を奏した。間もなくジマーのもとに電話が届いた。先日決めた投資ラウンドから手を引く旨を伝える謝罪の電話だった。

リフトの行く先々にウーバーが現れ、いやがらせを繰り返していた。リフトが行っていた草の根戦略でもとくに効果的だったひとつが、「ドライバー・イベント」と呼ばれた催し物だった。一〇〇人ぐらいが集まる小規模なパーティーで、ドライバーに対する謝恩の証として開催してきた。アルコールにピザやケーキ、それにゲームと盛りだくさんで、ドライバーたちがリフトへの愛着を深める機会にもなっていた。参加者のなかには、会社は本当に自分たちを大事にしてくれると感じていた者も少なくなかった。

そんな彼らの思いをめちゃめちゃにしてやろうとカラニックはたくらんだ。リフトのこのイベントにウーバーは社員を送り込んだのだ。彼らはウーバーのシンボルカラーである真っ黒なＴシャツを着て現れた。手にはクッキーが山盛りのプレートを持っている。プレートのクッキーには「Ｕｂｅｒ」の文字がアイシングされている。彼らが着ているＴシャツの背中にはいずれも紹介者番号《リファーラルコード》がプリントされていた。このコードはリフトのドライバーがウーバーに申し込む際に記入する番号で、登録時この番号が記入されていれば、その番号のＴシャツを着ていた社員はボーナスが稼げた。

パーティーがなければないで、リフトにちょっかいを出す手を考え出していた。サンフランシスコ中の掲示板やビルボードにリフトに狙いを定めたポスターを貼り出したのだ。リフトのトレードマークであるピンク色のフワフワのヒゲが描かれた図柄で、その上にはホルダーに「Ｕｂｅｒ」と記されていた使い捨ての黒いＴ型カミソリがかざされている。絵の脇に添えられたキャッチフレーズには、ウーバーのメッセージがはっきりと込められていた――「ひげを剃れ[11]」。

悪ふざけや見下したようなツイッターでライバルを抹殺するのではなく、それよりもはるかに確実な方法をカラニックは考えついていた。

ラッパーのパフ・ダディの曲名を引き合いに出しながら、カラニックは部下にこう言ったことがあった。『イット・ワズ・オール・アバウト・ザ・ベンジャミン』――「この世はすべて金しだい」である。

ウーバーは拡大を実現させる勝利の方程式を編み出していた。しかし、新たな都市に進出するには、そのたびに資金が必要だった。彼らが〝弾み車《フライホイール》〟と呼んでいた需要を一気に始動させる先行投資だ。十分な乗客が見込めなければ、ドライバーはウーバーで働きはしないだろうし、利用可能な必要最低限のドライバーがいなければ、新規の乗客は登録せず、リピートもしてくれない。いまも変わらない「鶏が先か、卵が先か」のジレンマだ。

「ウーバーはためらうことなく鶏を買い求め、この問題を解決してしまった」[12]。初期のウーバーでサンフランシスコのマネージャーとして働いていたイリヤ・アビゾフは、この会社の戦略について友人にそう語った。何十万ドルという金を惜しみなく投じ、ドライバーに補助金として与えていた。さらに一定の乗車数や日程を達成したドライバーにはボーナスが支払われていた。利用者側についても大金が投じられ、新規顧客の無料乗車のために何千ドルもの金が使われた。車に乗ってもらえば、このサービスがどれほどすごいものかがわかり、病みつきになるというのがウーバーの狙いだった。

その見込みは正しかった。いったん新しい町に進出すると、たちまち口コミが広がった。アプリの画面で手配した車が自分のところに向かってくるのがわかる。乗客はその新しさが気に入った。料金の安さにも乗客たちは目を剝いた(ウーバー自身が補塡していた)。降車するときも、支払いのためにいちいち札を数える必要はなく、ドライバーに手渡さなくてもすむ。どこからともなくウーバーの車が現れる。それはまさに魔法にほかならなかった。

しかし、乗客の料金を抑えるという魔法はただではできない。ウーバーの成長を急がなくてはならないとカラニックは考えていた。何百という数の都市で、競合他社や規制当局に阻まれる前に一気に成長を遂げなくてはならない。そのためには何が必要なのか。必要なのは軍資金であることがカラニックにはよくわかっていた。

ベンチャーキャピタルを相手にショーを見せる術にカラニックは長《た》けていた。子供のころから変わらず、彼は常に才能に恵まれたショーマンであり続けた。エンジェル投資家だったころには、若い起業家たちを激励し、アドバイスを授けるために何年も費やしてきた。その彼がいま、資金調達交渉の準備として、目の玉が飛び出るような金融統計値を記した、すばらしいパワーポイントのスライド資料を用意するために時間を過ごしている。一人でリハーサルを何度も繰り返し、話の途中、絶妙のタイミングでコントローラーを操作し、次のスライドのスイッチをクリックできるか確認している。決め手はタイミングだ。

やっているうちに調子が出てきた。投資家たちにとって、カラニックとは計り知れない力を秘めた存在だ。スティーブ・ジョブズのようなテクノロジーの神童と、映画『摩天楼を夢みて』でアレック・ボールドウィンが演じていた不動産会社の幹部社員——猪突猛進でやる気を引き立てる演説家——を足して二で割ったような経営者だった。「A、B、C」と声に出してみた。映画のなかでボールドウィンが口にしていたこの言葉を、カラニックは頭のなかでさらに反芻していた。「A(Always)、B(Be)、C(Closing)—— Always be closing ——常にクロージングを目ざせ、常にクロージングを目ざせ!」。あれこれ手を出す必要はない。取引をまとめる方法にはすでに精通している。

初期の段階で何度か行われた投資ラウンドで、ウーバーには何千万ドルものベンチャーキャピタルが注入された。だが、カラニックにはそれ以上の資金が必要だった。しかも、これまでよりもはるかに巨大な資金だ。ウーバーはより大きな資金を必要とするフェーズに入りつつあった。テクノロジーを礼賛する金持ちに、五〇〇万ドルや一〇〇〇万ドルのはした金を頼むつもりはない。必要としていたのは何十億ドル規模の出資だった。

第10章

ホームショー

カラニックが資金調達をするうえで、彼の秘密兵器となる人物を結びつけたのがガーリーだった。よきベンチャーキャピタリストはスタートアップのリクルートにも手を貸してくれる。ガーリーはカラニックのために、資金調達をサポートする適任者を見つけてやりたかった。心当たりがあった。テルミー・ネットワークス(Tellme Networks)出身の有能なディールメーカーだった人物である。テルミー・ネットワークスは一九九〇年代後半に設立された通信機器関連のソフト開発企業で、たとえば音声ベースの個人秘書(PA)やフライト遅延にいらつく乗客対応に航空会社が使う自動起動のソフトウエアなど、電話を使ったアプリの開発を主力にしていた。

エミール・マイケルはテルミーで交渉を担当《ディールガイ》していた。辛辣なユーモアのセンスの持ち主だが、顧客の目には洗練された起業家と映っていた。シリコンバレー界隈にいる友好的なMBAタイプのふるまい方をマイケルは知っていた。ドットコム・バブルが弾けたあとも、テルミーが破綻せずにすんだのは、ひとつにはマイケルがAT&Tやサウスウエスタン・ベル、ファンダンゴ、メリル・リンチ(Merrill Lynch)などの大企業と提携していたからだった。とはいえ、バブル崩壊後は社員のレイオフと経費削減を強いられたが、二〇〇七年、株式と才能をマイクロソフトに売ることができた。* 買収金額は八億ドルという特大級の取引だった。[1] マイケルはこの買収を通じて取引のまとめ方を知った。

エジプトからの移民の第一世代として、マイケルはニューヨーク州ウェストチェスター郡で育った。父親は薬剤師、母親は化学者で、ニューロシェルの郊外で子供時代を過ごした。労働者階級が多く暮らしている地域で、マイケルは地域に溶け込もうと人間関係を広げていった。子供のころから社交的で、父親が営む町の小さな薬局のカウンターの向こうで仕事を手伝いながら、自分より倍以上の年齢の客を相手に雑談を交わしていた。こうして町の人たちもマイケル一家を知るようになり、今度はマイケル少年と彼の家族が町の人たちとの仲を深めていった。

学校の成績はよく、大学はハーバードに進んだ。大学では政治学を専攻し、その後、スタンフォード大学のロースクールに進学して、ここでシリコンバレーの心臓部に触れる。ロースクールをトップの成績で卒業、最終的にゴールドマン・サックスに入社し、通信、メディア、テクノロジーを担当するチームに配属された。この部署で取引仲介の世界に足を踏み入れ、同僚が日々企業を売り買いする姿に目を凝らした。彼らは古代ローマの剣闘士のように戦い、企業の資本構成を変えたり、ひっくり返したり、あるいは剝ぎ取ってばらばらに分解したりしていた。急成長を続けるこのテクノロジーチームの仕事を通じて、シリコンバレーのスタートアップの世界に飛び込みたいというマイケルの思い

＊テルミー・ネットワークスのスタッフは、次世代のインターネットの発展に広範な影響をその後与えている。CEOだったマイク・マッキューはフリップボード(Flipboard)を共同創業した。また、アルフレッド・リンはザッポス(Zappos)で働いたのち、セコイア・キャピタルに移った。ハディとアリのパルトビー兄弟はコンピューターサイエンスの学習リソースであるコード・オルグ(Code.org)を設立して、多くの人たちから敬愛されている。ほかにもストライプ(Stripe)、フェイスブック、アマゾンなどの企業に移った者を輩出した。エミール・マイケルは有能な仲間に恵まれていた。

をかき立てていった。

ゴールドマン・サックスをやめたマイケルは、その後九年間テルミーの経営にかかわったあとワシントンに向かった。オバマ政権のもと、ホワイトハウス・フェローとして研修する機会を得て、特別アシスタントとして国防総省で働いた。この仕事を通じて彼はひと通りの技能《スキルセット》や知識を備える。ワシントンとパイプがあるディールガイは民間企業でも役に立つ。しかも、その分野は彼がもっともくつろいで働ける部門だ。四年間に及ぶ政府関連の仕事を終えたマイケルはクラウト(Klout)に移った。クラウトはフェイスブックやツイッター、タンブラー(Tumblr)などのアカウントに基づいて、独自に開発したアルゴリズムでユーザーのインフルエンス力を数値化するサービスを提供していた。クラウトのスコアが高いユーザーには、ヴァージン・アメリカのアップグレードサービスやラスベガスのパームホテルでの無料の朝食といった、提携企業の特典が授けられた。こうした取引をすべて整えたのがマイケルである。クラウトの取締役たちは彼の押しの強さを気に入っていた。

ガーリーは二〇一一年に二人をすでに引き合わせていたが、関係が本格化したのは二〇一三年に、ガーリーが「とてつもないチャンスがある。話を聞きたくないか」とマイケルに電話をしてからだった。「ウーバーに来てもらいたい」とガーリーは伝えた。ウーバーは企業の成長サイクルの幼年期にあり、これほどの機会はまたとなく、見逃すわけにはいかない。ガーリーはカラニックの積極果敢ぶりを買っていたが、その激しさを相殺させる存在、卑劣な手段さえいとわないカラニックの気性を抑えられる人間が必要だと考えていた。マイケルなら大人としてふるまい、責任ある行動が選べるとガーリーは見込んでいた。*

カラニックのおもりをするかたわら、マイケルはウーバーにも貢献していた。テルミーやクラウトで働いていたときのように、提携企業とのあいだで有益な取引をまとめていた。これほどの才能に恵まれた交渉役はガーリーも知らない。雄弁なうえに人当たりのいい性格は、ビジネスを自分で切り開いていくタイプの人間を魅了してやまなかった。

薬剤師の息子はカラニックにはないものを持っていた。あらゆる状況に応じられる高い心の知能指数だ。彼に比べると、カラニックはあきれるほどの頑固者だ。オールバックの黒髪に浅黒い肌、満面の笑みで握手に応じ、人を値踏みしているときでさえ、相手を緊張させたりはしない。人とのあらゆる交流が彼にとっては交渉であり、はじめての出会いは相手の潜在的な弱点がかならず現れるので、気取らずにざっくばらんに話していた。IT企業で一〇年以上働いてきただけに、ウーバーの能力をきちんと売り込むこともできた。

しかし、マイケルを優れた交渉人にしていた資質は、別の一面を彼にもたらしていた。ビジネスパートナーと同じようにふるまう傾向がマイケルにはあった。集団の流儀を身につけようとしたのは、仲間に溶け込むためだった。ウェストチェスターで過ごした子供時代からの彼の本能で、アウトサイダーではなく、根っからのインサイダーであろうとしてきた。よく言えば、飲み仲間としては最高で、友人としてもいい奴だったが、悪く言えば、心理学でいう「イネイブラー」で、身近な人が悪癖に染まっていくのを黙認した。計画の立案を助けることができただけではなく、同時に隠蔽することにも手を貸せるパートナーだったのである。

カラニックもマイケルのことはひと目で気に入り、自分の右腕として彼を採用した。肩書はウーバ

＊ガーリーの見込みは誤っていた。その後、ガーリーとマイケルの関係はものの見事に破綻する。

ーの「最高業務責任者」(CBC)で、最高執行責任者(COC)に似たような名称だが、「社外交渉の責任者」として実務を担当した。

CBCの仕事は、最終的にマイケルのもうひとつの仕事――カラニックの大親友という役割とひとつになっていった。二人はいつもいっしょで、昼間はビジネスや戦略について話し合い、夜や週末は連れ立って過ごした。夕食もいっしょ、提携企業との打ち合わせにも二人で車に乗って出かけていく。しまいにはバカンスまでいっしょに過ごし、カラニックとマイケル、そして二人のガールフレンドの四人組で、スペイン東部のイビサ島やギリシャを訪れた。二人の境界線は徐々に消えてなくなり、プライベートと仕事はひとつに融合した。彼らは〝兄弟〟であり、兄弟としてふるまい、カラニックはナイトクラブや豪華なディナーに惜しげもなく金を使っていた。それらは彼と彼の親友のライフスタイルにふさわしい贅沢だとカラニックは考えていた。

しかし、カラニックとマイケルが本当に輝いていたのは資金調達だった。強引に繰り返すことで、二人は独自の調達方法を確立していった。ウォール街で株式を公開する場合、企業は〝ロードショー〟と呼ばれる手続きを実施する。公開を手がけるバンカーが都市から都市へと〝地方巡業《ロードショー》〟して、上場を予定するスタートアップを投資会社に売り込む。カラニックには株式を公開する考えはなかったが(もちろん、少なくとも当面のあいだ)、ウーバー独自の資金集めの方法を編み出した二人は、自慢気に〝ホームショー〟とその調達法を呼んでいた。ウーバーは大きな関心を集めていたので、二人は投資会社との力関係を大胆にひっくり返し、サンフランシスコにあるウーバーの本部に投資会社を呼びつけ、自分たちのほうから予定表《ダンスカード》を差し出し、自分たちの旋律に合わせて踊ることを強要した。

投資会社の数を増やさず、むしろ欠乏感をあおるようにして二人はこの方法を整えていった。一週間の期間中、面談は一日当たりわずか三社に限定されていたので、投資会社は先を急いで枠を押さえなくてはならなかった。

彼らはカラニックを〝ショーマン〟と呼んでいたが、たしかにカラニックはショーマンだった。ショーマンのようにふるまい、タイミングを計って相手の興味をそそる〝人を驚かせる要素《ワウ・ファクター》〟を持ち合わせていた。テーブルの向こうに座る相手は、スタートアップの売り込みを年間何百と聞いているベンチャーキャピタルのパートナーであり、ヘッジファンドや銀行家である。カラニックは細心の注意を払って構成したスライド資料を持ち込んでいた。都合のいいところだけつまみ食いした数字で飾り立てた資料で、ウーバーは巨大な「ホッケースティック・カーブ」を描いて成長していることを示唆していた。会社を立ち上げたとき、起業家やベンチャーキャピタルたちが目にしたいと願う成長曲線こそ、「ホッケースティック・カーブ」である。

しかも、この数字を達成するためにがむしゃらに働く必要はなかった。ウーバーはいわゆる「ネガティブ・チャーン」(2)を達成していたからだ。ネガティブ・チャーンはＳａａＳ《サース》、つまり「サービスとしてのソフトウエア」について説明する際によく使われる用語で、ネガティブ・チャーンを達成するとは、いったんその製品を使った顧客は、その後も定期的に同じ製品を使う可能性が高まることを意味する。「きわめて高金利な普通口座のようなもの」とこの用語について説明したベンチャーキャピタリストがいた。「毎月ごとに、たいした努力もせず、前月をうわまわる金が入ってくる」のだ。

カラニックのデータでは、ウーバーを利用した顧客は平均二・七回利用した時点で終生変わらずにウーバーを利用することを示していた。これほど申し分のない製品はないだろう。

カラニックは、彼が崇拝するスティーブ・ジョブズやマーク・ザッカーバーグ、ラリー・ペイジ、セルゲイ・ブリンのように、彼独自のビジネスモデルをこの世に生み出した。ウーバーもまた世界に変革をもたらした有名企業の一社と位置づけ、自分もこうした伝説の創業者の一人だと暗に自負していた。重役用会議室で示される彼の能力に、新たにウーバーの取締役に就任した者たちは、彼は正しいと納得していた。

カラニックが部屋を沸かせたあとを受け、マイケルが話をまとめる。カラニックが売り込み用のスライド資料を目まぐるしく操作している最中、マイケルは会議室のテーブルから目を離さず、相手のボディーランゲージを読んでいた。誰が身を乗り出したのか。成長率の数字を見て目を輝かせたのは誰か。出資を申し込みたくてうずうずしているのは誰か。売り込みのあと、投資会社からは熱心な後追いの連絡が寄こされてきたが、マイケルは即答せずに相手をじらした。一週間後、見込みがありそうな投資会社にエクセルで作った一枚のスプレッドシートが送られてくる。ウーバーに対してどの程度の投資を希望しているのか、また、ウーバーの企業評価額について尋ね、その数字を空欄に打ち込むよう求めた。お膳立てはカラニック、最後はマイケルが締めくくる。はじめから終わりまでの全過程を二人は三週間で仕上げた。これは二人が再三繰り返していたダンスで、これ以降、五年以上にわたって続けられる。

カラニックとマイケルにはもうひとつの強みがあった。それはもっぱら運とタイミングのよさに負うものだった。初期のころのシリコンバレーの資金の調達環境は、どちらかといえば限られた小規模なもので、地元のベンチャーキャピタルが地元のスタートアップに投資していた。こうしたベンチャーキャピタルには技術面に通じたパートナーがいて、投資先企業の技術レベルや理論を評価できた。そのおかげでベンチャーキャピタルは投資先企業を賢明に選び出すことができたばかりか、少なくともある種の理論と包括的な投資方針に基づいて出資していた。何世代にもわたる好不況の循環にもまれながらも、この力学は絶えることなく続いてきた。

しかし、新たなテクノロジー企業が勃興してくるにつれ、それまでとは異なる出資者を引きつけるようになった。ちっぽけなスタートアップが桁はずれのリターンを生み出すようになり、彼ら外部の投資家はＦｏＭＯ《フォーモ》、つまり取り残される不安や恐怖に襲われるようになった。二〇〇五年からの二年間でユーチューブ(YouTube)は約一〇〇〇万ドルの資金をベンチャーキャピタルから調達したが、二〇〇六年、グーグルがユーチューブを買収したときには、買収資金はその一五〇倍以上にも跳ね上がっていた。ザッカーバーグはインスタグラムを一〇億ドルで買収したが、その時点でインスタグラムの社員はわずか一三名だった。ＩＴ業界からあふれてくる巨大な利益の波に、出資者たちは乗り損ねたくなかった。

投資信託、投資銀行、海外の政府系ファンド、さらに諸外国の政府は、シリコンバレーではグーグル、ツイッター、フェイスブックの株式公開によって途方もないほど巨額の富が生み出されている事実に気づいた。そして、こうした企業が上場する前に出資していた初期の投資家が、腹立たしくなるほどの富を手にしている現実を知った。

ヘッジファンドはそれまで、自分たちが精通している市場に固執し、すでに株式を公開した企業の範囲内で投資を行ってきた。しかし、徐々にではあったが機関投資家もティー・ロウ・プライス(T. Rowe Price)やフィデリティ・インベストメンツ(Fidelity Investments)のような世界的な運用会社がシリコンバレーにじわじわと浸透していった。何億ドルもの資金を管理しているヘッジファンドの運用責任者は、こうした資金をテクノロジー企業に投資しなくてはならないと見抜いていた。このブームを見逃すわけにはいかない。そして、ウーバーこそ、資金調達を進めているシリコンバレーの未上場企業のなかでももっとも重要な会社だった。この会社こそユニコーン中のユニコーンである。投資家たちは必死になってカラニックの会社の株を手に入れようとした。

カラニックは投資家の思惑を巧みに利用していた。起業家になったばかりのころ、マイケル・オーヴィッツに負わされた傷がまだ彼のなかで疼《うず》いていた。エンターテインメント業界からスカウアが訴えられたとき、カラニックを裏切った投資家がオーヴィッツだった。以来、カラニックは投資家を決して信用しなくなった。カラニックはウーバーに出資することを認めるかわりに、屈辱的な条件を彼らに課した。未上場企業の場合、社内の経営資料を公開する義務はないが、大口の投資家には財務状況に関する資料を見せるのが通例だ。しかし、カラニックは時間をかけてこの〝情報請求権〟を主だった投資家たちから取り上げ、ほかの投資家に対しても詳細な情報開示の請求に制限をかけるようにしていった。それだけではない。議決権をめぐり、カラニックは今後も複数議決権株式を保持しつづけるが、新規の株式購入者は普通株しか手にできないという条件を投資家にのませた。カラニックが保有する株式はいずれも一株当たり一〇の議決権を持っていたが、それ以外は一株一議決権である。さらにカラニックにはギャレット・キャンプとライアン・グレイブスという盟友がいた。ウーバーの共同創業者であると同時に信頼できる協力者で、二人もまとまった数の複数議決権株式を持っていた。

カラニックは、CEOとしての彼の権力を支持する強固な軍団を実質的に生み出していた。ウーバーの金をどのように使おうが、それについて口をはさめる投資家は一人もおらず、誰を雇い入れ、誰のクビを切るのかなど、人事をはじめとする経営について彼に話をできる株主は皆無だった。

ウーバーはトラビス・カラニックの会社だった——そして、運がよければ、そのカラニックが投資するのを認めてくれた。

グーグル・ベンチャーズ(Google Ventures)も、ウーバーの投資話に招いてもらおうと必死だった。しかし、打ち合わせるたびにカラニックの要求は高まっていく。

デービッド・クレーンはグーグルの社員として長く働いたのち、ベンチャーキャピタルのパートナーに転進した人物で、ウーバーへの出資話をまとめるため、すでに何カ月も交渉を進めてきた。ウーバーがふたたび出資を募ろうとしている話がクレーンの耳に伝わった。彼が必要としていたのは、もう一度カラニックの前に立つチャンスで、相手を魔法にかけてグーグル・ベンチャーズの出資金を受け取らせることだった。

その気になればクレーンは、人を押しのけてでも前に出られるタイプだった。二〇一三年前半、ロングビーチ・パフォーミング・アーツ・センターで開催された例年のTEDカンファレンスで、クレーンはカラニックを見つけた。カラニックはキャメロン・ディアスと談笑している。相手は誰もが夢中になる有名女優だ。絶好のチャンスと考えたクレーンは二人の会話に割って入ると、あのキャメロン・ディアスを謹んで脇に退けてカラニックの前に立った。グーグル・ベンチャーズのために大型取引をすでに何件もまとめ、そうした投資先のなかには、しゃれたサーモスタットを製作しているネストやあか抜けたカフェ・チェーンのブルー・ボトルなどがあるが、ウーバーはそのクレーンが投資を夢見るほど有望な巨鯨のような投資先だ。

クレーンとの出会いはカラニックの記憶にも残った。グーグルのような世に知られた企業に言い寄られたと思うと悪い気はしない。この年の後半、クレーンとグーグル・ベンチャーズの上席のパートナーたちはカラニックを口説き落とすために何カ月もの時間を費やしていた。ウーバーの「シリーズC」の資金調達に出資を希望していたのだ。双方たがいに出方を見計らうなか、カラニックはいつものように、遠慮のない要求を相手に突きつけた。「当社にお出ましを願ったうえで投資計画を説明してもらいたい。採用するかしないかは、それから決めさせてもらう」と伝えていた。

グーグル側の人間はこうした対応に慣れていない。グーグル・ベンチャーズから投資を認められることは〝栄誉〟で、起業家がどうこうできる話ではないのだ。クライナー・パーキンスやセコイアのように古くから知られてきた名門の投資会社ではないが、グーグル・ベンチャーズから投資を受けられることは、投資先企業の正当性について掛け値なしのお墨付きが得られたことを意味している。

ウーバーの本部ビルで、クレーンたちは第一級のプレゼンをカラニックの前で行った。ウーバーに対してあらゆる支援を提供できると誓った。自社の幅広いネットワークを使って有能な取締役をリクルートする手伝いもでき、多くの経験に基づいた戦略も提案することができるだろう。そのうえに膨大な額の資金も得られるのだ。プレゼンはうまくいき、ウーバーに対する投資の話がまとまった。

それからカラニックは、彼らに向かって数字を伝えた。ウーバーの希望する投資金額は投資会社一社について二億五〇〇〇万ドルである。企業評価額は三五億ドルというとてつもない金額だった。

クレーンたちは気色ばんだ。ベンチャーキャピタルも呆然とするほどの巨額だった。投資ラウンドでこれほどの出資を実行したことはなく、通常は起業前のシード、あるいは〝成長ステージ〟のラウンドへの投資に限って選んできた。一〇〇万ドル台、あるいは一〇〇〇万ドル台の範囲という、もっと少額の投資なら二つ返事で小切手は切れた。しかもグーグル・ベンチャーズの投資案件の多くは、起業前か起業早々の会社を相手に、さらに大量の株式を得るために行われてきた。投資フェーズがシードの場合、高いリスクを負うことを意味するが、会社が大化《ば》けしたときにははるかに大きな報酬がもたらされる。

しかし、ウーバーのシナリオはそうではない。二億五〇〇〇万ドルもの小切手を切れと要求されているのだ。その額は事実上、グーグル・ベンチャーズの投資総額に相当する金額であり、それだけの資金をウーバー一社に投資しなくてはならない。しかも、このチャンスを授けられ、感謝して当然とまで言われている。クレーンも彼のパートナーたちもこんな取引ははじめてだった。

長い堂々めぐりの末、クレーンはあえてこの取引に応じることをパートナーに納得させると、これまでの投資先企業には書いたことのない巨額の数字の小切手をたった一社のために切った。それでも彼らの扱いは、ほかの投資家となんら変わりはなかった。

ほかの投資家への対応と同じように、カラニックはグーグル・ベンチャーズにも情報は開示せず、事業の進展に関する定期的な詳細情報も知らせなかった。あれほど巨額な小切手を切ったにもかかわらず、なんとか手にできたのはウーバーの取締役会の観客席が買えただけだった。たしかに権限が限られていたが、これほど注目を浴びる企業だけに、その地位を誰もがうらやんだ。通常、これだけの規模の投資を行った者は、議決権を行使できるものだが、カラニックはクレーンの存在を無視して、グーグルにおいて彼よりも高位の役職にあった人物をウーバーに招聘した。デービッド・ドラモンドである。*

デービッド・ドラモンドに対して、カラニックは彼にふさわしい取締役会の席を与えた。ドラモンドの招聘は大きな意味があった。彼はグーグルが産声をあげたころから、グーグルにかかわって働いてきた人物である。そもそもは、シリコンバレーでも名だたるウィルソン・ソンシーニ・グッドリッチ＆ロサーティという法律事務所のパートナーで、そのころラリー・ペイジとセルゲイ・ブリンに出会った。当初は起業したばかりのグーグルの資金調達や共同創業者の斡旋に手を貸していたが、二〇〇二年からグーグルで正式に働くようになり、最終的にグーグルの株式公開を率先して手がけた。

ウーバーに来たころ、ドラモンドはラリー・ペイジとセルゲイ・ブリンがもっとも信頼を寄せる副官の一人で、グーグルの事業開発担当役員と最高法務責任者（ＣＬＯ）という要職を兼任していた。グーグル・ベンチャーズの投資だけではなく、グーグルのもうひとつの投資会社グーグル・キャピタル(Google Capital)の投資についても監督していた。要するにデービッド・ドラモンドは、シリコンバレーのネットスラング〝ＢＦＤ〟――「超すごい」――だった。目的を達成するにはなくてはならない人物で、人脈も広く、傑出した存在だ。カラニックにとって、ドラモンドをウーバーの取締役に迎えることは、グーグルの戦略能力を思う存分使える証でもある。渋々ではあったが、ドラモンドもウーバーの取締役に就任する話に応じた。

カラニックはさらに、土壇場でクレーンに不意打ちを食わせるしかけをこっそりと仕組んでいた。交渉決定というその日まで、ウーバーへの投資をめぐり、グーグル・ベンチャーズは別の投資会社と競い合っていると聞かされていた。どこの投資会社かは知らなかったが、最終的にグーグル・ベンチャーズを選んだので、競合他社の投資話を打ち切るとクレーンは聞かされてきた。しかし、投資条件について数週間にわたる交渉を続け、ようやく締結というその直前、このラウンドにはさらにもう一社加えたいとカラニックはクレーンに伝えた。それがＴＰＧキャピタル(TPG Capital)である。

クレーンは怒った。ＴＰＧキャピタルは世界でも有数の未公開株式投資会社《プライベート・エクイティ・ファンド》で、史上もっとも注目を浴びたレバレッジド・バイアウト（ＬＢＯ）に何度も関係してきた。二〇〇七年にはゴールドマン・

サックスと手を組み、当時世界第五位の携帯キャリアのオールテル（Alltel）をおよそ二七五億ドルで買収した。その時点では通信業界最大のバイアウト投資だった。たしかにグーグル・ベンチャーズもベイエリアでは屈指のベンチャーキャピタルだが、カラニックはTPGキャピタルの投資を受けることで得られる箔《はく》と世界的なコネを望んだ。しかも、TPGキャピタルは自社の専用ジェットの使用も申し出ていた。超一流企業ならではの快適なサービスだった。**

TPGキャピタルのパートナーであるデービッド・トゥルージロと出資の取引をまとめたが、TPGからも大きな名前の人物――デービッド・ボンダーマン――をウーバーの取締役会に招き入れたかった。ボンダーマンは、プライベート・エクイティ・ファンドのレジェンドとして知られ、TPGの共同創設者であり、世界中のセレブや経済人のほか、官僚や国家元首ともつきあいがあった。ドラモンドの名前が業界にある種のメッセージを送っていたように、ボンダーマンの取締役就任によってビジネス社会全体にウーバーの重要性が発信できた。そして、なによりもまず、カラニックとしてはのどから手が出るほど出資を望んでいた。

結局、二億五八〇〇万ドルを投資したにもかかわらず、グーグル・ベンチャーズとクレーンは黙っ

＊クレーンはこの人事に際して、「ボードオブザーバー」の地位を要求した。ボードオブザーバーは会議には参加できるが、議決権は付与されていない。そもそも彼がまとめたウーバーへの投資だっただけに、クレーンにとっては腹立たしい話だったが、取締役会から締め出されるよりはましだった。

＊＊この申し出はカラニックを有頂天にさせたかもしれないが、実際に利用されることはなかった。搭乗したのはカラニックが北京に向かった一回きりで、しかも復路は通常の民間機に乗って帰国している。

てしたがうしかなかった。一方、TPGはギャレット・キャンプが保有する株式の一部を八八〇〇万ドルで最後に買い取っている。キャンプは手持ちの株の一部を売ろうと考えていたが、* カラニックには止める手立てはなかった。

カラニックの要求はやむことなく続いた。そして、シリコンバレーでもっとも華やかな存在として、誰もがあこがれる人物との面談を口にするようになる。グーグルのラリー・ペイジだった。

*信じられないような話だが、キャンプは彼が創業したスタンプルアポンに依然として資金を投入していた。この会社はSNSを支配する存在になると彼は信じていた。だが、二〇一八年六月、数年に及んだ奮闘ののち、スタンプルアポンはサービスを終了する。

Part III

第11章 兄と弟

パロアルトに建つフォーシーズンズは半円形の建物で、壁の一面が反射ガラスで覆われ、国道一〇一号を見下ろすようにそびえている。真夏の日差しを浴びて、窓は銀色に揺らめき、建物そのものがシリコンバレーの心臓部に設置された巨大なプロセッサーのようにも見える。

グーグル本社はこのホテルから車で一〇分の場所にある。カラニックの最後の要求をなんとかしてかなえたクレーンは、ラリー・ペイジとデービッド・ドラモンドとの面談を設定した。カラニックと彼の交渉役エミール・マイケルの二人は、「グーグルプレックス」の愛称で知られる本社ビルの朝食に招待された。約束の時間は午前九時だった。

だが、カラニックは夜型人間で、深夜一一時まで会社で働き、それから近くで働くほかの起業家たちと飲みに出かける。朝からマウンテンビューで面談するなど無理な相談だった。クレーンはフォーシーズンズのスイートを予約しておいた。

当日、クレーンはカラニックを驚かすためにあるしかけを用意していた。朝、ホテルを出てきたカラニックは手配しておいたウーバーに向かった。後部席にバックパックを放り込み、南に向かって車が走り出そうとした。

そのとき一台の車が入ってきた。駐車係のスタンドの周辺で待機しているポルシェやテスラとは似ても似つかない車だ。クレーンはこの日のため、グーグルのX部門のエンジニアにあらかじめ話をつけ、有名な自動運転の車両を一台借り出していたのだ。入ってきたのは白のレクサスのSUVで、レーザーやカメラの配列の下に「グーグル」のロゴがあしらわれている。カラニックを乗せていく無人のチャリオットが到着した。

クレーンのもくろみはまんまと成功した。カラニックは息をのみ、十代の子供のように興奮している。ウーバーをキャンセルすると、レクサスの後部座席に飛び乗り、自分の未来に向かって南へと進んでいった（実際、興奮のあまり、カラニックはバックパックをウーバーに忘れてしまったくらいだ）。

カラニックが想像していたように、この日の面談はまさにすばらしいものだった。会食したラリー・ペイジ、デービッド・ドラモンド、カラニック、マイケル、そして業務執行パートナーのビル・マーリスたちは、誰もが古くからの親友のように話し合い、このパートナーシップが世界にもたらす成果について思いをめぐらせていた。

とりわけカラニックを興奮させていたのがラリー・ペイジだった。ペイジこそカラニックが若いころから崇拝してきたタイプの創業者である。ペイジは独立独行の人で、とてつもない難題を解くエレガントな解決方法を編み出し、検索アルゴリズムを使って世界中の情報を整理した。カラニックにとって効率性こそすべてだ。彼が最初に起業したスカウアとレッド・スウッシュは何事も効率的であれという彼の考えに基づくもので、そしてグーグルは、これまで開発された検索エンジンのなかでもっとも効率性に優れていた。ペイジが自分のメンターなら、ウーバーは破竹の勢いで成長していくとカラニックは考えていた。

「それは兄と弟のようなものだった」。ペイジとのはじめての出会いについて、のちにカラニックは

そのように語っている。(1)

このときカラニックが抱いた印象は、彼の独りよがりにすぎなかった。ラリー・ペイジを直接知っている者は、実際のペイジは無愛想な人間で、誰かの「兄」という存在からはもっともかけ離れたタイプだと知っていた。ペイジはエンジニアのなかのエンジニアだ。社交的ではないし、内部の人間以外との会議は避け、信じられないほど複雑な問題の解明に取りつかれていた。

ペイジにとってウーバーへの出資は戦略にすぎない。彼もまた輸送機関には並々ならない関心を抱いていた。ほかのテック企業や自動車会社が自動運転の可能性について検討するはるか以前から、ペイジは自動運転の研究をグーグルで始めていたばかりか、空飛ぶ車の開発のために何百万ドルという個人資産を注ぎ込んできた。トラビス・カラニック個人に関心などなく、ペイジの関心は未来の交通手段にあった。

さらに言うなら、カラニックは、グーグル内部の力関係に関するペイジの哲学を理解していなかった。ペイジは自分が統括する部門には大きな裁量権を認め、とくにグーグル・ベンチャーズについては、グーグルとは別の独立した企業だと社外に向けてはっきり言っていた。つまり、自社の企業活動について、グーグル・ベンチャーズはかならずしも本社に報告しているわけではなかった。ということはすなわち、グーグル・ベンチャーズの投資を受けているからといって、グーグル本体の支援を受けられるわけではないのだ。

無愛想なまま朝食を続けるペイジを目の当たりにしているにもかかわらず、自分はいま決定的な同盟を結んでいるとカラニックは信じ切っていた。両社がどのような協力関係を結べる可能性があるのか全員で話し合った。ウーバーは日々あがってくる何百万という運行データをもとに、グーグルマップの改善に貢献できるだろう(一方、ウーバーはグーグルマップでナビゲーション機能が強化される)。

両社の提携について、ペイジもしばらく残って話を続けたが、途中で退席してそのままグーグルの広大な敷地に出ていってしまった。カラニックといえば、ふたたびペイジと会い、次の〝ジャムセッション〟をする日が来るのを待ちきれなかった。


カラニックがグーグルコンプレックスでこの会社の最高幹部と心躍る未来について話し合っていたころ、そこから少し離れた建物では、アンソニー・レヴァンドウスキーがいらいらしながらデスクに向かっていた。

レヴァンドウスキーは、それまでの彼の人生をテクノロジーとロボットの研究に捧げてきた。ブリュッセルに生まれ、十代のときに渡米、サンフランシスコ北部のマリン郡——ゴールデンゲートブリッジ北端部はマリン郡に含まれる——で暮らすようになった。子供のころから地図と乗り物に夢中で、ものを作ったり、修理をしたりすることも大好きだった。大学はベイエリア東側にあるカリフォルニア大学バークレー校に進み、インダストリアル・エンジニアとしてはじめてロボットを制作した。本体に「レゴ」のピースを使い、「モノポリー」の紙幣を識別してつまみ上げることができた。(2) 彼の印象を同級生たちに決定づけたのは、それから間もなく、レヴァンドウスキーがDARPAグランド・チャレンジに参加したことだった。国防高等研究計画局(DARPA)が主催する無人のカーレースで、参加者は組み立てた無人カーをアメリカ南西部のモハーヴェ砂漠で走らせる。レヴァンドウスキーのチームは期待に胸を膨らませてレースに臨んだが、「ゴーストライダー」と名づけた彼らのオートバイは、レース開始から数秒でクラッシュした。* レヴァンドウスキーは激しく気落ちした。ロボットを制作するだけではなく、彼は人に勝つことがなにより好きだった。

大学卒業後、グーグルに入社したレヴァンドウスキーはストリートビューの担当チームに配属された。彼はグーグルがどうしても採用したいと考えるエンジニアの典型だった。好奇心旺盛なうえに優秀で、グーグルでの本業以外にも興味の対象は幅広い範囲に及んだ。

グーグルの敷地を歩くレヴァンドウスキーはひと目で彼だとわかった。ひとつには6フィート7インチ（2メートル）という並はずれて高い身長のせいで、身長にふさわしく、度量の大きな人柄だった。社交的で人をひきつけ、頭は切れるし、とくに彼が専門とする事業など、テクノロジーに関しては神がかった才能を持っていた。

レヴァンドウスキーが勤務していた当時、グーグルでは「20％ルール」を社員に推奨していた。グーグルで担当する仕事の80パーセントは社業として集中して行うが、20パーセントの労働時間は個人的に関心のある事業に取り組むことを勧めるプロジェクトだった。

レヴァンドウスキーにとって関心がある事業はロボットの制作だった。バークレーの市外局番にちなんで５１０システムズ（510 Systems）というスタートアップを起業すると、ほかの社員とチームを作って、のちにグーグルが採用する技術の開発に取り組みはじめた。この事業にはとくに無人運転用のセンサーやソフトウエアの開発が含まれていた。グーグルはこの事実にまったく気づいていなかった。それどころか、ストリートマップ・プロジェクトのために、自社の社員が開発した技術を大量に購入さえしていた。レヴァンドウスキーは、中間業者を介して５１０システムズの製品を売っていたのだ。

最後にはグーグルもレヴァンドウスキーの計略に気づいたが、彼を解雇するかわりに５１０システムズを二〇〇〇万ドルで買収している。

レヴァンドウスキーは積極的に副業に取り組む《サイドハッスル》者の典型だった。金儲けはもちろん大好きだが、それ以上に好きなのがプログラムを改造して、問題に対処することだった。巨大企業で働いてはいたが、彼個人の性格は鼻柱の強い、スタートアップの創業者だった。事業を立ち上げ、それをグーグルに売却した点に彼のそうした性格がうかがえる。「20％ルール」の隙を見抜いたばかりか、そこにつけ込んで勝ち星をあげたのだ。二〇〇〇万ドルという棚ぼたの大金にも満足していた。

ただ、レヴァンドウスキーは、単に金やプログラムの開発ではなく、それ以上のことを考えていた。人間はまったく非合理的な手段で世界を移動していると、彼は数年前から考えるようになっていた。例年、何万人という人間が交通事故で命を失っている。主だった都市圏では目も当てられないひどさで、とくにサンフランシスコのベイエリアは最悪だ。道路は効率性を無視した車で埋まっている。どの車もドライバー一人しか乗っていないので、非効率でむだも多い。必要に応じて無人の自動運転で車を走らせれば、道路はすっきりするばかりか、コスト効率も高まるはずだ。

スタートアップの買収後、彼は会社のためにマッピング開発と自動運転の開発事業に打ち込み、次世代技術の開発を進める機密部門「グーグルX」に加わった。当時の彼の同僚は、レヴァンドウスキーには、自動運転の開発のために何百万ドルもの資金を投じてきた最高幹部を納得させる信用があったと語っている。(3) とくにラリー・ペイジがこのプロジェクトに入れ込んでいた。CEOが関心を寄せるプロジェクトに携わることで、レヴァンドウスキーとラリー・ペイジとの関係は深まっていった。

＊最終的にレヴァンドウスキーたちは、このレースに優勝したと言えるのかもしれない。「ゴーストライダー」は現在でもスミソニアン博物館に展示されている。

しかし、やはり彼は抜け目のない男だった。グーグルが510システムズを買収した際、彼が売った総額は五〇人前後いたスタッフ全員に利益が行きわたる額ではなかった。その結果、何十人もの人間がまとまった金額を手にする機会を奪われていた。[4] さらに始末が悪かったのは、グーグルが買収したにもかかわらず、仕事に現れるのは510システムズの社員の半数以下で、残りの社員はレヴァンドウスキーが進めるロボットの開発のために働いていた。

レヴァンドウスキーはこの状況をもっと満喫すべきだった。それから数年後、カラニックを相手にペイジがウーバーとの条件を詰めると、レヴァンドウスキーはかつてのように自由にはふるまえなくなったと考えるようになる。自分がこの会社に来たのは自律走行する車両を完成させ、世界の交通手段を一変させるためだったはずだ。しかし、その方針を掲げていたにもかかわらず、会社はここにきて尻込みしはじめた。

グーグルは、レヴァンドウスキーが本当に目ざしているもの、つまり、公道で自動運転の車両を走らせる実験の承認をためらうようになっていた。絶えず繰り返されてきた自動運転に対する世間の否定的な意見はともかく、渋滞が常態化しているサンフランシスコの無秩序な道路網で自動運転車を走らせることは、技術的な点でも大きな問題をはらんでいた。ほんのわずかなミスでも、危険な事故を引き起こすリスクがあった。自動運転に反対する者は、グーグルのロゴを掲げたSUVが、めちゃくちゃになったほかの車の車体とからみ合った映像を思い描いていた。最悪の場合、それは押しつぶされた歩行者の体かもしれなかった。

構想段階から抜け出すのであれば、グーグルに必要なのは現実世界での走行テストだとレヴァンドウスキーは考えていた。彼の念頭にあったのは、交通事故や渋滞のない未来で、その未来では車の相乗りが自動的に、しかも手軽に行われている。それなのにここにきてグーグルは、二、三のルールを犯すことを恐れて腰をあげようとしない。

グーグルのほかの社員は、レヴァンドウスキーの仕事の仕切り方によく腹を立てていた。人の言うことには耳を貸さず、自分の考えを押しつけ、しかも容赦がない。自分に異を唱える者はあざ笑っていた。会社は細心の注意を払い、系統的に仕事を進めようとするが、レヴァンドウスキーは手を抜くばかりか、時には見境もなく事を進めるとほかの社員たちは考えていた。ボスにまったく相談しないまま、ネバダ州のロビイストを勝手に雇い、新しい法案を書かせた。法案が通れば、ネバダ州では保安用のバックアップドライバーがいなくても自動運転の車両の走行が可能になる。この措置にグーグルの取締役たちは激怒したが、結局、法案は二〇一一年にネバダ州の議会を通過している。

軋轢《あつれき》を招くレヴァンドウスキーのやり方は、当然、敵を生み出していた。グーグルXの自動運転開発チームのリーダーになろうと彼が画策したとき、同じチームの社員はついに反旗をひるがえした。彼らは、ラリー・ペイジがこの件に乗り出し、部門のチームリーダーとしてレヴァンドウスキーのライバルだったクリス・アームソンを任命するように要求した[5]。レヴァンドウスキーは打ちひしがれ、それを隠そうともしなかった。そして、ある時期を境にして会社にさえ来なくなってしまう。

当のレヴァンドウスキーはすっかり落ち込んでいた。自分が働いていたのは、自動運転の車両開発ではもっとも先端の技術を持つ会社であるのに、その会社は別のどこかの会社、自分たちよりももっと攻撃的な競合企業に喜んでリードを明けわたそうとしている。そんなやり方ではない、もっと別の方法があるはずだ。

第12章 成長

成長するのか、それとも消えてなくなるのか。

　これこそシリコンバレーで生きるあらゆる起業家の行動原理だ。投資家から提示されたはじめての条件概要書《タームシート》にサインをしたその瞬間、創業者はスタートアップを存続させ、成長に次ぐ成長を遂げ、会社を拡大させていくために戦う誓いを立てたことになる。

「成長」はカラニックが無意識に唱える信条《マントラ》になっていた。毎朝起きるとマックブックを開き、戦場で戦う部下が送ってくる経過報告書に目を通した。それぞれの都市の新規のユーザー数を追い、〝供給《サプライ》〟の数量を確かめた。供給――ウーバーのために働く生身のドライバーをカラニックはそう呼んでいた。彼は数字を指針に生きている。思い描いていたのは、ウーバーのアプリを開いたら、オムツからアイフォーンの充電器までどんな商品でも注文でき、地球上である限り、いつ、どこにいても届けられる日が訪れることだった。ウーバーはこの惑星で縦横無尽に人間と物を運ぶ流通企業になるのだ。それはアマゾンをはるかに強化した企業だった。

　彼自身が終日働いているので、社員にも同じように働くことを求めた。なんと言おうとも、ウーバーで働くことは単なる仕事ではない――それは使命であり、天職なのだ。遅くまでオフィスに残り、夜や週末も働くつもりでなければ、この会社で働くべきではない。シリコンバレーの大手企業では、定時以降も残って働く社員に全社規模で夕食を提供している。ウーバーではこのサービスは夜八時一五分に始まる。つまり、この特典にありつくため、午後五時が過ぎても働き続け、たとえば六時に席を立ったとしても、そうは問屋が卸さない。三時間一五分の残業を消化しなければ、ウーバーでは夕食にはありつけない。

片づけなければならない仕事には事欠かなかった。新しい都市に進出するたび、ウーバーの「ホッケースティック・カーブ」を描く成長曲線は社会の注目を浴びたが、同時に争いを招き寄せていた。敵の攻撃を押し返すため、社員は遅くまで残って働いた。その敵はたいていの場合、市の当局者であり、タクシー会社のオーナーか経営者だった。そうでなければ、タクシー会社の意向を受けた地元の市会議員だった。ウーバーが進出すれば、その町のタクシー会社で働く者たちが猛烈に反撃してくる。こうしたやりとりを繰り返していくうちにカラニックの反応も変わっていき、まるで敵の包囲網のなかに置かれたように応じるようになった。

カラニックにとって進出先の法令とは、関連する業者団体の要望をまとめた偽善に満ちたルールにすぎなかった。この考えにしたがえば、ウーバーは改革運動に取り組んでいることになる。消費者を魅了して味方に引き込み、既得権益を握る不当な者たちとルール無用の市街戦を戦わなくてはならない。彼らは市議会や州当局と結託し、タクシー業界のサービス改善を阻んで、料金の見直しを図ろうともしない。タクシー業界は〝カルテル〟によって維持されているとカラニックは考えていた。この業界のすべての仕組みが腐敗していた。

しかし、この〝カルテル〟は指をくわえて成り行きを見てはいなかった。

タクシー会社のオーナーたちは、ウーバーの営業をやめさせなくてはならないとわかっていた。大都市になると、数十万ドルの大金を投じなければメダリオン——市が発行する営業免許——が購入できないところもあった。メダリオンの価格はあきれるほど高く、ニューヨークのような実入りのいい都市では、その相場は一枚につき一〇〇万ドルにまで跳ね上がる。ドライバーも配車係もこのメダリオンは必要なので、彼らは巨額なローンを組んでメダリオンを買っていた。メダリオンの発行件数には制限があったので、タクシー市場は供給過剰に陥らずにすみ、ドライバーも経営者も人並みの暮らし(とメダリオンの費用)を維持できるだけの料金を請求できた。

そこにウーバーが出現した。ひとえに希少性と排他性で成立していた市場であるメダリオンという制度にとって、それは屋台骨を揺るがす脅威になった。P2PサービスのウーバーXによって、車を所有する者なら誰でもウーバーのドライバーとして走れるのだ。その単純明快なコンセプトが、タクシー業界の参入障壁を破壊し、メダリオンの価格を下落させていく。二〇一一年、マンハッタンではメダリオンは一枚一〇〇万ドルで取引されていたが、(1) 六年後、クイーンズ地区のメダリオン四六枚が格安のオークションにかけられたとき、一枚当たりの平均落札価格は一八万六〇〇〇ドルだった。(2) 高額なメダリオンの返済から逃れられないタクシードライバーは一夜にして沈んでいった。

タクシーを運転してきた者は愕然としていた。ウーバーの出現によって従来どおりのサービスではもはや仕事が立ちゆかなくなり、マンハッタンでハイヤーの運転手として働いていたダグ・シフターも破産に直面した。二〇一八年二月のある月曜日の朝、車でロウアー・マンハッタンに建つ市役所を訪れたシフターは、ショットガンを自分の頭に当てるとそのまま引き金を引いた。(3)

「この仕事を始めた一九八一年、平均して週に四〇~五〇時間働いていた」とシフターは最後に投稿したフェイスブックに書いていた。「いまでは一二〇時間以上働いても、生きていくことさえできない。私は奴隷ではないし、なりたくもない」[4]。ウーバーが進出したころから二〇一八年までのあいだに、ニューヨークなど主だった都市で働いていた一〇人以上[5]のタクシードライバーがみずからの命を絶っている[6]。

絶望に屈しなかったドライバーたちは反撃に打って出た。タクシー会社で同盟を結び、アイライド(iRide)やアロ(Arro)、カーブ(Curb)など独自のアプリを使い、自分たちの土俵でウーバーに対抗しようと試みたところもあった。だが、経営者たちはベストの反撃手段はアプリでの対抗ではないと気づいた。問題は、すでにある自分たちの縄張りをどう守るかだ。

ウーバーが新しい都市でサービスを開始すると、地元のタクシー会社の経営者は市の交通局やタクシー協会をよく頼りにしていた。陳情を受けた当局はただちにその地区のウーバー本部に管理官を向かわせた。ニューヨークやネバダ、オレゴン、イリノイ、ペンシルベニアなどの各州の管理官は、分厚い法令集と険しい顔で武装して乗り込み、ウーバーが犯している法令や規則を逐一指摘した。タクシーの〝制度〟集とは、乗車コストを一覧にしたものと見なされていると彼らは言っていたが、それはウーバーのアプリに組み込まれたアルゴリズムほど複雑ではなかった。こうした指導が功を奏さない場合、地方議員に市や州の当局を動かしてもらい、ウーバーの支部を営業停止に追い込んでいた。

こうした措置でもだめなときには、昔ながらの強硬手段が決まって用いられた。ラスベガスなどのような地域のタクシーカルテルはマフィアと浅からぬ縁があり、強烈な報復が行われたばかりか、時には暴力沙汰に及ぶこともあった。車両が盗まれ、ウーバーのドライバーが襲撃されたり、車に火が放たれたりしたこともある。

イタリアではベネデッタ・ルチーニが地元のタクシー会社の襲撃に直面していた。ミラノ支部のゼネラルマネージャーとして、ルチーニは遅くまで働き、ドライバーたちに車で走り続けるよう説得していたが、タクシー会社の経営者たちはウーバーの配車を申し込み、指定した場所に車が到着すると、ドライバーを引きずり出しては暴力を振るった。

ミラノのタクシードライバーはしまいにはルチーニを標的にして、町中のタクシー乗り場に彼女の顔写真を載せたポスターを貼り出した。ポスターには「私は盗むのが大好き」と書かれていた。記者会見を行っている彼女目がけて、卵を投げつけたドライバーもいた。残業を終え、自宅に向かっていたある夜、自宅のアパートからそう遠くない場所に設置された送電線に、一枚の看板がぶら下がっているのに気づいた。看板には彼女の住所とともに、彼女は売春婦で、ミラノ市の交通局の局長に〝サービス〟を提供したと書かれていた(7)。

だが、カラニックが指揮するウーバーは一歩も引き下がりはしなかった。当局の規制を回避するため、彼らは作戦マニュアルを改訂した。規制撤廃こそ、あらゆる都市におけるウーバーの最終目標であり、それは政治や巨大なタクシー産業の腐敗した手に汚されていない、まぎれもない自由な市場を意味していた。

一番手として市場に乗り込むことで、ウーバーは大きなアドバンテージを手に入れていた。たとえば、非合法的に市場に飛び込んでいったフィラデルフィアでは、地元の公共事業委員会を激しい混乱に陥れることができた。市はウーバーに対して、一二万件に及ぶ運輸規則の違反で一二〇〇万ドルの罰金を科したが(8)(この問題については最終的に三五〇万ドルの罰金を支払うことで合意した)、このころになると罰金など大した問題ではなくなっていた。ウーバーはフルに稼働しており、新しいドライバーは一万二〇〇〇人を超え、市民のあいだに新たな需要を巻き起こしていた。
当局が関連規則に準じて取り締まっても、地区のマネージャーはただちに配下のドライバー軍団にメールやテキストメッセージを送って、尻はすべてウーバーが持つと伝えていた。罰金や違反キップなど、カラニックにとっては必要経費にすぎなかった。テキストメッセージは次のような文言で書かれ、たとえば、警察が車両を押収するようなことがあっても、ウーバーが全額補償すると決まって約束していた。

ウーバー【必読】PPA（フィラデルフィア駐車取締局）に違反キップを切られたら、ただちに〇〇〇－〇〇〇－〇〇〇〇まで電話請う。ウーバーのドライバーとして路上にいるときは、われわれは常に100パーセント支援する。無事に自宅まで送り届ける。必要な費用はすべてウーバーがカバーする。フィラデルフィアの市民に安心と快適な乗車を提供してくれることに感謝する。ウーバーはいつもいっしょだ。(9)

同時に地域マネージャーに対しては、需要を一気に喚起するため、インセンティブの予算として何百万ドルもの経費の裁量権が授けられていた。町のみんながスマートフォンを持っており、誰もが地下鉄や既存のタクシーのサービスに飽き飽きしていた。そして、無料で利用できる乗車を嫌う者はいなかった。
ドライバーの採用も可能な限り簡単な方法にしていた。利用していたのは新規の採用を迅速に処理できる身元確認システムだった。タクシー会社やハイヤー会社はドライバーを採用する際、指紋照会までして志望者の経歴を徹底的にチェックしていたが、この方式だと数週間を要する場合も珍しくはない。ウーバーでは、「当社の調査は指紋照会を必要とはしません」と謳い、回答まで〝三六時間以下〟を売り文句にしていたハイリース（Hireas）に外部委託していた。

ウーバーには数週間もかかる身元調査は我慢できなかった。彼らにとって一週間は一年に相当し、一カ月は永遠を意味していた。すみやかに身元調査の手続きを処理できるシステムを整えると、次にウーバーは政治を動かした。指紋照会による身元調査はアメリカの各州で法的に義務づけられていたが、ウーバーはロビイストを雇い、従来どおりのチェックを強いるこの規制を書き換えさせようとしたのだ。[10]

進出先のロビー活動には費用を惜しまなかった。法的な規制に直面していたニューヨーク、テキサス、コロラドなどの多くの州で、ウーバーはロビー活動に最大の費用を投じるトップ企業の常連となり、例年、何千万ドルもの金を使って議員たちに揺さぶりをかけた。デービッド・プルーフはオバマ政権を生んだ選対本部長で、大物の政治コンサルタントとして、国政はもちろん、市政レベルの政治に対する影響力の使い方に通じていた。ポートランドでは、この町でもっとも大きな影響力を持つ政治コンサルタントの一人、マーク・ウェイナーを雇った。さらにオースティンでは同業のリフトとともに、規制反対の政治活動を行うため、五万ドルで民主党の元市長を雇い入れている。ウーバーの事業拡大とともにロビイストは増え続け、やがてその数は四四州で四〇〇名にまで膨れ上がった。ライド・ヘイリング関連のロビイストの数は、アマゾン、マイクロソフト、ウォルマートの三社を代表して活動するロビイストの総計さえうわまわっていた。[11]

金を使っただけのことはあった。ウーバーは多くの州で法律を左右できるようになっていた。その結果、〝ドライバー・パートナー〟に対するウーバーの雇用上の義務をめぐる問題について、ほとんどの議員が声をあげなくなった。ウーバーは、税法でいう「フォーム1099」の申告書を提出する、「フリーランサー」として自社のドライバーを規定できるようになっていた。委託契約者なら、ウーバーは失業保険税、保険料、健康管理費の支払い義務から免れる。社員であれば通常は発生する支出が回避できたことで、ばくだいな経費が削減でき、ドライバーの活動にともなうウーバー側の責任も大幅に減らせた。

とはいえ、ロビー活動は常に決定的な打開策ではなかった。強硬手段に打って出なくてはならない場合も時にはあった。指紋照会を含む身元調査や制帽の着用の廃止問題など、ウーバーの要求に屈しようとしない市議会を抱える都市も存在していた。そのような場合、カラニックは、顧客に対して、ウーバーのサービスを自制するとか、あるいは町から撤退すると脅せと現地の部下に命じていた。

それぞれの市場に対して、ウーバーは交渉よりも顧客を人質にした状況を作って対応していた。カラニックにとって、その町から完全に撤退することは痛くもかゆくもなく、実際、オースティンではサービスを引き上げている。数カ月とはいえ、実際にウーバーのサービスを知れば利用者が黙っていない。人びとはウーバーのサービスが心から気に入っていた。ウーバーは顧客に対しても影響力を持っていた。ほぼすべての大都市で、ウーバーは「プロダクト・マーケットフィット」(PMF)――テクノロジー業界で使われる言葉で、顧客が満足する製品と、その製品が適切な市場に受け入れられること――と呼ばれる状況を完璧に近い形で生み出していた。人びとはタクシーを憎む一方で、スマートフォンで配車が頼めるサービスを愛した。そんなサービスを取り上げられれば、世間の怒りをかき立てるだけである。

カラニックには制度が抱える弱点が見えており、一点突破でその弱点につけ込んでいた。ゼネラルマネージャーが進めていたキャンペーンは、フラストレーションという人びとのエネルギーを利用したものであり、彼らの怒りを地元選出の議員や議員によって選ばれた行政担当者に向かって言わせるようにしむけた。

二〇一五年、ニューヨーク市長のビル・デブラシオがウーバーの営業車両に制限をかけると迫った。このときウーバーはニューヨークを拠点に営業しているドライバー向けのアプリのソフトを微調整し、ディスプレイに「デブラシオのウーバー」が表示されるように設定した。このオプションで、アプリ内の小さな地図に表示される稼働中の車両数は通常よりも少なくなった。また、利用客の待ち時間も最長で三〇分と、通常よりも五倍から六倍の時間がかかるようになっていた。「市長デブラシオのウーバー台数制限法案が通過したら、この町のウーバーはこんなふうになってしまう」と、車内に置かれた小さなポップアップ広告には書かれ[12]、乗客に「行動を起こそう」と呼びかけていた。アプリにはボタンが用意され、それを押すとウーバーが事前に書いておいた同文のメールを市長や市議会に直接送信できた。キャンペーンが終わるころには、ウーバー禁止の可能性がある法案に抗議する市民の怒りのメールが何千通も市長室に届いた。デブラシオは法案を見送るしかなかった*。

きわめて効果的な戦略だった。実際、あまりにも効果的だったので、ウーバーはこのキャンペーンを体系化し、全社で共有する武器として装備することを決めた。ベン・メトカーフはそのために採用された。辛辣でずけずけとものを言うイギリス出身のエンジニアで、リンクトイン時代の自分の仕事は、「ソーシャルグッドとソーシャルチェンジ」を推進するため、「市民が法案作成に関与できるように支援する特別なツール」を構築することだと評していた。

メトカーフと彼のチームが作ったのは自動的にメールが送信できるソフトで、ウーバーはこのソフトを使い、立法府の議員にはスパムメールを送り、ユーザーには反撃のために結集するよう呼びかけていた。重要な法案が審議中で論議が必要なときには、アプリに内蔵されたボタンを使えば、ユーザーはメールやテキスト、電話で議員に自分の意見を簡単に伝えられた。二〇一五年の時点では、二〇を超える州でドライバーと乗客をあわせて五〇万以上の人たちがウーバー支持の請願書に署名をしていた。だが、支持を求めるテキストをウーバーが大量に送信して以降、新たな支持者による署名が急増しはじめ、地域によっては一秒当たり七件のペースに達していた。(13)

それでも埒《らち》が明かない場合は、これ見よがしの芝居がかった抗議という方法が使われた。セントルイスのメトロポリタンタクシー委員会(MTC)によってウーバーの市内での営業を阻まれると、この町のゼネラルマネージャー、セイガー・シャーはMTCのオフィスの前に地元のテレビ局と新聞記者を集めた。そこにウーバーの社員が列をなして現れた。手には15×12インチ(38×30センチ)の白い段ボール箱を持っている。段ボールには「請願書一〇〇〇名分」とラベルしてあり、こうした段ボールが九つあった。(14)オフィスの扉の前に箱を積み上げると、シャーは民主主義の理念とウーバーを支持する市民の〝声に耳を傾ける〟ことの意義に関する、短いが格調高い演説を行った。

ビデオの電源が切られ、ウーバーの社員たちが去ったあと、一人の記者がその場に残された箱の中味は何か見てみようと決心した。ふたを開けるとなかは六本パックのプラスチック製17オンス(502cc)のミネラルウォーターのボトルでいっぱいだった。残りの八つの箱も変わりはなかった。

*二〇一九年、デブラシオはウーバーの台数に制限をかけ、このときの復讐を果たしている。

ニューヨークでも同じようなことがあった。マンハッタンのオフィスを率いるジョシュ・モーラーは、厚かましさと攻撃性で知られたゼネラルマネージャーで、市長のデブラシオに対する非難を訴えるため、市庁舎前の階段で決起集会を組織した。集会の前日、モーラーたちはドライバーや利用客に対して、「自分たちが選んだリーダーに自分たちの声を聞かせる」[15]ため、うだるように熱い六月の昼にこの場所に集まるよう檄《げき》を飛ばした。

当日、抗議のために集まったドライバーや利用客は多くなかった。しかしモーラーは、ウーバーには草の根の支持者がいるように装うため、部下を走らせてロウアー・マンハッタンのチェルシー事務所から人をかき集め、市庁舎に向かわせた。そして、集まった人たちの前でモーラーは抗議の声をあげた。だが、ウーバーのロゴが入った黒いTシャツを着こみ、汗だくになって抗議している面々が、この会社の社員である事実については、モーラーは新聞記者にも、市の職員にも黙っていた。

そんなことは大した問題ではなかった。セントルイスでもニューヨークでもウーバーのこうした戦術はうまくいった。結局、議員たちは自分の発言を撤回するしかなかった。

第13章

魅力攻勢

自分のガッツがなぜ嫌われるのかカラニックにはわからなかった。

ビジネスの世界では好き嫌いは通用しない。冷酷非情こそCEOとして称賛される資質で、その資質をカラニックは隠そうともしなかった。経営者について語るとき、「攻撃的」という形容詞はむしろほめ言葉だ。

疑いの目を向けていた者すべてに、カラニックは自分の力量を認めさせてきた。トップクラスのベンチャーキャピタルの後押しと世界規模の拡大で、すでに二〇一四年の時点でウーバーは輸送機関の巨大企業に変貌していた。あまりにも急激な成長で、競合企業はほとんど太刀打ちできなかった。

にもかかわらず、ツイッターを見るたびに自分を「ろくでなし《ジャーク》」呼ばわりする不特定のツイートがいつも二〜三件は書き込まれている。なかでも目立ったのはテクノロジー業界をカバーする二人のレポーター――セイラ・レイシーとポール・カー――で、まるで聖戦を挑んでいるように自分を攻撃し、シリコンバレーのいたるところに「むかつくようなカルチャー」を広めていると非難していた。[1] その前には雑誌「GQ」に、カラニックはまるで〝体育会系《ブラザー》〟のパロディーだと書かれたが、[2]「体育会系」という言葉はテック業界では禁句だ。「ヴァニティ・フェア」のときもそうだった。偏りのない記事をカラニックは期待していたが、紹介記事は「握りこぶしのような顔[3]」という紹介から始まっていた。

「なんだ、この記事は」とカラニックはあきれた。自分に対する世間の印象は、まったく現実と嚙み合っていない。

ウーバーの好戦性について書かれるとき、決まって引用されるのがリフトに対するカラニックの仕打ちだった。ウーバーにとってリフトは、アメリカ国内最強のライバルだった。ウーバーの社員が乗客のふりをしてリフトに乗り込み、引き抜きを持ちかけた記事に世間は眉をひそめたが、それが非難されるようなことかとカラニックも社員も困惑していた。ビジネスとは、優劣を競う争いだと彼らは信じていた。リフトのCEOであるローガン・グリーンは優れた戦術家だった。しかし、カラニックは常にグリーンを出し抜いてきた。さらに言うなら、カラニックは競合他社を打ちのめすことを楽しんですらいた。

その最たる例こそスパイ網だった。カラニックはシリコンバレーにスパイのネットワークを張りめぐらせており、それらのスパイは主によそのテック企業の社員やベンチャーキャピタリストで構成されていた。そのスパイ網に、リフトが車の相乗りサービスを新たに始めるという噂が早い時期に引っかかってきた。リフトよりも先にサービスを始めて優位に立とうと考えたカラニックは、最高製品責任者(CPO)のジェフ・ホールデンを呼び出し、進行中の仕事をすべて中断してリフトの相乗りサービスのコピー製品を大至急作るように命じた。そして、ウーバーの相乗りサービス「ウーバープール」(Uberpool)が間もなく開始《ローンチ》されると発表した。(4) しかもこの発表は、リフトが新製品のリリースをアナウンスするわずか数時間前のタイミングで行われていた。グリーンと、彼の共同創業者ジョン・ジマーがリフトのブログで新製品を発表したころには、(5) 彼らは着外でゴールに達した競走馬のようになっていた。カラニックはまんまと競合企業を出し抜いたが、敵のお株を奪って喜んでいるカラニックの姿に世間は激しく怒っていた。

自分が凡ミスを犯してきたことはカラニックにもわかっている。「GQ」のインタビューでもうっかり口を滑らせ、テック業界のセレブになり、金持ちの仲間入りを果たしたら、いとも簡単に女が寄ってくるようになった。実家で両親と暮らし、レッド・スウッシュを立ち上げていたころとは大違いだ。その気になれば《オンデマンド》来てくれる女には事欠かないと軽口を叩いてしまった。

「僕たちはこの状況を（ウーバーではなく）〝ブー《おっぱい》〟バーと呼んでいる」とカラニックは記者に話していた。

読者の目に映っていたカラニックの姿が一変した。彼は子供っぽさを多分に残した大人などではなく、本性はあからさまな女性蔑視主義者だった。この記事のなかでもとりわけ不快な部分は、女性関係や麻薬などのスキャンダルで悪名高いチャーリー・シーンのお約束のキャッチフレーズを使い、ウーバーの潜在的な成功は〝勝ちにこだわり《ハッシュタグ・ウィニング》〟続けてきたからだと説明していた点だった。さらに、ショア・クラブやSLSなどのようなマイアミのブティックホテルのほうが、ウーバーでがんばるより、もっとハッスルできる場所だとほのめかしていた。当人は正直であろうと努め、いささかクールにふるまいたかったのかもしれないが、世間の人たちからすれば、とてつもなく自分勝手なゲス野郎《ドゥーシュバッグ》にすぎなかった。

しかも、カラニックはただの嫌みで気障な人間でさえなかった。世間がイメージしていたテック業界のいけ好かない創業者の特徴をひとつ残らず体現していた。彼本人が描く物語世界では、自分はまぎれもない英雄だとカラニックは思い込んでいた。彼がツイッターのアバターに使っていたのは、アイン・ランドの小説『水源』のカバー写真だった。『水源』は、みずからの力を頼みとして、公権力を侮蔑するリバタリアンたちに支持されてきた小説である。

他人がカラニックを見る目は彼自身が抱いているイメージとは違っていた。彼らにとってカラニックは大金持ちの白人の若僧で、ベンチャーキャピタルが差し出す投資の波に乗って羽振りはいいが、その一方で体を使って懸命に働いているタクシードライバーから仕事を奪っている人間にすぎない。酒に女、音楽と豪勢な暮らしを送りながら、そんな生活を自嘲さえしている。

カラニックには理解できなかった。自分でつかんだ成功の果実を謳歌したCEOは彼がはじめてではない。ザッカーバーグとフェイスブックの初代CEOのショーン・パーカーが、大口の投資ラウンドを数社のベンチャーキャピタルからはじめてとりつけたとき、どんなふうにドンチャン騒ぎをしたのか彼は知っている。ラリー・ペイジとセルゲイ・ブリンの二人は、比喩ではなく本当に飛行機から飛び降りてダイビングを楽しみ、ロボットの開発に何百万ドルもの金を湯水のように使った。

「それなのに、自分はなぜこうも嫌われるのだ」。カラニックはあたりを歩きまわり、本部ビルの敷地内をひたすら歩き続けた。高ぶった感情にとらわれ、怒りを抱えたまま自宅に戻ったが、じっとしていられず、今度はリビングルームを歩きまわりながら、ガールフレンドに文句をぶつけた。

ウーバーがメディアに叩かれるたび、レポーターは自分のあら探しに躍起だとカラニックは憤慨していた。ウーバーはますます頻繁に叩かれるようになっていた。レポーターはウーバーの成功を評価しようとはしない。自分が作ったこの会社に彼らは嫉妬しているのだ。「世間の認識」対「現実の姿」だと、会社のイメージを気に病む社員には話して聞かせていた。「ウーバーに対する彼らの認識は、この会社の現実についてこられないのだ」。繰り返しそう語り、この言葉はカラニックの口癖になった。彼にすればその言葉を信じなくてはならなかった。実際にそうであり、だから轟々たる批判記事や、辛辣なツイートが毎日次々と送られてくる。

「人を搾取するクソ野郎」

「ドライバーのことを考えないのか」

「最低のクソ男」

こうした不特定多数のコメントにはカラニックもまだ我慢はできた。だが、セイラ・レイシーが書く記事には本当に怒っていた。レイシーは、「ブルームバーグ・ビジネスウィーク」「タイム」にも寄稿しているテック業界のベテラン・ジャーナリストで、カラニックを激しく非難する記事を頻繁に書いていた。ほかのレポーターがウーバーに対する目をみはるような金額の投資について書いているときでも、彼女はウーバー特有の〝体育会系〟気質をやたらに重んじる点にスポットを当てていた。

「この会社は嘘をついても全然平気のようだが、私にはそれが理解できない」(6)という彼女のツイートは、ウーバーが行った数件のロビー活動について言及したものだった。「ウーバーのドライバーが六歳の少女をはねて死亡させた。『当社の問題ではない』というウーバーの反応は適切なのか」ともレイシーは話し、悲劇的な交通事故と、この事故に対してその後会社から発せられた無神経なコメントについて紹介していた。(7)「非常に不快な文化が恐ろしいほど浸透しつつある――なぜ私はスマホからウーバーのアプリを削除したのか」は彼女が書いた記事の見出しで、この記事は大勢の人たちに読まれた。(8)カラニックと親しい者の話では、レイシーは理由もなく自分の足を引っ張っていると彼は考えていたという。

「どんなふうにやったら、メディアの連中は気に入ってくれるのだろう」。カラニックは、自分の副司令官だと考えるエミール・マイケルに尋ねたこともあった。

悪童というカラニックのイメージが、仕事にも差し障るようになっていた。

メディアへの反応にカラニックがいらついていく一方で、ビル・ガーリーはカラニックに対する怒りを募らせていた。出会った当初、二人は不可能を可能にするダイナミックなコンビだった。ガーリーのベルト通しにはキーカードがぶら下がっており、このカードを使えばサンフランシスコのマーケットストリートにあるウーバーの本部ビルに常時出入りできた。通りに面したガラス張りの玄関から本部ビルに入ったガーリーは、エレベーターで一五階にあがり、セキュリティーチェックをとどこおりなくすませ、誰にも呼び止められることなく進んでいった。ガーリーのことは誰もが知っている。ひょろりと背の高いテキサス人を見まちがえる者は社内にはいない。

カラニックがガーリーの考えを重んじていたのはすでに昔話になっていた。いまではガーリーの忠告に耳を傾けようともしない。ガーリーはそんな相手を素直に認めるやわな人間ではなかった。闘争的であれとガーリーはカラニックを後押ししてきた。二人とも既存の法体制に怒りを抱き、ガーリーは市の弱点を突いていくカラニックの流儀を高く評価していた。カラニックのこの戦略は世界中で難なく反復され、彼が一歩踏み出すたびに歓呼の声があがるとガーリーは考えていた。

だが、二〇一四年末の時点ですでに状況は変わっていた。ガーリーに対してカラニックは反感を抱くようになっていたのだ。ガーリーも表向きはそれまでどおり、最大の支援者としてふるまっていたが、プライベートではカラニックへの不信を口にしていた。進出可能な世界中のあらゆる市場へと拡大するため、カラニックは途方もない資金を使い、その一方で最高財務責任者（CFO）を遠ざけようとしていた。ガーリーはそうした事実を懸念していたが、何度も話を蒸し返す相手にカラニックは飽き飽きしていた。

最悪だったのは、カラニックがこだわっていた中国進出について、ガーリーが不安視していたことだった。カラニックにとって中国は西側資本主義の黄金郷《エル・ドラド》であり、当時、その市場をこじ開けることに成功したテック企業は存在しなかった。なんとしてでも中国市場に参入し、〝中国のウーバー〟嘀嘀打車《ディディダーアチャー》*と戦ってみたかったのだ。だが、ガーリーはカラニックほど乗り気ではなかった。中国市場はよくわからないと彼は考えていた。ウーバーの社員にとって、中国の社会文化はなじみがないばかりか、自国産業を守る中国政府は、アメリカの企業に容赦ない敵意を向けている。中国市場を検証しても、赤字にしかならないとガーリーには思えた。

これまでの数年、ガーリーは自分の支援者だとカラニックは考えてきたが、いまではイラつく存在になり始めていた。いつも文句を口にし、自分のアイデアにけちをつけたがる。いまがチャンスと考えていると、ガーリーはむしろ問題だと言い出す。

カラニックが誰かを気に入ったら、相手は彼にとっていちばんの親友を意味していた。カラニックに近しい知人は、それはつかの間の心酔、あるいは観念的な恋愛のようなもので、自分を害するような真似はしないとカラニックは考えていると語っていた。二人が出会った当初、ガーリーはカラニックが心酔する対象だった。

だが、カラニックが好きではないと判断したとき、相手は彼にとってこの世に存在しない人間と同じだった。誤った方法、つまり〝信念に基づいた〟方法で自分に挑もうとしない人間はカラニックに無視された。そして、彼のひときわ高い期待に応えられない者はどうなってしまうのか。彼らもまた

＊嘀嘀打車は最終的に国内の競合企業と合併、企業名を滴滴出行《ディディチューシン》(DiDi)と変える。

無視された。ガーリーの場合、質問と疑いで自分のあらを探している。そして、ガーリーもカラニックから相手にされなくなってしまった。

面と向かって「消え失せろ」と言うことはまれだったが、霜が気づかないうちにゆっくりと降りてくるように、相手との関係は徐々に冷えていった。まず、重要な戦略会議や立案会議のメールリストから名前が消えてなくなる。歩きながらの会議《ウオーク・アンド・トーク》にも誘われなくなる。そして、ある日突然、最高補佐官の集団――〝Aチーム〟のメンバーから姿が消える。このとき、〝TK〟ことトラビス・カラニックの心酔は醒めたのだと誰もが知るところとなる。

何が起きているのか、ガーリーにはよくわかっていたが、カラニックを抑えられる手は皆無に等しい。どの投資会社もウーバーに投資したくてうずうずしている状況のもとで、カラニックは投資家の権利を確実に骨抜きにしてきた。取締役会に席はあっても、投資家の権限は制限されていた。議決権を行使してカラニックに影響を与えることはできず、少なくともガーリー一人でどうこうできる手段はなかった。

ガーリーは別の方法で取り組みはじめた。カラニックが信頼を寄せ、話に耳を傾ける相手に働きかけ、本人に影響を与えてもらおうと考えた。ガーリーはエミール・マイケルに対しても、ほぼ毎日のように電話をかけ続けた。

「株主に対する受託者義務を彼はわかっているのか」とガーリーは話した。「こんな真似は正気の沙汰ではない」。カラニックの逸脱行為のなかでも、ガーリーをもっとも怒らせたのは、ウーバーの最高財務責任者であるブレント・カリニコスを排斥した件だった。カラニックはカリニコスなど必要ないと信じ、最高財務責任者の職務の大半は執行役ではない財務責任者でもこなせると考えていた。だが、ガーリーは、会社の金をどのように使っているのか、カラニックは最高財務責任者に知られたくないのだとにらんでいた。

　ガーリーが心配していたのは財務だけではない。ウーバーは内部にしっかりとした法務部門が存在しておらず、ひとつには意図してそのようにしている事実にガーリーは気づいていた。最高法務責任者（CLO）のサレ・ユに対して、カラニックは自分なら手なずけられると考えていた。彼女も時には言い返すこともあったが、カラニックから〝無視される〟のを恐れて、法的に懸念されると判断した問題についてはほとんどの場合で発言を控えていた。

　ウーバーを除けば、サレ・ユはほぼすべての分野で常にリーダーとして過ごしてきた。彼女はサンフランシスコのアジア美術館の評議会に属し、在米韓国人委員会（CKA）の委員の一人であり、大湾区在米アジア人法律家協会（AABAGBA）の法務委員会では書記、理事、議長などの要職を歴任してきた。さらにこの年後半には「サンフランシスコ・ビジネス・タイムズ」で、「ベイエリアビジネスでもっとも影響力がある女性」[10]としてノミネートされている。そのユでさえ、自分のボスを変えられず、そうした気にさえなれないときもあった。問題を提起しようと彼女が決心しても、カラニックはいつもそんな懸念は迷惑にすぎないとして取り合わず、とくに会社の法令遵守《コンプライアンス》に対処しなければならない場合に著しかった。

　ウーバーでは法令部門は片隅に追いやられていた。コンプライアンスとは企業が講じられるもっとも重要なセーフガードのひとつだ。コンプライアンスによって、企業は法令の範囲内で活動を行うことが担保される。しかし、急速な拡大期にある企業が、意図して法的に〝グレイゾーン〟に踏み込んでいけば、コンプライアンスは文字どおり二の次にされる。二〇一四年末の時点で、ウーバーは世界中の何百もの都市で営業を行い、進出した国は数十カ国にも及んでいた。かりにサレ・ユがコンプライアンスを遵守させる手段を持っていたにしても、彼女のチームにはそれぞれの都市でマネージャーが何をしているのか追いかける方法はなかった。

上席のゼネラルマネージャーが集まったある会議で、ライアン・グレイブス――このころ彼はすでにオペレーション担当重役に就任していた――はコンプライアンスに関する会社の立ち位置を表明した。社員は法の規範にしたがうよう法律は説いているが、グレイブスは仕事のほうを法律よりも重視していた。

それどころか、ゼネラルマネージャーは裁量権を持たされていた。カラニックは、ウーバーの社員が、グーグルやアップルの社員のように〝大企業〟意識を過剰に抱かないようにしていた。そうすれば、会社特有のヒエラルキーから社員を守れる。自分が愛する一四のバリュー以外、社員にはあらゆる規範を無視してほしかった。自分の帝国を見渡したとき、彼の目に映る光景――野心にたぎる大勢の若き起業家たちが、課された状況に応じ、自主的に判断してその場で対処している姿に誇りを覚えていた。

だが、ガーリーの目に映っていたのは無秩序な混沌だった。別の最高財務責任者を雇い入れるようにカラニックを説得したが、むだに終わった。マイケルに話しても埒《らち》は明かない。取締役会では、財務に関する懸念をいつも持ち出していたが、カラニックはカラニックでこの話題をいなす手口をやがて身につけ、自分が何をやっているのか十分承知していると取締役全員を納得させていた。

ガーリーはある方法に訴えることにした。容易に解決できない難問に直面したとき、これまで何年にもわたって彼がたびたびやってきた方法だ。ガーリーはこの件を自分のブログにあげた。常に人とは反対の意見を選ぶことで、予測がつかないこの業界に潜む落とし穴について、創業者やベンチャーキャピタルに警告してきた。だが、二〇一四年と二〇一五年の二年間、ガーリーはそれまでにない別の一面を見せつけた。彼が個人的に開設しているブログ――アバブ・ザ・クラウド――で、ガーリーは時間をかけて、自身をシリコンバレーの悲劇の予言者《カサンドラ》に変えていった。

ギリシャ神話のカサンドラのように、ガーリーは世紀末的な崩壊の到来を予測した。ベンチャーキャピタルには利益損失が目前に迫っていると声を大にして叫んだ。新たな資金がスタートアップに波のように注ぎ込まれていくことで、ベンチャーキャピタルが被る損失はますます拡大するだろう。業界に精通したシリコンバレーの投資家たちは、ガーリーは駆け引きをしかけていると考えた。テクノロジー企業への投資に遅れて参入してきた機関投資家を怖がらせて遠ざければ遠ざけるほど、投資環境は以前の姿に戻っていくチャンスが高まる。つまり、スタートアップが株式の公開を先延ばしにするのではなく、成長サイクルにおいて標準とされるタイミングで上場を果たすようになる。そうすれば投資家がリターンを手にできる日は大幅に早まる。

しかし、ブログに書いた狙いはカラニックに読んでもらうことにあった。ウーバーに対する懸念をガーリーはこうした形でわからせようとしていたのだ。彼にとってウーバーは自慢の種だった。「われわれは、いつ弾けるかわからないバブルのなかにいる」とガーリーは書いた。「巨額の投資によって資金を調達したことを理由に、会社が途方もない資金燃焼率《キャッシュバーンレイト》――スタートアップが、利益が出る前に資本を消費する割合――で資本を費やすようになると、会社の長期的な生存能力を危険な状態に陥れる」

ガーリーの主張はサウス・バイ・サウスウエスト（SXSW）でピークに達した。SXSWは毎年春にテキサスのオースティンで開催され、音楽祭や映画祭、IT企業の技術の祭典がひとつになった大イベントである。ガーリーはその日、人でいっぱいの講堂のステージにいた。とりわけ長いジーンズをはき、足元はブラウンの革のブーツ、上衣は白いプルオーバーで、背中にはテキサス大学のマスコットである鮮やかなオレンジ色の長角牛《ロングホーン》の図柄があしらわれていた。ガーリーはこのステージで、作家のマルコム・グラッドウェルの質問を一時間にわたって受けた。

いつものひと言からガーリーの話は始まった。「いまの時点では、シリコンバレーについて憂いはない」(11)とグラッドウェルに語った。シリコンバレーでは現在、一〇〇社以上の〝ユニコーン〟が走りまわっている。だが、ガーリーの見るところ、一〇〇社という数は尋常ではない。言葉にはできないほど珍しいから、ユニコーンはユニコーンと呼ばれる。消費者に受け入れられたスタートアップの多くは、たしかに一夜にして何十億ドルもの企業評価を得てきたが、その多くはとりたてて言うほどの収益を出したわけではない。自分にすれば、一〇〇社ものユニコーン企業のうちの何社かは張りぼての角をつけたポニーになってしまうとしか思えない。

「今年は、何頭かのユニコーンの死骸を見ることになるだろう」ともグラッドウェルに話していた。オースティンから1700マイル(2700キロ)離れたサンフランシスコにあるウーバーの本部ビルでは、カラニックとマイケルの二人が尊大な投資家についてあざ笑っていた。彼は「空が落ちてくる」と言っていつも騒いでいる。二人はガーリーをあだ名で呼んでいた——悲観論者《チキン・リトル》。

ウェイブリー・インは、東海岸で暮らすメディアのエリートを口説くには格好のレストランだった。店はバンクストリートから奥まった場所に建っていた。バンクストリートはしゃれたグリニッチ・

ビレッジを走っている通りで、街路樹が立ちならぶ静かな通りだった。この店がニューヨークのメディア関係者のあいだで語り草になったのは、グレイドン・カーターが店の共同経営者だったからである。カーターは雑誌「ヴァニティ・フェア」の編集長を長年にわたり務めた人物で、マンハッタンの社交界の限られたメンバーを招いては、この店で晩餐会を催していた。夏の夜になると、店の前を通る人たちは、前庭で食事を楽しむセレブたちの姿をツタに覆われた垣根越しに見ることができた。

もっとも、カラニックにすれば、このレストランは自分を憎む東海岸のレポーターたちを懐柔するために、高い金を払って料理をおごる場所にすぎなかった。その週にニューヨーク入りしたカラニックは、マンハッタン事務所の仕事を確認し、銀行家たちとも打ち合わせを行った。ウーバーのグローバルコミュニケーション部の統括責任者ナイリ・ホールダージアンは、この訪問は一石二鳥だと考えていた。レポーターたちもカラニックを個人的に知れば、彼は言われるほど悪童ではないと気づくはずだと確信していた。

彼女自身がそうだったからである。ホールダージアンは、誇り高きアルメニア系アメリカ人で、ジョージタウン大学とハーバード大学の両校で行政学を学んだあと、政治の世界で働いた経験があった。口だけの人間や詐欺師まがいの重役も間近で見てきた。カラニックには力まかせで激しい面はあるとはいえ、内面の彼はむしろ好人物ではないかと彼女は思うようになった。

彼女もまた、ウーバーが起業したばかりの厳しい日々をカラニックとともに働いて過ごしてきた。彼女を信頼して、カラニックはコミュニケーション部を一から立ち上げさせ、その後も運営を任せてきた。そして、初期のウーバーがもっともやっかいな敵――タクシー会社や市当局――と対峙していたとき、彼女とカラニックは最前線でいっしょに戦ってきた。ホールダージアンも、カラニックは決して変わりはしないとわかっていた。だが、レポーターたちに彼を引き合わせたら、自分のように彼らの見方も変わるかもしれない。

その週の金曜日の午後、ホールダージアンは記者たちとカラニックの交流の席を設定した。場所はマンハッタンのフラットアイアン地区のグラマシーパーク・ホテルで、場所としては申し分なかった。[12]ホテルの個室でカラニックはブリ・チーズとミニマフィンが盛られた皿を前にして革張りのソファに座り、レポーターたちに対して自分は残忍な怪物ではないと打ち明け、ウーバーはメディアと良好な関係を築きたいと語っていた。*

この日の夜の食事会のコーディネートは、イーアン・オズボーンに依頼していた。イギリス人のオズボーンは広い人脈を持つメディア業界のフィクサーで、その仕事は実業界の重要人物と、その人物にふさわしいメディアやハリウッドの重要人物を引き合わせることだった。

一行は場所をウェイブリー・インに替え、一般の客席から離れた奥まった個室の席に腰を降ろした。カクテルを飲んだあと、客たちはテーブルについた。細長く、ずいぶん薄い木製のテーブルで、あまりにも繊細な作りなので、その上で食事をするのもはばかられるほどだった。肘が触れ合うほどの間隔で座り、客たちはたがいに気まずそうにしている。カラニックは入り口からいちばん奥の上座に座り、脇にはアリアナ・ハフィントンが座っていた。彼女は「ハフィントン・ポスト」(Huffington Post)を創設したメディア界の大物で、政治と出版界に大きな影響力を持つセレブだ。カラニックとハフィントンがはじめて出会ったのは二〇一二年に開催されたテック業界のカンファレンスで、以来、二人の仲は深まっていった。

ハフィントンの隣に座っていたのが「フォーチュン」誌のチーフエディター、リー・ギャラガーだった。ビジネス界で影響力を持つリーダーを紹介する恒例の「四〇歳以下の富豪起業家四〇人」の選出はギャラガーが担当している。カラニックのもう一方の側にはホールダージアンが座り、その隣にオズボーン、ウーバーの最高業務責任者（CBO）エミール・マイケル、さらにニューヨークのメディア界で影響力がある数名のライターに続いて、ウーバーへの出資者でもある俳優のエドワード・ノートンが座っていた。ノートンはカラニックの友人でもあり、ウーバーがロサンゼルスに進出したとき、公式ユーザーの第一号として車に乗っていた。

テーブルの一方の端でカラニックが記者と話し込んでいた。もう一方の側では彼の代理人でもあるマイケルが、ライターのマイケル・ウォルフに親しげに話しかけていた。ウォルフはこの日、「バズフィード」のチーフエディターであるベン・スミスをともなっていた。

スミスの気さくな人柄は、こうしたディナーのゲストとしては最適だった。取材を受けている相手でさえ、彼の人当たりのよさについ気を許してしまう。その愛想のよさは、彼の好戦的な性格を裏切っていた。ワシントンDCでは、戦いから一歩も退かない記者としてスミスは知られていた。「ポリティコ」(Politico)で記事を書いていたころ、カバーする問題やスクープを狙って競合していたテーマについて、ツイッター上でたびたび議論をふっかけていた。二〇一二年、スミスは「バズフィード」に移る。彼に課されたのは、それまでたわいない記事とジャンルにとらわれない記事で知られてきた

＊私もその席に出向いており、オフレコという条件に同意し、この件については詳細な報道は控えることを約束した。しかしその後、「バズフィード」(BuzzFeed)がこのときの面談に関する記事を公開する。ここに書かれている話はその記事に基づいている。この日の夜に催されたメディア向けの食事会には私は参加していない。

このメディアを、硬派の記事を中心にした、社会的評価の高いニュースサイトに再編成することだった[13]。スミスは任された部門の名称を「バズフィード・ニュース」(BuzzFeed News)に改めると、間もなく、既存の新聞や雑誌に劣らない、本格的な記事とスクープを連発するようになった。

それだけにスミスは衝撃を受けていた。メディアの仕事に携わる一人として、ウーバーのCEOを前にして自分がここに座っているのだ。相手は自分の会社とマスコミの関係について、はばかることなくのしってきた人物だ。ゲストたちがあぶったオヒョウの身やリブアイ・ステーキを食べ始めたころ、エミール・マイケルは、ウーバーがマスコミから理不尽なほど攻撃され、なまじ成功したばかりにどれほど非難されてきたのかと熱弁を振るった。この部屋はウーバーのシンパや友人ばかりだとマイケルは考えていた。

食事が進むにつれ、マイケルがますます横柄になっていく様子にスミスは気づいた。スミスの気配が微妙に変わっていくことに慣れていないマイケルは、ウーバーへの批判を否定し、この会社が提供しているのは公益だとか、あるいは報酬について文句を言うドライバーは、数字が理解できないせいだと言い放った。話がますます物議を醸す内容に高まったころ、スミスがスマホをタップしていたことにマイケルは気づかなかった。

「たわ言はもうたくさんだ」と相次いで寄せられる批判的な記事についてマイケルは話した。「ウーバーだけがこんなふうにうしろ指を指されてきた」。その最たる例がセイラ・レイシーだとマイケルは言う。

セイラ・レイシーは誰からも愛されるようなタイプではなかった。彼女と彼女のビジネスパートナーのポール・カーは、ほかのジャーナリストにも頻繁にけんかを売っていたばかりか、彼らが取り上げている人物についてもたびたび激しく非難していた。マイケルはその事実を知っていたが、ある意味で知りすぎていたのかもしれない。

「二人から飲まされた煮え湯を、今度はこちらが飲ませたとしたらどうなるだろう」。マイケルは話を続けた。「かりに、何人かのジャーナリストと二人とは反対の意見を持つ人間を一〇〇万ドルで雇ったとしたらどうする。もっとも、そんなことに興味などないがね」。彼が口にしていたのは、いわゆる〝身体検査〟の調査員のことで、彼らは個人の情報を掘り起こしては金を受け取っている。「彼らだったら君たちの私生活についても調べられるし、君たちの家庭についてもだ。マスコミに対抗するため、実際に力を貸してくれる」とマイケルは語った。レイシーの結婚生活とビジネスパートナーであるカーとの関係を調べ上げれば、なんらかの醜聞が出てくるとマイケルはにらんでいた。

話はさらに続いた。「一〇〇人の女性に、ウーバーとタクシーのどちらが安心か聞いてみてほしい」と言って、レイシーが最近ネットにあげた記事について触れた。その記事のなかで、彼女はウーバーの利用をやめたと書いていた。誰ともわからないドライバーの車に乗るのが怖いからである。「彼女のように、ほかの女性たちもウーバーのアプリを消去するのか。そうやってタクシーに乗り換えれば、襲われることは絶対にないとでも言っているのか。この記事に対して、セイラ・レイシーは個人的な責任を負うべきだ」とマイケルは話し続けた。

スミスは自分の耳を疑っていた。シリコンバレーでもっとも突き上げられているテック企業の取締役が、自分の感情を無防備に吐き出している。この取締役は、自分が誰に向かってこんな話をしているのかわかっているのだろうか。

重要なのは、ディナーの話はオフレコだった点である。マイケルが虚勢を張れるのもそれでいくらかは説明がつくだろう。しかし、マイケル・ウォルフはオフレコの件を友人のスミスに詳しく伝えないまま、この日の夜のディナーの招待状をスミスに渡していた*。

スミスは最悪の状況を回避するチャンスをマイケルに与えたかった。ウーバーが本当に一線を越えてしまえば、話はもはやレイシーの問題ではなく、書き立てられるのはウーバーに関する記事になってしまうだろう。もしも、このテーブルにいる誰かが、レイシーのスキャンダル探しの裏にウーバーがいると公表したらどうなるかわかっているのか。

「そんなことは問題にはならない」とマイケルは答え、「裏にウーバーがいるとは誰にも気づかれないはずだ」

スミスはメモを取り続けながら、ディナーが終わるのを礼儀正しく待った。その間もロウソクの明かりが灯されたウェイブリー・インの奥まった部屋では会話が続けられた。

やがてディナーパーティーはお開きとなった。スミスは立ち上がり、主催者に礼を言ってレストランを出た。家に戻ったスミスはマックブックに向かって記事を書き始めた。

日曜日の朝、ベッドから起きたナイリ・ホールダージアンは、メディアの心をつかむ今回の魅力攻勢は大成功だったと信じていた。ただ、コミュニケーション部の統括責任者としては完璧とは言えなかった。昼間のグラマシーパーク・ホテルでの面談で、カラニックが台本を無視して、話をしすぎたと感じていた。いささか自虐的で、相手の同情を引こうとしている。だが、自分でもよくやったと彼女は思っていた。ニューヨークのゼネラルマネージャーのジョシュ・モーラーは、金曜日のディナーパーティーに自分も参加したいと言っていたが、決して近づけなかった。彼女は自分の主張は守り抜いた。それだけではない。予定していたとおりの週末を実現できた。状況は好転しつつある。この会社のボスは嫌な奴ではない事実を世間に認めさせられたはずだ。どんなに悪く見積もっても、何人かのレポーターは少なくとも彼を気に入ってくれたかもしれない。なすべきことをなした一行は、荷物をまとめてサンフランシスコに帰る準備を始めた。

それから三六時間が経過した月曜日の夜八時五七分、ベン・スミスはバズフィード・ニュースのサイトに書いた記事をアップした。

スミスは記事のなかで、終日行われたウーバーの魅力攻勢のあらましを詳しく書いていた。金曜午後のグラマシーパーク・ホテルでの面談、それからレポーターに取り入るため、ウェイブリー・インで催された有名人を集めた豪華なディナーパーティーなど。この記事ではさらに、自社を批判する高名な批判者が、実は〝恥知らずの尻軽女〟だと暴き立てるため、ウーバーが〝身辺調査〟の特別チームをスタートさせる計画を準備している件も書かれていた。

「『ウーバーの掘削機でレイシーの醜聞が掘り起こされる』とマイケルは語っていた[14]」とスミスは書いた。「レイシーの私生活に関する、異常でしかもきわめて具体的な事実が明らかにできると彼らは

＊マイケル・ウォルフはのちにトランプ政権の内幕をテーマにした、悪評ふんぷんのベストセラー『炎と怒り――トランプ政権の内幕』（早川書房）を書く。また、自身の記事のタイトルに〝トラビス・ザラニック《ママ》〟と書くというミスを犯し、ウーバーのCEOの評判に関する知識や、なぜディナーパーティーを主催したのか、知識や洞察力がない事実を「バズフィード」の編集長スミスにさらした。オフレコの件についても、ウォルフはその後スミスには伝えたと言っているが、取り返しのつかない手違いの原因はウォルフのほうにあった。

考えているようだ」

すさまじい反発がただちにわき起こった。「ニューヨーク・タイムズ」「ウォールストリート・ジャーナル」や多くの雑誌がわれ先にとスミスの記事に飛びついた。NBC、ABC、CBSの朝のニュース番組がさらに油を注ぎ、この記事は、マイケル、カラニック、ウーバー——この会社の取締役やリーダー——は、まさに世間が考えているとおりの強欲で卑劣な変質者である証拠にほかならないと言い放った。

この主張が致命的だったのは、それが事実だったからである。いくら金がかかろうとも、カラニックは常に勝利を求めてきた。実際、敵を攻撃するために相手の身辺を洗うような真似もやった。望んでいたのは、勝つだけではなく、その戦いで相手に屈辱感を与えることだった。

実を言えば、カラニックとマイケルの二人は、ディナーパーティーのはるか前にレイシーをはめる作戦を思いつき、ひそかに話し合って具体策を煮詰めていた。二人に近い友人によれば、カラニックもマイケルも扇情的で無知なメディアを憎悪し、激戦で勝ち得たウーバーの発展をなし崩しにするのがメディアの唯一の狙いだと考えていたという。だが、二人とも競合企業と戦うような方法で、メディアとは戦えない現実に気づいていなかった。新規の都市を強引に開拓していく彼らの攻撃的な手法では、レポーターを恥じ入らせ、記事を撤回させられない。カラニックの才能を持ってしても、この戦いが縄張り争いではなく、人気投票である事実に気づけなかった。こうした盲点はいまやウーバーの弱みになりつつあった。

スミスの記事がアップされた月曜日の夜、サンフランシスコのウーバー本部では、ホールダージアンの部下たちがパニックに陥っていた。顔をしかめながら、ホールダージアンは頭を振っているしかなかった。
ウーバーの魅力攻勢はみじめな結果に終わってしまった。

第14章 文化戦争

アップルは「シンク・ディファレント」(Think different)のCMで、「クレイジーな者やはみ出し者、反抗者、トラブルメーカーがいる」(1)と語っていた。当時のシリコンバレーが、この広告キャンペーンで描かれているハッカーやテクノロジー革命という反体制文化の台頭で特徴づけられるとすれば、二〇〇〇年代後半の大不況《グレートリセッション》以降の時代のシリコンバレーは、それまでとは異なる勢力、つまりMBAを取得した者たちの台頭によって形作られてきた。

二〇〇八年の世界金融危機の前、ビジネススクールでは、就職先としてゴールドマン・サックスのような投資銀行のジュニアバンカー、あるいはマッキンゼーのような六桁の年収が得られるコンサルティング会社を勧めていた。しかし、時代は変わった。金融危機以降、金融業界やコンサルタント業界はかつての輝きを失い、MBA取得者たちは西海岸に新たなチャンスの匂いを嗅ぎつけていた。

シリコンバレーは気候にも恵まれている。食事、洗濯、スポーツジムの会員権も会社が面倒を見てくれる。J・P・モルガンのように入社してから数年、年長の社員のために単調で苛酷な仕事を求められることもない。なによりよかったのは世間の99パーセントの人たちは(まだ)コンピューター技術者に憎悪の感情を向けておらず、会社の前に居すわり、「ウォール街を占拠せよ」(2)と叫ばれることもなかった。二〇一五年の時点でMBA取得者の16パーセントがテクノロジー部門に進み、就職先として第三位となり、多くの者がこの部門を目ざした。シリコンバレーでは二〇一五年当時、一五〇社を超える〝ユニコーン〟が誕生し、そのうちのほぼ四分の一はビジネススクールの卒業生によって創立された企業だった。[3] リフトの共同創業者であるジョン・ジマーもこの業界に入る前には、リーマン・ブラザーズでインターンとして働いていた。

ほかのどこのテック企業より、経営学修士という全能の称号はウーバーでは称賛されていた。MBAはビジネスに対する洞察力と、そしてたいていの場合、組織を率いる支配者《アルファマン》の気骨の持ち主であることを示していた。MBAの取得者はどいつもこいつもゲスというわけではない。ただ、ゲスな人間の多くはウーバーの社員でいることに居心地のよさを感じていたようだ。

この会社にとって、残酷非情で剝き出しの闘争は経営資源であり、障害ではなかった。ウーバーが掲げる一四のバリューのひとつによれば、「常に勝利するのは最善のアイデアだ。しがらみにとらわれて真実を犠牲にしてはならない。ためらわずにボスに立ち向かっていけ[4]」なのである。好戦的であることは長所だとカラニックは信じていた。もうひとつのバリュー「チャンピオンの気がまえ」を持つことは、彼にとって常に〝勝者〟に囲まれていることを意味していた。そして、カラニックは勝者としか仕事をしなかった。

だが、最強の男たちを数多く雇い入れたことで、「チャンピオンの気がまえ」はまったく別の何かに変容していた。ウーバーでは、「殺《や》るか、殺られるか」が会社公認の原則《モットー》になり、自分の背中に気をつけていないと、他人を出し抜こうとする同僚に刺されるかもしれなかった。他人を犠牲にしなければ成功しないと多くの社員が信じていた。権力への飽くなき意志こそ、カラニックの恩寵にあずかれる唯一の手段だった。

ジョシュ・モーラーこそそんなウーバーの社員の典型だった。ニューヨークのゼネラルマネージャーとして、モーラーは世界でも屈指の高収益率の市場に責任を負っていた。ニューヨーク大学では学部生として数学を専攻、その後、MBAを取得しており、数字とMBAというウーバーの理想を体現していた人物だった。背は高いほうではないが、がっしりとしていた。ボクサーのような風貌で、張り出した顎を持ち、いつでもパンチを繰り出す用意はできていた。笑うと子供のような顔になったが、額の生え際はすでに後退しかけていた。そのせいで実際の年齢よりも若くも見えたし、老けても見えた。三十代を迎えたばかりだったが、部下に対しては容赦なくプレッシャーをかけ、必要とあれば威《い》嚇《かく》も辞さず、言い訳は決して認めず、闘争をこよなく愛していた。この町のタクシードライバーの組合は世界最強のひとつなので、ニューヨークをしきっていくには必要な資質だった。

部下をたがいに競わせ、誰が自分の眼鏡にかない、優れた結果をもたらすかを見定めていた。それはカラニック自身が信奉する戦略にほかならない。部下に対するさりげない脅しとして、相手の欠点を指摘する場合も珍しくはなかった。事業計画についてボスと論じあう部下を前にして、彼らの生え際の後退を念入りに調べるように、モーラーは相手の欠点を探っていた。部下一人ひとりの欠点を全員が見ている前であげつらった。勝者には惜しみない賛辞を捧げたが、敗者にはいたたまれないほどの恥をかかせた。

モーラー本人は、自分は部下に自信を植えつけていると思い、高い期待を寄せるほどすばらしい経営戦略はないと信じていた。しかし、彼の下で働いていた二人の部下の話だと、モーラーは会社ではビフ・タネンの縮小版のようだったらしい。ビフ・タネン——そうあの映画、『バック・トゥ・ザ・フューチャー』に出てくる、主人公の敵役で乱暴者の高校生ビフ・タネンだ。

モーラーはフワフワした白い毛のミニチュアプードルを飼っていた。名前はウィンストン、よく吠えるうえに決して鳴きやまず、嚙みつかれた社員も少なくない。本部の取締役がニューヨークに来訪すると、モーラーはこの犬を渡して、彼らが抱いている写真をよく撮っていた(もっとも、犬好きの度合いは人それぞれで違っていた)。撮った写真を@WinnTheDogのアカウントでツイッターにあげていた。[5] ウーバーを辞めたあとの話だが、ある日、モーラーはウィンストンがシティバイク(Citi Bike)――青い車体のレンタル自転車で、リフトが運営している――の横で粗相をした写真を投稿したこともあった。

ロウアー・マンハッタンのチェルシー事務所で働く女性スタッフのなかには、モーラーのマネジメントに疎外感を感じていた者もいたようである。あるスタッフの目には、モーラーは〝体育会〟系の仲間、つまり大学の友愛会のような気質を分け合う、支配者タイプの男性たちといっしょにいるほうが居心地よさそうに映っていた。彼のオフィスの組織文化も多分にそうした雰囲気を反映していた。

しかし、モーラーは常に目標の数字を達成させ、何があろうとそれに変わりはなかった。そして、ウーバーではそれが重んじられていた。こうした成功によって、ウーバーでの彼の地位は何年にもわたって保証されてきた。

高い業績を維持するため、オフィス全体が激しいプレッシャーのもとであえいでいた。ニューヨーク市全域の社員が夜遅くまで働き、なかには週末を家族とともに過ごせない者もいた。真夜中に上司から電話がかかってくることも珍しくはなく、南アジアやオーストラリアのオフィスと打ち合わせるため、ニューヨーク時間の午前二時に会議に出てこいと命じられた。夜の食事は無料だったが、カラニックに倣って開始時間は午後八時一五分からと変更された。

人によってはとんでもない違反者と見なされる人物でも、カラニックのお気に入りであれば、自分の部下にどれほど不品行な態度で応じようが罪に問われなかった。社員が集まった切迫した会議の最中、この人物は別の社員に向かって「ホモ野郎《ファゴット》」と怒鳴った。こんな言葉を口に出し、しかもほかの社員が告発しても、この社員が罪に問われることはない。カラニックの庇護を得るとは、何をやろうとその結果に向き合わなくてもいいことを意味していた。

十分な業績が達成できなければ、降格すると脅すマネージャーたちもいた。リオデジャネイロのあるマネージャーは、いらつくと部下に向かって金切り声で叫んだり、マグカップを投げつけたりしていた。ノルマが未達ならバットで殴るとマネージャーにすごまれた社員もいる。このマネージャーは以前にも、仕事ぶりを理由にある社員を執拗にののしり、相手が人目もはばからずに泣き出すまで激しく叱り続けた。それだけではなく、その後、このマネージャーは自分の直属の部下の女性とデートをするようになり、以来、彼女に対するえこひいきが職場で始まり、ほかの社員は不快感を募らせていった。しかし、リオデジャネイロはウーバーの世界市場でもトップの売上をもたらすマーケットのひとつだ。このマネージャーに対する人事上の多数の苦情は聞き入れられなかった。業績をあげ続けている限り、リーダーシップなど問題ではなかった。

ウーバーのHR（ヒューマンリソース）はきちんと機能していなかった。法令遵守《コンプライアンス》と同じように、人事もあとづけだと考えられていた。オペレーション担当重役のライアン・グレイブスがHRの責任者だった。ウーバーの〝適材適所〟の部門長として仕事を担当していたリニー・アトウッドは、問題が発生するたびにグレイブスに報告する段取りになっていたが、日々の雑務に追われる面倒な人事業務にグレイブスは関心を示さなかった。アトウッドもどうしていいのかわからず、完全にお手上げ状態になっていた。社員の不満に対応するどころか、不満に向き合い、問題を解決することさえできなかった。

採用活動の期間中でさえ、内定者に対するウーバーの扱いはぞんざいだった。採用予定者に払う給料について、ウーバーでは相手がのめる最低の給与が算出できるアルゴリズムが開発されており、それに基づいて金額が提示されていた[6]。感情を排した容赦のない方法だが、社員持株に換算して何百万ドルもの金を効率的に節約できた。

カラニックはほかにも経費を節約できる方法を考え出していた。ウーバーが受け入れられ、本部からの補填額がわずかですむほど開拓が進んだ市場については、幹部たちも利益を拡大できる方法を模索していた。多くの市場でウーバーの取り分は固定されており、一回のサービスについて料金のおよそ20～25パーセントがウーバーの利益となり、残った分がドライバーの報酬だった。

二〇一四年まではそうだったが、この年ある重役が「セーフライド・フィー」というすばらしいアイデアを思いつき、それを料金に追加した。一回の乗車について、新たに一ドルが請求されるようになった。ウーバーは当時、これは乗客にとって必要だとして請求していた。「セーフライド・フィーは、ウーバーの乗客とドライバーがもっとも安全に利用できるプラットフォームを保証する取り組みを支えるために使われる。これらの試みのなかには、ドライバーの身元チェック作業、車両の定期点検、ドライバーの安全教育、アプリの安全機能の向上、保険などが含まれている[7]」と会社のブログには書かれていた。乗客が気づいても、クレームはほとんどなかった。なんらかの安全向上のために使われているのだろうと大半の乗客は考えていた。

だが、実際はそうした立派な理由とはほど遠いものだった。この仕事を担当していた社員の話では、

「セーフライド・フィー」は、ウーバーが負担する保険料が指数関数的に急増していたころに考案され、それぞれの乗車について一ドルが利益としてまぎれもなく加算されていたという。つまり、アメリカ国内で一回の乗車が発生するごとに、ウーバーには現金一ドルが余分に転がり込んでいたのだ。もちろん、ドライバーはこの臨時収入の分け前にありつけない。こんなことを数年間繰り返していくうちに、その総額は数億ドルに膨らみ、新たな収益源としてはかなりの規模になっていた。集まった金は安全性の向上のために割り当てられることはなかった。「ドライバーの安全教育」とはオンラインによる、短いビデオ講習にすぎなかった。アプリの安全機能向上は優先課題ではなく、何年も先延ばしにされてきた。「私たちは、より安全な乗車を提供すると唱えながら、利幅を引き上げていた」と証言する別の元社員もいる。「卑劣なやり方だった」

　会社の姿勢そのものが、とてもではないがプロが運営する組織と言えるものではなかった。会社のブログには大人げない、非常識な記事が掲載されることもたびたびだった。時には大学を出たばかりの者が書いていた記事もあった。ある社員は「勝利の日に乗る車」というコピーをわざわざひねり出し、一夜だけの後腐れのない情事《ワン・ナイト・スタンド》を過ごした朝はウーバーに乗って家に帰ると訴え、「その昔、こんな場合には深夜に慌てて起き出し、暗い部屋のなかで毛皮のコートやジャケット、あるいはクールな服を手探りで探したものだ」と書いた。この文章を書いたブラッドリー・ボイテックは、ウーバーで働くデータサイエンティストの一人だった。「服を着たら、夜明け前の長い道をトボトボ歩いて家に帰っていた」。ボイテックの本業は認知神経科学だが、ウーバーに入社したのは、彼がこよなく愛する人間行動に関する洞察が、膨大なデータを通じて得られるからだ。リアルタイムで行われている市内の移動を観察することは、彼専用のアリの巣を手に入れたようなものだった。

「しかし、それも昔の話である」とボイテックの文章は続く。そして、多くの町で大勢の人たちがウーバーを使い、二日酔いの頭を抱えながら見知らぬ人の家から自宅に帰っていくと書いていた。「世界は変わった。『他人の家から前夜と同じ服で帰路につく《ウォーク・オブ・シェイム》』ことは遠い昔になってしまった」と冗談を交え、「われわれはいま、ウーバーの世界で生きているのだ[8]」と説いた。

世間知らずの社員と部下に容赦ないマネージャーばかりか、ウーバーではこの会社でもっとも価値ある獲物をめぐり、部門間で生々しい戦争が行われていた。その獲物こそインセンティブである。

インセンティブはドライバーや乗客を獲得するために自由に使える資金のことだ。ウーバーはこの資金のために赤字を出していたが、それは問題ではない。ひとつには、弾みをつけて十分な需要を一気に高めることで、ユーザーにはウーバーの乗車習慣ができ、無料乗車のクーポンの提供をやめても利用は続く。そればかりではない。もっとたくさんの金を、自分ならいつも変わらず、きっと見つけられることがカラニックにはわかっていた。

二〇一五年、ウーバーはドライバーと乗客へのインセンティブを高めるため、年間二〇億ドルを超える資金を世界規模で投じた。もっとも潤沢な資金に恵まれたスタートアップでさえ、足元がふらつきかねないほどの資金の回転率だった。しかしこの一件を通じ、金が自由に使える者は誰でも権力が握れる事実が社内で明らかになり、社内の各部門が一ドルでも多い予算の配分をめぐって競い合うようになる。最速の成長を遂げる道はインセンティブによって開ける。成長すればボーナスや昇進、幹部からの称賛という報酬が得られる。当時、エド・ベイカーが率いる部門が成長を続けていた。ベイカーはフェイスブックの元重役で、在職時には新たに何百万人というユーザーをフェイスブックにもたらしたことで知られていた。製造部門、業務部門、財務部門などのほかの部門の重役たちも、こぞってこの格闘に加わった。

カラニックはこうした格闘が好きでならなかった。彼の経営手法とは、主導権をめぐり、最後に一人の勝者が残るまで、各部門をたがいに戦わせることだった。彼にすれば、もっとも才能ある者を選び出すのにこれほど公平な方法はなかった。

しかし、彼の見えないところで進行していたあらゆる駆け引きについては、カラニックも知っておらず、あるいはわざと見ないようにしていたのかもしれない。ただ、ＴＫ――社員はカラニックをそう呼んでいた――を味方につけておきたいなら、決してＴＫに意見してはならないことは誰もが知っていた。

カラニックに意見する勇気がもしあるなら、非情で動かしようがない厳然たるデータで自説を武装しておいたほうがいい。ただそれでも、カラニックはどんな話にも決して耳を貸さないはずだ。「ウーバーのアプリにチップ機能を組み込ませてほしい」とゼネラルマネージャーたちは何年間もカラニックに懇願してきた。そうすれば、降車の際に乗客はドライバーに数ドルを心づけとして渡せる。ワンタッチの操作で、会社はドライバーとのあいだに大きな信頼関係が築ける。しかもリフトはすでにこのシステムを導入している。だが、カラニックはチップには断固として反対していた。ウーバーが実にうまく機能しているのは、乗客の支払いがなめらかに終了するからだ。料金についてまったく考えることがないまま、乗客は車から降りられる。そんな機能を加えれば、もう一度乗客にアプリを開かせることになる。必要ないとカラニックは考えていた。しかし、チップがあればドライバーの生活がどれだけ楽になるのか、彼にはそれが理解できず、あるいは気にかけようともしなかった。

時にはカラニックに意見する者もいた。アーロン・シルドクラウトとは一度真正面からぶつかったことがある。ひょろりとした長身のシルドクラウトは製品担当責任者で、のちにウーバーのドライバー向け製品開発部門のトップに就任する。頭脳明晰で、独特なセンスを持った生来理屈っぽいタイプの人間だった。常に黒い服を着ており、眼鏡は太い黒縁のフレーム、髪の毛は焦げ茶色でモップのようにくしゃくしゃで、とかしたことなどめったになかった。彼と議論していると、話は哲学の領域に及ぶことが多かった。ハーバード大学とシカゴ大学で社会理論を学び、人が何を行ったのかを単に考えるより、なぜそれを行ったのかを考えることのほうを好んでいた。ウーバーに入社する以前、出会い系のスタートアップを設立してCEOとして働いていた。会社のリーダーとして数年を過ごした経験を通じて、彼は貴重な教訓を学んでいた。なかでも重要な教訓のひとつが、CEOはいつ挑戦すべきなのか、その時期を見誤ってはならないということだった。

ある会議でカラニックは製品決定に関する判断をくだした。終日行われた何十もの製品決定のひとつだった。しかし、シルドクラウトはこの決定を認めない。カラニックの計画の過ちがもたらす数々の問題をたちどころに並べ立て、自分だったらどうするのか滔々《とうとう》と話し始めた。侃々諤々《かんかんがくがく》の議論が続き、ついにはテーブルをはさんで部屋中に大声が響きわたるまでエスカレートした。同席していたほかの社員は全員気まずそうに押し黙っている。この日、シルドクラウトはグレイのプルオーバーを着て会議室にやってきていた。二人の論争が終わったときには、彼のプルオーバーの襟元は汗でぐっしょり濡れていた。しかし、論争には勝ちを収め、カラニックはそのことでシルドクラウトに一目置くようになった。

若くて有望なエンジニアにとって、カラニックの好意が得られるのはそれだけの価値があった。彼ほど人のやる気を引き出す者はおらず、戦時下の将軍と自己啓発へと人を導く尊師《グル》を足して二で割ったような存在だった。カラニックはウーバーの戦いを、「われわれ」対「彼ら」の戦いだと常に位置づけていた。この信条について、部下がもし筋金入りの信者だとカラニックが認め、この信条のために「超気合いを入れた《スーパーパンプド》」まま粘れる者なら、カラニックはそんな人物を見逃しはしない。おそらくCEOは、ある種の関心をもって報いてくれるだろう。あるいは本部のロビーで手っ取り早く〝ジャムセッション〟が始まり、いっしょに社屋の周囲を一周してアイデアを速射砲のように連発するかもしれない。あるいは全員参加の会議で一人の社員を絶賛するかもしれない。それがなんであれ、社員は彼の恩寵を得られたことを寿ぎ、その地位に留まるために戦ってきた。

カラニックの側近に加わった者にとって最高の名誉のひとつが、ウーバーの本部ビルで夜一〇時に始まる秘密の戦略会議への参加が認められることだった。この夜更けのセッションでカラニックと彼が厳選した側近たちは、ライバル企業と戦うためにベンチャーキャピタルから集めた山のような大金の新たな使い道を考えた。カラニックはプロジェクトにコードネームをつけるのが好きで、深夜に行われる戦略会議は「北米チャンピオンシリーズ」（NACS）と命名していた。シリーズの対戦相手はリフトである。

もっとも幸運な社員は「ブラックゴールド」、つまりウーバーのアジア戦略を決める会議に参加できた者たちだった。このコードネームには特別な意味がある。「ブラックゴールド」つまり「黒金」とは腐敗政治であり、「黒」とは暴力団――台湾の悪名高い犯罪組織「三合会《トライアド》」――による犯罪行為のことである。

ウーバーにとって「ブラックゴールド」は、「卑劣な手段も辞さない」覚悟を意味していた。彼らが戦わなくてはならないのは、とてつもない資金力を持つ中国の競合企業だったのである。

第15章 帝国建設

西海岸のテック企業の幹部たちにとって、中国本土でアメリカのソフトウエアビジネスを立ち上げて成功させることは、数十年来の夢にほかならなかった。だが、その夢を実現させた企業はほとんどなかった。

スタートアップにとって、中国はほぼ完璧に等しい市場だとカラニックは考えていた。約一四億の人間が暮らすこの国は、汲めども尽きない無尽蔵のユーザーをウーバーに提供してくれるだろう。しかも、人口のおよそ三分の一がミレニアル世代だ。[1] 彼らは若々しく都会的で、増大する可処分所得に恵まれた将来性のある世代であるばかりか、テクノロジーと科学の熱烈な信徒であり、たいていの者がオンラインに常時接続している。

アメリカと同じように、中国のこの世代もインターネットにはどこからでもアクセスできる環境で成長してきた。一四歳から四七歳までのネットユーザーの97パーセント近くが、機種はともかく、なんらかのスマートフォンを所有している。[2] 西側諸国では大半の者がパソコンからスマートフォンへ乗り換えたが、中国のミレニアル世代はパソコンを飛び越し、最初からスマートフォンを使い始めた。カラニックのように、彼らもテクノロジーを信奉し、西側よりもはるかに早い勢いでテクノロジーを取り込んできた。カラニックにすれば、同じようにウーバーも利用してもらわなくてはならない。

しかし、それは口で言うほど容易な事業ではない。ラリー・ペイジとセルゲイ・ブリン、マーク・ザッカーバーグ、ジェフ・ベゾス、ツイッターのディック・コストロ、スナップチャットのエヴァン・シュピーゲルなど、シリコンバレーでもっとも影響力を持つリーダーのほぼ全員が過去二〇年にわたり、垂涎《すいぜん》の的の市場で操業することを中国に呼びかけてきた。だが、そのほとんどが失敗に終わった。シリコンバレーの企業という企業が、それぞれ独自の中国問題を抱え、そうした状況は現在でも変わっていない。

カラニックの中国進出には、この国のマーケットに割って入る方法を自分は知っているという自信が反映していた。中国人はいまだにタクシーに頼っている。タクシーはカラニックがもっとも憎む敵だ。それだけに、中国の人たちがタクシーよりも快適なウーバーのサービスにひとたび気づけば、彼らは大挙してウーバーに乗り換えるはずだと確信していた。それだけではない。秘密兵器がもうひとつあった。ドライバーや乗客への無料サービスを補填するために自由に使える何十億ドルという資金だ。この国の消費者需要に火をつけるにはありあまるほどの金額だとカラニックは考えていた。だが、中国市場はウーバーがそれまで経験したなかでももっとも厳しい戦いになる。カラニック自身、ひそかにだが、敵の縄張りで中国を相手に勝てるのかという疑いを抱くようになる。それでもなお彼は、これから始まる戦いに舌なめずりしていた。

中国政府に憎まれるのではないかという不安もあった。共産党政府は、自国企業の育成を図り、中国の大地で成功させることに誇りを抱いている。習近平の指導体制のもと、政府は国が後押しするベンチャーファンドに何億ドルもの資金を投じ、今度はベンチャーファンドがスタートアップの波に金を注いでいく。その結果、中国史上最速のペースで経済部門の成長を果たしてきた。深圳《しんせん》に代表されるいわゆる経済特区が創設され、この国ならではのイノベーションが育まれ、スタートアップの育成を図るインキュベーション事業が進められている。世界のテクノロジー産業は、西側企業がいまだに優位性を保ってはいるが、時価総額で見た場合、上位二〇社のうち九社は中国のテック企業が占めているのだ(3)。

インターネットが政府に管理されている事実は、この国の市場の支配者を決定する力は党が握っていることを意味し、党は国益にかなうのかどうかという考えに基づき、恣意的に規制を選んでいる。そうした政府が海外からの侵略者を快く迎え入れるなど無理な話で、ましてその侵略者がカラニックのような不作法で、積極的に攻めまくる人間であればなおさらだろう。習近平もカラニックについて書かれた記事は読んでおり、その評判についてもたしかに知っていた。それにもかかわらず、勝利に対するカラニックの自信は揺るがなかった。

ビッグブラザーのような中国政府ではなく、カラニックが唯一案じていたのがもうひとつ別の“同業者《ブラザー》”で、ウーバーと同じようにスタートアップだった。滴滴出行《ディディチューシン》(DiDi)である。社名のおおまかな意味は「兄弟旅行」、口語的には「プップーとクラクションを鳴らしていくタクシー」で、中国語で車のクラクションの音を表すと「DiDi」になる。

愛嬌のある社名だが、企業そのものと統率力の厳しさは名前とはほど遠いものだった。滴滴出行は、配車サービスでは中国きってのスタートアップで、一〇億を優に超える人口を抱える中国で、この国の国民がどのように渋滞した道を移動しているのか、その問題について何年にも及ぶ分析に基づいて創業された。CEOの程維《チェンウェイ》は二十代後半でこの会社を立ち上げたが、それまで数社の営業経験しかなかった。配車サービスというビジネスに命運を懸け、二〇一二年に設立された滴滴出行は一気に拡大していき、わずか三年で数十億ドル規模の巨大企業に成長した。その成長を支援していたのが、テンセント(Tencent)やアリババ(Alibaba)という中国でもっとも巨大で、もっともよく知られている二大テック企業による手厚いベンチャー投資だった。

滴滴出行には、ウーバーが中国で成功するために必要なものがすべて備わっていた。規模と認知度、そしてなんといっても政府の支援だ。さらに信じられないほど潤沢な資金に恵まれていた。わずか数年程度の操業で、中国の投資家から何十億ドルもの資金を引き出していた。幹部にも気骨があった。滴滴出行と名前を変える前、嘀嘀打車《ディディダーアチャー》の社名を掲げていたころ、最大のライバル企業である快的打車《クワイディダーアチャー》と消耗戦を演じた。結局、両社は最終的に休戦、合併して滴滴出行にリブランドするが、その戦争中、嘀嘀打車はユーザーに向けて何百万元に相当する無料乗車サービスを惜しげもなく提供していた。両社が合併したころには、アプリベースの配車サービスがこの国の日常生活にすでに溶け込んでいた。

しかし、カラニックは動じなかった。カラニックもまたアメリカのあらゆる主要都市で、腐敗した政治家と労働組合に打ち勝ってきたのだ。リフトと戦い、その経営者の裏をかいてきた。世界中の都市に進出し、競合企業よりも多くの金を使い、行政さえ出し抜いて、優れた製品でさらに多くの顧客をつかみ取ってきた。これまで、がむしゃらにやることで結果を出してきたのだ。今度もうまくいくはずだ。

「無理だと誰もが思うことをやっているのだと思うと、わくわくしてくる」[4]とのちにカラニックは語っている。

不可能な事業をなし遂げることにカラニックは興奮していた。だが、トゥアン・ファムはその事業にともなう日々の現実に対処しなくてはならなかった。ウーバーは二〇一四年に中国市場に参入した。二〇一五年の時点でファムは、難題だらけの海をすでに泳ぎ続けていた。

中国に進出したウーバーは、誰もが予想していたペースをうわまわる勢いで拡大していった。ファムは成都、北京、武漢など数十カ所の都市にチームを送り込んでオフィスを設置すると、積極果敢な滴滴出行と大いなる戦いを繰り広げた。その戦いぶりにカラニックはすっかり満足していた。そして、ボスの幸せはファムの幸せでもあった。

ウーバーの最高技術責任者（CTO）として、ファムは会社のすべてのエンジニア部隊――何百人という数の優秀な若いハッカーたちが無秩序に集まった組織――に対する責任を負っていた。ファムはチームの尊敬を集めていた。黒い髪と褐色の肌をした節度ある幹部社員で、筒金色《ガンメタル》の四角い眼鏡をかけていたが、彼が笑うと眼鏡とのコントラストが際立った。大半の部下たちにとって、ファムはほかの幹部とは違うタイプのCTOだった。部下には親身に接し、会社が要求するやっかいな問題に対するときも、人間らしさを忘れなかった。そうしたファムに対して部下は忠誠で報いた。何よりまず、彼の仕事に対する倫理感に部下は敬意を払っていた。部下からメールがあれば、時間を選ばず、いつでも誠実に対応しようとする彼の姿勢を敬った。バカンスに出向くときさえ、メールがあれば空港でラップトップを開いて返事を書き続け、搭乗機が滑走路に入り、アテンダントから電子機器の使用はお控えくださいと注意されるまでメールに応じた。

しかし、今日ばかりは違った。ファムは幸せではなかった。中国の乗客数は天井知らずの上昇を続けていたが、同じようにインセンティブのために使う経費もとてつもない高騰を続けていた。

中国市場でそれなりのシェアを獲得するには、半端ではない規模の無料乗車を提供することになるのは、社内の人間であれば誰もが知っていた。過大な資金燃焼率《バーンレイト》に対する投資家の懸念を封じるため、カラニックは、中国で強固な足場を築くためにばくだいな費用を投じることになると、投資家に手紙を送って警告していた。

ＣＴＯであるファムは、投資家には知らされていない実態を知っていた。インセンティブの費用を補塡するため、ウーバーは一週間ごとに四〇〇〇万ドルから五〇〇〇万ドルの支出を強いられていたのだ。巨額の資金を投じて、中国のドライバーや乗客に対し、滴滴出行ではなくウーバーを利用させようとしていたのだ。

メディアが嗅ぎまわるようになると、カラニックはエミール・マイケルにメールを送って、レポーターの追及をかわし、中国の操業は大方の者が考えている以上に「はるかに順調」と答えるように指示した。(5) 本当の数字にメディアが気づきでもしたら、彼らはまちがいなく肝をつぶすはずだ。マイケルもインタビューでは決して触れたくない話題だった。

投資家に送った別の手紙――この手紙はその後、リークされた――でカラニックは、わずか九カ月で成都市と杭州市の乗車数は、ニューヨーク進出時に比べ、同時期の乗車数で四〇〇倍以上に達したと書いていた。ニューヨークはウーバーにとって最大市場のひとつだ。「これほどの成長は驚異的で、いままでに例はない」(6) と手紙は続き、「忌憚なく言うなら、ウーバーにとって中国とは、いまだ手つかずの途轍《とてつ》もないチャンスであり、潜在的な市場規模はアメリカをうわまわる」と書かれていた。

だが、カラニックが触れていない事実があった。それは多くの都市における乗車数の半分以上は実態のないペテン行為で、投入された投資家の金は一ドル残らずむだに使い果たされていた。

この問題に対処する責任を負わされたのがファムだったが、この手のやっかいな状況にファムは慣れていなかった。ファムは一九六七年にベトナムで生まれた。わずか一二歳のときに戦火に投げ込まれ、母親はファムと彼の弟の手を引いて木造のボロボロの漁船に乗り込むと、南シナ海の荒波に向かっていった。[7] 一九七九年に勃発した中越戦争の暴力から逃れるためだった。激しい嵐に耐え、タイの海賊にすべてを奪われたが、運よくインドネシアの難民キャンプにたどりついた。一家はそれから間もなく、東南アジアのほかの移民とともに別の島に移送される。トイレさえない劣悪な環境の島だったが、最後にはアメリカに渡ることができ、家族はメリーランド州で暮らし始める。ゴキブリだらけの小さなアパートをほかの一家と共同で借り、母親は家族を支えるため、いくつもの仕事をかけもちして働いた。

学業に励むかたわら、ＩＢＭ ＰＣにもファムは熱中した。コンピューターへの関心は十代からだ。その後、ヒューレット・パッカード(Hewlett-Packard)に入社し、コンピューター関連の仕事についたことでスタートアップに移籍する道が開かれ、ついにウーバーのＣＴＯという高給と高水準の仕事を手がける大きなチャンスを手に入れた。カラニックと同じように、ファムも働きに働き続け、会社の急成長とともに高まっていくプレッシャーや、ますます長時間になる激しい仕事にも決してたじろがなかった。

だが、中国進出はウーバーにとって前例のない難題だった。ファムに課されていた仕事は、悪夢とも言うべきウーバーの対中戦略に関して、現実的な金銭感覚を授けることだった。

ファムは緊急対策チームを立ち上げた。ベイエリアの競合他社からセキュリティーと不正検出について優れたスキルを持つスタッフを引き抜き、ウーバーのサンフランシスコ本部に総勢四〇人からなる詐欺捜査チームを結成した。中国の現地マネージャーたちに対しては新規加入者について、以前にもまして厳密に再調査するよう命じた。さらに身元確認機能やドライバーと乗客をスクリーニングするなどの機能を取り込んでいった。

詐欺につけ込まれる市場は中国だけではない。ペテン師は世界中のあらゆる市場にはびこっている。ウーバーの内部関係者の話では、ニューヨークの二〇一四年の粗利のうち、20パーセントに相当する金額が詐欺の被害に遭っていた。ロンドンでも同額の利益がかすめ取られていた。東のワシントンDCから西のロサンゼルスまで、もっとも重要な市場でウーバーは何百万ドルにも相当する血を流し続けていた。

中国市場だけでなく、ファムの詐欺調査チームはまもなくその真価を発揮する。ブルックリンでは、クレジットカードを使った詐欺師たちが、盗んだカード番号でウーバーの車を手配し、違法薬物や売春婦を運んでいた。手口そのものは単純で、ダークウェブで盗まれたクレジットカードの番号を買い入れ、ウーバーのアプリにはその番号で登録しておき、ウーバーの請求はその口座に発生するようにしていた。一週間当たり、何百回という頻度で車を手配し、ニューヨーク中にドラッグとコールガールを配達していたが、いずれもウーバーが販売促進のために用意したインセンティブから支払われるか、カードの所有者からだまし取られたという報告があれば、カード会社はチャージバックの規定に基づいてウーバーへの支払いを拒否していた。

こうした犯罪行為を何カ月にもわたって監視したあと、ウーバーはニューヨーク市警に協力して、手の込んだおとり捜査を進めて詐欺師たちを逮捕する。ウーバーに配車の依頼があるたび、警察はカード会社に番号を照会、不正のカードだったらドライバーに連絡を入れて停車を伝えた。警察は数々の容疑——クレジットカード詐欺、不法薬物の所持、売春容疑——で詐欺師たちを逮捕した。ウーバーは表立って公表はしなかったものの、ファムのチームはニューヨーク市警に力を貸して犯罪者を一網打尽にした。

その後、チームはこれまでの犯罪行動を分析する機械学習モデルを構築し、詐欺行為が発生した場合、パターンをただちに特定できるようにウーバーのシステムを強化した。チームの体制が整ってからは、ニューヨークのような市場の不正乗車は改善され、一桁台にまで抑え込まれた。ファムは自分のチームを誇り、カラニックもこのチームには一目置くようになっていた。

しかし、中国市場の詐欺行為と戦うには、これまでより一段高いレベルの警戒が必要だった。中国の詐欺師とウーバーのエンジニアが交えているのは、凄みさえ感じさせる激闘であり、詐欺師たちの手口は日に日に巧妙になっていく。ファムのチームは彼らをねじ伏せるまで戦わなくてはならなかった。中国に比べれば、アメリカの不正乗車などたかが知れていた。面白半分の犯行や、知られてはまずいものを運ぶ手段として悪用され、使うものといえば不正なカード番号ぐらいだ。しかし、中国は違う。ドライバーと乗客が結託して、ウーバーの販促資金をかすめ取って山分けしていたのだ。

中国では、詐欺師の大半はネットの掲示板にメッセージを残して共犯者を探していた。あっけないくらい簡単で、匿名のまま手っ取り早く金を稼ぎたがっている人間を引き合わせることができた。共犯者は独自の符丁を使っていた。[8] 虚偽の運転をでっち上げたいドライバーは〝注射《インジェクション》〟を乗車客役に依頼する。〝注射〟とはウーバーのアプリに表示される乗車客の位置を示す、小さくて赤い旗印を意味している。一方、〝看護師《ナース》〟役の相手はニセのアカウントを新たにウーバーで作り、〝打つ《ショット》〟という似たような符丁を掲示板に書き込んだら、ドライバーとともにでっち上げの乗車に出かける。それから両者は、この乗車に対してウーバーから払われるインセンティブを山分けするのだ。何十もの都市でこんな不正が何度も繰り返されれば、わずかな金額もたちまち膨れ上がり、ウーバーにとっては何百万ドルもの経費をドブに捨てているようなものだった。

滴滴出行に後れを取れないカラニックには、インセンティブを打ち切ることはできなかった。滴滴出行も金に糸目をつけない覚悟で乗客を集めていたのだ。中国進出に際して、カラニックはユーザー登録の手続きは可能な限りシンプルな設定にしておき、氏名とメールアドレス、電話番号、クレジットカードの番号さえ記入すれば登録できるようにしておいた。その手軽さがニセアカウントの模造を容易にしていた。詐欺師たちは偽名とニセのメールアドレスでやすやすとエントリーしたら、使い捨ての電話番号が作れるバーナー(Burner)やテキストナウ(TextNow)のようなアプリを使い、盗まれたカード番号に一致する電話番号を何千と偽造していた。しかし、中国のユーザーに対して、詳細な個人情報の記入を求めるフォームを加えてしまえば、アプリの登録はそれだけ煩わしくなる。また、ウーバーのデータサイエンティストも、登録時の手間を増やしてしまうと成長の鈍化要因になると分析していた。カラニックには成長に影響を与えてしまう対策を講じるつもりはなかった。

カラニックの解決策とは、ファムの詐欺調査チームを拡充して任せることだった。しかし、相手は日を追ってますます狡猾《こうかつ》になっていく。ついには、掲示板で〝乗客〟をいちいち探すのは非効率的で、時間のむだとばかりに、ドライバーが〝乗客〟を兼務する方法を編み出していった。ドライバーのなかには格安のスマートフォンを大量に買い込み、それぞれのスマートフォンに運転手と乗客の複数のアカウントを設定した者もいた。詐欺師は自分の手元にある〝乗客〟用のスマートフォンから配車を手配し、そして〝運転手〟用のスマートフォンで注文に応じるのだ。それから、成都の町の通りを車で走っていく。前後のシートにはたくさんのスマートフォンが置かれていた。乗せてもいない客を乗せて〝移動〟することで、それぞれの運賃を彼らはかき集めた。

だが、ファムたちも最後にはこの巧妙なトリックを見破る。サンフランシスコにあるウーバー本部の中央管理室の背後には、ずらりとモニターが並んでいる。中国の都市図を記した複雑な道路図に、小さなブリップが明滅している。それぞれのブリップが示しているものこそ不正を行っている詐欺師の車両で、その車両には一二人の架空の〝乗客〟を乗せているマークを引きずりながら移動していく様子が地図にくっきりと浮かび上がっていた。じっと見詰めるファムたちの目に、その様子は何十匹ものデジタルのムカデがモニター上にうごめいているように映った。ウーバーのインセンティブを食いつぶしながら、どのムカデも丸々と太っていくように彼らには思えた。

ＳＩＭカードを差し込むスロットを何百と備えた、巨大な回路基板を急ごしらえした者さえいた。ＳＩＭカードがあればスマートフォンの回線に自由につなげられる。それぞれのＳＩＭカードは、新規に設定したアカウントの本人確認のデータに自動的に対応しているので、これを使えばニセの乗車をでっち上げ、ウーバーからのボーナスをかき集めることができた。これらのＳＩＭカードが使えなくなったら、詐欺師たちは新しい番号の新規のカードと一式交換して、ふたたび同じ手順を繰り返していた。何百人、いや何千人という数の〝ドライバー〟が週七日、一日に何十回とこんな真似を繰り返していたので、ウーバーの損失はのっぴきならない金額に達していた。

ファムの詐欺調査チームは優秀だった。だが、彼らができることにも限りはある。ニューヨークやサンフランシスコのような大都市でさえウーバーは成功してきた。だったら、中国でもうまく行くはずだとカラニックは考え、中国という底の抜けたバケツにますます資金を注ぎ込んでいった。ファムと部下のエンジニアたちにできることは、とにかくその出血をとめようとすることぐらいだった。

こうした不正だけが中国市場の問題ではない。この国でビジネスを始めることは相手の土俵にあがって戦うことであり、ウーバーも滴滴出行も進んで卑劣な手段を使った。ルールなどおかまいなしで、両社ともに中国市場の覇権を競った。

滴滴出行の各市のマネージャーは、地元のタクシー会社に金を払い、ウーバーが提供するP2Pのサービスに抗議させていた。金をもらったタクシー会社はウーバーのドライバーにメッセージを送り、ウーバーは中国から撤退するので滴滴出行に乗り換えたほうがいいと勧めていた。滴滴出行がよく使っていた対策のひとつに、エンジニアとしてウーバーに人を潜り込ませるという戦術があった。採用されるやスパイとして働き、ウーバーに所有権がある情報を滴滴出行に伝え、ウーバーのシステムに対して破壊活動を行い、内部から切り崩そうとした。

なんとかしてウーバー内部に潜り込もうとする一方で、滴滴出行はこの国でもっとも強大な企業一社の後押しを受けていた。アメリカでウーバーがグーグルの支援を受けていたように、滴滴出行はテンセントから出資を受けていた。テンセントは中国最強の三大ビッグ・テックの一社で、滴滴出行にとっては最大の出資企業だった。

ウーバーのアカウントは、テンセントによってウィーチャット(WeChat)から折に触れて締め出されていた。ウィーチャットは中国でもっとも利用されているSNSで、いわば中国のフェイスブックのような存在である。そこから締め出されることはウーバーに深刻な打撃を与えていた。そしてそれは、テンセントがこの国でもっとも重要なネット環境からウーバーを締め出そうとしていることを意味していた。最悪だったのは、ウィーチャットの決済サービスからもウーバーはブロックされてしまったことだった。中国では大勢の人間がこのソフトを使い、商品やサービスを購入し、現金やクレジットカードを使うことはなかった。

当初、ウーバーは、中国でモバイル・ウォレットが広範に使われている実情について熟知していなかった。クレジットカードでの支払いのみを受け付けていたが、それはこの国では通用しない決済方法だった。ウーバーがウィーチャットやアリババのアリペイ(Alipay)のモバイル決済を利用できるまでには時間がかかった。時間がかかりすぎたと指摘する者もいる。ウーバーも最後には中国のさまざまなモバイル決済サービスへの提携を求めていくが、最大のサービスを提供するテンセントからは断続的にブロックされていた。

こうした問題のなかには、ウーバーがみずから招いたものもいくつかあった。たとえばウーバーでは、乗客のピックアップから降車まで、グーグルマップを使うようにドライバーに指導していた。しかし、これがとんでもない選択だったことが明らかになる。グーグルの地図は先進国の大半では圧倒的な正確さを誇っていたが、中国はグーグルにとって盲点の国のひとつだった。グーグルの地図を使ったウーバーのナビゲーションソフトのせいで、ドライバーは混乱してまったく別の方向に向かって走ることが頻繁に起こり、乗客は乗客でドライバーが遠回りのコースを選んだことにいらついて不満を募らせていた。

問題は中国だけではなかった。アジア大陸全域の国でカラニックは、進出先のタクシー会社、当局、さらに豊富な資金に恵まれた競合企業を相手に戦っていた。こうした企業にはインドのオラキャブズ(Ola Cabs)や東南アジアで同様のサービスを展開するシンガポールのグラブ(Grab)があった。両社ともに冷酷無比な配車アプリのスタートアップで、勝つためなら、滴滴出行に劣らない卑劣な手段を講じるのも辞さなかった。

インド第四の都市バンガロール〔現ベンガルール〕の最前線にコミュニティーマネージャーとしてカラニックが送り込んだのが、アクシャイという二四歳の社員だった。アクシャイは向こう気が強く、通りを行き交うタクシーの運転手を追いかけてはウーバーのドライバーになるように口説いてサインさせていた。彼にはカラニックがウーバーのゼネラルマネージャーに求めていたガッツがあったばかりか、世界でも屈指の市場のひとつで、需要を掘り起こすことを得意にしていた。

しかし、地元のタクシー会社とオラキャブズの反撃に対する準備は十分ではなかった。ムンバイ〔旧ボンベイ〕に進出したときには、地元のタクシー会社がウーバーの事務所に押しかけ、社員たちを恫喝《どうかつ》した。バンガロールでも暴力沙汰は珍しくなかった。アクシャイも仕事を終えて車で帰宅するときには、ウーバーのドライバーに直接自宅に向かわせなかった。競合するタクシー会社が自分をつけまわしていることに気づいていたのだ。二〇一七年早々、ハイデラバードでは、自動車ローンの返済がとどこおり、それを苦に自殺したウーバーのドライバーがいた。その死に怒ったドライバーが群衆となってウーバーの事務所の前に結集した。(9) なかにはウーバーで働くドライバーもいたが、そのほかはこれ幸いとばかりに彼らを焚きつけようとするほかのタクシー会社に雇われた者たちだった。彼らは亡くなった三四歳のドライバー、M・コンダーヤの亡骸を事務所の玄関先に投げ捨てると、ウーバーがもっとまともな賃金をインドのドライバーに払っていたら、コンダーヤはいまも生きていられたはずだと声をあげた。

料金の割引が発表されるたび、保安上の問題がいつも起きていた。カラニックは、世界数十カ所の都市で同時に料金の割引を実施する指示を、折に触れてはサンフランシスコの本部から出していた。料金割引の影響はベイエリアから、世界に向けて波紋のように広がっていき、数百万という数のドライバーたちの生活がただちにその影響を被っていた。料金割引で乗客の急増をカラニックはもくろんでいたが、こうした値下げがドライバーを過激な行動へと向かわせる場合も少なくなかった。

インドでは値下げに怒ったあるドライバーが、地元のウーバーの事務所に押しかけた。ウーバーはまたもや値下げをするのかと口から泡を吹いて文句を言い立てながら、ガソリンの携行缶を持ち出すと、なかのガソリンを頭からかぶってライターをかざし、料金の分配率をもとに戻さないとこの場で焼け死んでやると脅した。警備員がすぐさま飛びかかり、男性をねじ伏せてその手からライターをもぎ取った。こうした事件はこれだけではなかった。それからしばらくして抗議の焼身自殺が続いた。

ウーバーのドライバーが関連した事件でも最悪のケースとなった事件は、二〇一四年一二月にインドで起きた。金融機関に勤める二六歳の女性がビジネスディナーを終え、ニューデリーの衛星都市グルガオン〔現グルグラム〕にある自宅に帰ろうと、ウーバーで配車を手配した。車は間もなく到着して、後部座席に乗った彼女はしばらくしてうとうとしだした。車が予定のコースをはずれたのは、彼女が眠ったことにこの車を運転していたシブ・クマール・ヤダが気づいたときだった。

ヤダは自分のスマートフォンの電源を切った。警察やウーバーの本部が二人を追跡できないようにするためだ。それから人気のない場所を見つけて車を停めると、後部座席にまわって彼女に襲いかかった。その後、彼女を黙らせたヤダは、一件を警察に通報したらかならず殺すと脅したうえで、彼女の家まで車で送った。女性が警察に電話をしたのは曜日が変わった土曜日の深夜一時二五分である。彼女のアパートからヤダが立ち去るとき、車のナンバープレートを撮影していたのだ。ヤダは翌日逮捕された。
事件の話は間髪を容れず、またたく間に広がった。インドはもちろん海外でもウーバーの手ぬるい安全管理が招いた事件だと世間はただちに非難した。ジャーナリストのセイラ・レイシーに対するカラニックの侮蔑発言やメディアへの懐柔工作が失敗に終わった直後に起きた事件だけに、ウーバーは女性を蔑視し、女性客に対する配慮は皆無で、安全なサービスを提供しない会社だという考えをさらにあおることになった。アメリカのメディアもこの事件を大きく取り上げて糾弾し、ウーバーに対して世間が抱いていたあらゆるステレオタイプの偏見を動かしがたいものにした。

もちろん、インドでの反応はアメリカとは比べられないほど深刻だった。政府当局は世間の怒りを踏まえ、捜査が終了するまで、ニューデリーで配車サービスを行っている業者に一斉休業を命じた。[10]ウーバーの現地事務所にはひっきりなしに抗議が寄せられ、バンガロールのような大都市のゼネラルマネージャーは、事務所を閉鎖してホテルに逃げ込んでいた。インドで働くウーバーの社員たちも、親や家族をともない、六週間のあいだホテルに身を潜めた。タクシー業務を監督する市の職員は、町中でウーバーの社員を叩きのめしていたからだ。

東南アジアへの進出も大失敗だった。東南アジア市場を制覇していたグラブはひと筋縄で勝てる相手ではなかった。グラブとの戦いのためにウーバーはおよそ一〇億ドルもの金を注ぎ込んだにもかかわらず、市場の半分さえ獲得できないという惨憺《さんたん》たる結果だった。四年間でウーバーが維持していた東南アジア市場のシェアはわずか25パーセントにすぎなかった。数年後、ウーバーはグラブの株式の27・5パーセントと引き換えに、東南アジア事業をグラブに売却するほかなくなる。

こうした損失や競合企業の策略に加え、町の通りでは素手の殴り合いと文字どおりの暴力がひっきりなしに続いた。一連の出来事はカラニックの精神状態にも影響を与えていた。もともと、常に緊張感をはらみ、好戦的な性格だったが、中国と東南アジアでの苦戦の結果、彼の被害妄想はますます膨らんでいった。いつも誰かに邪魔されているのではないかと考えるようになり、友人や社員が自分を欺き、ウーバーを傷つけようとたくらんでいるという思いさえ抱くようになっていた。中国での激戦を境にして、カラニックの不信感は彼が手がけるほかのビジネスにも影響を与えるようになり、決して鎮まりはしなかった。

アメリカにいてウーバーを見ていた者は、この会社が海外で苦戦していることには気づいていたが、会社そのものはうまくいっていると大半の者が考えていた。カラニックはそれほど羽振りを利かせていた。

自由に使える白紙の小切手帳を持ちながら、責任を迫る投資家や取締役会はいない。そんなカラニックが始めたのは、ウーバーの成功を象徴する一連の社屋建設だった。

自動運転の開発拠点であるピッツバーグでは、建築家と工業デザインの専門家に依頼して、未来的な外観を持つ社屋を一から建設した。贅の限りを尽くした典型のような建物で、数百名の社員がここで働いていた。屋内の広大なスペースに二〇脚を超える椅子が点在していた。カラニックがさまざまなタイプの椅子が好きなことを社員たちは知っていたのだ。この社屋建設に投じられた費用は、最終的に四〇〇〇万ドルにも達していた。ここでは業務用衛星を運用するために二〇〇名前後の社員が働いていたので、一人当たりで換算するとざっと二〇万ドルの費用が投じられていたことになる。ウーバー・サンタモニカの地所は豪勢なビーチに面しており、やはり数千万ドルもの費用をかけて建設された。

しかし、きわめつきはサンフランシスコの本部ビルだった。それまで何カ所かの建物を社屋として使ってきたが、いずれも手狭になり、その後はマーケットストリート一四五五番地でいくつものフロアを借りていた。ダウンタウンのど真ん中に建つ掩蔽壕《えんぺいごう》のような建物で、それから間もなくウーバーらしいスタイリッシュな社屋が再建された。二階ごとにコンクリートのフロアに穴が開けられ、そこにガラス製の透明な階段が渡されて上下階を結んでいた。数百万ドルの予算をかけて作られたこの階段は、ウーバーの数ある建造物のなかでもカラニックの大のお気に入りで、彼の好みを反映してデザインされていた。黒花崗岩とガラスをふんだんに使って作った会議室については、「映画『ブレードランナー』の未来性とパリのシックさを足して二で割ったもの」とカラニックは呼んでいた。この会議室に四六時中エンジニアたちが常駐し、メタルカラーのマックブックを前に身をかがめながら作業をしていた。

マネージャーたちはこの建物のなかでももっとも秘密めいた場所——作戦指令室《ウォールーム》——で何時間もかけて戦略を練っていた。こうした部屋のデザインを専門に手がける建築家と、家具デザイナーに依頼した特注設計の部屋である。巨大な会議室で、本部ビルの主要階のど真ん中に配置されていた。四方をガラスで覆われた箱のような空間で、重要な戦略会議はここで行われていた。壁のデジタル時計はサンフランシスコ、ニューヨーク、ロンドン、ドバイ、シンガポールの現地時間を四六時中表示している。ウーバーのリーダーたちは、まるでホワイトハウスの地下にあるシチュエーションルームで執務しているようだった。

人目をはばかるときにはスイッチひとつで全面のガラスが半透明になり、視界をさえぎることができた。社外の関係者、あるいは社内の部外者の目からウーバーの秘密を隠すためである。新しい社屋に変わるたびにウーバーの建物はますます豪華になっていった。しかし、費用についてカラニックはまったく心配していなかった。資金ならいつでもかき集めることができた。

第16章 アップル問題

底の抜けたバケツのように中国市場の現金流出が続くにつれて、この問題を解決しろとカラニックはエンジニアたちを締め上げていた。中国問題はウーバーで何度も繰り返されるテーマになっていた。何かがおかしい。ボスはこの問題に対処するように求めているが、どうやってやるのか、そんなことにボスはまったく関心はない。命じているのは、なんとかしろ、ただそれだけだった。

最高技術責任者(CTO)のトゥアン・ファムが詐欺調査チームを立ち上げた際、ファムに対しては異例なほどの裁量権が授けられていた。このチームのエンジニアは思慮深くなければならない。しかも、頭の回転が早く、不測の事態にもただちに対応する必要がある。社内の足の引っ張り合いからチームを守ると約束したばかりではなく、必要な資金と支援はなんでも差し出すとカラニックは約束していた。

調査チームに引き抜かれた一人であるクエンティン*は、三〇歳の優秀なプロダクトマネージャーで、マサチューセッツ工科大学(MIT)の大学院生時代にはいくつもの賞を受賞し、卒業後はグーグルで商品調査を担当していた。なかなかの切れ者だが、仕事仲間には優しく、人当たりも穏やかというのが同僚の人物評だった。クエンティンのこうした人柄は、野心満々で〝体育会系〟の気風をよしとするウーバーの社員像とは真逆だった。乗り込んだ激戦地で、オペレーション担当マネージャーたちといっしょに大酒を飲んで騒ぎまわるタイプではない。

同僚の話では、彼の過敏さや、自分がかかわる世界に対する用心深さや他者との向き合い方さえ、クエンティンのまぎれもない素質の一部だった。用心深さは彼の仕草にもうかがえた。人と話すときには正面から向き合わず、わずかに体をそらしながら、相手を正しく評価するようにまじまじと見詰めていた。リスクとセキュリティーを評価する仕事には、打ってつけの適性だと同僚は考えていた。

二〇一四年はじめ、ウーバーは五〇〇人近い社員を採用した。この年の一〇月の時点でウーバーの規模は三倍以上に拡大し、日ごとに社員の数は増えていった。クエンティンが指揮するリスクとアカウントセキュリティー、詐欺や不正防止を担当するチームも一五〇人を超える大所帯になっていた。誰もが懸命に働くウーバーのなかでも、クエンティンのチームはさらに猛烈に働いていた。ニューヨークの違法薬物の手入れに協力したのもクエンティンと彼に近い何名かの社員で、中国で拡大する詐欺行為をなんとか食い止め、資金の垂れ流しや赤字を抱えているほかの地域の改善にも手を貸した。この会社にとって、クエンティンは欠かせない存在だった。

チームが発足した二〇一四年三月、クエンティンのチームはきわめつきの難題に直面していた。その二年前の二〇一二年、アップルは個々のアイフォーンの識別番号に外部からのアクセスを制限する機能、いわゆるＩＭＥＩ、国際移動体装置識別番号を搭載したｉＯＳをリリースしていた。

このアップデートは、ティム・クックが指揮するアップルならではの対応だった。グーグルやフェイスブック、アマゾンとは異なり、アップルのビジネスモデルは顧客の個人データを吸い上げること

＊取材源の匿名性を守るために、本書では本名は伏せて仮名に変えてある。

は必要ではなかった。一方、フェイスブックやグーグルは広告会社であり、広告対象に狙いを定めるには、顧客の日常生活を示す詳細なデジタルデータをもれなく突き止めなくてはならない。ウーバーもシリコンバレーの大企業に共通するデジタル監視技術を利用して、詐欺行為を行っている者を特定していた。

こうした監視はアップルが長年信奉していた理念、とくに個人のプライバシーに関する権利という理念に反していた。創業者であるスティーブ・ジョブズは消費者のプライバシーを重んじていたが、ジョブズのあとを継いだティム・クックは狂信的なほどこの理念を重視し、アップルのユーザーは、プライベートなデジタルライフを完全にコントロールすべきだと信じて疑わなかった。アイフォーンのユーザーがデータを消去しようと判断したら、ほかの人間はもちろん、家族や会社、法の執行機関でさえ、消去後のデータの痕跡がたどれないようにしなくてはならない。いったんデータを消去すれば、データは二度と復元できない。

iOSの予期しないアップデートは、ウーバーにとって最悪のニュースだった。中国の詐欺師たちは盗品のアイフォーンを使うのを好み、そのアイフォーンを使ってニセのアカウントを作り、ウーバーのサービスに登録していた。ウーバーのセキュリティーチームがニセのアカウントを発見してブロックしても、詐欺師たちはアイフォーンに残っているデータを消去し、新しいアカウントを作成すればよかった。ものの数分の作業で、しかも無限に繰り返すことができる。これに対抗するため、ウーバーは何カ月もかけてIMEIのデータベースを構築し、これまでアカウントを作成したことのあるアイフォーンを記録することができるようになっていた。二〇一二年のiOSのアップデート以前、同一のアイフォーンによって繰り返し作成されたアカウントが見つかれば、それは詐欺師のアイフォーンだと特定でき、ネットワークからただちに締め出すことができた。しかし、二〇一二年以降、アイフォーンの製造番号にアクセスできなくなり、ふたたび振り出しに戻ってしまった。

しかし、クエンティンのチームはそれを回避する方法を見つける。iOSのアップデート版がリリースされると、直後から、われこそは不可侵のIMEIを突破できると豪語する企業が片手にあまるほど出現した。そのうちの数社を試したクエンティンは、インオース(InAuth)というボストンを拠点にする小さなデバイスインテリジェンス企業のソリューションにたどりついた。ウーバーのモバイルアプリにわずかなコードを組み込むだけで、インオースはウーバーのアプリをインストールしたアイフォーンの識別番号を追跡することができた。セキュリティーの世界では「フィンガープリント」として知られる端末を同定する技術だ。〝指紋〟が同定されてしまえば、そのアイフォーンが詐欺行為のために使われているのかどうか、ウーバーはきわめて容易に識別できるようになる。チームが発足してまだ数カ月しかたっていなかったが、クエンティンはインオースと契約を結んだ。

新しいアプリは完璧に機能した。このアプリを導入するまで、中国の大都市やその他の主要都市における不正行為のせいで、ウーバーは毎週数千万ドル規模の損害を被っており、時にはそれ以上の損失を被る場合もたびたびだった。しかし、インオースが書いたコードをインストールしたアプリ以降、クエンティンは不正行為の件数が、崖からころげ落ちていくような勢いで減っていくのを目の当たりにしていた。ペテン師たちが指紋採取されたアイフォーンで新しいアカウントを作ろうとするたびに、ウーバーの不正対策システムが作動し、そのアカウントは自動的に弾かれるようになった。何年にもわたって金をだまし取られてきたが、ウーバーはついに応戦する方法を見つけた。

しかし、この方法にはひとつの問題があった。インオースが提供するサービスは、ユーザーのプライバシーに関するアップルのルールにあからさまに違反していた。そのため、ウーバーとインオースのやりとりはいっさい秘密にされた。この事実がアップルに知られれば、ウーバーもインオースもただではすまない。深刻なトラブルに巻き込まれ、ウーバーのアプリそのものがアイフォーンから排除されてしまうだろう。

シリコンバレーでモバイルソフトウエアの開発に携わるエンジニアは、キャリアのある時点において、誰もが一度はアップストアのつかみどころのない、複雑で容易には理解できないルールに直面する。アップルは毎年のようにモバイルアプリを更新しているが、ソフトウエアにちょっと手を加えるだけでも、スタートアップのビジネスプランが大きく変わったり、計画そのものが破綻したりすることがある。とりわけ、アップル向けのモバイルアプリの開発では、絶え間ない不安といら立ちを強いられる。外部開発者が新しいアプリを開発してアップストアに登録しても、デルフォイの信託を授かる巡礼者のように、辛抱強くアップルの反応を待たなければならない。好意的に応じてくれる場合があれば、まったく返事がない場合もあった。

クエンティンと彼のチームがアップルのプライバシールールを回避したのは、それ以外に選択肢がないと考えたからである。きわめて深刻な不正行為に手を染めなければならなかったが、アップルはほかの方法をウーバーに許してはくれないはずだ。ウーバーとインオースが目立つような真似をしなければ、おそらくこうした行為も発覚せずにすむかもしれなかった。

だが、両社ともそんな幸運は持ち合わせていなかった。二〇一四年一一月中旬、バズフィードが、エミール・マイケル[1]がウーバーに敵対するジャーナリストの〝身辺調査〟を口にした例のパーティーの記事を掲載すると、世間の関心はマイケルに集中した。

しかし、ウーバーがメディアを取り込もうとしていたこのころ、過剰な自信と傲慢ぶりで知られるマンハッタンのゼネラルマネージャー、ジョシュ・モーラーが致命的なミスを犯してしまう。マイケルの記事が掲載されたその週、記者のインタビューを受けていたモーラーは、「ヘブン」(Heven)の初期バージョンについて口を滑らせてしまう。「ヘブン」は走行中のドライバーをリアルタイムで見られる〝神の視点〟を授けるツールだ。その日の午後、ウーバーを利用してモーラーのもとを訪れた記者に向かい、モーラーは彼女の乗車の一部始終を追跡していたと得意気に自慢した。気づかれずにすむようなコメントではなかった。

この話が最初に報じられてから八日目、クエンティンのチームは火のついたような騒ぎに見舞われた。一連の不祥事のせいで、ウーバーに対する世間の関心が高まるなか、アリゾナ州のジョー・ギロンという若き気鋭のハッカーがアンドロイド向けのウーバーのアプリを解読し、インストール時にこのアプリが要求するデータへのアクセス許可のリストを見つけたのだ(2)。リストには電話帳機能、カメラ機能、テキストメッセージの会話ログ、Ｗｉ－Ｆｉへの接続記録など、ウーバーの利用者が想像する以上の膨大な項目が並んでいた。こうしたデータへのアクセスを要求するようなアプリそのものがすでにあやしく、ましてこれはタクシーの配車サービスのアプリだ。なぜ、配車サービスのアプリが顧客のテキストメッセージやカメラ機能にアクセスする必要があるのだろう。このアプリは顧客のプライバシーに対する大きな侵害であると見なされた。ウーバーは自社に敵対するジャーナリストの身辺を探るだけではなく、利用者自身と利用者の携帯電話に残されたあらゆる情報についても知ろうとしていた。

ギロンのブログ記事は大反響を呼んだ。セキュリティー・フォーラムやほかのサイトなどでも取り上げられ、「ハッカー・ニュース」(Hacker News)でもこの問題が論じられた。[3]「ハッカー・ニュース」はエンジニアやシリコンバレーの有力者も意見を書き込んでいるフォーラムだ。

サイトの読者は、ウーバーとの秘密の取引の一部として、インオースがこっそりライブラリー〔複数のプログラムをまとめて保存してあるファイル〕を仕込んでいた事実は、素人のハッカーがたまたま見つけたとは知らなかった。デバイスにフィンガープリント処理するため、インオースは一般的なスマートフォンのアプリより、はるかに多くのデータを必要とし、あらゆる種類の拡張アクセス権を求めていた。こうしたデータに基づいて、インオースはデバイスプロファイル〔画像にかかわる各種機器の色特性データを格納したファイル〕を作成し、ユーザーの識別番号を三角測量していた。これはなかなか巧妙な手法で、ウーバーだけではなくほかの企業も何百万ドルの資金を投じて利用していた。だが、ユーザーたちは、気づかないうちに自分の個人情報がどれほどウーバーに盗み見られていたのかを知って動揺した。

ウーバーの本部ビルでは、クエンティンのチームがパニックに陥っていた。自分たちがインオースと取引している事実を世間は知らず、まして彼らが提供するコードを読み込んでいるとは知るよしもない。この事実は公表すべきなのだろうか。この件についてアップルがこっそり調べたらどうなってしまうのだろうか。つい最近、ウーバーはiOS向けの新しいビルドを提出したばかりだった。自分たちがアップルのルールに背いている事実を彼らが知ったら、ウーバーはなんと申し開きをすればいいのだろう。

当初、アップルは何も言ってこなかった。しかし、それから数週間後、ようやく答えが届いた。ウーバーがアップデートした最新のアプリをアップストアは拒絶したのだ。クエンティンのチームはアップルの目を逃れられなかった。

アップストアの責任者として、エディー・キューはこれまでスタートアップの世界の最良の部分と、そして最低の部分を目にしてきた。

ウーバーについては、ティム・クックに直接報告し、クック以外には話さなかった。スタートアップの新星が急成長を遂げていく様子をキューがシリコンバレーの誰より早く見抜けたのは、ウーバーのアプリが彼の管理するチャートのトップへと急上昇したからだ。そうしたアプリが出現すると、キューはかならずそのスタートアップの創業者に会いに行った。二〇一四年、アップルのインターネット関連ソフトウエア・サービス担当上級副社長は、前年の二〇一三年にトラビス・カラニックとすでに会っていた。キューもクックも早い時期からウーバーの将来性を見抜いており、アイフォーンのテクノロジーをうまく取り込んだウーバーの方式に心から満足していた。キューとクックがカラニックと面談したのは、ウーバーがグーグル・ベンチャーズとTPGキャピタルからの出資を取り付けたあとだった。

面談の帰り道、二人ともカラニックの熱量と才能には圧倒されていたが、魅了されることはなかった。ウーバーの野心について、滔々《とうとう》と話し続けるカラニックとエミール・マイケルの二人の傲慢ぶりに、キューは唖然としていた。自社の悪評や法令無視の問題について、カラニックは端《はな》から無視していた。

「自分が何をやるべきかわかっている」と、クックとキュー、二人合わせれば業界の最高水準の企業で五〇年の経験を積んだアップルの両幹部にカラニックは豪語した。「ライド・シェアリングがどういうものか、ほかの連中は何もわかっていない。われわれがこのビジネスを考え出した」とまで言い放った。

キューは面談中、カラニックを少し挑発してみれば、相手の謙虚な一面を引き出せるかもしれないと考えた。「そもそも、グーグルはなぜウーバーに出資するのだろう」とキューは尋ねた。「グーグルの投資を受けることは、狐に鶏小屋を任せるようにもいささか思える。グーグルは何年も前から自動運転の開発に取り組んできた。ライド・シェアリングを手がけている企業でも、いずれ自動運転が事業計画として浮上してくると私たちはつねづね考えている」

クックもうなずき、グーグルの潜在的な脅威がウーバーの取締役会にも及ぶ可能性がある点を指摘し、「役員室にドラモンドがいても、君たちはまったく気にならないのか」と、カラニックがグーグルの事業開発担当役員と最高法務責任者(CLO)を兼任するデービッド・ドラモンドにウーバーの取締役という地位を与えた点に触れた。クックもキューも、ドラモンドはラリー・ペイジの代理人だと考えていた。

「取締役会などどうでもいい」とカラニックは指摘を一蹴した。「取締役会のメンバーは全員、私が選んでいる。彼らは私が命じることを、私が指示した方法でやるので、私は自分のやりたいことをやるまでだ」

キューはあっけに取られた。スタートアップの創業者の大半は、少なくとも人前では殊勝なふりをするものだが、そうした計算ずくの謙虚ささえカラニックは明らかに持ち合わせていなかった。

この面談以降もキューとクックは、ウーバーと定期的な連絡を取り合った。アイフォーンはユーザーが使いたいと思うアプリがあってこそ成り立つデバイスなので、売れるアプリについて、アップルでは定期的にチェックすることを優先していた。キューとクックは三カ月か半年に一度のペースでウーバーに連絡を入れ、カラニックとマイケルに対して、ウーバーに乗って南へ一時間ほどの移動をお願いし、さんさんと陽の光が降りそそぐ、クパチーノの郊外にあるアップルの本社まで来てもらっていた。

とはいえ、アップルにとってウーバーは決して完璧なパートナーではなかった。キューのもとで、売れ筋アプリの動向を管理する責任を負っていたアップストアの重役は、ウーバーにいら立っていた。問題の大半はウーバーのアプリのアップデートに関連していた。アップストアが自社のソフトを更新する際、アプリを提供する企業はアップストアの承認を得るため、それに対応した新しいバージョンのアプリ、つまり〝ビルド〟をそのつど送らなければならない。アップルにとって、ウーバーの新しいバージョンのアプリを扱う場合は、とくに細心の注意が必要だった。ウーバーが送ってくるビルドには、コードに不正なしかけがよく忍び込ませてあることにアップルのエンジニアは気づいていた。たとえば、あるバージョンでは、本来、乗客向けのアプリであるはずなのに、ユーザーがダウンロードすると、ドライバー向けのソフトに変換させることができた。新規のドライバーを獲得するうえで、〝ひと手間《フリクション》〟省くことがウーバーの狙いだったが、わずかな改変とはいえ、アップルのルールには十分違反していた。結局、このビルドは登録されなかった。アップルはこうした不正行為を見逃さず、ウーバーにクレームを入れ、乗客向けのアプリとドライバー向けのアプリは別々にするよう求めた。

ウーバーのアプリには、時間とともに不備な点が積み重なっていき、アップストアの重役たちはますますウーバーのアプリのアップデートには注意して調べるようになった。エンジニアはウーバーのコードを研究しつくし、この会社が何か卑劣な手を使おうとしているときには、そのトリックを見極められるようになっていた。

キューは当初、カラニックのエンジニアには疑わしきは罰せずの態度で応じていた。アップルのルールも決して完璧ではなく、なによりアイフォーンのユーザーにとってウーバーのアプリは非常に人気があったからだ。アップストアのアプリを調べるモデレーター自身、ハッカーの常として、ストアで扱っているアプリのコードに仕組まれたささいなトリックや抜け道については、あらゆるタイプを目にしており、なかにはほかのアプリに比べて悪質なしかけもあった。だが、ウーバーの手口はいつも巧妙を極め、彼らも非常に手を焼いていた。それでも、アップストアのチームに頼りながら、ウーバーのアプリをチェックすることは、会社の資産を守るだけの価値があった。

しかし、二〇一四年末、事態は急展開する。アップストアの重役たちは「ハッカー・ニュース」の投稿を見て、ウーバーのアンドロイド向けアプリが逆コンパイルされ、このアプリが個人のデータを吸いつくす獣である事実が暴かれているのを知った。思ったように、iOS用のアプリにも同様のアクセス許可を求めるコードが書き加えられていた。ウーバーのフィンガープリントという対策は結局失敗に終わった。クリスマス休暇が近づき、エンジニアたちは、休みに入る前にアップストアの承認を得ようと仕事を急いだが、アップル側はフィンガープリントの機能が仕込まれたウーバーのビルドを拒否するようになっていた。

サンフランシスコのウーバー本部では、アップストアのたび重なる拒絶に対処するため、エンジニアたちが集まっていた。ウーバーが申請をするたびに、これという説明もないままアップルは拒絶を繰り返していた。アップルの典型的なやり方だ。インオースが書いたコードが理由であることはエンジニアもうすうす気づいていたが、そうでなければ手の内はさらしたくない。不正防止チームとモバイルチームのエンジニアのあいだで、長時間にわたり、さまざまな点から検討が続けられたが、そのうち業を煮やしたモバイルチームの一人のエンジニアが立ち上がった。ウーバーに入社する前、アップルで働いていたエンジニアで、アップストアをめぐるこの問題についてどう回避するのか、その方法を知っていた。「考えがある」と言って会議室を出ると、ラップトップを抱えて席に戻った。「こうすればいい」

新しいビルドを提出する際、折に触れてルール違反を犯すのは、ウーバーのエンジニアにとっては仕事の一部で、同じような真似はウーバー以外の大勢の開発者もやっていた。

しかし、このエンジニアが考えたアイデアとは、トロイの木馬のように大胆不敵なものだった。それは携帯電話のGPSとIPアドレスのデータに基づいてユーザーの位置情報を得る、いわゆる「ジオフェンシング」という技術を使ってアップルの目をごまかすというものだった。「ジオフェンシング」という名称からうかがえるように、あらかじめ設定しておいた地理的な円形の「柵《フェンス》」にユーザーが入ると、アプリは自動的に特定のアクションを実行する。ウーバーの場合、そのアクションとは、ウーバーのユーザーがベイエリアやアップルの本社があるクパチーノ周辺に入ったとき、識別番号を特定するインオースの「ライブラリー」のコードの実行を中断するというものだった。

アイデアを思いついたエンジニアは、アップストアでコードの査読を担当している者は、いずれもクパチーノとサンフランシスコのベイエリアにいると踏んでいた。結局、この読みは誤っていたことがのちに明らかになる。カリフォルニアを拠点としていないコードレビューアーによって、インオースのライブラリーに格納されたコードは偶然発見されてしまったのだ。ウーバーの策略はこうして失敗に終わる。

キューは激怒した。ひとつには、姑息な策を弄してアップルのルールを逃れようとしたこと。しかも、アプリのアクションをアップルの管理者の目から意図して隠蔽するため、進んで裏工作を行うなど断じて許せない大罪だ。この会社は、きわめて手の込んだ精緻な方法でアップルをたぶらかし続けてきた。

アップルの本社ビルにあるオフィスの椅子に座り、怒りで煮えたぎったキューは、自分のアイフォーンを手にすると電話をかけた。

カラニックが電話に出た。陽気な声だ。キューの機嫌を決して損ねてはならないことはウーバーのCEOにもわかっていた。

だが、キューは乗ってこようとはしない。「話す必要があるようだ。おいそれと片づくような問題ではない」と言って、ウーバーがアプリを使い、実際に何をやっているのか、キューは立ち入った話を始めた。キューがカンカンに怒っているのは明らかだった。

「すぐにここに来て、問題にけりをつける必要があるようだ」と話すと、「部下に命じてただちにこの問題に対処させるつもりだ。次に会うのが楽しみだ」と言って、カラニックの挨拶も待たずに電話を切った。

カラニックはすくみ上がっていた。アップルが何かとんでもないことを考えているのではないかと心配した。

クエンティンと彼の数名の部下が呼び出され、本部ビルで会議が始まった。会議室のドアが閉まると、カラニックはただちに問いただしたが、それをひと言で言うなら、「いったい何が起きているんだ」ということになる。

何が起きたのか、クエンティンらも少なくとも大まかな点についてはすでに知っていた。モバイルチームの例のエンジニアを同行させており、アップルの目を欺くためにどんな手を使ったのかクエンティンは説明させた。そのころになると、くだんのエンジニアも事の成り行きに心の底から脅えていた。

いつものように、カラニックは立ち上がり、会議室のなかを歩きまわって、部下のチームの行動が引き起こした問題の大きさを理解しようとしていた。立場上、カラニック自身の口からアップルに嘘をつけとか、裏をかけなどとエンジニアに言ったことはなかった。実際に仕事を手がけているのは、自分の目が届かない現場の人間である。各部署のリーダーが、部下を適切に扱うのが筋だとカラニックは考えていた。

実際、カラニックが部下に伝えたことはいつも変わらなかった。「何があろうと、常に勝たなければならない。勝つために必要なことはなんでもしろ」。カラニックの意向は、この会社の社員一人ひとりがウーバーを理解する核となり、ウーバーのすべての部署、組織の末端にいたるまで浸透していた。いかなる代償を払おうが、かならず勝たなければならないのだ。

不正防止チームは、いったい何が起きたのかをアップルに説明する準備と、それからエディー・キューへの謝罪の準備を始めた。

アップルもシリコンバレーにあるきわめて秘密めいて、つかみどころのない企業のひとつであるにもかかわらず、クパチーノに建つアップル・キャンパスは、開放性と透明性を全面的にアピールしている。「ＩＬ」と呼ばれるインフィニット・ループには、真っ白なオフィスビルが手入れのいきとどいた青々とした芝生の上に建ちならぶ。メインエントランスは、アップストアに通じる美的センスが反映されており、板ガラス、真っ白な壁、そして半ドーム型の屋根がカリフォルニアの強い日差しから建物を守っている。

建物に入ったウーバー一行は会議室に案内された。アップルのために、彼らは入念なプレゼンテーションを用意していた。

キューに続いて、数名のアップストアの副社長が入ってきた。キューの横にはアップルのマーケティング担当上級副社長のフィル・シラーが座っている。一九九七年にアップルに入社して以来、シラーはスティーブ・ジョブズの直属の部下として働いてきた。ジョブズのもとでシラーは、一九九八年にリリースされたアイマックの宣伝を手がけている。従来のデスクトップパソコンのイメージを一変させた卵型の一体型デスクトップで、鮮やかなオレンジ、ライムグリーン、ディープターコイズなどの豊富なカラーバリエーションを備えていた。さらに、さまざまなバージョンのアイポッドの販売促進を担当し、記録的なヒット商品を生み出すことにも貢献してきた。キューとシラー、ともに年齢は五十代前半だったが、純資産をあわせると合計で数億ドルにも達していた。

キューは最初から容赦なくカラニックを叩いてきた。「今日この部屋にこうして座っているまで、何が起こったのか、その経過を段階ごとに具体的に説明してほしい」と要求した。

カラニックは口ごもりながら、最初から話を始めた。体が震えている。キューとシラーを相手に、詐欺師たちがプラットフォームで行っていた大規模な不正行為、その詐欺師に対抗するための独創的な解決策、だが、ｉＯＳのアップデートで不正行為を阻止できなくなってしまったことを順々に説明した。エミール・マイケルがキューとアップルへの連絡窓口になっていたので、カラニックに対してマイケルはあらかじめ十分な用意をさせておいた。

この会議のため、カラニックは相手が納得する殊勝な表情を崩さないように努めていた。それはカラニックがこれまで見せたことのない表情だ。政府や市当局が相手の場合は、「クソくらえ」と言い張っていれば逃げ切れるのを知っていたが、ごくまれに自分が謙虚にならなければならない状況は察知できた。もちろん、本当にごくごくまれな場合に限られた。しかし、アップル本社の会議室に座り、この会社の重役を前にして、カラニックは彼らの指輪にキスして献身を示した。

「はっきりさせておきたいことがある」。長時間に及ぶ、緊張をはらんだ会議が終わりを迎えたころ、キューはカラニックに言った。「われわれとしては、ウーバーがもう二度とこのような真似をしないことを知りたい。それが約束できなければ、ウーバーはアップストアにとどまれず、出ていかなければならないだろう」

キューは本気だった。この件については、すでにボスのティム・クックに伝えてあり、二人ともウーバーの行為は揺るがせにできない規則違反だと考えていた。何人《なんぴと》であろうとも、たとえどれほど成功したアプリや企業であっても、アップルに虚偽を申し立てたら最後、逃げきることはできない。クックにとって、アップルのユーザーのプライバシーを侵害する行為ほど大きな罪はない。のちの話になるが、カリフォルニア州サンバーナーディーノ市で大量殺人事件を起こした犯人のアイフォーンについて、ＦＢＩはアップルにロックの解除を依頼したが、クックはその依頼を公然と拒否したばかりか、フェイスブックのプライバシー侵害についてもおおやけに非難していた。それだけにキューの決定をクックはためらわずに支持した。ウーバーがそれでもやめようとしないなら、クックとキューはアップストアから即座にウーバーを叩き出すつもりでいた。

アップルが本気であることはカラニックにもわかった。アップルとのこうしたやりとりがひと言でも世間に漏れてしまえば、大スキャンダルになるだろう。それ以上に、アップストアから締め出されることがウーバーにとってどんな意味を持つのか、カラニックにはよくわかっていた。彼が立ち上げたスタートアップは、いま数百億ドルの企業評価を受け、iOSのダウンロードはウーバーのビジネスの大半を占めていた。世界中のアイフォーンからウーバーのアプリが取り除かれることは、この会社の消滅を意味していた。このようなことは二度と起こさないと、カラニックはアップルの幹部の前で誓った。

キューはその言葉を受け入れたが、ウーバーはいわば執行猶予の状態である。アップルはウーバーにいくつかの条件を提示してこの会議を終えた。条件の主な内容は、今後、ウーバーのエンジニアが新しいソフトウエアのビルドをアップストアに提出するたびに、その裏づけとなる書類を提出しなくてはならないというものだった。

もし、カラニックのチームがふたたびこのような策略をめぐらせるようなら、キューの温情もそこまでであり、そうなればウーバーは消えてなくなるだろう。

数週間後、定期的な情報確認のためにカラニックはふたたびアップルを訪れ、クックやキューと話し合った。前回、キュー、シラーなど、アップストアの重役たちとの会議も手荒いものだったが、カラニックが本当に恐れていたのは実はこの面談のほうだった。

だが、そんな気後れを覚られないようにカラニックは装い、アップル・キャンパスの正面から入っていった。お気に入りのナイキのダーウィン＊――深紅色のメッシュで、それに合わせてヒモは赤――をはき、ソックスはショッキングピンクとブルーのストライプという派手な色合いで、外見はたしかに攻めていたが、しかし、内心では落ち着きを失っていた。例の決定的な一件以来、クックと直接会うはじめての面談だった。アップルのCEOがどのように応じるのかわからなかった。

打ち合わせが始まると、クックは南部訛りのゆったりとした口調で問題を取り上げ、この件についてはすでに過去のことだと確認しておきたいと語った。カラニックは姿勢を正した。待ち望んでいたひと言だったが、その言葉をこうして聞いてもなお、不安はぬぐえなかった。キューに語ったように、あの誓約に嘘はないと以前にもまして謙虚に説明した。こうしたことは二度と起こさせはしない。

その言葉にクックはうなずいた。緊張の瞬間をやりすごすと、その日の本題へと話を進めた。しかしクックはそれとない様子で、越えてはならない一線をこのとき引いていた。もしもウーバーがまたもやアップルをだますようなら、そのときこそアップルのプラットフォームから締め出そう。それはウーバーにとって終わりを意味する。

打ち合わせを終えてアップル・キャンパスを出たカラニックは、アプリで車を手配すると北へと向かい、そこで友人の一人と落ち合った。今日の午後の面談で自分は震えていたと白状し、その友人の感想を聞いていた。だが、そんな殊勝な思いもつかの間だった。あの決定的な瞬間、カラニックの全

＊カラニックはナイキのダーウィンが好きで、とくにウーバーの本部ビルのコンクリートのフロアを歩きまわるときの接地感が気に入っていた。公的なイベントの際にもダーウィンをはいていき、前出のグレイドン・カーターによって二〇一六年に行われた雑誌「ヴァニティ・フェア」のインタビューのときにもダーウィンをはいていた。

身にアドレナリンが放出されていた。おかんむりのクック――あのアップルのCEOのクックだ――を前にして、自分は持ちこたえたのだとカラニックは話した。そして、彼の会社も消え去ることはなかった。

ウーバーは生き延びることができた。その友人は、カラニックの顔から恐怖が徐々に消え失せ、そのかわり、尊大と思えるほどの自信に置き換わっていくのを見ていた。ウーバーがアップルともやり合っていけるなら、この会社はほかの誰とも渡り合っていけるはずだ。

第17章 「最大の防御とは……」

アップルとの手打ち式はウーバーにとって頭を抱えるほどの大問題だった。しかし、このころのカラニックは、アップルだけではなくさらにやっかいな問題にも取り組んでいた。その問題をなんとかするため、ウーバーの最高技術責任者トゥアン・ファムはジョー・サリバンという人物をリクルートした。そして、サリバンがウーバーで見たのはセキュリティーをめぐる悪夢にほかならなかった。

フェイスブックのセキュリティー最高責任者（CSO）として、サリバンは混沌とした状況には慣れていた。フェイスブックにいた六年間、そんな現場を彼はずっと目の当たりにしてきた。彼が担当していたのは、なりすましやドラッグの売人、銃器の売買、児童ポルノの配信からフェイスブックのユーザーを守ることだった。マーク・ザッカーバーグがインターネットの新たなフロンティアを征服すべく前進を続けているかたわらで、サリバンはデジタル空間で暗躍する窃盗犯――たとえば、女性たちの携帯から裸の写真を盗み出し、それを拡散すると言って脅迫するたぐいの男たち――を追跡していた。

しかし、トゥアン・ファムから助けを求めるメールをもらったとき、サリバンはいたく興味をかき立てられた。ウーバーについてはサリバンもすでに聞き及んでいた。山のような難問を抱え、四面楚歌に陥ったユニコーンに触れた記事の見出しを見過ごせる者は誰もいない。ここまでいいかげんが極められれば、むしろ見事なほどだ。乗客の動きを追跡し、ジャーナリストの悪い噂をほじくり返し、ユーザーの個人情報を残らずひとのみにしていく。とにかく、ウーバーに関する評判は最低だった。

乗客を追跡することはプライバシーの侵害もはなはだしい。だがカラニックにすれば、そんなことは文字どおり、手際のいいパーティーの座興でしかなかった。二〇一一年、ウーバーがシカゴでサービスを開始したとき、この町の限られた著名人をエリシアン・ホテルに招待して非公開のパーティーを催した。パーティーでカラニックは前出の「ヘブン」というプログラムを披露した。巨大なスクリーンに映し出されたシカゴの地図には、リアルタイムで移動する乗客が映し出されている。その様子に招待客は目をみはった。唖然としている招待客の様子に、カラニックとオペレーション担当重役のライアン・グレイブスは満足気な笑みを浮かべていた。

「天国《ヘブン》」を愛でる一方で、カラニックは「地獄《ヘル》」(Hell)にも注目していた。[1]「ヘル」はウーバーでもっとも厳重に管理され、きわめて慎重に取り扱われている社内プログラムにつけられたニックネームである。ウーバーとともに、リフトにも登録している運転手の位置を監視するために開発された。ウーバーの本部はリフトの偽の乗客用アカウントを作成、このアカウントで近くを走行するリフトの車両を八台まで追跡できた。集められた情報はウーバーの本部に送られ、データベースに蓄積されていく。「ヘル」によって、リアルタイムで走っているリフトのドライバーの位置が特定できた。彼らの多くはリフトとウーバーの両方に登録していたので、リフトがドライバーにどれほどの割合で利益を分配しているのかがわかり、それをうわまわる条件を提示して、ドライバーをウーバーのサービスに取り込むことができた。サリバンの見るところ、「ヘル」はこそ泥のようなプログラムであるばかりか、倫理的に大きな問題があり、その存在が万一明るみに出れば、ウーバーの広報担当は悪夢を見ることになるだろう。

だが、〝天国と地獄〟などほんの手はじめにすぎない。こうしたプログラムは、企業による監視をフレンドリーに言い換えた「競合他社情報」に分類され、[2]「競合他社情報《コンペティティブ・インテリジェンス》」はその頭文字から「COIN」と口当たりよく略称されている。シリコンバレーではどこの会社も、なんらかの形でそれなりのCOINを持っている。もっとも一般に行われているのはウェブサイト、アプリ、利用可能な一般情報から、競合企業のデータを〝抽出《スクレイピング》〟することだ。「スクレイピング」というコンピューター用語は、プログラムやスクリプトで競合する企業のデータを自動的に抽出・収集することを意味する。ウーバーはこの便利きわまりないツールを使い、リフトのアプリ内にある価格変更情報をスクレイピングして、競合他社を組織的に切りくずしていくことができた。

さらにウーバーは、スライス・インテリジェンス（Slice Intelligence）のような市場調査会社からレシート情報を購入していた。こうしたデータ仲介企業は、クレジットカード会社や小売店から匿名化された膨大なデータを買い取り、それらを細分化して部門ごとに分析したうえで、ほかの企業に向けて販売を行っている。たとえば、リフトが発給した領収書の集計データを利用すれば、ウーバーは競合他社の価格を確認できた。集計データに、ウーバーがスクレイピングした位置情報や価格データを組み合わせることで、リフトのビジネスモデルが驚くほど完璧に把握できたのだ。サリバンにもこれはお遊びでないのはわかっていた。だが、この方法は効果があった。

競合他社の監視だけではなく、ウーバーはサービスの安全性についても深刻な問題を抱えていた。前述したインドのレイプ事件をめぐるスキャンダルは氷山の一角にすぎない。外部の人間にはわからなかったが、ウーバーのオペレーションチームは毎年何千件もの不正行為の対応に追われ、性的な暴行事件も増えていた。サービスが拡大するにつれ、何百万人どころか、最終的には何十億人もの人たちがウーバーの車に乗るようになった。やはり、数が増えれば増えるほど、暴行事件や性犯罪は避けられない。それにもかかわらずウーバーでは、ドライバーの採用基準のハードルをさげていたので、正規のタクシー業界では運転手として採用されなかった者でも、容易に客を乗せて走ることができた。やがてこの問題は、看過できないほど重大な問題となっていく。ウーバーはその後、年間報告される膨大な数のトラブルを適切に整理するため、性的不正行為や暴行を二一タイプに分類した独自の規定を作成する。

しかし、ウーバーの広報部にとって、何百人ものドライバーが乗客への性的暴行で告訴された事実が世間に知られれば、それは悪夢以外のなにものでもない。また、会社やドライバーに対して、レイプによる新たな告発や裁判が起こされると、社員のなかには決まって「疑わしきは罰せず」とほかの社員に諭す者がいた。同じことはカラニック自身も頻繁に口にしており、とくにセキュリティーと法務部門のスタッフたちに対して言っていた。理屈から言えばたしかにそのとおりで、実際、虚偽の告訴や損害賠償がないわけではなかった。おそらく、カラニック自身、被害を受けているのは、暴行された乗客や告発されたドライバーではなく、ウーバーだと考えていたのだろう。敵対する部外者はいつもウーバーの失敗を願い、事あるたびに策をめぐらしている。カラニックにとって、本当の被害者は自分の会社のほうで、「疑わしきは罰せず」と彼もまた社員に言い聞かせていたのだ。被害者が訴訟を取り下げたり、あるいは警察が証拠不十分だと判断したりしたときなど、ウーバーの本部ビルの五階では歓声があがっていた。

だが、乗客のプライバシーや安全性だけではなく、さらに大きな問題をウーバーは抱えていた。その問題について話を聞いたとき、サリバンは耳を疑った。取締役たちの話では、二〇一四年の前半、ウーバーに対して大規模な不正侵入が行われ、ドライバーとして登録されている五万人以上の個人名、免許証の登録番号などの情報が流出するという深刻な被害に見舞われていたのだ。[3] だが、ウーバーはこの不正侵入を秘密にした。どうやって公表していいのかわからず、公表しようなどとは思ってもいなかった。カラニック自身、関連する法律を知らず、そもそも当局に連絡しようという気さえ彼にはなかった。

もちろん、世間の批判をかき立てたくなかったからであるが、こうした問題の対処法を考えるのは法務やセキュリティー部門の責任だと見なし、さらに言うなら、それを実行するのが彼らの義務だと思っていた。サリバンには、事はそれほど単純ではないとわかっていた。カリフォルニアの州法では、情報の漏洩《データ・ブリーチ》が発生した場合、当局に通報する義務がウーバーには課されていた。

　不正侵入が起きたのは二〇一四年五月、その影響は九月に現れ始めていた。サリバンのウーバー入社の話は一二月に始まっていたが、この件についてウーバー側はひと言も触れていなかった。

　採用活動の期間中、カラニックはサリバンに対して、入社を希望するなら、ウーバーのセキュリティーはいかにあるべきか、それに関する彼の考えを会社の取締役にプレゼンしてほしいと話した。この要請にサリバンは、セキュリティーこそウーバーのマーケティング戦略の核心に位置づけたいという考えを述べた。タクシーに乗るより、ウーバーのほうがはるかに安全だと利用者には考えてもらいたいというのが彼の持論だった。「セキュリティーこそ、ウーバーにとって、ブランドの差別化を図る決定的要素だと考えるべきで、必要最低限の取り組みでよしとすべきではない」

　サリバンは自分の選択肢について考えた。提示されたポストは最高セキュリティー責任者で、それは寄せ集めで編成されたこの会社のセキュリティーチームを取りしきることを意味する。三〇人ほどの社員がウーバー社内のさまざまな部署に散らばっていた。しかも会社は拡大を続け、世界的に展開をしている。もし、この会社のために働くなら、人員を増やしてチームを増強しなければならず、さらにCEOと直接話せるポジションでなければならない。ウーバーはその要求を受け入れた。

サリバンがウーバーを必要としている以上に、ウーバーははるかにサリバンを必要としていた。サリバンには難題に向き合う心の準備ができていた。そのころには、会社の口説き文句を信用するようになり、弁舌に優れたこの会社のCEO、トラビス・カラニックにも好感を抱くようになっていた。

サリバンはもともとハイテク業界の人間ではない。父親は彫刻家で画家、母親は学校の先生で作家という、両親ともに既成社会の価値を否定するヒッピーで、こうした両親のもと、七人いた子供の長男として生まれた(4)。長ずるに及んでサリバンは、両親に反旗をひるがえすようにロースクールに進んだ。そのうちなんとかなるという世間知らずの楽観とともに、若い起業家たちがソフトウエアの開発を進めていたころ、サリバンは連邦検事として、人間がもたらすあまりにも生々しい現実に直面しながら二十代を過ごしていた。その後、連邦地検サンフランシスコ北部地区において、コンピューターハッキングと知的財産に関するサイバー犯罪の捜査員に抜擢される。このときサリバンを指名したのは、のちに合衆国大統領ドナルド・トランプが関連したロシアンゲート事件で、特別検察官に指名されたロバート・S・モラーである。モラーは、元海兵隊の士官として数々の勲章を授けられた法律家としても知られている。サリバンはマイアミ大学でサイバー法を学び、博士号を取得していた。一九九〇年代のネットバブルのときには、企業秘密や産業スパイなどの難解な事件を捜査し、二〇〇〇年にバブルが弾けるころにはその名前も知られるようになっていた。

6フィート2インチ(188センチ)という長身だが、いささか猫背でいつもポケットに手を入れている。茶色の太い眉毛ときちんと整えられた栗毛色の髪の穏やかな印象の人物で、厳めしさは感じさせない。スーツ姿の検事をやめて数年は、時代遅れのジーンズにありきたりなボタンダウンのシャツで妥協していたが、やがてIT業界にふさわしいジーンズとTシャツを着るようになった。顔の輪郭ははっきりとしており、秀でた額にゆったりした目元のせいで、ひと筋縄ではいかない情報セキュリティーの問題と格闘している最中も、その顔は余裕綽々《しゃくしゃく》として平然としていた。

長年にわたる検事としての職務に鍛えられ、話は論理的でよどみがなく、私情をはさまない公正な態度で物事に向かい合っていた。その顔になんらかの感情が浮かぶとすれば、それはたぶん検事時代の悪戦苦闘の思い出話をしているときだが、眉をひそめたり、にやっと笑ったりするぐらいが関の山で、声をあげて笑うこともなく、ジョークのオチは自分しか知らないという感じの含み笑いだ。

人目を引く法廷弁護士のように、おのずとにじみ出るカリスマ性はなかったが、サリバンはみんなに好かれていた。言うならば、人好きのするオタク的な人柄で、常に一生懸命に働いて、悪者たちのあとを追っていた。サリバンを知る者は誰も、彼はまじめなうえに、あらゆる点で頼りになる男だと口をそろえて言っていた。

給料をもらいながら、政府のために数多くのサイバー犯罪事件を担当してきたが、その後、民間企業で仕事をしてみたいと考えるようになった。二〇〇二年、サリバンはeベイに就職する。当時、eベイは、毎日何百万もの買い手と売り手がオンラインでオークションを行っていたエネルギッシュなサイトで、右肩あがりで収益を伸ばし、明るい将来性にもあふれていた。

しかしその一方で、サイトでは詐欺が横行していた。サリバンは、信頼性と安全性《トラスト&セーフティー》担当の上級職員として、ウェブ初心者から数千ドルをだまし取ろうとする詐欺師を追い詰める仕事に大半の時間を費やしていた。何百万人もの人たちがはじめてインターネットを利用して取引していたが、彼らは詐欺師に対して不用心だった。詐欺師はこうした初心者を相手に、そもそも存在していない貴重なビーニーベイビーやマニア垂涎のベースボールカードの出品リストを提示していた。

詐欺のほとんどは、売買が成立しても売り手が商品を買い手に郵送しないという単純なものだった。しかし、なかには巧妙な手口もあった。ある詐欺師は、システム外の取引をもちかけ、出品者には代金を支払うと言って商品を受け取り、その後、不渡りになった小切手を送りつけていた。eベイで購入した商品ではないので、出品者がサイトに苦情を言っても救済はほとんどされない。きわめつきの詐欺はあっけないほど単純で、代金を支払っても、届くのは空の箱だけだった。eベイではこのような詐欺が毎年何万件も発生しており、サイトの人気が高まるとともにますます増え続けていった。

eベイでのサリバンの仕事は、探偵兼デジタル警察で、検察官だったころとまったく同じように泥棒や詐欺師たちを追い詰めた。ただし今度は、検察官時代に比べると、手際はずっとよかった。検察官時代、一人の被告の有罪を立証するため、証拠を緻密に集めて法廷に臨まなければならず、ほかの検察官と連携しながら犯罪組織を追い詰めたことも何度かあった。だがeベイでは、専門の対策チームが毎日何百人というペテン師を特定してサイトから追放した。さらに、こうした連中を排除するシステム全体も組み立てた。大規模な組織犯罪が現れ、eベイにちょっかいを出してきたときには、彼と彼のチームはサイト内で悪党どもの暗躍を阻んだ。

サリバンのお気に入りの話のひとつに、ルーマニアの詐欺師の話がある。当時のルーマニアはネット詐欺の巣窟だった。この国では二〇〇三年までサイバー犯罪に関する法律が皆無で、その脇の甘さを突いて、組織化された犯罪集団と抜け目ないプログラマー世代がひとつになり、悪人たちの一大拠点になっていた。彼らの手口は決まっており、高額な電子機器を大幅に値引きしてeベイに出品し、入札者が飛びつくのを待つというものだった。たとえば、薄型の大型テレビを落札したとする。二〇〇〇ドルを送金した瞬間、ルーマニア人は跡形もなく姿を消した。彼らはブカレストのインターネットカフェで仕事をし、ウエスタンユニオンのオンライン送金しか受け付けていなかった。こうした組織は、ルーマニアやロシアのマフィアがしきっていたので、身の危険を案じ、地元の法執行機関も事件を追おうとはしなかった。

しかし、サリバンは恐れなかった。eベイで詐欺行為を行っていたルーマニア最大の組織のひとつをつぶすと、会社は法廷で証言するためにサリバンをブカレストに飛ばした。もちろん、この派遣はサリバン自身が買って出たものだった。証言台に立ったサリバンの両脇には、屈強な地元警察のガードマンが立っていた。二人ともカラシニコフを手にし、真っ黒な目出し帽を被って顔を隠していた。地元マフィアに身元が特定され、裁判終了後に殺されることを恐れていた。一方、サリバンは、検察官時代の制服であるスーツとネクタイを身につけ、詐欺師たちを刑務所に送るため、何時間にもわたって証言を行った。もちろん、その顔にはマスクはなかった。

eベイを経て、さらにeベイの関連会社だったペイパル（PayPal）で二年働いたころ、これまでにない興味をそそる魅力的な挑戦がサリバンに与えられた。二〇〇八年の終わり、彼のもとに、世間の注目を浴びていたスタートアップからリクルートの話が舞い込んだのだ。フェイスブックである。フェイスブックは当時、一億五〇〇〇万人のユーザーを取り込み、法務部門の拡充を急いでいた。このチャンスにサリバンは飛びついた。フェイスブックは爆発的な成長を続け、創業者マーク・ザッカーバーグの野望は尽きることがなかった。世界中をオンラインで結び、自分のソーシャルネットワークに接続させようとしていた。サリバンにすれば、考えるまでもないチャンスだった。彼は二つ返事でこの仕事を引き受けた。

eベイがネイビーシールズのような仕事を任せてくれたとすれば、フェイスブックのセキュリティー部門で働くことは、私設部隊を指揮する機会をサリバンに授けてくれた。フェイスブックも詐欺師や犯罪者が日常的に訪れる場所で、その点ではeベイと変わりはないが、それだけではなく、ここには小児性愛者、ストーカー、復讐に燃える元カレ、脅迫者など、ありとあらゆる人間が集まってきていた。サリバンが在籍した六年半で、フェイスブックは個人情報の保管場所としては世界最大の規模に成長し、彼はそのすべてを監視する責任を負っていた。入社からわずか一年後、サリバンは最高セキュリティー責任者に昇進していた。

サリバンのチームはネットで悪さをたくらむ、いわゆる「やっかい者《バッドアクター》」を精力的に追いかけた。ゴミのような投稿でフェイスブックを氾濫させるスパム送信者や詐欺師には訴訟で対抗、ネットいじめに対してはいたちごっこの戦いを繰り返し、さらにサイバー犯罪を行うロシアの組織を突きとめてFBIに連絡したこともある。

サリバンのアプローチは、シリコンバレーのほかのセキュリティー担当者とは異なっていた。セキュリティー対策について、かつてサリバンは、「大半の企業は防戦にとどまっている」(5)とインタビューで語っていた。「ネットの向こう側で誰がサイバー犯罪に手を染めているのか、われわれはそれを特定するために多くの時間を費やしている」

サリバンのこうした戦略は、彼がフェイスブックにいたころにかかわったある事件にいちばんはっきりうかがえるだろう。とある週末、サリバンの友人でもある社の同僚女性が取り乱した様子で彼に電話をかけてきた。彼女の話では、ある晩、デートの相手を探そうとマッチ・ドットコム(Match.com)を見ていたところ、サンノゼ出身の建設作業員とのあいだで話が盛り上がった。その勢いのまま、彼女は自分のトップレスの写真を相手に送ってしまったと言うのだ。後日、男から送られてきたメッセージを見て、彼女は腰を抜かした。彼女の経歴を男が調べ上げ、シリコンバレーの有名企業で働いている事実を突きとめたというのだ。そして、一万ドルをただちに送金しなければ、トップレスの写真を彼女が働く会社にメールで送ると脅した。

サリバンにはどうすればいいのかわかっていた。もう一人の同僚と二人で、彼女のマッチ・ドットコムのアカウントを使い、脅迫者をおびき出し、今度は相手の正体を突きとめようと試みた。サリバンのようなデジタル探偵にとって、オンライン決済は、相手の身元を知る手がかりをもたらす絶好のチャンスとなる場合が少なくない。たとえば、銀行によっては特定国への送金をブロックしており、それを手がかりに相手が居住する可能性がある国が絞り込める。さらに送金の際、わざと誤った情報を入力して、意図的に取引が成立しないようにしむけた。何度も送金に失敗していると、そのうち相手は口座がある地域についてもっと具体的な情報を伝えてくるので、所在地の詳細はさらに絞り込まれる。

オンライン決済を介して脅迫者の足跡をたどっていくと、相手は元グーグルでインターンとして働いていた男で、現在はナイジェリアにいる事実がわかった。さらにナイジェリア最大の都市ラゴス在住であることを突きとめると、サリバンは現地の弁護士を雇い、この町のコーヒーショップでその男と対決させた。相手はその場で悪事を認め、パソコンとメールアカウント情報を差し出した。

アクセスしてみると、相手の脅迫はサリバンの知人女性にとどまらず、マッチ・ドットコムを舞台に進行中の、大規模な犯罪集団の一人であることがわかった。この男だけでシリコンバレーで働く数十人の女性に対し、「金を払わなければ、ヌード写真を会社に送りつける」とちらつかせ、数カ月にわたって金を脅し取っていた事実がわかった。サリバンは知人女性の名誉を守っただけではなく、脅迫されていたほかの女性にも犯人をついに捕まえたと伝え、数カ月に及んだ苦悩から彼女たちを救い出した。

ルーマニアで大規模な詐欺行為を行っていたハッカーにしても、罪のない女性から金をゆすり取る脅迫者にしても、ジョー・サリバンは、ネット上で特定の人間を探し出したり、あるいは利用者の安全を守ったりする技術に秀でていた。ウーバーにスカウトされたのもそれが理由で、サリバンが最終的にウーバーの仕事に応じた理由でもあった。ウーバーの内部を目にして、手のつけようもないほど問題が山積している事実を知った。詐欺に資金をむしり取られ、競合する他社は四大陸に及び、蓄積してきた貴重な個人情報がハッカーに狙われている。さらにウーバーは、サリバンに対して、インターネットで犯罪を取り締まるだけにとどまらない仕事に携われる機会を与えてくれた。アプリを使っていても、ウーバーのサービス自体は、日々何百万人という数の客を車に乗せることだ。その仕事とはネットではなく、リアルな世界で、現実に起こりうるトラブルに対処することだった。

正式に入社する数カ月前から、サリバンはウーバーのシステム侵入事件の後始末に手を貸していた。法律に定められているとおり、情報漏洩があった事実をウーバーが当局に報告したのは二〇一五年二月である。この時点でハッキングからすでに九カ月が経過していた。ウーバーのデータ流出はこれが最後ではなく、二〇一六年にも別のハッカーがウーバーのシステムに侵入する。だが、サリバンとカラニックが自発的に侵入の事実を認めるのは二〇一五年二月が最後になった。そして、口をつぐんでいるという決断は、二人が想像していたよりもはるかに大きな代償を彼らに払わせることになる。しかし、二〇一五年四月にウーバーに入社したサリバンは、詐欺や窃盗などよりはるかに大きな問題を自分が抱えていることを知る。

ウーバーのドライバーが殺されないよう、サリバンは彼らの命を守らなくてはならなかった。

入社して半月もたたないころ、サリバンの携帯電話に緊急連絡が入った。メキシコ第二の都市グアダラハラで、ウーバーのドライバーの一人が殺されたという。現地のオペレーションマネージャーは、地元のタクシー会社の仕業だと疑っていた。

ウーバー・メキシコは数カ月前から、地元のタクシーカルテルから攻撃を受けていた。最初こそ目立たなかったが、暴力や器物破損はすぐにエスカレートしていった。アメリカの大都市のタクシー組合と同じように、メキシコのタクシー事業者もまた、乗客を乗せるために免許や許可証、講習会など、さらに国が定めた規定を満たすために何千ドルもの経費を費やしていた。しかし、ウーバーが進出してくると、カルテルはウーバーが自分たちのビジネスを吸い上げるのを、ただ手をこまねいて見ているしかなかった。タクシーの運転手たちは自暴自棄になるほど追い詰められ、やがてウーバーのドライバーへの暴行が始まり、さらに略奪、強盗が頻発して当たり前のように繰り返されるようになった。ウーバーに登録しないよう、大勢のドライバーが暴行を受けて脅された。

「ウーバーの好き勝手にはさせない」[6]。エステバン・メサ・デ・ラ・クルスは当時そう語っていた。「われわれは連中のあとをたどって追い詰めていく」。彼もタクシー運転手の一人で、一万三〇〇〇人のタクシー運転手を擁する組合の代表だった。

　サリバンがメキシコに着いたころには、ドライバーに対する暴力は、はれた唇や顔のあざ程度ではすまない激しさで広がっていた。人の命が奪われ続け、それはメキシコだけではなく世界中で起きていた。警察はほとんど当てにならず、ドライバーの死亡など、グアダラハラの警察にとっても最優先で対処する事件ではなかった。サリバンが警察に電話をしてもなかなか返事は返ってこない。いら立ったサリバンは情報機関の古い友人に電話をかけ始めた。元FBIの職員だった一人が状況を説明してくれた。「グアダラハラはカルテルが支配している土地だ。だから、あそこには職員を派遣していない」とサリバンの検察官時代の友人は言った。

　ブラジルのような国はさらにひどかった。カラニックは、フェイスブックの元幹部として将来を嘱望されていたエド・ベイカーを南アメリカの担当に起用していた。ベイカーは、サンパウロやリオデジャネイロの市政担当者に対して、できるだけ多くの人たちがウーバーの乗客やドライバーに登録するように働きかけた。登録に際し、乗客の「煩わしさ《フリクション》」を軽減するため、電話番号や容易に偽造できる電子メールアドレスでもよしとして、それ以外に身分を証明するものを必要としなかった。ブラジルは現金主義の国だったので、クレジットカードは普及しておらず、そのため、個々の乗客の支払い情報や身元情報も集めることはできなかった。

　強盗や怒れるタクシーカルテルにすれば、犯罪行為に及ぶには申し分ない条件だった。偽造した電子メールアドレスを使い、匿名でウーバーに登録すれば、ウーバー版の「ロシアン・ルーレット」ができた。彼らはウーバーを呼び止めては、暴力や破壊行為に及んでいた。車が盗まれたり、あるいは燃やされたりしていた。ドライバーも襲撃されたり、金を奪われたり、時には殺人事件も珍しくはない。だが、暴力事件が増えても、ウーバーはベイカーが説く「煩わしさ」の少ないシステムにこだわり続けた。

五二歳のドライバー、オスバルド・ルイス・モードロ・フィーリョは十代のカップルに殺害された。(7)カップルは偽名を使って車を手配すると、現金払いを選んだ。青い柄の包丁でモードロを何度も刺したあと、乗っていた黒のSUVを奪ってカップルは走り去っていった。モードロは道路の真ん中に放置されていた。

ウーバーがブラジルに進出した二〇一五年、この国の経済は大混乱に陥り、失業率は過去最高を記録して、ブラジル全土で暴力犯罪や殺人事件の発生率が急上昇していた。仕事がないため、ウーバーのドライバーを希望する人間が増える一方、日々の稼ぎが現金でのやり取りになるため、強盗には格好の標的になっていた。カラニックのプロダクトチームが、アプリの本人確認とセキュリティーを改善するまで、ブラジルでは少なくとも一六人のドライバーが殺害されている。

カラニックをはじめウーバーの経営陣は、新興市場でドライバーが直面している危険に無頓着だったわけではない。だが、事業の拡大に固執したことで、安全性の問題は大きな盲点になっていた。また、金銭的なインセンティブを安易に用いたせいで、進出先の国がそもそも抱えていた社会文化的な問題が頻繁に剝き出しにされていた。それにもかかわらず、通常のタクシーに比べ、ウーバーのアプリには安全性の点で高い機能が備わっているとカラニック本人が思い込んでいた。たとえば、乗車が記録され、GPSで車両の追跡ができるなどの点だ。ドライバーの安全性の問題は、テクノロジーをさらに駆使すれば解決できるという期待さえカラニックは抱いていた。

サリバンはこれらの状況をくまなく目にして、早急に行動を起こさなくてはならないと考えた。世界規模のセキュリティー組織を構築し、それらを不正な料金の詐取からシステムの不正侵入、ドライバーや乗客への暴力などの各部門に割り当てるのだ。そのためにはシステムを扱うセキュリティーエンジニア、現場でのオペレーションや調査を担当するCIAやNSAの元職員など何百人という数のスタッフが必要になる。サリバンはカラニックにスタッフの増員を要請した。カラニックはその要求を了承し、ジョー・サリバンに自由裁量権を与えた。

しかし、カラニックはひとつだけ、重要な条件をつけていた。それは、ウーバーが防戦一方にとどまるつもりはないということだった。

第18章 自律走行車の衝突

トラビス・カラニックは煮えくり返っていた。この日、カラニックはテラネア・リゾートのグランドボールルームにいた。テラネア・リゾートは、カリフォルニア州南部のランチョ・パロス・ベルデスの海岸にある富裕層向けの海辺の楽園である。テクノロジー業界のトップリーダー向けに例年開催されている「コードカンファレンス」の二〇一四年度の初日の夜だった。ステージではグーグルのセルゲイ・ブリンが歴史的なスピーチをしている最中だったが、カラニックは手元のアイフォーンでデービッド・ドラモンドに怒りのメールを送っていた。表向きとはいえ、セルゲイ・ブリンはカラニックのパートナーであり、出資者であるにもかかわらず、壇上でウーバーの存在を脅かすかもしれないものを公表していた。そのものこそ、グーグルが開発してきた運転席がない、完全な自律走行車のプロトタイプだった。

「私がこの自動運転プロジェクトに対して興奮を隠しきれないのは、この車があなたたちのまわりに広がる世界を根底から変える力を秘めているからだ[1]」とブリンは聴衆に語りかけていた。技術者、ベンチャーキャピタリスト、ジャーナリストも興奮してざわついている。その夜、グーグルの共同創業者は、白いTシャツに黒いパンツ、はき古したクロックスという格好で基調講演のステージに登場していた。ブリンは、見てくれよりも快適さを重んじていた。

ビデオが流れると、聴衆は卵型をした真っ白な二人乗りの車が駐車場を周回している映像に目を向けた。醜くて、小さな車だった。フロント部分は、ハンプティ・ダンプティがゴルフカートになったような笑い顔だ。『ブレードランナー』に出てくるような車とはほど遠い。

しかし、そんなことは問題ではない。この車にはハンドルが必要ないので、どんな形にもデザインできる。ビデオのハンプティ・ダンプティには二人の人間が座っていた。二人とも何もしていないのに、車はグーグルの本社があるマウンテンビューの駐車場を楽々と走りまわっている。カラニックにとって、グーグルの卵型の自律走行車は芸術作品にほかならなかった。

グーグルはこれまで自分の味方であり、パートナーだと考えてきたが、そのグーグルは自分に敵対しているようにカラニックには思えた。卵型をした小さな車はウーバーに破滅をもたらし、文字どおり笑いながら自分の会社を破壊していくだろう。ドライバーを必要としないライドシェアサービスをグーグルが提供するようになれば、格安の料金でサービスが提供できるようになり、ウーバーの顧客はすべて奪われ、ウーバーが編み出したビジネスモデルそのものが破壊できる。

コードカンファレンスを運営するジャーナリストのカラ・スウィッシャーは、ステージでブリンにインタビューをしていた。「グーグルは配車サービスに乗り出す計画はあるの？　たとえばウーバーのような」とスウィッシャーは直球の質問をブリンに投げかけた。ブリンが「ノー」と答えるのをカラニックは願っていたかもしれないが、ブリンは否定しなかった。

「サービスをどう提供するのか、自分たちの手で進めるのか、それともパートナーと組むのか、ビジネスにともなうこの種の質問には、本格的に展開する段階で検討するものが少なからずある」とブリンはこの質問についてはっきりした返事はしなかった。「最初のテスト車両はきわめて特殊なサービスになるので、グーグルとしてサービスを運営することになると思う。しかし、長期的にはまだはっきりしていないな」

カラニックは歯がみしていた。ウーバーはテクノロジー企業としても、交通機関としても大きな影響力を持つようになっていたが、完全な自律走行の車両は所有しておらず、それどころか研究にさえ着手していない。

ウーバーはどの分野に進出しようが、常に追う側だとカラニックは考え、その考えにしたがって行動してきた。彼がウーバーのCEOだった期間を通じて、カラニックのこの考えは変わらなかった。ウーバーが最初に戦いを挑んだのはタクシー会社で、地元の低俗な政治家を抱き込み、倫理に背きながら、彼らは貪欲に金を稼いでいた。次に挑んだのがリフトだ。リフトは資金力のあるスタートアップで、車両のフロント部分にシンボルであるピンク色の口ひげをつけるような温かみのあるブランド戦略を展開しているが、それは冷酷な経営者たちの正体から世間の目をそらせる隠れみのにすぎない。そして今度は、世界的なテクノロジー企業であるグーグルとの戦いになりそうだった。

カラニックの怒りは徐々に恐れへと変わっていった。グーグルの検索連動型広告というビジネスは、事実上、自分で紙幣を刷るような大金をもたらすビジネスだ。その資金があればこそ、赤字を生み出すプロジェクトや、時には荒唐無稽なプロジェクトでも、後先を考えずにグーグルは追いかけることができた。* グーグルの自律走行車の研究はこの時点ですでに数年にわたって続いており、シリコンバレーではもっとも大金が投じられたプロジェクトだったが、いまだに利益はあげていない。だが、グーグルにとってはその費用も、数字を丸めこんだ際の誤差程度にすぎなかった。

のちにカラニックが友人たちに話しているように、彼が自動運転について焦燥感を抱くようになったのは、二〇一四年のコードカンファレンス以降である。ブリンがステージを去ったあとも、カラニックはくるったようにテキストやメールを送り続けた。

どうしてもデービッド・ドラモンドと話をしなくてはならなかった。

ドラモンドもカラニックから連絡がくると予想していた。

グーグルのガルフストリームVは、戦没将兵追悼記念日《メモリアルデー》〔五月の最終月曜日〕の翌日の火曜日にサンフランシスコ国際空港の駐機場からロサンゼルスへと離陸した。コードカンファレンスに向かうグーグルの幹部たちは、その日の夜に行われるブリンのプレゼンテーションをどうカラニックに伝えようかと検討していた。結局、ウーバーの取締役でもあるドラモンドが本人に伝えるのがもっとも妥当だという話になった。

ドラモンドは日ごろから、このような状況に対処する術に通じていた。彼は相手に共感を寄せることができた。背が高く、体格にも恵まれ、ラインバッカーをやっていたと言っても十分通用した。はしばみ色の目と歯を見せて笑う容貌は、賢くて愛想のいい企業弁護士のように無害な好人物に見えた。そうした資質に加え、シリコンバレーの出世の階段をのぼりつめ、最上段に立った数少ないアフリカ系アメリカ人の幹部の一人だったので、同業者のなかでも彼はひときわ目立つ存在だった。しかし、それだけの能力や信頼を備えていたにもかかわらず、彼自身は争いごとを嫌っていたので、グーグルの自動運転の話はなかなか切り出せず、結局、カラニックに伝えるタイミングを逃していた。

ドラモンドにも、これがやっかいな話であるのはわかっていた。カラニックはシリコンバレー中にスパイを置いていた。競合他社の情報収集の一環であり、ジョー・サリバンと彼の部下であるマット・ヘンリーによって進められていた組織的で大規模なＣＯＩＮプログラムによって、組織網は日に日に広がりつつあった。グーグルの自律走行車の開発プロジェクトの噂は、カラニックの耳にも何度となく伝わり、グーグルは自動運転による配車サービスを始める予定だという的はずれな噂が入ってくることもあった。だが、そんな噂を耳にするたびに、カラニックはドラモンドに速射法のようなメールを送りつけていた。

一度など、「こんな話にはもううんざりしている」(2) と書かれたメールを送りつけられたことがある。メールにはグーグルの自律走行車サービスに関する機密情報が添付されていた。「ラリー・ペイジにもう一度会って、そうでないと確認できれば収まるのだろうが、秋に会って以来、彼は会うのを避け続けている。話し合いが持てなければ、グーグルは現時点ではウーバーと争うつもりで、現状を踏まえれば、おそらくはるか以前からそのように計画してきたと考えるほかない」とメールは続いていた。こんなやりとりが何カ月にもわたって続いた。そして、次の噂が出てくれば、ドラモンドが丸く収め、さらに別の噂が飛び出してくればふたたび同じことの繰り返しだった。

今日がカンファレンスというその日、ドラモンドはブリンのデモンストレーションについてようや

＊「グーグルグラス」もそうしたプロジェクトのひとつだった。グーグルグラスは一〇〇〇ドル台のウェアラブルコンピューターだが、これを使って相手に気づかれないままこっそり写真を撮る「グラスホール」(glasshole：glass＋asshole) と呼ばれる人間を大勢生み出し、遅ればせながらグーグルもその事実に気づいた。結局、開発プロジェクトはものの見事に失敗に終わる。プロジェクトはそれほど長くは続かなかったが、中止されるまでに数億ドルの費用が投じられていた。

くカラニックに伝えた。緊張をはらんだ瞬間だったと、その様子を見ていた者たちはのちになって口々にそう話している。もちろん、カラニックは激しく動揺した。支援者と信じてきた者に裏切られたと思っていた。

ブリンの話が終わりに近づいたころ、ドラモンドはカラニックに声をかけ、海辺の散歩に連れ出した。カラニックはすっかり意気消沈しており、そんなカラニックに対し、ドラモンドは月並みではあるが、いつも以上に言葉をかけた。ウーバーの取締役として、事業開発担当《ビズデブ》として、ドラモンドは人にどう向き合い、相手をどうやってなだめるかなど、彼のボスたち——ラリー・ペイジとセルゲイ・ブリン——が歯牙にもかけない接し方に通じていた。

カラニックは冷静になろうと努めた。ドラモンドを信じたかった。なんと言ってもドラモンドは、ウーバーの取締役会のメンバーの一人だ。彼が所属するグーグルは何百万ドルもの資金をウーバーの未来に出資している。カラニックには、ドラモンドは嘘を言っていないと考えるほかに希望をつなぐ手立てはなかった。

しかし、その日の夜が更けたころには、カラニックの「冷静でいよう」という考えは消し飛んでしまう。例年、コードカンファレンスの初日の夜には、主催者側は出席者のため、海辺のスペースで大がかりなディナーパーティーを催すのが恒例となっていた。しかし、参加者のなかでももっとも有力な企業の経営者は、このパーティーではなく、ホテルの別のスペースで開かれているプライベートなディナーパーティーに参加していた。この年のカンファレンスでは、カラニックはこちらのパーティーに招待されており、彼はガールフレンドのガビ・ホルツワースをともなって出席していた。ガビ・ホルツワースはミュージシャンでダンサーの魅力的な女性で、カラニックとはシャービン・ピシェバーを介して偶然知り合った。シャービン・ピシェバーはウーバーの初期の投資家の一人で、カラニックとも個人的に親しかった。

当時二四歳のガビ・ホルツワースは、バイオリニストとして子供のころからクラシック音楽を学び、サンフランシスコやパロアルトの路上でしばしば演奏活動を行っていた。ホルツワースはパロアルトで生まれ育った。彼女が商店の前で演奏していたとき、たまたまシャービン・ピシェバーが通りがかり、彼が自宅で開催する民主党の上院議員コリー・ブッカーの資金集めのイベントで演奏してもらうことを依頼した。カラニックはこのイベントで彼女と出会った。

ホルツワースは火の玉のような強い心を持った女性で、小さなころから音楽を極めようと取り組んできた。カラニックは彼女のそうした意志を愛していた。温かい人柄で、人当たりも柔らかく、誰とでもわけへだてなく話せる様子が好きだった。カラニックが世間の脚光を浴びるにつれ、二人の仲にも注目が寄せられるようになった。「タイム」誌の「世界で最も影響力のある一〇〇人」に選出された者を祝う「タイム100ガラ」、あるいは「ヴァニティ・フェア」主催のアカデミー賞のアフターパーティー「オスカーパーティー」、さらには毎年五月にメトロポリタン美術館で開催されるファッションの祭典「メットガラ」といった有名なパーティーにも二人で足を運んだ。カラニックはタキシード、ホルツワースはブランドもののロングドレスに身を包んでいた。

コードカンファレンスのプライベートディナーで、二人は業界の超大物たちといっしょにテーブルについていた。いずれもシリコンバレー最大の企業のCEOである。カラニックにすればこのディナーを心から楽しめればそれでよかった。彼の成功と影響力を考えれば、カラニックにはこうした席に座る資格が十分にあった。しかしその晩、彼が大半の時間を費やしたのは、自分の彼女にちょっかいを出し続けるセルゲイ・ブリンに目を光らせることだった。

もっとも気難しいエンジニアとして知られるブリンを相手に、ホルツワースは礼儀正しく、そつなく会話を交わしていた。このころブリンは、部下の女性との不倫が明るみに出て、泥沼の離婚劇を演じている最中だった。そのブリンはカラニックの存在を端から無視し、周囲の目も気にしていない。食事が終わる前、カラニックは鼻の下を伸ばしてホルツワースに話しかけるブリンをアイフォーンで撮影し、その画像をドラモンドに送った。その後の話になるが、ブリンはホルツワースの膝に手を乗せていたとカラニックはドラモンドに話している。ブリンがこんなふるまいに及ぶのは、グーグルに責任があるとカラニックは信じて疑わなかった。

その夜の件については、ドラモンドの才能をもってしても静められなかった。食事がすんだあとも、ブリンはホルツワースにつきまとい、夜遅くにもかかわらず、プールのかたわらで話さないかと誘い続けた。カラニックはいらいらしていた。グーグルは自分をペテンにかけようとしている。そして今度は、自分の会社の息の根をとめようとしている男が、自分のガールフレンドまで奪おうとしている様子を見ていなくてはならなかった。


自律走行車に関するウーバーの研究は、カラニック自身が正確に評価できないほど大幅に遅れていた。一方、ラリー・ペイジは自律走行に妄執のような関心を抱いていた。彼とセルゲイ・ブリンがコードカンファレンスで卵型の試作車を公表していいだろうと決定した時点で、すでに一〇億ドル以上の資金と何万時間もの労働時間をこのプロジェクトに投入していた。ラリー・ペイジほどロボットカーの実現に執念を燃やしていた人間はいなかった。

例外がいるとすれば、その人物こそ前出のアンソニー・レヴァンドウスキーにほかならない。ひょろりとした体形の無愛想なグーグルのエンジニアで、自律走行車の研究プロジェクトに取り組んでいた。社内では「プロジェクト・ショーファー」というニックネームで呼ばれていた事業で、「ショーファー」つまり「お抱え運転手」の開発を目ざしていた。しかし、担当責任者としてのレヴァンドウスキーの位置づけは日ごとにおぼつかないものになっていた。

ひとつには、リーダーとしての資質にレヴァンドウスキーは乏しかった点があげられるだろう。プロジェクトの進捗速度に関する会社の意向をめぐり、レヴァンドウスキーはとにかく遅いと言っては仲間と衝突していた。しかし、ラリー・ペイジは、レヴァンドウスキーの強引な進め方が気に入っていた。自律走行の研究について、新たな飛躍をグーグルにもたらしてくれるのは彼のような男だと信じていたのだ。

レヴァンドウスキーはペイジ個人にもある種の影響を与えていた。すぐにけんか腰になってしまう人間ではあったが、時には人を引きつける魅力を放つときも珍しくなかった。二人で食事をいっしょにする夜も多かった。そうしたつき合い自体、ペイジにはまれだったが、ロボットカーが自走する未来を二人で語り合った。どんな欠点を抱えていようが、レヴァンドウスキーはグーグルになくてはならない人間だとペイジは考えていた。

しかし、二〇一五年、ペイジの期待や何百万ドルものボーナスをもってしても、やたらと自律を唱えるこの寵児をご機嫌にさせておくことはできなかった。リスクを回避しようとする仲間たちに、レヴァンドウスキーは心底うんざりしていた。「ノー」という返事はもう聞き飽きた。このプロジェクトを進めるにはグーグルは快適な場所とは思えなくなり、故意に自分の足を引っ張っているのではないかとさえ考えるようになっていた。グーグルならほかよりはうまくやれると考えていた。だが、自分ならもっとうまくやれるはずだ。

そう考えたレヴァンドウスキーは、信頼できる数名の同僚を相手にアイデアの売り込みを始めた。長距離のトラック輸送である。この分野で起きた最後のイノベーションは、運転手の眠気防止のサプリメント「ノードーズ」ぐらいにとどまっていた。「想像してみてほしい。無人のトラックで、町から町へと途切れることなく物が運ばれている世界を」。売り込みはレヴァンドウスキーが催した社外の夕食会で行われた。その世界では、眠りを奪われたトラックの運転手はもはや脅えなくてもよくなる。トラック輸送は巨大産業で、七四〇万人のアメリカ人がこの仕事に従事し、毎年七三八九億ドルの利益を生み出している。[3] 運輸省の統計では、アメリカ国内の車両の全走行距離のうち5・6パーセントは長距離トラックが占め、高速道路で発生する死亡事故の約10パーセントはトラックに関連していた。[4] これらの長距離トラックを自動化すれば、数十億ドルの価値が生み出せる。グーグルもこの分野には参入を考えていないのでその点でも有利だと、少なくとも以上のことをレヴァンドウスキーは同僚たちに語っていた。彼らは新会社を「オットーモットー」(Ottomotto)——略して「オットー」(Otto)と呼んだ。

二〇一六年、レヴァンドウスキーは数名の同僚とともにグーグルを退社、いっしょに辞めた者のなかには彼と仲がよかったリオール・ロンがいる。在社中、ロンは数年にわたり人気のグーグルマップの開発を担当してきた。退社に際し、レヴァンドウスキーは最後のメールで、自分の気持ちを包み隠さずペイジに伝えている。「自分が座っていたかったのは助手席ではなく、運転席だった。しかし、いまはトランクのなかに押し込められているようなものだ[5]」

二〇一六年夏、大統領選のこの年、退社から半年もたたないうちにレヴァンドウスキーらはオットーを設立して事業を開始した。レヴァンドウスキーとロンが共同創設者で、社員の数はすでに四一人にまで増え、三台のボルボ社製トラックに装備された実験機器を使い、1万マイル(16万キロ)の距離を走行していた。二人とともに一五人がグーグルからオットーに参加しており、そのうちの半分以上が自律走行の開発が専門で、いずれもシリコンバレーではまれで貴重なタイプの技術者だった。[6]

　非常に珍しいケースだが、オットーはベンチャーキャピタルからいっさい出資を受けていなかった。金を出したのは「ズーグラー」(Xoogler)と呼ばれる元グーグル《エクス・グーグラー》社員たちが所属する集団で、彼らは豊かな資金力に恵まれ、プロジェクトに対して独自に出資できる余裕があった。レヴァンドウスキー自身、在社中に設立した会社をグーグルに数年前に売却して何百万ドルもの利益を得て、ズーグラーのなかでは大金持ちの一人だった。

　しかし、オットーの秘密兵器は、創業者チームの豊かな資金力でもなければ、競合企業の手薄な新規市場に進出する先見性でもなかった。それは、レヴァンドウスキーがグーグルという会社の束縛と役所の法的な束縛からついに解き放たれたことだった。彼はいま、自分の流儀で好きなようにやることができた。グーグル時代、法律を破り、ロビイストを雇って法案を勝手に通し、重役たちにカンカンに怒られたことがあった。しかし、オットーでは彼に制限をかける者は一人もいない。

　既存のトレーラートラックに自律走行の装置をセットし、自走するシーンを撮影する準備が整うと、レヴァンドウスキーはロビイストに電話を入れた。相手はグーグル時代に自律走行を行った際、ネバダ州の当局者に働きかけて法案を通過させたロビイストだ。高速道路を走行するオットーを撮影する許可をネバダ州の関係機関から取るように、レヴァンドウスキーはこのロビイストに依頼した。ネバダ陸運局は申請を拒否したが、レヴァンドウスキーは平然とそれを無視して、いずれにしても撮影を強行した。[7]「Otto」の黒いロゴがところどころに描かれた真っ白な一八輪車が走行していく。その様子を上空から広角でとらえた映像は、モハーヴェ砂漠の乾いた風景の色調によく映えていた。走行は違法だと当局は文句を言ってきたが、結果として、なんらかの罰則を科せられることはなかった。

レヴァンドウスキーにすれば、オットーが試走する動画を見てくれた人全員が気に入ってくれればそれでよかった。グーグル時代のように何事もルール第一で仕事をやっていたら、承認を待ち続けていなければならない。オットーの社内では、エンジニアたちがオレンジ色のステッカーを印刷して、サンフランシスコにある本部に貼り出していた。ステッカーには、レヴァンドウスキーなら気に入りそうなメッセージ、「安全第三」[8]と書かれていた。

二人の出会いはほとんど運命のようなものだった。

二〇一五年、トラビス・カラニックとアンソニー・レヴァンドウスキーははじめて出会った。二人を引き合わせたセバスチアン・スランは、グーグルの元幹部で、自律走行車の世界的な大家である。それから間もなくレヴァンドウスキーはグーグルを退社して、新会社の準備を始めるが、そのかたわら、ウーバーのCEOと秘密裡に会うようになった。

二人は初対面から意気投合した。レヴァンドウスキーは生まれつきの未来学者で愛嬌もあった。身長は6フィート7インチ(2メートル)、ものの見せ方を心得ており、カラニックが胸に秘めている何かをかき立てるものを持っていた。二人とも年齢は三十代後半、自律走行の車であふれる未来を思い描いていた。カラニックが考える壮大な配車サービスのネットワークによって、レヴァンドウスキーのエンジニアリングの才能はますます勢いづいていた。のちにカラニック自身も言っているように、「無二の親友」[9]を見つけたような思いを彼は抱いていた。

しばらくして二人は頻繁に会うようになった。だが、人目にはつきたくない。昼間のあいだ、レヴァンドウスキーはマウンテンビューにあるグーグルで働き、夜になるとサンフランシスコに戻ってカラニックと落ち合い、今後の協力関係について話し込んだ。目立たないように、サンフランシスコの人気のランドマーク、フェリービルディングに別々に入るようにしていた。テイクアウトの包みを手に、北側や西側の桟橋、ゴールデンゲートブリッジに向かい、そこで自律走行する車の夢について語り合った。

カラニックには自律走行のテクノロジーに関する知識はほとんどなかったので、レヴァンドウスキーが詳しく説明していた。安全な走行は言うまでもなく、自律走行を可能にするには、移動する道路の地勢を正しく理解するため、途方もない規模の装置を搭載しなくてはならない。そのために車体には、レーザー、全方位カメラ、ずらりと並んだセンサー、レーダービーコンが取り付けられている。ＬｉＤＡＲ《ライダー》(光による検知と測距)によって検知した地形に関する数テラバイトもの情報を、自律走行のソフトウエアが吸収していく。

ある会議の席でカラニックは、レヴァンドウスキーの自律走行では、レーザーこそ〝要《ソース》〟だとホワイトボードに書いたことがある。二人はコードネームを考えるために何時間もかけ、ほかの人間にはわからない隠語で話を交わしていた。自律走行が可能になれば、ウーバーの〝超一級品《スーパー・デューパー》〟あるいは〝ウーバー・スーパー・デューパー〟を生み出せるとカラニックは考えていた。[10] そうなれば、乗車料金の30パーセント——当時のウーバーのビジネスモデル——ではなく、乗車料金をまるまる手にできる。会社にころがり込む金は何十億ドル単位で増えていくだろう。ウーバー・スーパー・デューパー——略して「USD」のコードネームはクールなものがふさわしい。かくして「$」というシンプルなドル記号に決まった。

二人は取りつかれたように話し合い、その様子は科学プロジェクトに熱中する十代の学生と変わりはなかった。レヴァンドウスキーと会ったあと、カラニックは興奮冷めやらぬ様子で自宅に帰り、ガールフレンドの目の前でアイフォーンをかざし、「見てくれよ。今日はここまで歩いて話し合った」と内蔵されている歩数計の数字を見せた。

レヴァンドウスキーは、グーグルを辞めた直後にオットーを創業して、自分の関心がトラックの自律走行の事業化にあるように装った。さらにサンド・ヒル・ロード——アンドリーセン・ホロウィッツ、クライナー・パーキンスなどのシリコンバレーでも一流ベンチャーキャピタルが集まっている地域——に通い、資金を集めるために会議を持った。結局、こうした会議を煮詰めないまま、ベンチャーキャピタルの投資は受けない方針を選んだ（外部の資金を導入せず、自主的な経営を行っていると世間に思わせるのがいちばんの目的だったので、投資を受けて株式を渡しても意味はなかった）。そして、彼らの策略《クーデター》がついに明らかになる。ウーバーが途方もない金額を投じてオットーを買収したのだ。この買収によって、自律走行の技術開発に進出することをウーバーは高らかに宣言した。

グーグルの自律走行車の開発部門から自社を守るため、カラニックは担当者の部署の増員を図り始めた。カーネギー・メロン大学の研究者との共同計画として、自律走行の研究を専門に行うＡＴＧこと、アドバンスト・テクノロジーズ・グループ（Advanced Technologies Group）はピッツバーグですでに設立していた。(11) ＡＴＧそのものは、カーネギー・メロン大学のロボット部門から人材を引き抜くための隠れみのにすぎなかった。初期の社員でカラニックのもとで働いていたマット・スウィーニーは、およそ四〇人の研究者を引き抜き、新規に立ち上げたウーバーの研究チームに鞍替えさせた。大学側はカンカンになって怒った。

しかし、オットーの買収は、単なる買収ではなく別の意味を帯びていた。レヴァンドウスキーのスタートアップを手に入れることは、グーグルの自律走行の研究チームを事実上横取りすることであり、事業に対するカラニックの本気がうかがえた。買収価格は六億八〇〇〇万ドルという途方もない金額で、当時のウーバーの企業価値評価の1パーセントに相当する。さらに、レヴァンドウスキーと彼のチームに対しては、彼らが開発した自動運転トラック事業の20パーセントの利益配分を得られる権利が与えられた。まさに超弩級の契約内容だった。そして、グーグルに対しても痛烈な反撃をお見舞いしていた。

このような条件と引き換えに、カラニックのほうは、オットーが所有するデータ、オットーが目ざしていた行程表《ロードマップ》、知的財産と特許、さらにカラニックが「肉の1ポンド」[12]と評していた、ウーバーとウーバーの理念に対するレヴァンドウスキーの献身を手に入れていた。

二〇一六年八月一八日、カラニックとレヴァンドウスキーはオットーの買収劇を公表した。メディアはこの買収をクーデターとして報じていた。ラリー・ペイジの弟子の一人として、自動運転の開発を指揮してきた人間を手に入れ、ウーバーが開発事業でグーグルに挑戦する準備がなんの前触れもなく整ったのだ。

「蜜月時代《ゴールデンタイム》は終わった。[13]戦争が始まる」とエンジニアリング部門のトップマネージャーとのミーティングでカラニックは宣告した。

40マイル（64キロ）南にあるグーグルの本社では、買収を報じるニュースを目にして、幹部たちの眠気は一気に吹き飛んでいた。

彼らは頭から湯気を立てて怒っていた。

第19章

前途洋々

カラニックにとって、万事が順調に進んでいた。

つい最近、リフトの共同創業者であるローガン・グリーンとジョン・ジマーの二人と会い、両社が合併する可能性について話し合った。ユーザー獲得をめぐる競合では、ウーバーが着実に攻略しており、リフトが破綻せずに事業を継続するには、およそ半年ごとに資金を調達しなければならなかった。ウーバーの幹部たちは、このまま価格戦争を続けていくより、いっそ会社ごと買収したほうが安上がりだと考えていた。

カラニックはリフトの社長ジョン・ジマーをカストロ地区の高台にある自宅に招待したことがある。このときはカラニックの腹心エミール・マイケルも同席していた。カートンに入った中華料理を食べながら、双方がたがいに考える公平な取引《フェアディール》について意見を交わした。だが、具体的な公平性をめぐる両者の考えには大きな隔たりがあった。リフトの創業者は自社を売るかわりに、ウーバーの株式の10パーセントを要求した。

一方、カラニックとマイケルの希望は8パーセントぐらいだった。あいだを取って9パーセントという考えはどうやらなかったようだが、双方ともに歩み寄ろうとしたとき、ベンチャーキャピタルの人間が話に割って入り、さらに高率の17パーセントの株式を要求した。買収の一件はそこでご破算になった。

いずれにせよカラニックは、心からリフトの買収を希望していたわけではない。理由はどうしてもジマーが好きになれなかったからで、リフトの社長の性格にはカラニックをなぜかいらつかせるものがあった。こういう人物とはいっしょに仕事をしたくなかった。カラニックが望んでいたのは、経営者としてのジマーに屈辱を与えることだった。リフトは間もなく資金を使い果たしてしまうはずだ。

のちに振り返ったとき、カラニックはこの買収話を見送ったのは運がよかったと考えるようになる。マイケルと連携して、カラニックはこれぞ資金調達の見本のような話をまとめる。サウジアラビアの政府系ファンド、公共投資ファンド(Public Investment Fund)から三五億ドルを調達したのである。(1) 非公式ではあったがウーバーの企業価値は六二五億ドルと評価され、民間のテクノロジー企業としては前代未聞の数字だった。

サウジアラビアの投資の話は二〇一六年六月に発表され、この取引によってウーバーのトップとしてのカラニックの地位は不動になる。彼のその後の動きを先取りするように、カラニックは取締役たちに命じ、ウーバーの取締役をさらに三名追加できる権限を、彼にそして彼だけに授けるという文書を作成させた。(2) カラニックのこうした動きにとまどっていた取締役もいた。とくにビル・ガーリーが不安視していた。この話が承認されてしまえば、取締役会がどんな異議を唱えても、カラニックはそれらを封じ込められる権力が握れる。

その一方で取締役たちも、三五億ドルの新たな出資を実現させた人物こそカラニックである事実は認めていた。この投資には単なる資金投入以上の意味があった。サウジアラビアの政府系ファンドからの金はウーバーにとって軍資金にほかならなかった。当時、ウーバーは世界中の国で他社との競合を展開し、中国の滴滴出行、東南アジアではシンガポールのグラブ、ジャカルタのゴジェック(Gojek)、インドではオラキャブズ、そしてアメリカ国内ではリフトと競い合っていた。複数の大陸でさまざまな戦線を展開し、しかも相手は豊富な資金に恵まれており、費用のかかる苦しい戦いをウーバーは強いられていた。サウジアラビアからの投資を得て、こうした敵を一掃できる武器をカラニックは手に入れていた。

結局、しばらく考え抜いたあと、ウーバーの取締役会はこの書類に署名をした。

カラニックの気分をさらによくしていたのが、リフトの経営状態だった。二〇一六年末の時点で、ユーザーへの補塡金をめぐるウーバーとの戦いに苦戦し、資金を血のように流し続けていたが、カラニックのような資金面でのうしろ盾は彼らにはなかった。カラニックは喜々としてローガン・グリーンとジョン・ジマーの二人を追い詰めていき、少しも容赦はしなかった。ウーバーのセキュリティーを担当していたジョー・サリバンはウェブサイトやオープンソースの情報やデータを調べ上げ、リフトに対するとどめの一撃を探し続けていた。

カラニックのもとにまたとない報告が届いた。「ワーケーション」に参加していたエンジニアのグループが、新しい秘密兵器を完成させたというニュースだった。「ワーケーション」は、一二月の二週間のクリスマス休暇を休むかわりに、希望者は常々やりたいと考えてきたプロジェクトを自主的に手がけられる制度で、ウーバーでは恒例の行事になっていた。この制度を利用して、社員のあるグループがウーバーのドライバー向けアプリの試作品を制作した。ドライバーが持っているスマートフォンの特定部分、とくに加速度計とジャイロスコープを再利用することで、リフトのアプリの通知音を検出するというものだった。リフトで働いているドライバーが検出できれば、彼らに対してボーナスを提示し、リフトではなく、ウーバーで働くように勧誘できる。

アプリを開発したエンジニアたちは、取締役や弁護士、カラニックの前でこのプロジェクトを発表した。テーブルを囲む取締役たちは興奮と緊張に包まれていた。リフトとの戦争では強力な武器になるだろう。だが、許可も得ないままドライバーを検知することは、倫理的な一線を越えてしまうはずだ。プレゼンが終わっても、カラニックは黙って椅子に座り続けていた。口を開こうとする者は誰もいない。

「わかった」と吠えてカラニックが緊張を破った。「これは使えると思う」とうなずいている。そう言って椅子から立ち上がると、エンジニアたちを正面から見詰めた。「同時にこの件で、ＦＴＣ（連邦取引委員会）から電話がくるのは遠慮したい」とこたえて、集まった全員に礼を述べてから部屋を出ていった。その時点で会議は終わった。結局、この機能は搭載されなかった。

シリコンバレーでは昔から、顧客のプライバシーは二の次とされ、企業はほしいまま顧客のデータを集めてきた。ウーバーでは顧客のプライバシーはさらに軽視され、後まわしの問題として扱われてきた。あるとき、カラニックはウーバーのアプリの設定に変更を加え、車を降りてからの乗客の行動を追跡できるようにした。その事実を知ったユーザーはこれに抗議して、プライバシー設定の強化を要求したが、カラニックは何年にもわたりその声に応じようとはしなかった。降車後、乗客がどこに向かうのかを知ることで、消費者行動に関する気づきが得たかったのだ。

ほぼすべての場面で、ウーバーはリフトを出し抜いていた。リフトの共同創業者の二人も闘争心にあふれ、野心にも富んでいたが、カラニックは二人よりもさらに迅速で、問題がありそうな戦略でもためらわずに手を出した。ウーバーが狙っていたのはリフトのユーザー基盤だけではなく、リフトでもっとも優秀な人材とされたトラビス・ヴァンダーザンデンにも手を伸ばしていた。ヴァンダーザンデンも起業家で、二〇一三年に自身で創業した洗車サービスのウーバーとでも言うようなチェリー(Cherry)をリフトに売却している。ヴァンダーザンデンは〝やり手《ハスラー》〟だとカラニックは買っていた。リフトに入社してわずか一年で、ヴァンダーザンデンは最高執行責任者(COO)にまでのぼりつめていたが、二〇一四年にリフトを裏切ってウーバーに入社している。

これがいつものカラニックだった。部下からの朗報(たいていの場合、ライバル企業には凶報だが)が届くと、いつも決まって満足げな笑い——少年のようなあどけない笑顔ではあるが——を浮かべ、もみ手をして喜び、座っていればその場で立って歩き始め、ウーバーの次の一手を考えた。かつての自分の庇護者《メンター》だったベンチャーキャピタリストのマイケル・オーヴィッツに対し、カラニックは変わらない憎悪を抱いていた。スカウアを起業して数年のあいだ、だまされ続けたからだ。しかし、同時に彼はオーヴィッツから学んでもいた。オーヴィッツは最強代理人《スーパーエージェント》として、クリエイティヴ・アーティスツ・エージェンシー(CAA)を運営し、二〇年にわたってハリウッドを支配してきた。そのオーヴィッツにとって、孫武が書いた兵法書『孫子』はバイブルだった。[3] そして、カラニックにとっても『孫子』は彼のバイブルになっていた。

「したがって、強き者とは戦わず、弱き者と戦う」

リフトは弱っている。そして、ウーバーには力がある。双方とも戦いは辞さない。ウーバーはリフトよりも迅速で資金力にも恵まれ、しかも、情などかけずに非情に徹して戦える。ローガン・グリーンとジョン・ジマーが正義の味方を演じるなら、トラビス・カラニックは勝つためには手段を選ばなかった。リフトの金庫が空っぽになり、共同創業者の二人が資金調達に奔走しているなら、勝機はウーバーにあった。

「なんだこれは。いったいどこから手をつければいいんだ」とジェフ・ジョーンズは頭を抱え込んでしまった。

ウーバー本部の広間に置かれたスタンディングデスクに向かいながら、ジョーンズと彼のアシスタントは、フェイスブックに続々と現れるドライバーの返信に目をみはっていた。どれもこれも罵声と怒りに満ちた質問でジョーンズをののしっている。ミネソタの穏やかな人間関係に慣れた彼には、こんな反応は居心地が悪かった。「みんな、怒っている」と言いながらあたりを見まわしたが、誰もが知らん顔をしている。近くに置かれた黒革のソファに座っている彼のアシスタントや数名の社員たちは、一人残らずマックブックに没頭している。ジョーンズは独りぼっちだった。

ジェフ・ジョーンズはキャリアに恵まれた幹部社員だった。もちろん、現場の労働者に腹を立てられたことはある。だが、それは毎日起きるようなことではない。それどころか、みんなジョーンズには好感を寄せてくれた。五〇歳を目前にして、すでに髪の毛は銀髪になりかけていたが、いまだにボーイスカウトの団員のような若々しさは失っていない。明るくてさわやかな表情は快活な印象を与え、満面の笑みを浮かべて会議の雰囲気を盛り上げた。大学に進む前にフォーク・ユニオン・ミリタリー・アカデミーで一年を過ごし、このとき打ち込んだ野球を通じて、彼の規律正しさと真っすぐな姿勢が鍛えられた。そうした点に加え、持ち前の明るさとカリスマ性を発揮して、ジョーンズはアメリカの企業を渡り歩いてきた。ギャップの副社長として知られるようになり、その後、コカコーラの取締役に転進、小売企業のターゲット・コーポレーションではマーケティングの達人として名前を知られるようになった。

ジョーンズがターゲットで働いていたころ、大勢の人たちが同社の商標である大きな赤い的《ターゲット》を愛し、「ターゲット」とフランス風の気取ったアクセントで呼び交わしていた。しかし、彼が最高マーケティング責任者(CMO)だったとき、ターゲットは創業以来最悪のトラブルに直面し、その間、ジョーンズは会社を率いていかなくてはならなかった。二〇一三年、数千万人にも及ぶ顧客の個人情報と財務情報が流失してハッカーの脅威にさらされたのだ。大勢の人たちが自分に怒りを向けているのがどういうものなのか、このときジョーンズは身をもって知った。

だが、それ以上に怒っている人たちがいる。今度はウーバーのドライバーの怒りだ。ウーバーのビジネスは絶好調だとカラニックは考えていた。以前にも増して多くの人たちがウーバーを利用していたが、一方で、ドライバーに問題を抱えていることは彼にもわかっており、すでに会社の最終利益にも影響が表れ始めていた。ドライバーの〝解約率《チャーンレイト》〟――ウーバーのドライバーとして働き、それから辞めて二度とハンドルを握らない割合――は異様なほど高かった。

その理由は会社の誰もが知っており、ジョーンズもじきに気づいた。悲惨な仕事だったからである。会社に振りまわされ、時給は急激に変動し、本部との意思疎通もまったく図れない。ウーバーがニューヨークでサービスを開始したころ、ニューヨークのオフィスは状況を知るため、ドライバーたちにアンケート調査を実施した。社員が集まって結果を確認していたとき、回答に書かれていた文章のスペルや文法のミスを見て、あからさまに侮蔑したマネージャーがいた。「こんな連中が持っている一票が、自分たちと同じように一票として数えられているなんて信じられない」と部下に向かって軽口を叩いていた。

そうなればドライバーはドライバーで、ウーバーにとって自分たちは使い捨ての駒にすぎないと感じるようになる。実際、ウーバーにとって彼らは消耗品だった。社内向けのプレゼンテーションの席で、ウーバーのプロダクトマネージャーは、すでに低かったドライバーの「満足度」は、二〇一六年初頭を境に急激に低下していると念を押している。ドライバーの約四分の一は三カ月で辞めていった。大勢の人間がウーバーの仕事を嫌っていたので、可能な限り広い範囲からドライバーのなり手を募集しなくてはならなかった。もちろん、そうしたなかにはリフトやタクシーの運転手がいれば、畑ちがいの分野、たとえばマクドナルドやウォルマートで最低の賃金で働く労働者、あるいはジェフ・ジョーンズがもといたターゲットで単純労働に携わっていた者がいた。

アンソニー・レヴァンドウスキーがそうだったように、ジョーンズもはじめて会ったカラニックにたちまち魅了された。出会ったのはＴＥＤカンファレンスの会場で、ステージから降りてきたカラニックを相手に話が始まった。見るも無惨なウーバーの評判を改善するにはどうしたらいいのかという話だった。ウーバーが開発したサービスそのものは誰もが気に入っているが、ウーバーというブランドは忌み嫌われていた。そして、ジョーンズはブランディングの専門家だった。間もなくジョーンズはウーバーに引き抜かれた。ジョーンズの肩書は「ライド・シェアリング担当社長」だったが、その仕事内容は多岐にわたり、しかも曖昧だった。

実際、ジョーンズの仕事とは、ウーバーのオペレーションを担当するＳＶＰ（シニア・バイス・プレジデント）であるライアン・グレイブスの仕事の大半を引き継ぐものだった。ウーバーにおけるグレイブスの位置づけはいわば〝衛兵司令〟のようなもので、そもそも彼自身がマーケティングの第一人者ではなかった。そのせいでウーバーの評判が地に落ちてしまい、改善するにはどうしてもマーケティングのプロが欠かせない。グレイブスは担当をはずされ、残念賞として、フードや荷物の配達のサービスのような、「新規事業の研究に専念」する業務が授けられた[4]。

ジョーンズの仕事は倍に増えた。マーケティングに弾みをつける一方で、ドライバー問題を解決しなくてはならない。グレイブスはこの問題を放置したままだったのだ。社員向けに、適切で機能的な人事制度を構築しなかったばかりか、何百万人といるフリーランスの「ドライバー・パートナー」から寄せられる苦情についても、それに対応する効果的な仕組みを構築していなかった。

そして、ウーバーに入社して数週間が経過したこの日、本部ビルでジョーンズは、パソコンを前にして、カンカンになって怒っている何百人ものドライバーに向き合った。予定では、まず、フェイスブックを使い、Q&A形式で自己紹介を行って、ドライバーとの意思疎通の改善を図ることになっていた。だが、ドライバーにとってはやり場のない怒りをぶつける絶好の機会だった。

「ドライバーが乗っていない車が走るようになったら、会社はドライバーをどうするつもりだ[5]」「自律走行車が走るようになったら、ドライバーにはストックオプションでもくれるのか」「この会社はドライバーが作ったことをウーバーは忘れたのか」「会社を成功させたのはドライバーだというのに、なぜそのドライバーが仕事を奪われなければならないのだ」。彼らはジョーンズに詰問と非難をぶつけ、ジョーンズはジョーンズで、長年にわたって溜め込まれてきた彼らの攻撃を受けとめ続けた。質疑応答は三〇分の予定だったが、結局一二の質問にしか答えられなかった。長年の怒りや鬱憤に向き合うためには、明らかに時間が足りないと気づいた。こうした投稿に対して、「ジョーンズがなんとかする」とアシスタントが返信するとスレッドは炎上した。

「（薄々気づいてはいたが）お前のおかげでウーバーはドライバーを大切にしていないことがはっきりわ

かった。『くたばれ』[6]」とコメントしてきた者もいた。

マックブックの画面を見てジョーンズは呆れて頭を振っていた。自分がどんな会社に足を踏み入れたのか彼は知った。


ジョーンズがさんざん罵倒されている一方で、カラニックは新しいライフスタイル――ビリオネア*のプレイボーイとしての生活を満喫していた。

スカウアを経営していたころ、彼は実家で暮らしていた。ウーバーを立ち上げたばかりのころも、サンフランシスコのストリップ・クラブ「ゴールド・クラブ」でダンサーのショーツの紐にドル札をはさんでいるより、エクセルのシートを見ていたほうが彼には居心地がよかった（実際、ある晩、友人たちとゴールド・クラブに行ったとき、店内でラップトップを取り出して仕事を始めたこともある）。ウーバーはいまやユニコーン企業に変貌を遂げ、カラニック自身、生活のレベルアップを図っていたが、それに大きくかかわっていたのが、彼にガビ・ホルツワースを紹介したシャービン・ピシェバーだった。前述したように、ピシェバーは彼の友人の一人で、ウーバーには早い時期から出資していた。そして、自分でも気づいていなかった贅沢への欲求を、カラニックに気づかせたのがピシェバーだった。

ピシェバーは、友人がそのまま競合相手となるたぐいのシリコンバレーのベンチャーキャピタリストだった。がっしりとした体格で、髪はきちんとなでつけられていた。投資先の起業家を絶賛したかと思うと、翌日には条件概要書《タームシート》をめぐって、当の起業家と激しく言い争うことができた。なによりも、権力者の側にいるのが好きで、そんな機会をいつも敏感に察知していた。

そのうち、友人になったカラニックにも同じチャンスの気配を感じたピシェバーは、自社のメンロー・ベンチャーズ(Menlo Ventures)がウーバーに出資する話をもちかけた。実際の交渉にかかわり、投資をまとめたのはパートナーの一人であるショーン・カロランだったが、世間の関心はピシェバー一人に集まった。ピシェバーが後頭部に「UBER」という剃り込みを入れたからであり、彼はこうやってカラニックが経営する会社への献身をあざとく見せびらかした。

のちにピシェバーは、セクハラ行為で複数の女性から告発される。訴えられた事件のなかには、カラニックが創業当初に採用し、もっとも長くウーバーで勤務してきた社員の一人、オースティン・ガイドへのセクハラが含まれていた。二〇一四年、ウーバーは「大盛況の二〇年代《ロアリング・トゥエンティーズ》」をテーマに社内の休日パーティーを開催した。ピシェバーは、革ひもにつながれたポニーを連れて登場し、このときガイドの脚やドレスの下に手を入れてまさぐったといわれている。ガイドの訴えにピシェバーはこう反論した。その夜、自分といっしょにいた別の人物は、ピシェバーは「一方の手にポニーの革ひもを持ち、もう一方の手には飲み物を持っていたので、ガイドには触れることはできなかっただろう[7]」。

いまのカラニックはロックスターだとピシェバーは説き、それにふさわしいライフスタイルを受け入れるようにけしかけた。パナマに向かったカラニックがロサンゼルスに戻ってきたときには、アシスタントを送って空港でカラニックを出迎えさせた。車の後部には、カラニックが着替えるスーツが用意されている。二人はウーバーに乗ってビバリーヒルズのパーティーに向かうと、俳優のエドワード・ノートンやソフィア・ブッシュらセレブたちとの会話を楽しんだ。レオナルド・ディカプリオも

＊書類上はたしかにビリオネアだったが、生活はレッド・スウッシュを売却した際に得た金で工面できた。ウーバーにいた期間を通じて、カラニックは自分の持株を一株も売ってはいない。

彼らのパーティーには頻繁に訪れている。

　カラニックに近い友人たちは、これを「勝ち組切望症候群《ボーラー》」と呼んでいた。ウーバーを創業するはるか昔から、カラニックは、リムジンに乗り、セクシーな美女とデートをして、パーティーに華を添えるクールで堂々とした人間になりたいといつも考えてきた。そしていま、とうとうその夢を実現し、彼は長年の欠乏の埋め合わせをしていた。セレブの仲間入りをする入場料は、ウーバーの株式だった。数こそ少なかったが、それなりにまとまったウーバーの株式を取得できる機会であり、主に名士たちだけが利用できた*（こうした株式の譲渡はスタートアップの世界では戦略の一環と見なされ、有名人が株式や現金と引き換えに新進気鋭のアプリを使用し、その販売促進にひと役買うことも珍しくない）。

　遠く離れたエキゾチックな土地で開くパーティーは、カラニックと彼の右腕エミール・マイケルの心をとらえていた。ガールフレンドのガビ・ホルツワースも、カラニックが地中海西部に浮かぶスペインのイビサ島で友人やスターを集めたパーティーの企画を手伝った。カラニックと彼の仲間たちは、ジェット機での移動、セレブとのつき合い、そして大騒ぎと考えただけですぐに夢中になった。

　セレブとのつき合いが続くうちに、カラニックもマイケルもウーバーの取締役会には〝超大物《ビッグスター》〟が必要だと考えるようになった。スタートアップがハリウッドで注目を浴びるには、ビッグスターが欠かせないと二人は信じていた。

　白羽の矢が立ったのがオプラ・ウィンフリーである。イビサ島でウィンフリーに会ってからというもの、カラニックは彼女こそウーバーの幹部にふさわしいとこだわった。シリコンバレーでは、どの会社もウィンフリーを取締役として招きたいと考えていた。セレブであるばかりか、彼女自身も叩き上げの起業家で、何百万もの熱狂的なフォロワーを持ち、世界的な帝国を築いた黒人女性だ。多くの人間が、「CBSディス・モーニング」の司会者ゲイル・キングを介して近づこうとしていたのは、彼女がウィンフリーの古くからの友人だったからである。しかし、どの会社もこれという進展は得られなかった。ピシェバーもキングを懐柔するためにディナーに招待して、カラニックはガビ・ホルツワースをキングのもとに送り、甘い言葉でその気にさせようと試みた。だが、あらゆる手を尽くしたものの、キングは乗ってこなかった。オプラ・ウィンフリーにはその気がまったくなかった。

ヒップホップ界の大物で、ジェイ・Zとして知られるショーン・カーターとはうまくやっていた。彼の妻であるビヨンセともども、カーターは早い時期からウーバーに投資しており、ウーバーは大きくなるとカーターもビヨンセも見越していた。ある投資ラウンドのときである。カーターはウーバーの銀行口座に想定を超える金額の金を送金したことがあった。持ち分の株式比率を増やそうとしたのだ。このとき、「ビッグ・ピンピン」を歌ったあの大スター、ジェイ・Zの頼みをはねつけるという考えにカラニックもマイケルも興奮していた。ジェイ・Zに電話をかけ、「すでに熱心な投資家が殺到しているので」と穏やかに断りを入れ、超過分の資金を返金した。

ストリップ・クラブでのパーティーも日常的に行われ、たいていの場合、会社の経費で落とされていた。こうしたドンチャン騒ぎのなかには、顧客の接待や営業開発の名目で普通に処理されているものも数件あった。取締役のなかにはそんな請求でも認める者が一人か二人いて、こうした積み重ねが、

---

*オレン・マイケルズという起業家は、創業間もないウーバーに五〇〇〇ドルの投資を行った。二〇一七年末の時点で五〇〇〇ドルの投資価値は三三〇〇倍にも膨れ上がり、二〇〇〇万ドル近くの価値になっていた。この投資によってオレン・マイケルズは、自身のスタートアップを二〇一三年にインテルに売ったときより大きな利益を得ている。

のちにこの会社の体質として染みつき、二〇一四年に韓国で「性的カラオケバー訪問」のようなスキャンダルを引き起こす。ストリップ・クラブの支払いをすませるとき、彼らは口癖のように「トラビスのおっぱい」と言っては法人カードを使っていた。

ウーバーの企業文化の気風は、トップによって決められていた。カラニックが社員に求めた条件は、白人の男性で年齢は二十代、そして採用するかしないかは、彼自身の直感で決まった。当然、カラニックに似た者たちが集まることになった。

しかし、世界各地にあるウーバーのオフィスはどこも独自の特徴があった。一四あるウーバーのバリューのひとつ、「好きなように作れ」という考えにしたがい、カラニックは進んで社員に権限を与え、自分の専門領域に責任を持つようにうながしていた。とはいえ、ウーバーではカラニックのクローンを何千人も雇っているようなものである以上、多くの部分で支社同士の共通点が見られた。たとえば、東南アジアのウーバー各支社は、オペレーション部門の社員やマネージャーたちにとって乱痴気騒ぎの温床になっていた。コカインや酒は当たり前、ハラスメントやそれ以上に最悪なことが横行していた。

二〇一五年のある日の夜、マレーシア支社に勤務する一人の女性スタッフが仕事を終えて車で帰宅していたときのことだ。途中、彼女は自分の車をつけてくる男たちの集団に気づいた。地元のギャングだと覚った彼女は、助けを求めるメールを大勢の人たちに必死になって送り始めた。上司のゼネラルマネージャーにも送信した。「助けて」「このままではレイプされるかもしれない」と訴えた。

運転中に上司から返信が届いた。「心配しなくていい。ウーバーにはすばらしい医療保険がある」

と続き、「医療費は会社が負担する」と書かれていた。

さらにひどかったのが同時期のタイのオフィスかもしれない。ドラッグの使用や売春婦の出入りが当たり前のような有害な職場は前代未聞だった。しかも、ウーバーから来た人間は、誰もこんなふるまいを正そうとはしない。

ウーバー・タイランドの社員たちが夜遅くまで酒を飲み、コカインを吸っていたある日の夜のことだった。こんな騒ぎはとくに珍しくはなかったが、その日の夜はことのほか激しかった。オフィスで働く女性社員の一人は、自分は同僚のようになりたくはないと考え、ドラッグにはいっさい手を出さなかった。その夜、彼女がまだ働いていると、上司に突然体をつかまれ、アザができるほど振りまわされた。それから彼女の後頭部をつかむと、テーブルの上に盛られたコカインの山に彼女の顔を押しつけ、自分たちの前でコカインを吸わせた。

ニューヨークにあるウーバーのオフィスをひと言でいうなら、マッチョ、女性蔑視、攻撃性となるだろう。サンパウロのオフィスでは怒りくるったマネージャーがコーヒーカップを部屋の向こうにまで投げつけたり、結果を出せなかった社員に罵声を浴びせたりしていた。部下の女性スタッフと関係を持つマネージャーも珍しくはない。

このような不祥事が起きても、それで管理職やほかの社員の責任が問われることはめったになかった。かりに不正行為が耳に入ってきても、問題そのものを無視するか、懸念を押し殺していた。それどころか、多くの社員はこの会社が成長していくことに興奮していた。悪戦苦闘の時期には白兵戦を強いられたが、ウーバーは配車サービスでは世界一傑出した企業として、間もなくグーグル、アマゾン、アップルと肩を並べる世界的な巨大企業になるという思いが全社を覆っていた。銀行には何十億ドルもの資金があり、シリコンバレー中の企業から優秀な人材を引き抜き、世界市場をその手に握ることを目ざしている。譲渡制限付株式をいつか売却したとき、社員には途方もない額の金が手に入るのだ。

カラニックの四〇歳の誕生日パーティーは、おそらく本人も忘れられないほど盛大なイベントになった。エーゲ海に集まってたくさんのヨットで催された船上パーティーで、最上級の酒をくみ交わし、大勢のモデルたちが駆けつけてくれた。二〇一六年の終わり、この世はトラビス・カラニックのためにあった。カラニックは金持ちで権力にも恵まれ、そして彼の帝国は日ごとに拡大を続けていた。

年が改まった二〇一七年、一人の若い女性がストライプで働き始めた。ストライプはサンフランシスコを拠点とする給与決済システムのスタートアップだ。彼女は二カ月前までウーバーで働いていたが、人気のスタートアップをなぜ辞めたのか、その理由については詳しく話そうとしなかった。ウーバーで働いていたころのことを考えるたびに、嫌悪感と情けなさと怒りが込み上げてくる。ウーバーで働くことは、彼女が思い描いていた現実とは似ても似つかないものだった。

家族や友人から「なぜ、辞めたの」と聞かれ続けても、どう説明していいのか彼女には言葉が見つからなかった。しかし、その年の二月になってなんとか自分の経験を客観視できるようになると、自分のブログ(susanjfowler.com)にウーバー在社中の出来事を書き始めるようになった。打ち込んだのは三〇〇〇ワードの文章で、雑誌の記事と変わらない分量があった。記事のタイトルは「ウーバーで過ごしたとてもとても奇妙な一年を振り返って」(8)。タイトルを見直して不安になった。このタイトルで本当に読んでもらえるのだろうか。誰の目にもとまらないかもしれない。

「それは奇妙で、とても忘れられるような話ではなく、それでいて少しばかり恐ろしくて、私の心のなかに生々しく残っているうちに、語っておくだけの意味がある話です」とスーザン・J・ファウラーは冒頭の段落で書いた。

「では、話していきましょう」

Part IV

第20章 三カ月前

スーザン・ファウラーがブログに記事をアップする三カ月前、テクノロジーの世界は大混乱に陥っていた。

二〇〇〇年代初頭のドットコム・バブルの崩壊以降、世界はまぎれもなくスマートフォンの時代を迎え、マスコミの多くはテクノロジー産業をしきりに持ち上げるようになった。「ウォールストリート・ジャーナル」や「ニューヨーク・タイムズ」などの主要メディアは、若き天才たちによってなし遂げられた進歩を称賛した。マーク・ザッカーバーグは明確なビジョンの持ち主で、彼のソーシャルネットワークで、世界中の友人や家族は結びついた。ツイッターのおかげで中東でも民主主義が花開いた。グーグルの神童たちが作ったすばらしい地図で、生活はこれまで以上に便利になり、しかも無料のメールアカウントをわけへだてなく提供してくれる。イーロン・マスクの野望は桁はずれで、電気自動車《テスラ》で世界を救い、スペースXでほかの星々を征服するという。

テクノロジーの負の側面については大勢の者が説いていたが、アメリカのメディアや世間は、フェイスブックがSNSで圧倒的な独占を達成していたこと、アマゾンが次々にeコマースのショップを買収していたこと、グーグルの広告テクノロジーでプライバシーが消えていたことに注意を払わず、ツイッターによって人種差別を説く有害な荒し《トロール》が可能になり、さらにユーチューブの自動化アルゴリズムのせいで、「地球は丸くはなく平ら」「予防接種が自閉症の原因」「9・11はアメリカの自作自演」などの、危険で突拍子もない説がユーザーのあいだに広がっていた事実を見逃していた。そして、二〇一六年一一月八日夜を境に、テクノロジー業界に対する寛大な眼差しは恐怖に変わる。この日、アメリカ大統領選挙でドナルド・トランプが予想もしなかった勝利を収めたのだ。

選挙の結果はテクノロジー業界全体に暗い影を落としたが、とくにウーバーにとっては転機をもたらすことにもなった。ウーバーが直面する問題は、もちろん選挙そのものに起因するものではなく、選挙の結果によって引き起こされたものでもない。だが、選挙に続いて起きた混乱にウーバーもまた巻き込まれていく。そして、この大混乱は、アメリカの企業の歴史において、史上最悪の一二カ月の始まりとなるものだった。

二〇一六年大統領選の前まで、テクノロジー業界で働く者たちは自分に対してあるイメージを抱いていた。自分は民主主義を理想として掲げる若い世代の砦に集い、これまで以上に効率的かつ健全に国と結びつくことに貢献している。だが、選挙の翌朝、彼らのそのイメージは無惨にも打ちくだかれていた。

あのドナルド・トランプがアメリカ合衆国の大統領になっていたのだ。二回の離婚経験がある不動産王は、それまでの一〇年間、ツイッターを使い、バラク・オバマの出自をめぐるデマを好きなようにまきちらしてきた。そんな男がこの国の大統領になっていたのだ。シリコンバレーはヒラリー・クリントン陣営に数百万ドルを寄付していた。クリントンが政権を取れば、テクノロジー業界が重んじられる。

だが世間は、テクノロジー業界を非難した。フェイスブックやグーグル、ツイッター、レディット、インスタグラムがトランプを当選させた。トランプ陣営に雇われたイギリスのデータ分析会社ケンブリッジ・アナリティカは、ソーシャルメディアを使って有権者の投票行動を操作し、フェイスブックにいたってはその選挙キャンペーン中に自社の人間を送り込んでさえいた。(1)若者が主導するテクノロジー業界のリベラルな力がバラク・オバマをホワイトハウスに送り込んだが、そのテクノロジー業界は有権者の心理を操作することさえ辞さない、悪辣なプロパガンダ組織になっていた。ここにきて世間の人たちは、グーグルやフェイスブックの広告エンジンがカバーしている範囲と標的に突然気づいた。社会の不安を感じ取った議会のメンバーは、テクノロジー企業を名指しで非難するようになった。

それはメディアも同じだった。

「フェイスブックがトランプの勝利を実現させようとした姿勢は、同社がデマやフェイクニュースの問題に対処できなかった(もしくは、対処することを拒んだ)点にもっともはっきりうかがえる(2)」と「ニューヨーク・マガジン」誌は報じた。記事の見出しは、「ドナルド・トランプはフェイスブックのおかげで勝利した」という頭にこびりつきそうな文言で書かれており、テクノロジー業界で働く者の心もこうした疑念と不安でいっぱいになっていった。フェイスブックでも、世界を変えられると心の底から信じていた社員たちでさえ、自分が作ったプラットフォームが持つ力に疑いを抱くようになり始めた。(3)

ツイッターも世間から激しい糾弾を受けていた。ツイッターが、あのビリオネアの不動産王に好き勝手なことが言える場を与え、トランプはそれを最大限に活用して四六時中メッセージを発信していた。トランプは〝アーンドメディア〟、いわゆる口コミで獲得するメディア露出のために二〇億ドルを超える資金を用意していたが、その金額はほかの候補をはるかに圧倒していた。[4] トランプが当選したいま、彼がツイートするたびにそれは〝大統領告示〟になった。

メディアや世間はかつて、フェイスブックとツイッターは人びとに発言の機会を授け、ウーバーやリフトで誰もが気軽に車に乗れるようになったとビッグ・テックを讃えていた。だがいまでは、ビッグ・テックは国家ぐるみのハッカーとして、蓄積してきた膨大な個人情報を利用し、選挙さえ左右するようになったという物語に人びとは取りつかれていった。突然、シリコンバレーの邪悪な勢力がこの国を崖っ縁に追いやり、そのどさくさに紛れてビッグ・テックは利益を得ている。

クリントン政権誕生を踏まえ、トラビス・カラニックは二年前からウーバーの体制を強化してきた。重要な市場ごとにロビイストのチームを立ち上げ、次期政権への対処に備えていた。民主党は労働組合を支持し、契約労働に依存している企業には敵対していたからだ。クリントンはビッグ・テックをそれまで敵と見なしてはおらず、たとえば、フェイスブックのシェリル・サンドバーグ、クライナー・パーキンスのジョン・ドーア、セールスフォース・ドットコム(salesforce.com)のCEOであるマーク・ベニオフなどのような、シリコンバレーの大口の資金提供者とは親密な関係にあった。しかし、クリントン政権がもしテクノロジー企業をつけ狙うとすれば、それはこの国でもっとも憎まれているスタートアップになるだろう。そのスタートアップがウーバーだった。

しかし、トランプの大番くるわせにウーバーの社員全員が驚いた。一般社員の大半は民主党か自由至上主義《リバタリアニズム》の支持者なので、トランプ大統領誕生には激怒していた(共和党支持の社員の多くもトランプ政権の出現にはあきれかえっていた)。最高技術責任者(CTO)のトゥアン・ファムは、社内向けの文書で、トランプの当選は「大いなる後退[5]」と批判を爆発させ、新大統領を「無知」と呼び、その勝利を中国国家首席だった毛沢東のような冷酷な独裁者の出現になぞらえていた。

しかし、選挙当日の夜、思いもしていなかったトランプの勝利が確実になったとき、トラビス・カラニックは、そこに明るい兆しを認めていた。共和党政権ならウーバーが標的にされる可能性は低くなる。史上もっとも多くの雇用を生み出したスタートアップの一社であればなおさらだ。車さえ所有していれば、誰でも仕事が始められる。その点で自分にまさる者はいない。おそらく、これから四年は安泰でいられるだろう。

次期政権の問題のほかにも、カラニックは頭の痛い問題を抱えていた。進出から二年、何十億ドルにものぼる損失と詐欺行為に、ウーバーの出資者は中国市場からの撤退をカラニックに要求していた。アメリカのテクノロジー企業で中国市場への参入に成功した企業はなく、ウーバーも一番手にはなれそうにもない。手を尽くしたにもかかわらず、中国政府は自国の滴滴出行《ディディチューシン》を支援することを選び、ウーバーには友好的ではなかった。

カラニックは敗北を絶対に認めたくなかった。それどころか一矢を報いる機会さえ狙っていた。ウーバーがサウジアラビアから三五億ドルを調達したと「ニューヨーク・タイムズ」が報じたころ[6]、カラニックはウーバーの違法行為を専門に担当する戦略的サービス部隊《ストラテジック・サービセズ・グループ》（SSG）に命じて、滴滴出行の社長ジーン・リウのあとをつけまわし、彼女を盗撮させていた。

しかし、カラニックがさらに戦いを続けたくとも、資金提供者たちにはそんな気はなかった。カラニックが悲観論者《チキン・リトル》とひそかに呼んでいた取締役のビル・ガーリーは、中国市場に投入する資金の回転率の高さにいら立っていた。TPGキャピタルのデービッド・ボンダーマンも異議を唱え、カラニックと対立する一人だった。二〇一三年の資金調達の際、プライベート・エクイティの巨人といわれる、TPGキャピタルのボンダーマンを取締役会に迎え入れていたが、中国との負け戦に資金を注入しつづけるやり方を、ボンダーマンはいつしか批判するようになっていた。

一部の法人株主が滴滴出行の主要投資家に連絡をつなぎ、両者の対立について交渉を始めた。[7] カラニックはもちろん怒ったが、驚いてはいなかった。投資家はいつも最後には逆ねじを食らわせてくると常々考えていたからだ。二〇一六年八月一日、ウーバーは戦いから降りた。[8] この日、ウーバーの中国事業を買収したと滴滴出行は発表、ウーバーは中国で操業を停止する。

投資家にとってこの身売りは勝利を意味していた。[9] ばくだいな資金の流出はこれで終わり、活況に沸く市場から得た利益を無意味に使われることもなくなる。それどころか、この買収でウーバーは滴滴出行の発行株式の17・7パーセントを手にした。滴滴出行の企業価値が高まり、いずれ株式が公開されれば、途方もない利益がもたらされるはずだ。交渉にはエミール・マイケルが懸命になって当たり、彼にとってこの交渉はウーバーにおける自分の最高の業績のひとつと自負するようになる。だが、カラニックには、これは甘美な勝利などではなく、苦い敗北だった。結局、グーグルのラリー・ペイジやツイッターのジャック・ドーシー、さらにザッカーバーグを出し抜くことはできず、アメリカのテクノロジー企業のCEOとして、中国市場を制覇した最初の人間にはなれなかった。

彼は別のことを考えていた。トランプが大統領になったことで、経済界と協調的な共和党政権が誕生すれば、テクノロジー業界への非難はいずれやみ、労働条件や輸送業務に関する規制が緩和されるかもしれない。だが、そのためには早急に対応する必要があった。次期大統領になったトランプは、この時点ですでにテクノロジー業界のリーダーを集めた大統領戦略政策フォーラムの準備に着手しており、カラニックもそのフォーラムに参加したいと考え、手を回して席を確保していた。選挙から一カ月後、テクノロジー業界のトップのＣＥＯは、政権移行中のトランプから、テクノロジー業界のサミットに出席するよう要請された[10]。このときカラニックはインドで足止めされていたので、プレス向けの写真撮影の機会（ＰＯ）こそ逃していたが、トランプと直接話ができるようになったことを喜んでいた。

だがウーバーの社員は、カラニックがトランプに接近することに賛成せず、マーケットストリート一四五五番地のウーバー本部では、多くの社員がなぜカラニックがトランプに取り入る必要があるのかと不平を漏らしていた。トランプは外国人嫌いなうえに、無知な人種差別主義者ではないか。よりにもよって、そんな人間にＣＥＯが取り入る必要はあるのか。社員が全員集まる会議で、ＣＥＯに再考をうながし、大統領戦略政策フォーラムとは距離を置くように彼らは求めた。

だが、カラニックは自分の決断を譲らなかった。大統領戦略政策フォーラムに席がないよりも、あったほうがいいと考えていた。多少の不満を社員が抱えていても、自分ならなんとかすることができるだろう。

第21章 #デリートウーバー

トラビス・カラニックがなんとかトランプの大統領戦略政策フォーラムに席を得ようとしていたころ、シカゴにあるテック企業のコールセンターで働くダン・オサリバンは、トランプほど大ボラ吹きのゲスな人間はいないと考えていた。

就任から一週間が過ぎたはじめての週末、トランプは就任式に集まった観衆の数をめぐって、メディアと言い争っていた(「これまでの就任式でも、最多の観衆が集まった」と大統領報道官は発表したが、虚偽の声明であることは明らかだった)。トランプは間抜けな道化師で、フォックス・ニュースに毒された有権者によって大統領に祭りあげられたにすぎないとオサリバンは思っていた。任期を終えてホワイトハウスを去るときには、二〇一六年に掲げた公約は、側近たちに阻まれ、ほとんど実現されないことを祈っていた。

ダン・オサリバンはロングアイランドで生まれた。母親は看護師、父親は電話の配線工で、マンハッタンに建つトランプの金ぴかのタワーとは遠くかけ離れた世界で育った。ブルーカラー出身という自分の出自にオサリバンは誇りを抱いていた。一九三四年、ニューヨークで運輸労働者組合の設立にかかわったマイク・クイルは、オサリバンにとって曾祖母の兄弟に当たる。クイルはアメリカ共産党にも近い関係があり、「レッド・マイク」と呼ばれていた。オサリバンの妹が生まれた夜、彼の父親は家にいなかった。通信労働組合に所属する仲間の配線工といっしょにストライキを打っている最中だった。

ロングアイランドやメイン州の学校を転々としたのち、ダン・オサリバンが最後にたどりついたのがシカゴで、土地勘はなかったが彼はこの町が気に入った。身長は6フィート3インチ(190センチ)、体重220ポンド(100キロ)の堂々たる体軀で、父親のようなベル・アトランティックの配線工というよりも、NFL(ナショナル・フットボール・リーグ)のシカゴ・ベアーズの選手と言ったほうがふさわしいタイプだった。すぐにシカゴ訛りで話すようになり、「U」と「A」の発音を短くした、鼻にかかった母音を耳にして、たいていの人が彼は生粋のシカゴっ子だと思っていた。

夢はもの書きになることで、フリーランスのライターとして「ゴーカー」(Gawker)や「ジャコバン」(Jacobin)などの左寄りのブログやメディアに政治関連の記事を投稿していた。生活費を稼ぐため、ハイテク企業のコールセンターで働いていたが、下っ端に負わされたつまらない仕事で、サポートを求める利用者の怒りの質問に答えていた。気がめいる仕事だったが、自由な時間には執筆の機会を求めて情熱を傾けていた。

わびしいコールセンターの仕事に比べ、彼のデジタルライフは生気を放っていた。ツイッターを使い、オサリバンは政治関連のアカウントやニュースをフォローしたり、ほかのライターと交流したりしていた。そして、同じ左寄りの考えを持った者とチャットをしたり、ツイッターで冗談を言い合ったりしているうち、最初は匿名のアバターにすぎなかった相手がやがてネット上の友人になっていった。トランプの人気と成功には絶望していたが、ツイッターを使えば、少なくとも仲間たちとトランプの愚かさをあざ笑うことはできた。

オサリバンにとって、ネットの匿名性は大切だった。ツイッターでは自由に意見を述べ、大胆にもなれたが、トランプを罵倒している事実が会社の知るところとなれば、決していい顔をされないことはわかっていた。もし、新しい仕事を見つけるような事態に陥り、自分がツイッターで友人と共有している、手の込んだ下品なジョークが採用担当者の目にとまれば、そこで門前払いを食らうはずだ。だが、ツイッターにはそれだけの価値があった。覚えてもらいやすいように「@Bro_Pair.」というハンドルネームを彼は選んでいた。

その命令は、大統領就任から一週間後の一月二七日金曜日の夜に出された。二七日に署名された大統領令をトランプは即時発効して、アメリカへの入国に制限をかけたのだ。イスラム教徒の多い国が主な対象で、とくにシリア国民に関しては無期限の入国停止とされていた。シリアは激しい内戦のさなかにあり、大量虐殺を恐れて、何千人もの難民が庇護を求めていた。

大統領令の署名式でトランプは、「われわれは彼らがこの国にいるのを望んでいない」[1]と、「イスラムの過激なテロリスト」について話していた。トランプはイスラム教徒を「過激なテロリスト」と呼んでいた。「海外で戦っているアメリカの兵士にとって、まさに脅威そのものである彼らをこの国には絶対に入れてはならない。入国が唯一認められるのは、この国を支え、この国で暮らす人間を心から愛する者たちである」

予備選に向けた二〇一五年末の選挙運動中、トランプはすでにこのような公約を口にしていた。同年一二月にカリフォルニア州サンバーナーディーノやパリで起きた血なまぐさいテロへの対応として、イスラム教徒の入国をいっさい禁じることを呼びかけていた[2]。難民申請を求めるイスラム教徒ではなく、キリスト教などほかの宗教を信仰する者に対して、優先的に入国が認められるべきだとも言っていた。イスラム教徒の入国禁止という提案は集会でも非常に受け、トランプの支持基盤もこの政策が気に入っていた。当時、民主党はもちろん、共和党の政治家もこうした考えについて非人道的であると同時に、憲法に違反していると非難した。だが、そうした怒りの声はただちにかき消された。

二〇一七年のいま、ドナルド・トランプはアメリカ合衆国の大統領になり、選挙期間中に語っていた公約を実行に移そうとしている。ダン・オサリバンのような強烈なトランプ反対派のあいだでは、「イスラム教徒《ムスリム》の入国禁止《・バン》」の発令をきっかけに、一一月九日の勝利宣言以来高まってきた怒りが爆発しようとしていた。この大統領令は、トランプが想像していたとおりの醜悪な怪物であることを裏づけるものだった。

怒りのエネルギーは鎮まらなかった。全米の何百万人もの人びとが、運輸保安局(TSA)や移民税関捜査局(ICE)などの連邦機関によって、入国が拒否される難民が発生しそうな空港などの施設に駆けつけた。黄色い蛍光色の帽子とTシャツを着た何千人もの弁護士が、立ち往生している移民に無料の法律相談を行っている(3)。手荷物受取所やTSAの保安検査の長い列の周辺には大勢の人間が集まり、急ごしらえで用意した、移民を支持するメッセージが書かれた段ボールのプラカードやポスターを掲げながら、トランプへの怒りのスローガンを唱えていた。

二七日金曜日の夜に始まった抗議は土曜日の朝へと続いていった。イスラム教徒のコミュニティーで暮らすニューヨークのタクシードライバーは団結して、空港でストライキを実施した。ストライキの目的は彼らの連帯を示すためであり、さらにムスリムの労働者がいなくなったらどうなるか、この国に見せつけるためだった。土曜日の午後二時をまわったころ、ニューヨーク・タクシー労働者同盟はツイッターに、「本日午後六時から七時まで、ケネディ国際空港での乗車を拒否します」[4]と投稿すると、「われわれドライバーは、非人道的で違憲の『#イスラム教徒の入国禁止』に抗議する数千人と連帯する」と宣言した。

ウーバーのニューヨークオフィスの社員は、タクシードライバーが組織化されていく様子に目を凝らしながら、徐々に不安を募らせていた。空港を利用する人たちは車で向かい、ウーバーを利用する人たちも少なくない。ケネディ国際空港はすでに人でごった返し、その週末、アメリカ国内でもっとも人が押しかけた空港のひとつだった。ウーバーを使って空港に行く者が増え続ければ大量の需要が発生する。だが、需要が高まった場合、ウーバーでは「割増料金《サージプライシング》」が作動し、混みぐあいに応じた料金が加算される。つまり、空港に行って、抗議の声をあげようとする乗客に対し、二倍、三倍、四倍どころか、それ以上の基本料金を請求することになってしまう。ニューヨークと本部のマネージャーには、サージプライシングが適用された場合、どんなことになるのかが予想できた。「大悪党のウーバー、人道問題に抗議中の誠実な市民から金を巻き上げる」というネガティブな見出しが躍ることになるだろう。

こんな時期に、この手の批判的な見出しはご免こうむりたい。サンフランシスコの本部マネージャーは、ニューヨークオフィスに警告を発し、ケネディ国際空港に向かうウーバーの車のサージプライシングをオフにするよう指示した。ニューヨークのウーバーは、その指示に応じて、「ケネディ国際空港行きの割増料金は中止します。そのため、待ち時間が通常より長くなるかもしれませんが、ご理解、ご協力をお願いします」とツイートした。

しかし結果的に、このツイートがウーバーに何百万ドルもの損失をもたらすことになる。

オサリバンは自分の目が信じられなかった。

大統領選の夜、結果を知って彼は打ちひしがれた。「ジャコバン」にトランプの勝利をめぐる最後の記事を書いたが、それはトランプ主義とこんな男を勝利させるためにアメリカを駆り立ててきた勢力についての、なかば錯乱した考察だった。[5] そして、政治に関する文章は今後二度と書かないと誓った。選挙が終わったあと、誰もいないシカゴの町を茫然として一人歩き続けた。年が改まった二〇一七年になっても、オサリバンの深い憂鬱は去らず、倦怠のせいで体重はさらに10ポンド(4・5キロ)ほど増えていた。

一月の大統領宣誓式は、見ているのも苦しかった。財界の大物や泥棒男爵の一行が、連邦議事堂でトランプを囲んでいる。善に対する邪悪の勝利を祝う姿に、オサリバンは顔をゆがめていた。それから一週間もしないうちに施行された「イスラム教徒の入国禁止」は、残忍な仕打ちだと彼は思った。大統領令を情け容赦なく実行するという通告は、トランプの側近のなかでももっとも外国人を排斥し、ナショナリズムを説く二人の上級顧問――スティーブン・ミラーとスティーブ・バノン――の意向を反映したものであり、移民を苦しめることは二人の望みだった。

それだけに、トランプの不当な入国禁止令に抗議する人たちが空港に集まっているというニュースを知ったとき、オサリバンはかすかだが希望の光を感じていた。彼と同じように、トランプに対する怒りと不安に辟易している何千人もの人間が、抗議というもっともアメリカ的な手段で政権と戦っている。オサリバンはツイッターを開いて、レポーターや新聞社、ネットの友人たちの投稿を確かめた。彼らもまたトランプに反対する声を書き込んでいた。土曜日の午後、ニューヨーク・タクシー労働者同盟のツイートで、ケネディ国際空港で行うストライキを知り、彼らの連帯を喜んだ。

さらに投稿を確認していくと、しばらくして別のツイートに気づいた。ウーバーのツイートで、ケネディ国際空港までの利用について、割増料金の請求を停止すると告げている。

それまでオサリバンは、ウーバーのことはとくに好きだったわけではない。テクノロジー業界に関係するほかの人間のように、この会社をめぐるさまざまな議論についてもとりたてて関心はなかった。左派のオサリバンには、トラビス・カラニックのような人間はシリコンバレーに宿る資本主義の本能を体現した化身そのもので、関心は利用者と収益の拡大だけに向けられ、彼のような平凡な労働者の生活ではない。時にはオサリバンもウーバーを利用していた。たしかにすばらしいサービスで実に便利だが、車から降りたあと、彼は決まってやましさを感じていた。

そしていま、ウーバーのこのツイートが目にとまった瞬間、彼はそれをスト破り、すなわち連帯への裏切りだと考えた。オサリバンをはじめ、このツイートを見て同じように考えた者は、ウーバーはストライキの最中、タクシー労働者の背後にまわり、ストを利用して利益を得ようとする企業で、公共機関の停止したすきに乗じて金を奪おうとしている会社だと考えた。オサリバンの反応は、こんな火事場泥棒のような真似に対する怒りだけにとどまらなかった。このツイートを目にして、自分の信条に根差したウーバーに対する怒りと、この会社がどうやって利益を得ているのか、手段そのものへの怒りを改めて思い知った。ドライバーを直接雇用するのではなく、個人事業主とした契約ベースの労働形態、組合の結成を希望するドライバーへの会社側の反対キャンペーン。オサリバンにすれば、この顔の見えない巨大で堅牢なハイテク企業には、イスラム教徒のタクシー運転手を擁護する気などさらさらないと思えた。彼のこうした考えが何に由来するのか、自分でもよくわからなかった。家系に伝わる組織労働者としての絆《きずな》のせいなのか、しみったれたコールセンターでの仕事への不満のせいなのか、それとも、トランプに反撃しなければならないという心の底に染みついた欲求のせいなのだろうか。「ウーバーはもううんざりだ」とひと言、オサリバンは吐き捨てるように言った。

真冬のシカゴの冷え冷えとしたアパートで一人座り、オサリバンは怒りに駆られながらウーバーのツイートにリプライしていた。「ウーバー・ニューヨーク(@Uber_NYC)。スト破りおめでとう。難民を犠牲にしてまで金儲けに走れるな」と書いて、「クソでもくらえ」[6]と打ち込むと、ハッシュタグをつけるのを思いついた。ウーバーへの怒りの声がさらに集まるだろう。そして、「#デリートウーバー」とつけ加えた。

さらに、「@ウーバーの労働政策を無視した搾取とトランプが手を結んで、いまや外国人嫌悪《ゼノフォビア》で金儲けだ。#デリートウーバー」[7]とツイートすると、ウーバーのホームページのサポートページで、アカウントの削除方法を実際に調べ始めた。アカウントの削除は意外なほど難しく、フォームに記入してからウーバーのエンジニアに送らなければならないという手間のかかるものだった。オサリバンはアカウントの削除フォームをスクリーンショットに撮り、アカウント削除のフォームにリンクさせてからツイートした。そうすれば、ほかの人も簡単にアカウントの削除フォームを見つけ、自分一人でも削除することができる。

「#デリートウーバー」の反響が広がっていく。オサリバンとともに、大勢の人たちがウーバーへの怒りのツイートを始め、最後に「#デリートウーバー」のハッシュタグをつけた。煮えくり返る思いを抱えていたアメリカ人は、やり場のない怒りを向ける矛先を探したとき、ウーバーがストを破っただけでなく、それにつけ込んで進んで金儲けをしようとしているのを知った。そう考えただけで、多くのアメリカ人が激怒した。何百もの人たちがオサリバンの発言に応じて、ツイートを返し、怒りを抱えていた人たちの関心をとらえ続けていった。何百から何千、さらに何万人もの人たちが、ネット上で「#デリートウーバー」と繰り返し唱え続けていく。

オサリバンが驚いたのは、大勢の人が実際にウーバーのアカウントを削除したスクリーンショットを添えて彼にリツイートしてきたことだった。スクリーンショットとともに、ウーバーに対して、「お前たちはクズと結託したファシストだ」[8]「ニューヨークのタクシードライバーのストに便乗するなど、獣のような資本主義のぞっとする典型で、露骨なファシズム政権と示し合わせているのだろう」[9]などというコメントが書き込まれ、なかには「地獄行きのライドシェアをリクエストしろ」[10]と書いていた者もいた。

口がきけないほどのショックをオサリバンは受けていた。彼のツイートに、セレブたちからもアカウントを削除したスクリーンショットを添えて返事を寄こしてきたのだ。メディアから、インタビューの電話が鳴る。オサリバンは、自分が考える以上に多くの人が共有した怒りに結びついていた。矢も盾もたまらず、彼にリツイートしてきた者はトランプ政権と、この政権が進めようとする差別的な政策に対する怒りの声をあげていた。だが、ウーバーのアプリを削除することは、そうした怒りの表明を超えた行為でもあった。それはテクノロジー文化やフェイクニュース、そしてシリコンバレーに対する抗議や拒絶の一環として、彼らが実際にできる行動のひとつであり、それを広く知らしめるための活動でもあった。そもそも、トランプが当選できたのは、テクノロジー業界がアメリカ国民をだましたからだと多くの人が信じていた。つまり、「ウーバーのアカウントを削除しよう」という呼びかけには、スマートフォンから配車アプリを削除するだけでなく、このアプリが象徴しているすべてのもの、貪欲さ、〝体育会気質〟、そしてビッグ・テックそのものに、クソでもくらえとばかりに巨大な中指を突き立てることでもあった。

その日の夜遅く、ツイッターからログアウトして、パソコンの電源を落としたオサリバンは、数カ月ぶりに幸福感に浸っていた。「#デリートウーバー」のハッシュタグは、こうしているあいだも世界中のツイッターで広がっている。メディアは予期しなかったその影響について調べている。そしてウーバーは、被害を食い止めようと奔走していた。

電源を落とす前、オサリバンは、「うまくいっている。僕はもう寝るとする。これまでつけたハッシュタグでも、これほど見てもらったことはない。みんな、ありがとう。このまま続けてくれ」とツイートした。

このツイートの最後にも、「#デリートウーバー」のハッシュタグがついていた。

マーケットストリート一四五五番地では上を下への大騒ぎになっていた。

「#デリートウーバー」が拡散するにしたがい、ウーバーのエンジニアには世界中から何千ものアカウントの削除依頼が殺到していた。それまでウーバーは、アカウントの削除依頼を受けたことはほとんどない。誰もがウーバーの製品を気に入ってくれ、気に入らなかった人もアプリの削除こそ要求するが、アカウントはそのまま残していた。アカウントを削除してほしいというリクエストがなかったので、ウーバーには自動化された削除システムは用意されていなかった。オサリバンの抗議が大規模な反乱へと変わっていくころには、カラニックもエンジニアに対し、押し寄せるアカウント削除に対処するシステムの導入を認めなくてはならなかった。

ウーバーの広報チームは、記者を相手にウーバーはスト破りではなく、割増料金の請求を見送ることで、実際には抗議のためにケネディ国際空港に向かう人たちを助けようとしていたと必死に説得した。週末、カラニック本人が当たり障りのない謝罪を行い、翌週、トランプ大統領と個人的に会った際、ウーバーの問題ともども入国禁止令についても提起するつもりだと述べた。[11] 業界のトップを集めた、トランプとの大統領戦略政策フォーラムを数日後に控えていた。だが、この発言は逆効果となり、カラニックは積極的にトランプとかかわり、暗黙のうちにトランプを支持するスタンスをとっていると世間は考えた。やがて、ウーバーの社員も同じ目で見るようになっていく。

「社の内外を問わず、大勢の人が私の決定に反対していることはわかっている。そして、それは悪いことではない[12]」と社員にメールを送った。「異を唱える自由があることも、この国で生きていることの抗いがたい魅力だ」

だが、大統領戦略政策フォーラムのメンバーに残るというカラニックの考えは間もなく沙汰やみとなる。ストから一週間、すでに五〇万超の人たちがウーバーのアカウントを抹消していた。この数字には、スマートフォンからアプリだけを消去したユーザーの数はカウントされていない。その結果、ウーバーにとってきわめて重要な乗客数の成長曲線――それまで常に右肩上がりの「ホッケースティック・カーブ」――が下方に転じ、カラニックも不安になり始めていた。

一方、この時点でリフトは資金を使い果たし、もはやこれまでという状態にまで追い込まれていた。だが、ウーバーに対する世間の反発がリフトに大きく幸いする。ウーバーを見放した人たちが、リフトに乗り換えるようになったのだ（配車サービスのユーザーにすれば、抗議の声をあげるのは気持ちいいが、便利なサービスは完全には手放せない）。さらにリフトの経営陣は、四年間にわたり一〇〇万ドルをアメリカ自由人権協会（ACLU）に寄付するという考え抜かれた広報活動を成功させ[13]、リフトは救済者、ウーバーはトランプの前にひれ伏す企業というイメージができあがってしまった。

その結果、リフトの利用者数は一気に高まり、瀕死の瀬戸際から復活できた。それどころか、成長への前向きな兆しさえうかがえるようになり、ニューヨークを拠点とする投資会社コールバーグ・クラビス・ロバーツ（Kohlberg Kravis Roberts）の関心を引き、間もなく五億ドル以上の追加投資を受けて、配車サービスを提供する企業としての地位を高めていった。

リフトの資金調達の話にカラニックは落胆した。昨年の夏、カラニックは中国市場で最大のライバルに勝つために全力を注いできたが、結局、失敗して敗北を強いられた。年が改まったばかりだというのに、今度はアメリカ国内最強のライバルの息の根をとめる好機さえ逃がしてしまったのだ。リフトに肉迫して、どうしても好きになれないジョン・ジマーに敗北という屈辱を与えるまで追い詰めていた。もはやそれさえ、かなわなくなってしまったのだ。

それから数日した火曜日の全社会議で、複数の社員がトランプの大統領戦略政策フォーラムのメンバーに固執するカラニックに詰め寄り、さらに二人のエンジニアが、「どうすれば、フォーラムのメンバーを辞任すると考えてもらえるのか[14]」と問いただした。彼がはぐらかし続けてきた質問だ。木曜日、乗客の損失は拡大していく一方で、リーダーに対する社員の信頼は失われていった。カラニックはフォーラムのメンバー就任を辞退するほかなかった。

ホワイトハウスで開かれる最初の大統領戦略政策フォーラムに出席するまで、すでに二四時間を切っていた。トランプへの電話が調整され、カラニックは電話を介してフォーラムのメンバー辞退を伝えた。謝罪の言葉を述べて、つたない説明をするしかなかった。短くて気まずい電話で、トランプはその間、不機嫌そうな調子で話していた。二人はまだ顔を合わせたことはなく、アメリカ合衆国の大統領の機嫌を損ねたと感じながらカラニックは電話を終えた。

その日遅く、カラニックは社員を懐柔するため、大統領戦略政策フォーラムを辞退した旨のメールを送った。だが、こんな歩み寄りはあまりにもお粗末で、時期を逸していると社の内外を問わず、大勢の者がそう感じていた。しかも、成長曲線の下降はやまず、ウーバーに向けられた敵意は会社のブランドを損ねるばかりで、乗客の数は減る一方だった。もっとも、つかの間とはいえ、カラニックは直面していた脅威を回避し、批判的な記事から会社の名誉を守ることだけはできた。

もっともそれは、本当につかの間のことにすぎなかった。

第22章 「ウーバーで過ごしたとてもとても奇妙な一年……」

二〇一五年一一月、二〇一六年の大統領選でトランプが権力の座に就くちょうど一年前、ウーバーであるエンジニアが働いていた。この年一月に採用された数十人のエンジニアのうちの一人で、年齢は二四歳、大学では哲学と物理学を専攻した。このころのウーバーは数百人規模で社員を採用していたが、女性社員の比率は40パーセント未満だった。そのエンジニアの配属先は、圧倒的に男性のエンジニアが数を占めていた部署で、その後の調査によると、当時のウーバーで働くエンジニアの約85パーセントは男性だった。[1] アリゾナの小さな町で育ったそのエンジニアは、この会社でエンジニアとして働くにはいささか場違いなようにも思えた。しかし彼女、スーザン・ファウラーにとって、ウーバーで働くことは夢の実現にほかならなかった。のちにインタビューを受けたとき、まるで「夢を見ている」[2]ようだったと彼女は答えた。

大学を卒業して二社のスタートアップで働き、シリコンバレーでもっとも注目されている一社でエンジニアの職を得たのは、彼女の能力の高さを示している。マサチューセッツ工科大学の学位もなく、学部生時代にコンピューター科学を集中して学んでもいない。エンジニアとして本格的な研修に取り組んだこともなかった。しかし、それでも彼女はエンジニアを目ざして邁進してきた。

ファウラーは七人きょうだいの二番目の子供として、アリゾナ州ヤーネルで育った。ヤーネルは二〇一三年の山火事で一時有名になったが、この一件を除けば誰も知らない片田舎の町だ。ファウラーをはじめ一家の子供は学校に通わず、自宅で教育を受けてきた。彼女の知識の大半は町の図書館で得たもので、当時、彼女はプルタークやエピクテトス、セネカ（ストア派が好きだった）をむさぼるように読んでいた。父親は福音主義の伝道師で、家は裕福ではなく、副業として公衆電話を売っていた。彼女が最初についた仕事は、馬小屋の世話とパートタイムのベビーシッターで、働いて得た金は家計の足しになった。家では神に祈りを捧げる一方、若いファウラーはストア学派以外の哲学の探求にも前向きに取り組み、町の図書館でよく本を読みふけっていた。

一六歳のとき、大学に進もうと突然思い立った。だが、家からはこれという支援はもちろん望めない。彼女は必死になって応募に関する情報を探した。入学願書がどのようなものなのか知らず、推薦状が必要なことも、まして高校に行っていない彼女には、どうやって推薦状を手に入れればいいのかもわからない。だが、大学に行くことは彼女の夢であり、あきらめられない。そして、幸運と優れた入学論文によって、ファウラーはアリゾナ州立大学の全額奨学金を得て、下位レベルの課程を修了したのち、ペンシルベニア大学に移った。ヤーネルの図書館で本を読んでみずから学ぶことで、ファウラーはアイビーリーグへの入学を果たしたのだ。

シリコンバレーのエンジニアの大半はひとつのタイプに分類できる。二十代の白人男性で、体形はひょろりとしており、不器用で社会性に乏しい。数字にはめっぽう強いが、人とのつきあいは苦手だ。ファウラーはこうした特徴とは正反対のタイプだった。人柄は温厚で、見知らぬ人とも気さくに言葉を交わし、会話にも慣れていた。小柄できゃしゃな体形で、南西部の伝道師の娘らしい訛りがあり、長い母音の軽快な声で、「皆さん《ユー・オール》」を「皆さん《ヨール》」と発音していた。肩まで伸びた髪に深い茶色の瞳、彼女にはおのずと備わった美しさがあり、色白で、栗色の前髪を眉毛のあたりまでおろしていた。彼女と会うと、自分との出会いを心から喜んでいるのが伝わる。彼女から「こんにちは」と温かく声をかけられたら、満面の笑みでかならず応じてしまうだろう。

しかし、優しげな外見とは裏腹に、彼女の内面には心に決めたことをやり遂げる炎が宿っていた。大学に入るために文章を書いたり、体育会気質がはびこるスタートアップの世界に飛び込んだりと、道のりの途中にどんな困難が待ち受けていようとも、彼女は常に前へと進み続けてきた。

とはいえ、すべてがとんとん拍子に進んできたわけではない。ペンシルベニア大学の最初の学期は手探り状態が続き、指導教官は彼女が自宅教育しか受けておらず、その能力に懐疑的だったため、物理学の専攻を断念させようとしていた。

ファウラーはその忠告を拒み続けた。学長エイミー・ガットマンの執務室を訪れ、自分の夢はこの大学で物理学を研究することだと書いたメッセージを残した。ガットマンがある卒業式のスピーチで、ペンシルベニア大学は学生が夢を実現するために協力を惜しまないと語っていたからである。ガットマンはファウラーの願いを聞き入れた。ファウラーに対して、正しいのはあなたなのだから、自分の道を突き進んでいくようにと励ましてくれた。ひと筋縄ではいかないスタートだったが、自分の足場をふたたび確実なものにして、結局、二〇一四年に物理学と哲学の学位を得てファウラーはペンシルベニア大学を卒業した。

そしていま、卒業してからまだ二年目だというのに、スーザン・ファウラーは、シリコンバレーの輝かしきユニコーンであるウーバーで、サイト・リライアビリティ・エンジニアリング(SRE)の担当者として働いている。ウーバーという会社が体現していたのは、それまでにはないまったく新しい挑戦だった。シリコンバレーにおいてもっとも攻撃的で、もっとも男性的で、しかももっとも注目を浴びる企業として成功するあり方である。

ウーバーに採用された同じ一月、ファウラーは最愛の男性に出会っていた。チャド・リゲッティは俳優の〝マイケル・ファスベンダーばり〟の容姿に恵まれた男性で、量子コンピューター理論の研究に取り組んでいた。ファウラーはひと目で恋に落ちた。夕食と映画を楽しんだ最初のデートの日の終わり、家に帰る車を手配しようと彼女がアイフォーンに手を伸ばしたときだ。

「だめだめ」とリゲッティがさえぎり、「僕はウーバーには乗らないことにしている」(3)と言った。

ファウラーはまごついた。結局は彼女もウーバーで働いている人間の一人なのだ。

ウーバーにまつわる芳しくない話題がリゲッティには気になるという。自分もまたスタートアップを経営する起業家として、どうしてもウーバーが好きになれず、この会社は支持しないことにしてアプリは消去していた。

あとで思い返すと、これはファウラーにとって不吉な前兆にほかならなかった。

二週間の導入トレーニングを終えた二〇一五年の一二月、スーザン・ファウラーは新しいチームの一員として仕事を始めた。その日、彼女は、上司のマネージャーからチャットメッセージを立て続けに受け取った。

ファウラーは新入社員の高揚感に浸っていた。希望していた配属チームを選べたのは予想外のうれしい驚きだった。サイト・リライアビリティ担当のエンジニアはウーバーでもきわめて重要な役割を果たしている。プラットフォームを確実に稼動させ、その職名どおり、サイトのリライアビリティ

（信頼性）を図ることを目的としている。フェイスブックやツイッターでも、SREが年間休みなく二四時間サイトを管理しているのでサービスが維持され、ユーザーはいつでも好きなときにフェイスブックの投稿をアップデートしたり、ツイートしたりすることができるのだ。[4] ウーバーでは、働いている何十万人ものドライバーを二四時間、常にサイトに接続しておく作業に重点が置かれていた。システムが数分でもダウンしてしまえば、ウーバーの存続そのものを脅かされるとSREたちは言われていた。システムの不具合で乗客が不満を感じれば、ほかの配車サービスを選んでしまうかもしれないからだ。ウーバーのオンラインを維持する仕事に、ファウラーはぞくぞくしていた。

心労の多いウーバーのSREだが、会社を見舞った最悪の危機のいくつかは、彼らにも降りかかった。二〇一四年のハロウィンの夜、サービスの需要供給システムがダウンしてしまい、よりにもよって繁忙期の夜に信じられないような過剰請求が発生するというトラブルを起こした。翌朝、受信トレーに残されたウーバーからの三六〇ドルもの請求を見て、怒った乗客たちは目を剝いてベッドから跳び起きた。

そして、新チームでの初日という、彼女にとっていちばん大切なまさにその日から、上司のセクハラが始まった。突然何を言い出すのかと思いきや、自分と自分の彼女はおたがいを束縛せず、第三者とのセックスを楽しむ関係にある。彼女のほうはいっしょに寝る相手には事欠かないが、自分はそうではない。それから、自分は「職場では面倒に巻き込まれない」ように努めているが、いずれにしろ、四六時中会社で働いている以上、「どうしてもトラブルを起こしてしまう」と語っていた。

上司のあけすけな発言に、ファウラーは啞然とした。女性エンジニアにとって、シリコンバレーがどんな場所かはファウラーも知っている。どこの会社にも同僚に手を出そうと狙っている見境のない男の一人や二人はいそうだが、しかし、社員間のコミュニケーションツールであるユーチャット(uChat)を使い、今日から本当の仕事始めというまさにその日にちょっかいを出されたのははじめてだった。しかも、相手は直属の上司で、軽くあしらって放っておけるような人間ではない。

いまのウーバーは、よくあるちゃちなスタートアップではない。二〇一六年はじめの時点では、すでにひとかどの企業に成長を遂げ、十数カ国以上の国に進出していた。これほどの規模の会社なら、上司のこんな行為について報告すれば、会社はしかるべき対応をしてくれると彼女は信じていた。なんと上司は希望するプレーまで好き勝手に書き連ねている。ファウラーはそれをスクリーンショットに収め、HR（ヒューマンリソース）に上司の件を報告した。ウーバーは大企業だ。大企業のHRなら、どう対応すべきか知っているだろう。この上司も（今日中にではないにしても）今週末には会社から出ていくしかなくなるはずだ。

ファウラーが知らなかったのは、ウーバーが〝大企業〟になることはカラニックにとって悪夢そのものだった事実だった。シリコンバレーの多くの企業がやはり同じように考えていた。ウーバーは闘争的なままであり続ける必要があり、「より少ない労力で大きなことを行い」、「いつも押しまくって」いなくてはならない。退屈で顔のない巨大企業へと成長してしまえば、社員は自己満足に浸り、怠惰に陥り、効率など二の次になってしまう。この会社が世界最大のコンピューターネットワーク会社シスコ(Cisco)のようになることほど陳腐な話はない。シスコは中間管理職がいまだにポロシャツを着ているような、肥大した巨大企業になってしまった。

だが、〝巨大企業〟を避けようとする意識は、同時に適切な人事部門のような官僚組織を避けてしまうことでもある。人事について、カラニックの関心は人を採用することにもっぱら向けられていた。彼にとってHRとは、新たな人材を大量に採用し、それにともなう不適切な雇用をただちに解消する手段であり、採用した社員を維持・管理するための部署とは見なしていなかった。その結果、ウーバーでは管理者向けのコーチングや人事訓練はほぼ完全に無視され、フルタイムで働く何千もの社員の労働生活の管理は、わずかな人間の手にゆだねられていた。*「HR」という言葉は、カラニックにとって行動規範を策定し、人間関係の改善のために感受性訓練(ST)を行い、セクシャルハラスメントの対策を講じ、違法行為に関する手続き(MRP)を整え、人事評価をするなど、すべてを意味していた。それらは、いずれも積極的に攻めまくる若い男性社員をあきれさせるものばかりだった。だが、会社の規模は、二〇一六年前半まで、例年倍々のペースで拡大を続け、社員の数は六〇〇〇人を超えるまでになっていた。もちろん、ドライバーの数は含まれていない。カラニック自身、ウーバーは巨大企業だという思いを社員に持たせる制度は導入したくなかったのかもしれないが、しかし、それを拒むことはもはやできなかった。ウーバーはすでに巨大企業になっていた。

ウーバーの社員たちは、不平や職場の問題だけでなく、この会社のHRは社員を評価する適切なシステムを作ってこなかったと感じていた。人事評価はカラニックが考えた「トップ3ボトム3」(T3B3)にしたがい、三つのプラスの特質と三つのマイナスの特質をそれぞれリスト化し、恣意的な採点で評価されていた。(5) 採点する上司や部長と採点される社員との親密度しだいで、点数は大きく変動する場合が多かった。この評価方式はウーバーが掲げる一四のバリューに根差していた。その社員が「強気《ハッスル》」に欠ければ当然評価は低くなる(ウーバーの文化的価値観では「時には強気」ではなく「常に強気」でなくてはならない)。上司は個人的な判断に基づいて部下を評価して採点していたが、なぜその評価にいたったのかについてはほとんど説明されなかった。プラスであれ、マイナスであれそれが社員の評価となり、年度末のボーナスや昇給、この会社でどのようなキャリアを築いていけるのかは、すべてこの採点しだいだった。

やがて、評点を高め、昇進するにはこれという上司に積極的に働きかけ、すり寄っていくことが必要になっていったが、同時に、会社の拡大につながる製品開発やアイデアを提供することがなにより重んじられるようになった。社員として、個々の人間としての資質は実際問題とはされなかった。なんと言われようが、最後には事業を拡大——乗車回数、乗車人数、ドライバー数、売上——させることが、ほかの意見を圧倒していくようになる。

あまりにも拡大が重視され、目的とは異なる予想外の結果を招くケースが頻繁に起きていた。経営学で言う、いわゆる「負の外部性」である。ほかの部門の効率性に大きな問題を引き起こしてでも、マネージャーたちは担当部門の拡大を追い続けた。一例をあげよう。ウーバーを立ち上げたばかりのころ、新規のドライバーを獲得するためにアイフォーン4を無料で提供していた。目的は一刻でも早くドライバーを獲得し、サービスを開始することであり、所定の手続きが完了し、採用が決定した時点でマネージャーはアイフォーンを送っていた。しかし、熱心なマネージャーのなかには、ドライバーの身元審査が完了する前、あるいは必要な書類手続きが完了する前にアイフォーンを発送した者もいた。契約ドライバーの数は爆発的に増え、担当するマネージャーの評価は高まったが、その一方で

＊あふれるほどの社員が入ってきても採用活動はとまらなかった。ファウラーが「とてもとても奇妙な一年」で書いていた二〇一六年末の時点で、ウーバーの社員数は一万人近くまで膨れ上がっていた。

アイフォーンを盗む者、だまし取るために登録する者が続出し、詐欺師に無料のアイフォーンを贈呈するために、多額の出費を強いられることになった。

失敗に終わったウーバーのエクスチェンジ・リーシング（Xchange leasing）事業もそうしたケースのひとつだ。ウーバーの歴史のある時点で、ドライバーの候補者のなかには、車がほしくてもローンを組むために必要な担保がないとか、あるいはクレジットカードの信用履歴に問題がある人間が何千人といるのではないかと考えた社員がいた。こうした問題を大目に見過ごせるなら、ウーバーは彼らに車をリースできる。そして、ウーバーのドライバーとして働かせ、ただちにリース代を返済させていけばいい。こうしてウーバーは信用格付けの低い者、あるいはまったくない者に車をリースするようになる。うまくいきそうなアイデアだった。それまでローンを組めなかった人間が、突然、車がリースできたので拡大率は一気に上昇した。何千人ものドライバーが新たにウーバーのプラットフォームに加わり、このアイデアを思いついたマネージャーには高額の報酬が与えられた。だが、それは配車サービス版のサブプライムローンだった。

二〇〇八年のリーマン・ショックとまったく同じように、このリースにも間もなく悪影響が表れた。事業を開始してから、安全性をめぐる事故の発生率も急上昇したのだ。調べてみると、エクスチェンジ・リーシングで車を運転するドライバー――信用格付けが低いか、もしくはクレジットカードが使えない者――が原因だった。事故はスピード違反から性的暴行にまで及んでいた。この制度でマネージャーたちはモラルハザードを生み出していた。間接的には何千もの人たちに苦痛をもたらし、会社に対しては広報活動や法務に悪夢のような問題を引き起こす危うさをはらんでいたのだ。

さらにウーバーと提携していた自動車ディーラーは、ぎりぎりの生活を送るドライバーたちに高価な車を選ぶように強くすすめていたので、客を乗せて走っても、彼らが利益を得られる機会はさらに減っていた。また、ドライバーは終日車を運転していたので、リース期間が切れて返却された車は、貸し出したときに比べてはるかに悪い状態になっていた。ドライバーの数は増えたものの、間もなくウーバーは、一台当たり九〇〇〇ドルの損失が発生している事実に気づいた(6)。当初見込んでいた五〇〇〇ドルという損失額をはるかにうわまわる金額である。ウーバーはサブプライム層のドライバーにも金を貸し付けていたが、ドライバーが返済できるような金額ではなく、彼らはますます格付け評価を落としていった。だが、ウーバーは気にもとめなかった。会社がドライバーの手取り分を差し押さえてしまうので、このようなギグエコノミー*訳註の仕事では、ドライバーが得る収入は時間とともに減っていった。

だが、不均衡なインセンティブが損失や弊害を生み出していたにもかかわらず、カラニックは拡大に報いることをやめなかった。拡大を実現できるかどうかが、平均的な社員と結果が出せる優秀な社員《ハイパフォーマー》との違いだ。ハイパフォーマーは好きなようにさせておけばいい。

それがこの会社のバリューのひとつ、「チャンピオンの気がまえ」だった。

セクハラを訴えたファウラーだったが、反応は彼女の予想を裏切った。

HRの担当者は、これは彼女の上司にとってはじめてのセクハラ行為で、厳しい叱責を受けるだろ

訳註*インターネットを通じて単発の仕事を請け負う働き方や、それによって成り立つ経済形態のこと。ライブハウスで行う一度限りの演奏を意味するスラング「ギグ」に由来する。

うと言ったが、さらに続けて、彼は〝優秀な社員《ハイパフォーマー》〟なので、「おそらく、たわいのない思いちがい[7]」を理由に解雇されたりはしないだろう。それだけではない。このまま彼のもとで現在のチームにとどまるのか、それとも希望する別の部署に異動するのかファウラーは選択を迫られた。人事評価の時期を迎えたとき、いまのチームにとどまっていれば、まず確実に満足な評価は得られないだろうと担当者は言う。

彼女にすればほかに選択肢はない。どうやらＨＲは、彼女はもちろん、あの上司がほかの女性にもセクハラを行っている可能性についても関心はないようだった。人事評価のシーズンになり、彼女もあの上司から報復されるのを恐れた。結局、いまのチームも離れ、数週間かけて自分に適したほかの部署を探すことにした。

ファウラーは不安だった。入社して一カ月もたたないうちに上司からセクハラを受け、その事実をＨＲに報告したことで報復を受けるかもしれない状況を招き、さらに今度は新しい所属先を見つけなければならない。あれほど夢見ていた仕事に二の足を踏むようになっていた。しかし、それから数週間後、別の部署でＳＲＥとして所属することができ、やがて新しいポジションにも慣れ、入社時にやりたいと願っていた仕事に携わり続けることができた。また、その仕事に基づいて、技術系の出版社からＳＲＥに関する書籍を刊行している[*訳註]。

やがて彼女は、自分と同じような被害を受けた女性たちと会うようになった。例の元上司は、自分だけではなく、ほかの女性社員にも不適切なふるまいに及んでいた。被害を受けたのは彼女だけというＨＲの説明とは明らかに矛盾していた。ファウラーはこのときはじめて、元上司がセクハラを重ねながらも、彼に対する高い評価のおかげで解雇されずにすんできたことを知った[*]。

ファウラーは会社のHRについてさらに調べ、同僚から実態を聞くうちに、社内状況は想像する以上にひどいと考えるようになっていた。ウーバーの能力主義は、殺すか殺されるかという勝ち残った者こそすべてという環境を生み出していたのだ。ファウラーには忘れられない記憶がある。会議の席である部長が、重役の機嫌を取るため、別の幹部にわざと情報を伝えなかった話を自慢していたのだ[8]（このご機嫌取りは実際に功を奏している）。こうした裏切り行為は是認されていただけではなく、むしろ奨励されていた。

「プロジェクトは次々に放棄されていた」とのちにファウラーは話している。「会社として何を優先事項にしているのか、日ごとに変わって誰も知らず、最後までやり遂げられたプロジェクトはほとんどなかった」。社員たちは、自分のチームがいつ解散を命じられ、あるいは敵対する別の派閥に吸収されるのではないかと戦々恐々としていた。リーダーが組織を基礎から再編しても、翌月、別のリーダーが来て、ふたたび組織をいじってしまうだけである。「何がなんだかさっぱりわからない組織で、しかもその混沌は徹底して収まることはない[9]」とファウラーには思えた。

女性が働くにはタフを極めた会社だった。彼女が所属していたチームは女性社員の構成比率が25パーセントの特別な部署だった。一般的な企業の水準からすれば低い割合だが、ウーバーのような男性

訳註＊二〇一六年一二月にオライリーメディアから刊行された *Production-Ready Microservices*（邦訳『プロダクションレディマイクロサービス――運用に強い本番対応システムの実装と標準化』佐藤直生監訳、長尾高弘訳、オライリー・ジャパン、二〇一七年）のこと。

＊ファウラーが新たな部署に移ってから間もなく、元上司は別の女性社員に言い寄っていた。この女性もファウラーと同じように会社に訴えた。結局、元上司は解雇され、二〇一六年四月に会社を去っている。

中心の企業では、輝かしい水準だったことをファウラーは覚えている、ウーバーのおかげで、女性が彼に寄ってくるようになったので、カラニックがこの会社を「〝ブー〟《おっぱい》バー」と呼んでいる話は雑誌「GQ」に書かれていた。

しかし、ファウラーがどうしても我慢がならなかったのは、革のジャケットをめぐる一件だった。入社した翌年の二〇一六年前半、サイトの信頼性を向上させたチーム作りに対して、SREのスタッフ全員に革のジャケットをプレゼントすると会社は約束した。全員の採寸を行い、その年の後半に購入する予定だった。採寸から数週間後、ファウラーの部署に所属する六人の女性社員に宛てて取締役からメールが届いた。メールには、女性スタッフのジャケット購入は結局見送ると書かれていた。男性スタッフの一二〇着のジャケットは、まとめ買いによる割引で購入できるが、女性用のジャケットは数がまとまらなかったので割引価格が利用できない。六人しかいない女性のために、オーダーメイドでジャケットを注文するのは無理なので、結局、女性スタッフの分は見送ったと書かれていた。

ファウラーはこの決定にショックを受け、公平ではないと抗議したが、その取締役の返事はにべもなかった。「女性社員が本当に公平な扱いを望むなら、ジャケットを受け取らないことこそ、公平な扱いなのだと気づくべきだ」[10]と言われた。この取締役の考えによると、女性に特別な配慮をすることはむしろ女性をおとしめ、実力主義をむしばむことになるらしい。

だが、状況が逆で、男性用のジャケットが割り引いて購入できなかったら、この取締役はやはり同じように応じていたのだろうか。男性優位のシリコンバレーでは、そんな考えはこの取締役に思い浮かぶはずはなく、そもそもそんなシナリオは存在しない。

HRとの不毛なやりとり、ジャケットをめぐる取締役との堂々めぐり、さらに女性に対するこの会社の実態を知ったいま、ファウラーはもうたくさんだと思った。すっかり嫌気が差した彼女は、ほかのハイテク企業から寄せられたオファーの交渉を始めた。そして、ジャケット事件の数カ月後にウーバーを辞めた。

ファウラーがブログで公開することを決めたのは、ウーバーを辞めてからちょうど二カ月後の二〇一七年二月一九日の日曜日の朝だった。この日は雨が降っていた。トランプ大統領の戦略政策フォーラムの問題をめぐり、カラニックは社員の反対を受けて委員を辞退したが、それに続いて起きた批判報道の渦中から、ウーバーはようやく抜け出そうとしていた。

ファウラーは彼女のウーバー時代の話を約三〇〇〇ワードの文章にタイプすると、ワードプレス(WordPress)を使って個人的に開設したブログにアップした。元上司のセクハラ、HRを相手にした悪夢のような戦い、さらに革のジャケットをめぐるやりとりなど、包み隠さずに公表した。たとえ何が起きるにしても、これを公表したらどうなるのかという考えは彼女の頭にはなかった。

モニターに表示された文字をスーザン・ファウラーは最後にもう一度だけ見た。記事のタイトルは「ウーバーで過ごしたとてもとても奇妙な一年を振り返って」。大きく息を吸い込んだ。

それから公開のボタンをクリックした。

第23章 殴《ザ・》り続《ハーダー・》けられても倒《ザイ・フォール》れない

朝、目覚めたカラニックは自分のアイフォーンがメルトダウンした原子炉のようになっているのに気づいた。

スーザン・ファウラーがブログにあげた記事へのリンクは、SNSやチャットルームで何百回も貼られ続け、数時間のうちにウーバーの社員全員が知るところとなり、怒りや興奮、混乱した声が彼らのあいだで飛び交っていた。日曜日の朝、サンフランシスコでは雨が降っていたが、カラニックはロサンゼルスにいて、ファウラーの内部告発の文書をめぐって、ウーバーの最高経営幹部たちから怒濤のようにかかってくる電話に対応しようとしていた。

ファウラーは、カラニックの目にとまるような上席の社員ではなく、どんどん人が増えていくこの会社で働いていた一エンジニアにすぎなかったが、その程度の女性社員がウーバーを大混乱に陥れている。広報部門には、彼女のブログについてコメントを求めるメディアの連絡がひっきりなしに続いていた。ファウラー自身は姿を現さず、メディアの問い合わせにもいっさい答えず、ブログに書き込んだ以上のことは何も語らなかった。

これまでにもウーバーはスキャンダルに見舞われてきたが、ファウラーの告発にまさる衝撃をもたらした事件はなかった。チャットルームは荒れに荒れた。部門のリーダーに対して、怒りに満ちた社員たちから続々と送られてくるメールは、詰問とさらなる申し立てに満ちていた。ファウラーの告発は始まりにすぎなかった。彼女の投稿によってダムは決壊し、何年もかけて蓄積されてきた社員の不満が奔流となって一気に流れ出したのだ。社員の不満は、何年も前から溜まっていた。カラニックにとって泣き面に蜂だったのは、これをきっかけに、ほかの社員もウーバーで経験した最悪の事件について、ツイッターで公表しはじめたことだった。

　クリス・メッシーナは、「ファウラーの一件は、言語道断で破廉恥な行いだ。ウーバーのHRと私のやり取りも、彼女のときと同様に冷淡で、当てにできないものだった」とツイートした。彼も最近になって会社を辞めた一人だった。「スーザンの事例は非難に値する」[1]

　ファウラーの爆弾発言で解き放たれた社内の不満は、突然降って湧いたものではない。カラニックに対する一般社員の反感は、トランプの大統領戦略政策フォーラムの辞退を社員が求めていたにもかかわらず、当初、それを拒絶していたことを理由に高まっていた。テクノロジー業界で働く者の意識は以前とは違う。二〇一六年一一月の大統領選以前、この業界で働く者は、シリコンバレーの創業者とは、明確なビジョンを掲げ、その実現に向けて猪突猛進する人間で、歴史の正しい側にいると考えてきた。しかし、トランプの時代を迎え、自分たちのCEOは、人を抑圧する、手に負えない独裁者であることがわかった。彼らにはそうした考えがどうしても容認できなかった。大統領戦略政策フォーラムのメンバーは辞退したとはいえ、カラニックに対する社員の考えはさらに悪化していた。自分たちのボスは、たぶんトランプと同じ穴のむじななのだ。

　さらに、ここ数カ月というもの、ウーバーの社員がベイエリアのカクテルパーティーに行くと、周囲から白い目で見られるようになっていた。彼らにとって「ウーバー」という語は倫理にもとる

「緋文字《スカーレットレター》」と化していた。フェイスブックの青いTシャツのように、ウーバーの社員にとって黒いTシャツを着ることは誇りだったが、いまではマーケットストリート一四五五番地の会社で働いていることを自分で宣伝しているようなもので、ウーバーの社員であることが相手に知れると、その場で会話が途切れて奇妙な目で見られてしまう。その目は明らかに、「あんな会社でよく働いていられるものだ」と語っていた。

この会社の一員であることに誇りが持てなくなり、辞める社員が増え始めていた。二〇一四年から二〇一六年にかけて、ウーバーは数千人に及ぶグーグルの社員を引き抜いてきたが、今度はグーグルが、良心の呵責に耐え切れなくなったウーバーの社員を大量に再雇用していた。エアビーアンドビー、フェイスブックばかりか、リフトでさえウーバーの社員を雇うようになっていた。ファウラーのブログは、こうした状況をさらに悪化させたにすぎなかった。

カラニックはただちに行動に出た。飛行機に飛び乗ってサンフランシスコに戻ると、ブログが掲載された翌日の月曜日の朝には、ウーバーの本部でこの問題の対処に当たった。

会議中、ある取締役が社外の第三者機関の手で、ウーバーの内部調査を実施してはどうかという案を持ち出す。ウーバーがこの問題について真剣に取り組んでいる姿勢を世間にアピールするには、たとえばワシントンDCを拠点にするコビントン・バーリング法律事務所のような、誰もが名前を知る大手ファームが必要だった。バラク・オバマ政権で司法長官を務めたエリック・ホルダーはこの法律事務所に所属していた。ホルダーはそれまでにもウーバーのために何度か働いたことがあり、カラニックもホルダーとはすでに面識があった。ホルダーは高潔な人柄で、彼とコビントン・バーリング法律事務所の共同経営者タミー・アルバランの二人に調査を依頼することは、世間に好ましい印象を与えるだろう。

さらに慎重に構えている取締役がいた。ウーバーで最優先政策およびコーポレイト・コミュニケーション担当の上級副社長として働いていたレイチェル・ウェットストーンもその一人で、彼女は神経をとがらせていた。コミュニケーションとパブリックポリシー担当の取締役としてグーグルで一〇年近く働き、食うか食われるかのこの分野でトップを極めたあと、ウーバーの取締役に就任した。見た目は華奢で気配りのきくタイプで、赤みがかったブロンドの髪を伸ばし、上品なイギリス訛りの英語を話していたが、テクノロジー業界に飛び込むまで、イギリスの保守党本部という冷酷非情な世界で働いていた。彼女は天性の戦略家で、すみずみに目を配れるコツを心得ており、マスコミが次にどこを攻撃しようとしているのかを把握し、その衝撃に備える術に通じていた。長期的な政策決定について、部下ではなく同輩の取締役と意見を戦わせることでウーバーの取締役会の席を得た。辣腕の選挙コンサルタントとして知られた前任のデービッド・プルーフは、マスコミを相手に日々の仕事に明け暮れるよりも、政治家とおしゃべりをしたり、スピーチ原稿を作成したりしているほうが向いていたので、カラニックはプルーフを閑職に追いやり、かわりにウェットストーンを後釜に就任させた。

ここ数カ月で、ウェットストーンとカラニックの関係は険悪なものになりつつあった。ウェットストーンと彼女の補佐役ジル・ヘイゼルベイカー——彼女もグーグル出身で、その前は選挙の広報官として活動していた——のとんでもない仕事のせいで、ウーバーの対外的なイメージはすっかり変わったとカラニックは心から信じていた。その証拠にウーバーに対する批判的な記事がいっこうにやまない。一方でウェットストーンら広報担当者たちは、嫌われ者で、いっこうに融通のきかないCEOと、そのCEOを再生産したような何千もの男性社員がひしめく騒々しい職場にあって、自分たちはこの会社を守るために最善を尽くしていると考えていた。ファウラーの告発文書がブログにアップされたことで、カラニックはウェットストーンの戦略に疑問を抱くようになり、ほかの取締役たちがいる前でその疑問を口にした。

月曜日の朝、カラニックが取締役たちと会議をしているとき、ウェットストーンはある忠告を口にした。「部外者を一度でも社内に入れてしまえば、主導権はあっと言う間に失われていく」。ウェットストーンがかつて働いていたグーグルで、数年前にエリック・シュミットから聞いた言葉だ。ウーバーがみずからの手をゴミ溜めのなかに突っ込んで問題点を探し出し、社員教育を行ったり、解雇したりすることと、この国でもっとも優秀な法律家を招き、社の問題に取り組んでほしいと依頼するのは別のことなのだ。部外者の初々しく、好奇心に満ちた目なら、これまで気づかなかった、おぞましい構造的な欠陥が確実に掘り返されてしまう。しかし、そうではあったが、ホルダーを招聘する可能性を口にしたのはウェットストーンだった。ウーバーが第三者に調査をゆだねるとすれば、それはホルダーのような人物であるべきだとウェットストーンは考えていた。

カラニックを説得する必要はなかった。ファウラーのブログを読んで慌てふためき、ただちに対応に着手したがっていた。

しかし、この方針を選んだせいで、カラニックが予想する以上の深刻な事態がやがて引き起こされることになる。ホルダーの調査がどれほど徹底したものであるのかはもちろん、彼の調査がどのようなものであるかを理解しないまま、カラニックは右腕のエミール・マイケルにホルダーへの連絡を命じ、即刻依頼するよう指示を与えた。その日の午後、カラニックは社員にメールを送り、動揺する社員を安心させようと試みた。

社員各位
厳しい二四時間だった。この会社が苦しみにあえいでいることは私にもわかっており、ここで働く誰もが会社の現状と、今後、どのように応じていくのか、それらについてさらに詳しい情報を待ちわびているのもわかっている。

最初に手がけるのは、オバマ政権で司法長官を担当したエリック・ホルダーとタミー・アルバラン――両氏ともアメリカ屈指の法律事務所コビントン・バーリングのパートナーだ――によって、スーザン・ファウラーが提起した職場環境に関する具体的な問題の調査を行い、同時にウーバーの「多様な人材の受け入れ《ダイバーシティー》」や「その人たちの個性を生かす《インクルージョン》」など、さらに多様な問題についても独立した調査を実施する。

二番目の対応として、現在、アリアナ・ハフィントンがこちらに向かっており、到着したら、リアーヌ・ホーンジー(ウーバーのHRの部長)とともに明日の全員参加の会議でいったい何が起きたのか、次にどのようなステップを踏んでいくのかを議論することになっている。

三番目に、ウーバーのテクノロジーチームの「性別の多様性《ジェンダー・ダイバーシティー》」について多くの疑問が寄せられている。社内のエンジニアリング部門、製品管理部門、研究部門を見ると、現在、社員のうち女性が占める割合は15・1パーセントで、この一年間で大きく変わってはいない。参考までに記しておくなら、フェイスブックは17パーセント、グーグルで18パーセント、ツイッターで10パーセントだ。リアーヌと私は、広範な「ダイバーシティー・レポート」の作成にこれから取り組み*、今後、数カ月のうちにその結果を公表する予定だ。そうすることで、強い正義感に根差した職場を作り出せると信じている。われわれが手がけるあらゆる仕事はその職場でなされている（略）。われわれがこの会社をさらによきものにするのは私に課された最優先事項であり、そうすることによって、われわれはみずからが掲げる価値《バリュー》を実践し、不正な行いの犠牲者のために戦い、彼らを励ます組織を生み出すことができるのだ。

よろしく頼む。

トラビス

取締役たちは社員の反発を予想していたが、少なくとも翌日の全社会議まではいえ、このメールで社内の緊張は和らいだ。間もなく、社員間のユーチャットは落ち着き、社員は仕事に戻っていった。自分はきちんと対応しているとカラニックは考えていた。彼の名誉のために言っておくなら、のちにほかの者たちが評価するように、スーザン・ファウラーに降りかかったトラブルを正すため、彼は迅速かつ断固とした態度で事に臨んだ。そして、世間の目に映るウーバーのイメージを修復しようと、一人の取締役に心から頼るようになり、半年後には彼がそれまで出会った誰よりも親しい存在になる。その取締役がアリアナ・ハフィントンだった。

もともとカラニックには、アリアナ・ハフィントンに自分の人生とキャリアを託すつもりはなかった。たまたまそうなっただけにすぎない。

カラニックと彼の右腕エミール・マイケルが、ウーバーの取締役会のメンバーとして理想的なセレブを考えていたとき、二人のリストのトップにはオプラ・ウィンフリーの名前があがっていた。しかし、この大スターを取締役として招聘できないと知ると、カラニックは数年前から知っている別のセレブについて考え始めるようになった。それがアリアナ・ハフィントンだった。

二人は二〇一二年に開催されたあるカンファレンスではじめて出会った。講演の合間の小休止の際、カラニックはハフィントンにウーバーのシステムについて紹介した。当時のウーバーは富裕層向けの贅沢なサービスで、自家用車を使ってサービスを提供するウーバーXが登場するのはこの数カ月後のことである。ウーバーにとって、ハフィントンは初期採用層《アーリーアダプター》として理想的な存在だった。ハフィントンは、「@トラビスのとてもクールなアプリ、『みんなのプライベートドライバー』ウーバー・コム」[2]と書き込むと、カンファレンスで二人並んだ写真を添付して、何百万人といる彼女のフォロアーに向けてツイートしてくれた。カラニックには決定的な瞬間だった。ハフィントンも押しも押されもしないセレブで、ウーバーの黒塗りの車に乗ってもらいたいと願う顧客のタイプそのものだった。

＊カラニックがダイバーシティーの調査——全社員の性別と民族性の内訳に関する集計と分析結果——を突然公表すると言い出したことに社員は困惑していた。取締役たちは何年にもわたり、「ダイバーシティー・レポート」の公開をカラニックに要求してきた。二〇一七年の時点で、白人男性が支配的なシリコンバレーでは、企業の透明性を担保する戦術として、「ダイバーシティー・レポート」はますます一般的になっていた。とくにウーバーの最高技術責任者（CTO）ジョー・サリバンは折に触れて、カラニックに公表を迫っていた。しかし、カラニックはそのたびに公表を拒んできた。「ダイバーシティー・レポート」がウーバーの文化的価値の精神に反するからである。結局のところカラニックの目には、ウーバーは実力だけがものを言う、能力主義の企業として映っていた。この会社が雇うのは〝最優秀《ベスト》〟の人間だと信じ、ジェンダーや民族性という社員の属性には目も向けなかった。トランプの大統領戦略政策フォーラムを辞退したときのように、「ダイバーシティー・レポート」を公表するというカラニックの発言についても、多くの者があまりにも遅く、あまりにも軽々しく扱っていると見なした。

ハフィントンの名声は、誰かがウーバーのようなアイデアを思いつく前どころか、そのサービスを可能にしたアイフォーンが登場するはるか以前から知られていた。アリアナ・ハフィントンは一九五〇年、コンスタンティノスとエリ・スタシノプロスの娘としてギリシャに生まれ、アテネで育った。両親と妹のアガピの四人で暮らしていたが、両親は問題を抱えていた。ジャーナリストの父親が原因で、アリアナがまだ子供のころに両親は離婚し、[3]娘二人は母親によって育てられた。[4]母親は温かな人柄のうえに、四カ国語を話す知的な女性で娘たちを支え続けた。子供が小さなころは慎ましい生活を送っていたが、娘たちには高等教育が必要だと母親は考えていた。「あなたたちの持参金は、あなたたちに授ける教育よ[5]」と母親は娘たちに話していた。一家はその後、アリアナのケンブリッジ大学の入学試験に合わせてロンドンに引っ越す。

その判断は報われた。母親と同じように、アリアナは生まれついての知性に恵まれ、妹のアガピも母親の後押しのおかげで社会的な地位を築いていく。ケンブリッジ大学に入学したアリアナは一部給付の奨学金の受給資格を得ると、これ以降、エリートとして社会階級をのぼりつめていった。ケンブリッジでは経済学を専攻、のちにインドに留学して比較宗教学を学ぶなど優秀な成績を残した。一九六〇年代のほかの十代の若者とは違い、騒々しいパーティーやドラッグに興味は示さず、そのかわり、討論や市民の権利について論じることを好んでいた。卒業が近づいたころ、フェミニズムに関するテレビの討論番組に出演したところ、その発言が出版社の目にとまって執筆依頼が舞い込む。結局、この依頼が一九七三年に刊行される彼女の最初の本『女性的女性』〔邦訳は一九七八年に評論社から刊行〕の執筆につながる。女性問題に関する彼女のスタンスは、いまよりさらに保守的だった。彼女はこれ以降、ウーマンリブに対して公然と異を唱え続けるが、その意味でもこの本は彼女の長いキャリアの始まりでもあった。

この本を契機に彼女は多くの本を書くようになり、カラニックと出会ったころにはすでに一〇冊を優に超える著作があり、大胆な意見を持つ恐れを知らない作家として発言権を得ていた。一九八一年にはギリシャ系移民の子として生まれたアメリカのソプラノ歌手マリア・カラスの伝記を書き、一九八八年にはピカソに関する本を刊行して、いずれもベストセラーになった。*

一九八〇年代、アリアナは共和党支持の銀行家で政治家でもあるマイケル・ハフィントンに出会う。短い交際期間を経て、一九八六年に二人は結婚、世間に異を申し立てる作家は、こうしてミセス・アリアナ・ハフィントンとなり、同時に共和党下院議員夫人になるとともに、彼女自身、名実ともに著名な共和党員となった。アリアナ・ハフィントンはその後、折に触れてはボブ・ドールやニュート・ギングリッチといった共和党の議員らとともに、保守系雑誌「ナショナル・レビュー」に原稿を寄せたり、保守派の論客として毎週放送されるラジオのトークショーに出演したりするほか、党に関する記事を書いたりしていた。さらに一九九〇年代になると、CNNの「ラリー・キング・ライブ」やウイリアム・〝ビル〟・マーの政治トークショーの常連ゲストとして登場するようになる。


*この二冊はいずれも物議を醸した。マリア・カラスの伝記は、過去にカラスの伝記を書いた作家から文章を盗用したと非難されている。また、ピカソに関する著作を出版した際には、美術史家のリディア・ガスマン教授はハフィントンを激しく非難し、一九九四年に「彼女がやったのは、過去二〇年に及ぶ私の仕事を盗んだことだ」とジャーナリストに語った。ハフィントンは一貫して盗作を否定したが、マリア・カラスに関する訴訟は示談ですませ、ピカソの盗用問題については、ガスマン教授はとくに訴訟を起こさなかった。

どの部屋にいても彼女が一歩足を踏み入れると、たちまち彼女が主人公になった。6フィート（182センチ）近い長身で、髪は赤銅のように輝き、それだけでも人目を引く容貌だが、それ以上に彼女を際立たせていたのは、大げさすぎるほどのアクセントがきいた話し方で、にぎやかで豊かな感情にもあふれていた。初対面の人にも、まるで旧知の親友とでも話しているように、「ねえ、あなた《ダーリン》」とあの独特のアクセントで呼びかける。

ハフィントンはとてつもないカリスマ性を放っている。その手腕には友人も彼女の敵も舌を巻いていた。原稿の売り込み先を紹介してほしければ、彼女に頼むといいだろう。ニューヨーク、ロサンゼルス、ワシントンDCの関係者全員に伝手《つて》がある。自著のカバーに推薦文がほしいなら、やはり彼女に頼めばいい。すでに一五冊の本を彼女自身が書いている。推薦文だけではなく、たぶん出版記念パーティーまで開き、セレブの友人たちにも出席するよう声をかけてくれるだろう。

彼女は自己変革の達人でもある。若いころには神秘主義に引かれ、のちには瞑想を実践するようになる。長年、共和党の党員だったが、その後、環境に優しい政策を優先するようになり、二〇〇四年の大統領選では民主党のジョン・ケリーを支持するなど、一転して進歩的な姿勢を表明する。

大統領選でケリーがジョージ・W・ブッシュに敗れたことで、彼女の進歩主義的な姿勢はさらに高まり、雑誌「ニューヨーカー」が、「リベラル向けの『ドラッジレポート』[*訳註](Drudge Report)のリベラル版のようなタイプ[6]」と評した、本格的なオンライン・メディアの立ち上げに乗り出していく。ベンチャーキャピタルの出資を得て、二〇〇五年、テクノロジー業界に詳しい共同創業者とともに「ハフィントン・ポスト」を開設する。このニュースサイトはいわゆる〝市民ジャーナリズム〟の草分けのようなものだが、実際にはフリーランスの編集者に仕事を委託して、ウェブ上でほかの人間が書いた記事を集約したり、あるいは要約したりしてサイトに再掲載していた。主流のジャーナリストはこうした編集方針を非難していたが、そんな非難をよそに、ハフィントンと共同創業者は二〇一一年、「ハフィントン・ポスト」をＡＯＬに三億一五〇〇万ドルで売却、彼女自身、個人的には二〇〇〇万ドル以上の利益を得て笑いがとまらなかった。

ハフィントンを特定のタイプに分類することはできない。それまでの生涯を通じて、彼女には変わらず抱いてきた理念や見解と思えるものもない。彼女をめぐり、ひとつだけ確かなものがあるなら、彼女がどのような人間であるかは他人にはわからず、彼女自身にしかわからない点かもしれない。ただひとつ一貫していたのは、それは彼女が絶えず変化してきたということだった。

「アリアナという人間そのものを理解する統一理論は考え出せるだろうか」[7]と、二〇〇六年、彼女の一一冊目の本のレビューで、「ハフィントン・ポスト」のあるライターは問いかけ、「そのときの彼女が何を信じているかだ」と語っていた。

六六歳になった二〇一六年、ＡＯＬ内での権力抗争に敗れて「ハフィントン・ポスト」の編集長を辞任すると、パーソナルケアやウエルネス分野を手がける新たなライフスタイルブランド「スライブ・グローバル」(Thrive Global)を立ち上げ、さらに新刊書の販売促進を手がけ始める。

「アリアナの評価については、二派に大別されるだろう」[8]と彼女が書いたピカソの本で代理人を務めたモート・ヤンクローは、一九九四年に受けた「ヴァニティ・フェア」の取材で答えている。「ひと

訳註＊「ドラッジレポート」：アメリカの保守系ニュースサイト。当初は電子メールによるニュースレターとして、マット・ドラッジが一九九六年に立ち上げた。

つは、あらゆる言動が意図的で計算し尽くされ、彼女は冷酷な人間だというもので、もうひとつは、なによりもまず、彼女は心から自分というものを信じており、自分自身を真っ先に売り込もうとする点だ」

政治に関するキャリアをきっかけに、彼女のデジタルメディアへの道が開かれていった。[9] そのメディアを介して、健康とウエルネス分野に関する新たな事業が始まった。そして、ウエルネス分野のビジネスを契機に、彼女の目は西に向かい、変革を本質とするシリコンバレーを目の当たりにした。

カラニックと出会った二〇一二年以降、彼女は時間をかけてカラニックとの距離を縮めていった。二人でいっしょにカンファレンスのステージに登壇することもあった。ある年のクリスマス、ハフィントンは自宅で開いたクリスマスパーティーにカラニックを招待した。二人の親交は、トラビスが両親を同伴して招きに応じるまでに深まっていた。そして二〇一六年、アリアナ・ハフィントンはウーバーの取締役に就任する。

このころ、カラニックは私生活で大変な時期を迎えていた。二〇一六年の終わりは、彼にとってとりわけ厳しかった。二年以上つきあったガビ・ホルツワースと別れたばかりだった。カラニックにとって、仕事抜きの人間関係は両親とホルツワースにほぼ限られていた。ここにきて、そのホルツワースが去ってしまったのだ。苛酷なほど仕事を最優先する毎日に、二人の関係は耐えられなかった。寝ているとき以外、カラニックは一日の大半を仕事に費やした。とにかくウーバー一辺倒で、起きている時間のほとんどは会社だ。ホルツワースは、カリカリする思いを発散させようと、友人と二人でヨーロッパに行って数週間を過ごしていたが、カラニックは仕事のために国内にとどまった。

ウーバーの取締役としてハフィントンが適任と考えたカラニックは、その件で話し合おうと二〇一六年のはじめ、カリフォルニア州レントウッドにあるハフィントンの別荘を訪れた。部屋のなかを歩きまわりながら、自分の考えをハフィントンに説明した。いつの日かウーバーは人間だけではなく、食品や商品、荷物などあらゆるものを運び、*そして、それを実現させるインフラを構築する会社こそウーバーにほかならない。自律走行するウーバーの車列が、サンフランシスコの道路を走っていく未来をカラニックは予見していた。それればかりか、ゆくゆくは空飛ぶウーバーが人を乗せ、町から町へと上空を飛び交うことになるだろう。四時間後、まだ部屋のなかを歩きまわりながら、カラニックは話し続けていた。カラニックが語るビジョンとウーバーの未来像に向けられた熱意に、ハフィントンは心を奪われていた。カラニックもまた、ハフィントンから包み込まれるような温かみ、目標に向かう自分を励ましてくれる母性のようなものを感じていた。

二人はオムレツを食べながら契約を交わした。オムレツはハフィントンがキッチンで作った。トラビスは歩きまわりながら食べ続けた。こうしてアリアナ・ハフィントンがウーバーの新しい取締役となることが決まった。彼女はカラニックのうしろ盾となったのだ。

*「あらゆるもの」のなかにはひとつ例外がある。郵便事業である。現代版の合衆国郵便公社になるのをカラニックは真っ向から反対していた。郵便事業は魅力のない市場として彼の目には映っていたのだ。ベゾスが希望するなら、通常郵便のビジネスはアマゾンに譲ってもいいと考えていた。

第24章

誰もラリー・ペイジから盗むことはできない

二〇一六年の終わり、スーザン・ファウラーがブログに記事をアップする数カ月前のことである。別の難問がトラビス・カラニックに持ち上がりつつあった。サンフランシスコから40マイル(65キロ)南の場所では、ラリー・ペイジが頭から湯気を立てて怒っていたのだ。

二〇一六年一月、ラリー・ペイジの秘蔵っ子で、大のお気に入りだったアンソニー・レヴァンドウスキーはグーグルを辞めた。レヴァンドウスキーは退社する際、社の自律走行プロジェクトに貢献した報酬として一億二〇〇〇万ドルのボーナスを手にしていた。八年の歳月と何億ドルもの資金に加え、何十人もの社員の時間と経営資源を投じたこのプロジェクトに対して、レヴァンドウスキーは見捨てたまま会社を去っていくようにペイジには思えた。それだけではない。レヴァンドウスキーが新たに立ち上げた自動運転のスタートアップに、グーグルの社員が大挙して移ってしまい、貴重な知識や経験がグーグルから持ち去られていた。

ラリー・ペイジにとって、自律走行プロジェクトは彼が個人的に進めてきた事業だった。検索エンジン事業に関連する日々のささいな仕事から、ペイジはとっくの昔に手を引いていた。二〇一五年、グーグルは会社の機構を変更して、持株会社としてアルファベット(Alphabet)を設立し、ペイジはCEOに就任していた。グーグルの検索ビジネスは、四半期ごとに数十億ドルものばくだいな収益をあげ、そのおかげでアルファベットの系列会社は、さまざまなプロジェクトを追求することができるようになった。

アルファベットの設立で、世間嫌いのペイジは、周囲の目からも解放された。グーグルのCEOとして、世間の注目を浴びるのを彼は心底嫌い、自分のプロジェクトを追求する時間をさらに確保したがっていた。自律走行車の開発というアイデアは、ペイジがずっと以前から目ざしてきた目標だった。そしてそれは、始まりにすぎない。関連プロジェクトとして、世界初の一般向けの空飛ぶ車「キティーホーク」(Kitty Hawk)の開発がペイジの個人的な出資によってすでに進んでいたのだ。[1] 子供のころに描いていた未来の夢を、ペイジは自分が生きている時代で実現したいと考えていた。

グーグルは、自律走行車の研究開発に多額の資金と経営資源を投入した最初のビッグ・テックだが、開発はなかなかはかどらず、テスト走行に積極さを欠いていることはグーグルの役員たちも認めていた。グーグルのあとを、アップルやテスラなどの競合企業が追い上げていた。ペイジはレヴァンドウスキーが去ったあと、開発チームの運営に変更を加えている。社内の機密部門「グーグルX」でこの破壊的なイノベーションの開発はそれまで進められてきたが、グーグル本体からスピンアウトして別会社が設立された。それが「ウェイモ」(Waymo)で、社名はこの研究が理念とする「モビリティーの新しい道《ウェイ》を切り開く」[2]という考えに由来している。ペイジがウェイモのCEOとして指名したジョン・クラフシックは、現代《ヒョンデ》自動車アメリカの元社長だった人物である。競合他社に比べれば、ウェイモには数年分の蓄積があり、このリードを強化して他社に先行しようと計画していた。

グーグルを退社してから四カ月後の二〇一六年五月、レヴァンドウスキーは自動運転のスタートアップ「オットー」の設立を公表、それからわずか三カ月後の八月、新会社を六億ドルでウーバーに売却する。ペイジの警戒心は一気に高まった。グーグルはすでにレヴァンドウスキーと法廷で争っていたからである。その数カ月前、グーグルの社員をオットーに引き抜くため、レヴァンドウスキーが機密である給与情報を利用していたのが訴訟理由だった。[3] 設立したばかりの会社を一転してウーバーに売却したことで、ペイジはますます怒りを募らせた。ペイジは自分の代理人に命じて、グーグル在職中、レヴァンドウスキーが使っていたアカウントと退職時の状況について綿密な調査を始めさせた。[4] 何かひっかかるものを彼は感じていたのだ。

　予想したとおりだった。会社がレヴァンドウスキーに貸与していたラップトップを綿密に調べた結果、退職する数週間前から、レヴァンドウスキーは会社のサーバーにアクセスして、自律走行プロジェクトに関する一万四〇〇〇件を超える機密ファイルを自分のラップトップにダウンロードしていた事実が判明する。機密ファイルのなかには、ウェイモが特許を得ているＬｉＤＡＲ《ライダー》*の回路基板の設計図があった。大半の自律走行車がこの回路を備えており、自律走行を可能にするうえで不可欠のシステムのひとつだ。ファイルをダウンロードしたレヴァンドウスキーは、９・７ギガバイトのウェイモのデータを残らずコピーして、個人用の外付けハードディスクに転送した。その後、ラップトップのハードディスクの内容をすべて消去すると、改めてＯＳをインストールした。ウェイモの弁護士はのちに、「このラップトップの内容をすべて消去したあと、レヴァンドウスキーはほんの数分間このラップトップを使ったきりで、その後二度と使っていない。その理由は不明である」と述べている。

　レヴァンドウスキーとともにオットーに移籍したほかの元社員たちも機密情報をダウンロードしており、そのなかには「サプライヤーに関する極秘リスト、高度な技術情報をともなう詳細製作設計や作業明細書」[5]が含まれていた。さらに、レヴァンドウスキーが社を去ったのと同じころ、彼のパートナーとなるリオール・ロンが不正行為の証拠となる文言、たとえば「マックに残ったファイルをひそかに消去するには」「自分のパソコンからグーグルのドライブファイルを永久に消去する方法」などを、グーグルで検索していた事実が判明する。

こうした詳細な事実は、レヴァンドウスキーにとってきわめて不利な証拠になるものだった。しかし、ウェイモのＬｉＤＡＲに部品を提供しているあるメーカーがたまたまミスをしなければ、ペイジの調査チームは事実を残らず解明できなかったかもしれない。オットーの売却から数カ月が経過した二〇一七年二月、このメーカーの担当者がたまたま送ったメールリストにウェイモの社員の名前が含まれており、さらにそのメールのなかにウーバーが直近に開発したＬｉＤＡＲの部品の回路図が偶然交じっていたのだ。回路図を見たウェイモのエンジニアは何か奇妙なことに気づいた。ウーバーの回路図は、ウェイモの部品をカーボンコピーしたようにそっくりだったからである。

かつてのペイジはレヴァンドウスキーを信頼していた。グーグルのＣＥＯとして、この愛弟子に何年にもわたり高額の報酬を与え続け、反抗的な態度をとってもこらえ、レヴァンドウスキーの解雇を求める上司からかばってきた。それがいまではどうだ。その自分を裏切り続けている。

二〇一七年二月二三日、ウェイモの代理としてクイン・エマニュエル・アークハート・アンド・サリバン法律事務所の弁護士は、カリフォルニア州北部地区連邦地方裁判所にウーバーを提訴した。訴状

＊前述したように、ＬｉＤＡＲとは「光による検知と測距」(Light Detection and Ranging)の略称で、自律走行車の開発を成功させようと競い合っているテクノロジー企業や自動車メーカーにとって、試作車のほぼすべてに搭載されている重要なパーツだ。

によると、オットーとウーバーの両社はウェイモの知的財産と企業秘密を盗み、ウェイモの複数の特許を侵害したばかりか、両社は共謀して、不正かつ違法、不公正なビジネス行為を行ったと訴えていた。さらに、ウーバーはこの窃盗行為によって、それまで失敗に終わった自社の自律走行技術の活性化を図ったと主張している。

「オットーとウーバーは、ウェイモの知的財産を侵害することで、自社の独自開発にともなうリスクと時間、費用の負担を回避できた」とウェイモ側の弁護士たちは訴状に書いていた。「入念に計画された この窃盗行為によって、最終的にオットー側は五億ドルもの利益を得、ウーバー側は停滞していた事業をふたたび始動させることができたといわれているが、いずれもウェイモの犠牲のうえに成り立っている(6)」

思い切った措置だったが、訴訟はペイジがみずから指示していた。シリコンバレーではライバル企業の製品の模倣が頻繁に行われている。ファッション業界や自動車産業、あるいは差別化が図りにくいそのほかの産業にかかわる人間でさえ尻込みしてしまうほどだ。フェイスブックはスナップチャットの革新的機能をコピーし、アップストアでは過去六年間、何百にも及ぶインスタグラムのコピーがその時々にひしめいていた。とはいえ、訴訟となると話は別だ。元社員を訴えることには非常に大きなリスクがともなう。証拠の開示手続きの過程で、体面をはばかるようなありとあらゆるメールや文書が出てくるかもしれず、希望する〝得がたい人材〟も、辞めてから訴えられるような会社に入ることには二の足を踏むようになるかもしれない。

提訴と同時にウェイモは、レヴァンドウスキーをはじめ、シリコンバレーはもちろん、ほかの企業に一通のメールを送っていた。「誰もラリー・ペイジから盗むことはできない。その代償から免れることもできない」

二〇一七年の冬のさなか、ウーバーのイメージ向上の責任者、ジェフ・ジョーンズは会社の幹部全員の目を覚まそうと躍起になっていた。ウーバーに対する社会のイメージにはなんら問題はないが、この会社は〝トラビス・カラニック〟という大問題を抱えている。

ライド・シェアリング担当社長として、そして、執行幹部チームのなかで唯一、マーケティングの経験を持つ人間であるジョーンズは、「ウーバー」というブランドに対する社会の嫌悪感の根源を考えるのは自分の責任だと思っていた。入社前、ジョーンズはウーバーがここまで憎まれているとは思ってもみなかった。世間がカラニックをろくでなしだと見なしているのは知っていたが、しかし、こ、い、、、れほどまでとは彼にとっても想定外だった。それればかりか、スーザン・ファウラーのブログで、事態は目も当てられないほど急激に悪化していた。

ウェイモの訴訟は、ファウラーのブログからわずか四日後のことであり、またもや手のつけようがない大きな問題となった。世間の目には、ウーバーで自律走行の開発を手がける新リーダーは、文字どおりの泥棒で、犯罪者になる可能性があると映った。最悪だったのはそれだけではない。さらに三日後、今度はウーバーが鳴り物入りで雇い入れたアミット・シンガル――グーグルの検索アルゴリズムを完成させた責任者――がウーバーに着任する以前に退社を余儀なくされる。カラニックはちょうど一カ月前にシンガルの就任を発表して、ウーバーの社員の期待をあおっていた[7]。ウェイモの訴訟の数日前の時点で、実はシンガルはセクハラを理由にグーグルを追われ、グーグルの取締役たちは彼の退職後もその事実を隠していた事実がメディアによって暴露されたのである[8]（シンガル本人は、セクハラの申し立てについて一貫して否定している）。採用を決めた時点で、カラニックはこの事実を知らなかったが、ウーバーにとってはこれ以上ない最悪のタイミングだった。

ジョーンズは会社に関する基礎資料がさらにほしかった。ウーバーに出社した初日、彼は委託調査を用いて、ウーバーに対する一般の人たちの印象調査と同時に、カラニック個人に対する印象についても別途に調査することをCEOに求めた。それまでウーバーではこのような調査は事実上行われたことはなく、一般の人たちがどのようにこの会社を見ているのかジョーンズは知りたかった。

数カ月後、調査結果が届いた。ジョーンズは執行幹部チームの大半に声をかけ、本部ビルを離れ、二日間に及ぶオフサイト・ミーティングに出席するよう求めた。カラニックに対しては、このミーティングに出席しないように求めた。調査結果については、CEOの面前ではなく、執行幹部チームだけで検討したかったからであり、カラニックにはその意向を尊重してほしかった。カラニックは渋ったが、ジョーンズも固持して譲らず、結局、相手の意向に応じるしかなかった。

二月下旬、ウーバーの各部門を担当する一〇人を超える幹部たちは、数ある課題のなかでも、とくに調査結果を検討するためにダウンタウンのル・メリディアンに集まった。このホテルはサンフランシスコの金融街を走るバッテリーストリートのかたわらに建っている。この日のためにジョーンズは会議室を予約し、ほかの執行幹部チームのメンバーが調査結果を理解できるようにパワーポイントを使ったプレゼンテーションを用意していた。

調査結果は明快そのものだった。一般の人たちはウーバーを役に立つサービスとして喜んで利用していたが、話がトラビス・カラニックになると反発を示していた。カラニックにともなう否定的な側面が、ウーバーのブランド価値の足を引っ張り続けていたのだ。

その日、しばらくしてからジョーンズのもとにカラニックのメッセージが届いた。いま、そちらに向かっているという。自分の会社の将来について幹部全員が話し合っているのに、自分一人だけが取り残されて気分を害していた。幹部が居ならぶホテルの会議室に入っていきながら、カラニックは壁に貼り出されていた図表や統計数値、調査報告書を見ていた。部屋の中央には文字が記された大きな紙が置かれている。外部の人間がこの会社にどんなイメージを持っているのか、その答えと思われるものを見つけ出していた。その紙には、黒々とした太い文字で、「ばかばかしいほどの成功を収めた悪ガキの集団」と書かれていた。反論の余地がないほど言い当てていた。

にもかかわらずカラニックは、ジョーンズのこの結論に対してただちに反論を始め、目の当たりにした壁の資料を受け入れようとはしなかった。

「だめだね。こんなデータは信じられないし、そんなふうには考えていない」

居合わせた幹部は唖然としていた。ウーバーの歴史において、これほどの危機に立て続けに見舞われている最中でも、カラニックは壁に掲げられている資料を文字どおり正視しようとはしない。ドライバー向け製品開発部門のトップであるアーロン・シルドクラウトは、立ち上がってジョーンズと資料を守った。人望の厚い執行幹部チームのメンバーとして一目置かれていたダニエル・グラフとレイチェル・ホルトの二人もシルドクラウトに加勢した。カラニックにすればこんなことをするジョーンズは許せないが、シルドクラウトとグラフのことは敬愛しており、ホルトとはウーバーを立ち上げたころからいっしょに働いてきた。その三人が今回の調査を支持している。カラニックに話を聞かせるのなら、この三人を措《お》いてほかに人はいなかった。

突然、言い争いがやんだ。最優先政策とコーポレイト・コミュニケーションのトップであるレイチエル・ウェットストーンの電話が鳴ったのだ。彼女は部屋を出て廊下で話を始めた。しばらくして、ウェットストーンは彼女の補佐役のジル・ヘイゼルベイカーに向かい、廊下に出てくるよう手招きをした。何かよからぬことが起こりつつあったが、それがどれほどの問題を引き起こすことになるのか、このとき会議室にいた幹部のなかで予想できた者は一人もいない。

　しばらく時間を置いてからジョーンズもカラニックに続いて廊下に出てきて、ウェットストーンとヘイゼルベイカーに合流した。会議室からラップトップを持ってきたウェットストーンは、それを四人の目の前にある椅子の上に置くと、ネットにつないでブルームバーグ・ニュースのサイトを開いた。カラニックに関する新しいニュースがアップされたばかりだった。[9] ニュースの冒頭にはビデオクリップが貼られている。

　四人はラップトップを囲み、カラニックは椅子の前にひざまずいた。粗い画質のドライブレコーダーの再生が始まる。ウーバーの車内を映した映像で、ビデオにはドライバーと三人の乗客が映り込んでいた。乗客のうち二人は女性、もう一人は男性――トラビス・カラニック本人で、女性にはさまれて後部座席に座っている。出だしは何の変哲もない映像で、三人の会話や笑い声のはしばしが小さな音量で聞こえる。軽薄な声の調子から、夜遊びのほろ酔い気分で車に乗って家に帰る様子がうかがえる。ラジオからマルーン5の曲が流れてくると、カラニックは肩を揺らし、ビートに合わせて体を動かし始めた。四人はカメラに映る自分たちのボスを見詰めた。のちにこの映像を見た会議室の重役のなかには、その姿を見て、自分勝手なゲス野郎《ドゥーシュバッグ》のひと言に尽きると思ったと語っている。

　目的地に着いてカラニックが車を停めると、乗客がカラニックだと知って、ドライバーが話しかけてきた。それから映像の雰囲気は一転する。車を運転していたファウジ・カメルは、ウーバーが乗車料金を値下げして、その結果、ドライバーは大きな打撃を受けているとカラニックを問い詰めた。

「あんたのせいで、九万七〇〇〇ドルも失ってしまった」とカメルは話し、「あんたのおかげで、うちは破産状態だ。毎日毎日料金を変え続けている」

「ちょっと待ってくれよ」とカラニックが相手をさえぎる。二人のやりとりが一気に熱くなる。「俺が(ウーバー)ブラックの何を変えたって言うんだ」

「なんでもかんでも値下げしただろう」とカメルも言い返す。

「嘘をつけ《ブルシット》。お前に何がわかる」。そう言いながら、カラニックは車から降りようとした。「自分のケツを自分でふこうとしない奴がいる」と声をあげ、カメルの抗議を押しのけて、相手を怒鳴りつけている。

指を突き立てながら、カラニックは自分の考えをまとめようとしている。「自分のことなのに、なんでもかんでも人のせいにする。まあ、せいぜいがんばりな《グッドラック》」と捨て台詞を吐き、カメルをなじり続けながら車から降りていった。彼がビデオのフレームから消えて数秒後に映像は終わった。そして、誰かがラップトップを閉じた。

火曜日の午前、生身のカラニックはすでにホテルの廊下でひざまずき、ジョーンズら三人の幹部にぼそぼそと話を始めた。「これはまずい。最悪だ」[10]と口にすると、さらに体を前にのめらせ、床の上で身もだえしながら、「俺はいったいどうしてしまったのだ」と絶叫した。どうしていいのかジョーンズたちにはわからなかった。こんなCEOの姿を目の当たりにして、三人ともどうしようもない気まずさを感じていた。

カラニックはアリアナ・ハフィントンに電話をかけた。彼にとって、唯一頼れると思える相手だった。「アリアナ、助けてくれ」と電話口で叫んだ。「こんな状況からどうやって抜け出せばいいんだ。あまりにもひどい。最悪だ」。取り乱したカラニックを落ち着けようとハフィントンは優しげに話していたが、彼女の口から出てくるのは月並みな言葉だった。

ジョーンズもCEOをなだめるために対策を提案した。危機管理広報の専門企業*に相談して、失墜していくウーバーを引き戻す戦略と次の一手を考え出すのだ。

「トラビス、大丈夫だ。力を貸してくれる専門家はいる」とジョーンズは話した。

だが、ウェットストーンはそうは考えなかった。「私とジル以上の専門家は見つけられないと思います」とはっきり言った。ウーバーの広報部門の責任者たちなら、カラニックをこの苦境から救い出せるとウェットストーンは考えていたのだ。

そのひと言にカラニックの怒りは、ウェットストーンとジル・ヘイゼルベイカーに向けられた。「君たち二人は、この状況からわれわれを救い出せるほど戦略的でもなければ、創意も持ち合わせていない」と食ってかかった。静まり返った会議室に、カラニックが放った侮蔑の言葉が余韻のように響いていた。ウェットストーンとヘイゼルベイカーにはこれでもう十分だった。二人は立ち上がり、私物を集めるとそのまま会議室を出ていった。

そう言ってから、カラニックはしまったと思った。八つ裂きにしようと手ぐすねを引いているメディアから自分を守ろうとしている責任者たちを、よりにもよってその自分が怒らせてしまったのだ。すぐさま廊下に飛び出して二人を追いかけ、会社にとどまるように説得しようとしたそのとき、ヘイゼルベイカーはカラニックの前に立ちはだかり、真正面から顔を見据えた。

カラニックの顔から数センチのところまで顔を寄せると、「よくもあんなことが言えるわね」と大声でののしった。「私はあなたとこの会社のために、これまでなんでもやってきたのよ。この問題だって、そもそも、あなたが自分で引き起こしたんでしょ**」

会議のメンバーが帰っていき、日も暮れかかったころ、カラニックはようやくウェットストーンとヘイゼルベイカーを説得して、慰留することができた。それから重役たちの半数は連れ立って、サンフランシスコのカウホロー地区にあるヘイゼルベイカーのタウンハウスに向かった。ホテルからだとウーバーに乗って二〇分ほどだった。みんなのために、ヘイゼルベイカーはテイクアウトを注文しておいた。

彼女の家のリビングで、重役たちはソファに座り、ピザとビールを分け合いながら、この問題についてどんな手が残されているのかじっくり考えていた。かたわらでは、カラニックがリビングのカー

*実際、ジョーンズらは危機管理広報の専門家スティーブン・ルービンスタインに短い電話を入れている。ルービンスタインは世界的なメディア王のルパート・マードックの一家のために折あるごとに働いていた。最終的にルービンスタインはこの依頼を断り、カラニックをクライアントには選ばなかったが、それから一カ月もしないうちにカラニックとふたたび出会うことになる。このとき、ルービンスタインは、挨拶がわりに二つのアドバイスをカラニックに授けている。ひとつは、カラニックは「彼にとってのシェリル」を見つけなくてはならない。マーク・ザッカーバーグとシェリル・リンドバーグの関係を踏まえた言及で、当時、シェリル・リンドバーグはザッカーバーグの指導力をいさめるうえで、効果的な役割を果たしていると多くの人たちが考えていた。さらにもうひとつの忠告は、仕事を離れて休むことだった。そうしなければ、「自分の墓穴を掘るか、マスコミにとどめを刺されてしまうだろう」。

**このとき二人の様子を見ていたある人物は、詰問中、ヘイゼルベイカーははるかに多彩な語彙を口にしていたと記憶している。

ペットの上で、わざとらしく身もだえしている。そうしているあいだも、「僕はとんでもない人間だ。僕はとんでもない人間だ」と同じ言葉を何度も繰り返していた。

ウェットストーンはそんなカラニックをなぐさめてはいたが、その様子はどこか投げやりだった。「あなたはとんでもない人間ではないわ。あなたのやったことがとんでもないの」と話していた。

その日の夜遅く、ウェットストーン、ヘイゼルベイカー、カラニックの三人はメディア向けに声明を発表することに決めた。そのころまでには、例のビデオはどんどん拡散していき、それを見たメディアや一般の人たちは怒りに怒った。これこそ、カラニックがドライバーを大切にしていない決定的な証拠だ。自分勝手なゲス野郎みたいにいちゃつき、やっぱりろくでなしの男であるのは疑う余地がない。

その日の夜、カラニックは社員に対して謝罪文を送った。謝罪文は翌朝、会社の公式ブログに掲載された。

私がウーバーのドライバーに無礼な態度で応じた様子を映したビデオは、すでに皆さんも見ていることだと思います。自分は恥知らずな人間だと言っても、そのような言葉ですまされる問題ではありません。皆さんのリーダーである私の仕事は、皆さんを指揮することであり(略)、それにはまず、私たちが誇りに思える行動をとることから始まります。しかし、私のしたことはそうではなく、言い逃れできるような言動ではありませんでした。

あのビデオには明らかに私の真の姿が現れています。そして、会社がいま受けている批判とは、私がリーダーとして心の底から変わり、成長しなければならないことを痛烈に突きつける戒めにほかなりません。今回、私は社を統率するうえで自分には助けが必要だと進んで認めるとともに、それを実現する考えでいます。

ファウジ・カメル氏には心からのおわびを申し上げるとともに、ドライバーやご利用客の皆様、ウーバーの関係者にも心から謝罪します。(11)

トラビス

第25章

グレイボール

スーザン・ファウラーのブログがシリコンバレーと世界中の新聞の一面を通じて爆発的に広がってから一週間後、本書の著者である私のもとに一本の電話が寄せられた。知らない電話番号だった。「もしもし、マイクですか？　マイク・アイザックですか？」と電話の向こうの声が尋ねる。「はじめて電話をします。ボブといいます。[1]ウーバーで働いている者です。オフレコで話をすることはできるかな」

この電話の数日前、「ニューヨーク・タイムズ」の一面に、私が書いた「好戦的で束縛を嫌うウーバーの企業文化の内情」という記事が掲載された。[2]この記事を書くまで、私は三〇人を超えるウーバーの現職社員と元社員に話を聞き、この会社の実情について詳述した。二〇一四年に「ニューヨーク・タイムズ」に入社して以来、私はウーバーに関する記事を何十本となく書いてきたが、やはりファウラーが書いたブログはこれまでのものとは何かが違っていた。

テクノロジー業界で働き、自分の上司から性的な誘いを受け、からくも逃れたことがある女性、スラック（Slack）のようなビジネスチャットに不適切なコメントを書き込まれ、それに耐えてきた女性、あるいは女性だからという理由で、自分よりも劣る、並以下の創業者に資金が優先的に提供されるのを目の当たりにしてきたあらゆる女性創業者たち――実はファウラーのブログには、テクノロジー業界の夢想家たちがふてぶてしく提唱してきた〝実力主義〟という制度に内在する、迷惑行為や偏見、虐待などがこれ以上ないほど鮮明に暴き立てられていた。

ファウラーは気づいていなかったが、彼女のブログは二〇一七年後半にひとつのムーブメントへと展開していく、その嚆矢《こうし》となるものだった。この年の秋、「ニューヨーク・タイムズ」と「ニューヨーカー」はそれぞれ、ハリウッドの超大物プロデューサーで知られるハーヴェイ・ワインスタインが行っていた、組織的かつ広範囲なセクシャルハラスメントに関する前例のない調査報道を公表する。この報道をきっかけにワインスタインは提訴され、最終的に罪状を認めて「#ミートゥー」運動に火をつけることになる。私もファウラーのブログの余波を受け、ウーバー内の混沌と無法状態を報じる記者たちの群れの一人に加わった。

電話の主であるボブは私の記事を評価してくれた。その記事とは、売上の「10の10乗」を達成した際にウーバーがラスベガスで催したドンチャン騒ぎの結果、社員がウーバーに対して起こした一連の訴訟——薬物使用の横行やファウラーの当初の主張をはるかに超えるセクハラに対する訴訟について、はじめて踏み込んで、詳細に報じられた記事だった。「自分が読んだ記事のなかでは、社内の様子をとらえている点で、もっとも正確に書かれていた」とボブは言っていた。

「しかし、それでもまだ表面的な事件をなぞっただけです。『グレイボール』という言葉に思い当たることはありますか」と聞かれた。グレイボール——初耳だ。

一度会ったうえで話をしようと提案された。

火曜日の夜八時、パロアルトにある古びたピザ屋の駐車場には、人影はほとんど見当たらなかった。

本当に汚い店で、脂ぎったピザと気の抜けたソーダ水を出していた。願ったとおりの店だ。ボブは私といっしょにいるところを人に見られたくなかった。こんな場所なら、ウーバーのほかのエンジニアと出くわすなど金輪際ないだろう。

車のなかで私は、ボブから指示されたチェックリストを確認した。家を出る前、私はウーバーのアプリを削除し、サブメニューの設定から、私の連絡先がサーバーから消去されているか確かめることになっていた。ウーバーの機能のひとつに、ユーザーが電話帳機能をクラウドにアップロードして利用できるものがある。友人や同僚の二人で乗車した場合、この機能を使えばたちどころに乗車料金が二等分できる。大半のユーザーには便利な機能だが、ボブと私の場合、むしろ迷惑なだけだった。ウーバーの情報セキュリティーチームがその気になれば、私が乗った車や私の連絡先など、こちらから進んで提供したあらゆる情報を彼らはこっそり見ることができる。携帯電話からウーバーのアプリを完全に削除しておくに越したことはなかった。さらに、携帯電話は電源を切って車に置いておき、ペンとノート以外は持っていかないことになっていた。店に着いたら、彼が見つけてくれるだろう。

薄汚れた店だった。ボックス席は安っぽいビニール製で、ビリヤード台の上にはバドワイザーのシーリングライトが半分灯されており、店内には古びた感じが漂っていた。私は二人分のピザを注文し、古ぼけたボックス席に座ってボブが来るのを待った。店にいたのはビリヤードをしている二人の若者と、カウンターのレジ係、そして奥でピザを作っているもう一人の男だけだ。

ボブは緊張した面持ちで店に入ってきた。野球帽を被り、書類がぎっしり詰まったファイルフォルダーを手にしている。記者との面会には慣れていないようだが、彼が負ったリスクも決して小さなものではない。彼のやろうとしていることがカラニックの知るところとなれば、ウーバーの弁護士の手で彼の人生は一変するだろう。そうまでして会ってくれることに私は感謝していた。こっちだと、私は彼に向かって手を振り、できるだけ無害な人間に見えるように努めていた。記者としての私の心得は、頭のネジが一本足りない、人なっつこい人物を演じることだ。夢中になってあれこれ詮索するより、相手はまちがいなく心を開いてくれる。

グラスに汗をかいた冷たいペプシとペパロニをトッピングしたピザをあいだに置いて、ボブと私はウーバーのさまざまなプロジェクトの証拠となるファイルに目を通した。現地のゼネラルマネージャーの一人が、警察の追跡を逃れる方法を記したリストをメールでドライバーに送っていた。

――ウーバーのロゴが表示されたスマートフォンは、フロントガラスに置かないでください（カップホルダーに置くようにしてください）(3)。

――乗客には助手席に座ってもらうように頼んでみてください。

――ターミナルで乗客が乗り降りする際は、縁石からもっとも離れた車線を使ってください。

空港での送迎中に違反キップを切られた場合、ウーバーはその費用の全額を払い戻し、必要な法的サポートを提供する点を忘れないでください。キップの写真を撮ったら、○○○○○○○○@uber.com にまで送ってください。

お読みいただきありがとうございました。今日も素敵な一日をお過ごしください(4)。

親しみやすい調子で書かれたメールだが、当局の取り調べを逃れるため、ウーバーが組織的にドライバーを教育している事実を示唆していた。

ピザを食べ終わると、ボブはバックパックからラップトップを取り出した。ウェブブラウザを開き、URLを打ち込むと、ポートランドの地元紙「オレゴニアン」がユーチューブにアップした三年前の動画が表示された。動画には市交通局の職員エリック・イングランドが車を呼ぼうとしている姿が映っている。この町で違法に操業を行っているウーバーの車両を捕まえるおとり捜査の一環だった。二人で動画を見たが、イングランドはウーバーの車両を摘発できなかった。(5) 二人のドライバーがイングランドの依頼に応じたが、すぐにキャンセルされてしまう。何が悪かったのかわからないとイングランドが話している。「依頼が殺到したのにちがいない」と言って、肩をすくめていた。その後、イングランドのスマートフォンには、ウーバーのアプリがまったく表示されなくなった。結局、あきらめるしかなかった。

「たまたまじゃない」とボブは言った。「これがグレイボールだ」

ウーバーが当局を組織ぐるみで欺き、摘発を回避するために使用したソフトウエアツール「グレイボール」、その起源はフィラデルフィアにある。フィラデルフィアは、ウーバーがそれまでに参入を試みた市場のなかでももっとも厳しい戦いを強いられた町だ。二〇一四年秋、ウーバーがフィラデルフィアでウーバーXのサービスに乗り出したとき、PPA(フィラデルフィア駐車取締局)はドライバーに強硬なメッセージを送った。「ウーバーXとして営業する一般車両を発見しだい、ただちにその車両を路上から排除するとともに、当局は車両を押収する」(6) とPPAは当時明言していた。さらにPPAは、ウーバーの偽アカウントを作っておとり捜査を始めた。ウーバーのドライバーが現れると、当局の職員は車を押収し、何千ドルもの罰金をドライバーに科していた。こうした対応が功を奏し、普通の人は怖くなり、ウーバーのために車を運転しなくなった。

フィラデルフィア担当のウーバーのマネージャーはパニックに陥った。当局が車両の押収を続けている以上、どうすればウーバーのために車を運転してくれとドライバーを納得させられるのか。ボブはフィラデルフィアのマネージャーがドライバー全員に送ったショートメッセージサービス（ＳＭＳ）のテキストを見せてくれた。ウーバーのサポートが改めて確認されていた。

ウーバー【必読】ＰＰＡに違反キップを切られたら、ただちに〇〇〇‐〇〇〇‐〇〇〇〇まで電話請う。ウーバーのドライバーとして路上にいるときは、われわれは常に１００パーセント支援する。無事に自宅まで送り届ける。必要な費用はすべてウーバーがカバーする。フィラデルフィアの市民に安心と快適な乗車を提供してくれることに感謝する。ウーバーはいつもいっしょだ。(7)

フィラデルフィアのオペレーションチームは、本社のエンジニアに解決策を求め続けた。国内各地のチームも同様の難題に直面していたため、サンフランシスコに対する圧力はますます高まっていた。本部のオペレーション部門とエンジニアリング部門は、ウーバーＸの操業に関するフィラデルフィアの正確な法律を知りたがっていた。ウーバーの最高法務責任者（ＣＬＯ）のサレ・ユが率いる法務部門は、この問題はグレイゾーンだと答え、厳密に解釈するなら、ウーバーＸのようなサービスのために運転することは違法ではないと会社は主張できるだろう。

カラニックの耳に「グレイゾーン」という言葉は心地よく響いた。詐欺調査チームの優秀なエンジニアであるクエンティン（二五一頁の傍註参照）は、あるアイデアを思いつく。クエンティンのチームは、中国市場で横行していた不正行為の問題に取り組み、アップストアのエディー・キューを相手に、ウーバーがルールを破った理由をカラニックが弁明した際にも対処していた。クエンティンの説明によると、乗客がウーバーのアプリを開いたとき、地図上に表示される車をコントロールできるツールがあるという。この機能はあらゆることに利用されていた。たとえば、ウーバーで人気のキャンペーンだったオンデマンドの「アイスクリーム・トラック」[*訳註]のようなプロモーションの場合、この機能によってユーザーの近くでアイスクリームを配達しているドライバーだけを表示させ、路上を走るほかのウーバーはすべて隠せた。このツールはウーバーで、「グレイボール」のコードで呼ばれていたが、それはユーザーの目を曖昧《グレイイング》にする、つまりエンジニアが顧客を欺き、特定の車を目立たせ、あるいは目立たない存在に変えていたからである。

エンジニアたちは考えた。このツールを使い、警察や当局の取締官がウーバーのアプリを開いたとき、彼らの目を欺き、路上を走るウーバーXを一台残らず隠せるようになればどうなるだろう。当局者はどの車がウーバーなのか把握できなくなり、その一方でドライバーは車両を押収される不安から解放され、乗客は好きなように配車を手配することができるようになる。みんなが自分の願いを満たせる。つまり、ＰＰＡを除く全員が目的を達成できるのだ。

「だが、大きな問題がひとつあった」とボブは言う。誰が当局の関係者なのか特定する方法で、それが見つからなければどのユーザーに「グレイボール」をしかけていいのかわからない。もし、無関係のユーザーを選べば、その乗客は車に乗れなくなり、本当のユーザーをだましてしまうことになる。

結局、ウーバーのエンジニアと不正防止チームのメンバー、現場の担当者は、当局の関係者を見抜く手段として、一〇を超える方法を編み出した。ウーバーがアップルを欺くときに使った「ジオフェンシング」——進出先の町の警察の周辺にデジタルの境界線を引くという方法——もそのひとつだった。地元マネージャーは境界線内の登録者がどの程度の頻度でウーバーのアプリを開いたり、閉じたりするのかに目を凝らした。行動工学で言う「サイトの訪問回数《アイボーリング》」[8]であり、当局の関係者は近くを通過するウーバーのドライバーをこうやって監視している。さらに新規のユーザーアカウントの詳細――クレジットカード、電話番号、自宅住所などの個人情報――を照合して、これらのデータが警察の信用組合や明らかにそれとわかるものに紐づいていないか確認した。そして、このアカウントはまぎれもなく警察関係や駐車取締局の関係者だとマネージャーが確信できれば、あとは「グレイボール」という言葉と数字が並んだ短いコードを加えるだけでよかった。そのアカウントからウーバーの車両の動きを遮断することができた。グレイボールの効果はすばらしかった。ＰＰＡは自分たちが欺かれているとも知らず、車両の押収率は一気にさがっていった。

クエンティンの不正防止チームは、マネージャー向けにグレイボールの使い方を説いた新たな作戦帳《プレイブック》を生み出した。このプレイブックは「サービス利用規約違反《バイオレーション・オブ・タームズ・オブ・サービス》」――略してＶＴＯＳ――と呼ばれ、当局がウーバーのアプリを使い、不正に乗車を申し込むことは、ウーバーのサービスの利用規約に違反していると主張していた。この違反に対抗するため、ウーバーにはグレイボールを使う権利が授けられたのだ。ウーバーの社員なら、ウィキペディアのような社内のディレクトリ情報で誰でもこのプレイブックが閲覧できた。ディレクトリ情報にはそのほかにも、さまざまな業務のために作成された数十のプレイブックが整備されていた。

訳註＊二〇一三年七月にウーバーが世界三三都市で実施したアイスクリームのデリバリーサービス。日本でも翌年の二〇一四年七月一八日に行われている。

参入するほぼすべての市場でウーバーは反対勢力と衝突していたので、VTOSのプレイブックとグレイボールは彼らにとって天の恵みのようだった。たとえば韓国では、一般人がウーバーのドライバーについて通報すると警察は報奨金を支払っていた。同様の報奨金制度はユタ州でも行われていた。それだけに、グレイボールの利用はあっという間に広まり、不正防止詐欺チームは、このツールの最良の使い方を説明するため、世界の十数カ国のゼネラルマネージャーが出席する幹部会議《サミット》を招集しなければならないほどだった。

ピザ屋でグレイボールについて私に語るうち、ボブはだんだんリラックスしていった。長いあいだ秘密にされてきた事実をようやくほかの人間に説明できて、ほっとしたと言っていた。グレイボールは違法なプログラムなのかもしれない。業績をあげるため、ウーバーは司法妨害を行っている可能性があった。

「洗いざらい話して聞かせたこの事実を、あなたがどうするのか僕にはわからない」。空になった紙皿を脇にやって、書類をファイルにしまいながらボブは私にそう言った。「それは僕の知ったことではないけれど、あなたに会い、いまこうして話したことで、なにはともあれ、僕も少しは気が楽になった」

そして、「たぶん、これで何かが変わるだろう」とつけ加えた。

別れを告げてピザ屋をあとにした私は自分の車に戻ったが、頭のなかがくらくらしている。それから数カ月後、ボブが私にかけてきた電話番号がつながらなくなった。結局、彼に会うのはそれが最初で最後になった。

三月三日の朝、「ニューヨーク・タイムズ」は定期購読者の携帯電話にプッシュ通知を送った。そこには、「ウーバーは何年にもわたり、規制地区や禁止区域で、あるアプリを使って関係機関の職員をひそかに特定し、法の執行から逃れてきた」[9]と記されていた。

反響がただちにわき起こった。全米の州検事総長たちが、所轄する州内の都市でグレイボールを使ったかどうかをウーバーに問いただし始める。記事から数日後、ウーバーのセキュリティー最高責任者ジョー・サリバンは、社員に対して、今後、当局を対象にしたグレイボールの使用を禁じると[10]、現在、創業時にまでさかのぼってグレイボールの使用歴について調査を進めている最中だと発表した。司法省も動き出し、グレイボールの使用が合法か違法か調査を始め[11]、フィラデルフィアやポートランド、さらにウーバーが進出しているほかの都市にまで調査の範囲は広がっていった[12]。ウーバーは協調性に欠け、好戦的な企業という評判がすでに立っていたが、この騒ぎでいまや世間の人たちは、ウーバーは犯罪予備軍だと言うまでになっていた。

ウーバーでは退職率があがり始めた。社員たちも人目があるところでは、ウーバーブランドの黒いTシャツを着なくなっていた。この問題が発覚する二カ月前、トランプ政権の大統領戦略政策フォーラム入りをめぐって起きた騒動では、抗議者は自分の腕に手錠をかけ、ウーバー本部の入り口とつないで異議を訴えていたが、今度はほぼ毎週のように本部の前に人びとが集まって抗議の声をあげている。ウーバーの評判はそこまで地に落ち、社員も会社に姿を現さなくなっていた。そのころの話だ。パブリックポリシー担当の二人の社員が、セメントが打たれたウーバーの廊下の端から端までボールをころがしたことがある。何百メートルもある長い廊下だ。はたして何人がこのボールに気がつくだろう。それが知りたかっただけだった。

だが、一人も気づかない。フロアには誰もいなかった。

スーザン・ファウラーの一件以来、カラニックがウーバーのドライバーをなじるビデオが報じられ、そして今度はグレイボールの使用で連邦政府の調査が始まり、ジェフ・ジョーンズがこの会社で手がける仕事はなくなってしまった。ウーバーからさっさと出ていかなければならなかった。

ウーバーに招かれたそもそもの理由は、ウーバーとウーバーのためにハンドルを握る何十万人ものドライバーとの破綻した関係の修復だった。ドライバーに対する暴言を映した例のビデオだけでも、彼の努力を台なしにするには十分だ。二〇一五年、ウーバーが乗車料金を引き下げたとき、カラニックは値引きの結果、ドライバーの収入がどのような影響を受けるのか心配するのではなく、はしゃぎまわって喜んでいた。カラニックにとって料金を下げることは、利用客の増加を意味していた。需要が高まることで、ふたたび爆発的な成長がもたらされる。成長こそカラニックの最優先事項であり、ドライバーについてはまったく関心がなかった。

以前の収入を維持しようと、ドライバーがさらに長い距離を走行し、それまで以上に多くの乗客を乗せようとしていることなど、カラニックには問題ではなかった。概算するとドライバーはこれまでの二倍は働いていた。サンフランシスコのような乗客の多い都市で運転するため、ドライバーはとんでもない距離を移動していた。片道二時間は当たり前、時には六時間もかかるような場所から通い、夜は脇道や空いた駐車場に停めた車のなかで眠り、一時間当たりの乗車回数を増やすチャンスを待っていたが、カラニックにはそんなことはどうでもよかった。ドライバーが気軽に用を足せるほどの公衆トイレはサンフランシスコにはないので、彼らはコーヒーショップを見つけてそこのトイレを借りるとか、あるいはもっと手っ取り早くすませる方法を頻繁に選んでいた。だが、そんなこともカラニックには大した問題ではなかった。終日のシフトで働くドライバーが過労や睡眠不足に陥っても、彼にはまったく問題ではなかった。

カラニックには、ドライバーや彼らが支払う経費――とくに車の維持費、医療保険――は眼中になく、彼らは「フォーム1099」で税務申告するフリーランスの労働者だとひと括りにしていた。ウーバーのビジネスモデルそのものが、ドライバーに対する会社の責任を最小化することで成り立っていた。

ドライバーたちも対抗手段は考えていた。非公式だったが組合を結成し、ウーバーピープル・ネット（UberPeople.net）のようなフォーラムを立ち上げ、ドライバー仲間が結集して情報を共有し、ストライキや抗議活動を組織していた。元航空宇宙エンジニアのハリー・キャンベルは個人ブログを開設して、ライドシェアに関する内部情報や仕事に関する自身の鋭い意見を書き込んでいた。キャンベルは本業のかたわら、副業としてウーバーとリフトで車を運転していたのだ。キャンベルはこのブログを「ライドシェア・ガイ」（The Rideshare Guy）と呼び[13]、そのなかで「ドライバーは、ウーバーからもっと手厚い援助や支援を得られることを切望していたが、結局、ウーバーではなく、仲間たちにそれらを見つけた」と書いていた。

ジェフ・ジョーンズは、ドライバーを助ける力は自分にはないとカラニックに報告した。わずか六カ月の在職だったが、その間目の当たりにしてきた惨状を前にして、ジョーンズは辞めようと判断した。テクノロジー業界が専門のニュースサイト「リコード」（Recode）は二〇一七年三月一九日、ウーバーのライド・シェアリング担当社長であるジェフ・ジョーンズが辞任したという記事を掲載し、関係筋の話では、辞任の直接の理由は同社を悩ませてきた一連の物議のせいだと伝えていた。[14] カラニックもメディアで反撃を試みていた。広報担当のスタッフを使い、リコードに話をリークさせたのだ。そのなかでカラニックは、ジョーンズが辞任したのは最高執行責任者としてのピークを過ぎていたからだと語っていた。ジョーンズはやり返しもせず、かつてのボスに対して好きなように中傷させておくつもりはなかった。この発言が掲載されると、ジョーンズは公表を前提としたコメントをリコードに送った。そのなかでジョーンズは、自分が辞めたのはリーダーの独断専行というあの会社のカルチャーのせいだと面と向かって非難した。

私がウーバーに入ったのは、会社が掲げる変わらぬ価値観《ミッション》が理由であり、企業を成熟させ、長期にわたる繁栄を実現するために必要な、地球規模の可能性を築こうとする果敢な精神が理由だった。しかし、ウーバーで目にし、経験したものは、これまで自分のキャリアを導いてきたリーダーシップに対する私の信条と方針に反しているのがいまや明らかになった以上、ライド・シェアリング担当社長の職責を継続するのはもはや不可能になった。

あの会社には何千ものすばらしい人がいる。みんなの活躍を心から願っている。

慎重な言葉づかいが求められる企業の公式声明の世界で、この声明を通じてジョーンズはカラニックを最大限に批判していた。

ジョーンズの反撃はうまくいった。しばらく休んだのち、最終的に税務代行の大手企業H&Rブロック(H&R Block)の社長兼最高執行責任者に就任する。同社の本部があるミズーリ州カンザスシティに移り、いまも妻といっしょにこの町で暮らしている。

ウーバーにとってはさんざんな三月だった。しかし、本当に最悪となる日々はこれから訪れようとしていた。

二〇一七年三月、ガビ・ホルツワースもまたカラニックとの別れを乗り越えるために辛い時期を過ごしていた。その後、常勤の仕事を得て、自動車関連のスタートアップで働いていたとき、エミール・マイケルから電話がかかってきた。

三年近くつきあったあと、二人は前年の二〇一六年末に別れた。二人にとってこの別れは辛いものになった。二人の友人や仕事仲間は、ホルツワースとカラニックはたがいを心から思いやっていると考えていた。カラニックが有名になればなるほど、二人はたがいに支え合うようになっていた。仕事をしていないとき、カラニックはほぼすべての時間をホルツワースと過ごした。

しかし、二人の関係にはもっと難しい一面があった。のちになって、ホルツワースがカラニックと過ごした時間を振り返ったとき、カラニックには感情的に欠落している部分があるのではないかと思わせる場合が少なからずあったと記者に語っている。彼女には大声こそあげなかったが、カラニックは人に対して、辛辣で冷酷になれる方法を知っており、会社では社員に対して尊大にふるまったり、けなしたりして、自宅でもホルツワースに対して同じようにふるまうことがあった。カラニックに頼まれ、ホルツワースは彼の誕生日パーティーやイベントなどの準備をしたが、華を添えるためだと言われ、飛行機を手配してモデルを送り込んでいた。当時は言われたとおりにしていたが、思い返してみるとそんな真似をしていた自分が悔やまれる。カラニックがそれまでの人生で、ほかの女性や自分をどんなふうに扱ってきたのかと考えると気分が悪くなる。

さらにその後も、「そんなパーティーに行っても、飛行機で送り込まれたモデルがたくさんいるだけ」とホルツワースは言っている。「カラニックたちは、こうして遊ぶのが好きなの。それだけのことなの」[15]

彼女はある出来事を覚えていた。その件については、何年たってもどうしても忘れられない。二〇一四年半ば、ホルツワースはカラニックとともに仕事でソウルに行った。ウーバーはソウル市場への進出を考えていたが、当局とのあいだで山のような問題に直面した。滞在中のある晩、夜遅くまで酒を飲んで過ごした日があった。メンバーの顔ぶれはカラニック、ホルツワース、エミール・マイケル、もう一人の女性社員、さらに現地のマネージャーが何人かいた。大いに盛り上がり、一行は最後にカラオケバーに向かった。

店内に入っていくと、女性たちのグループが輪になって座っていた。店の得意客相手に接客する女性たちで、ミニスカートには番号を振った札がついている。男性客は彼女たちをじっくり品定めすると、番号を告げて指名することができた。指名された女性は客とともに別室に入り、そこでカラオケをいっしょに歌ったり、酒の相手をしたりしていた。時には、何曲か歌ったあと、女性を自宅に連れて帰ることも珍しくはない。

一行のうち少なくとも何人かは、番号札をつけた店の女性たちはコールガールとして雇われているとその場で察した。ホルツワースともう一人の女性社員は不快感を覚えながらも、ほかの者に気まずい思いをさせないように黙ってしたがった。韓国担当のウーバーの男性マネージャーのうち四人が女性を指名し、みんなといっしょにカラオケを歌った。数分後、ウーバーの女性社員が帰っていく。体を震わせているのがはっきりとわかる。カラオケが一巡か二巡——マイケルはガンズ・アンド・ローゼズの「スウィート・チャイルド・オブ・マイン」を歌った——したあと、ホルツワース、カラニックとほかの何名かは店を出たが、地元のマネージャーは指名した女性といっしょに店に残った。

誰に聞いても、カラニックとマイケル、そしてほかの同行者はバーのラウンジで歌を歌い、酒を注文した以上のことはしていない。にもかかわらず、この店に出向いたことは、全員をとてつもない窮地に追いやるかもしれなかった。部下が風俗嬢とはしゃぎまわっても、カラニックとマイケルはとがめるわけではなかった。数カ月後、先に店を出た女性社員はHRに苦情を訴え、その後、カラニックに対してもいたたまれない思いだったと話している。しかし、なんの対応もなかった。つかの間、HRから取締役たちに問題が提起されたが、この件について取締役たちは、端からなかったことを選んだようだった。

一件について、ホルツワースは口外するつもりはなかった。だが、それはエミール・マイケルから電話がかかってくるまでの話だった。

三月一日、出し抜けにマイケルからメールが届いた。カラニックと破局を迎えて以来、マイケルとは話していない。電話で話したいと言われ、ホルツワースは了解した。

たわいない世間話から始まった。マイケルとはとくに親しかったわけではないが、彼がカラニックの右腕になってから、彼と彼のガールフレンドを交えてよくいっしょに過ごした。「こっちはいま、本当にご難続きだ」と相手は言う。ウーバーが遭遇している窮地については二人ともよくわかっている。それからマイケルは本題を切り出した。

「韓国のあの夜のことは覚えているよね」とマイケルが聞いてきた。「実は記者たちが嗅ぎまわってすっぱ抜こうとしている。あの件について、君にちょっとだけ念を押しておきたい」と続け、「たしかに僕たちはカラオケバーに行った。そして、それだけだった。それでまちがいはないよね」と言っている。

話を聞いているうちに、だんだん怒りがこみ上げてきた。マイケルが悪党のように思えた。マフィアのボスの知恵袋のように、表沙汰になってはまずい問題を手際よく片づけようとしている。彼女以外の人間には、一件がマスコミに漏れないように釘を刺しておいただけとでも言うのだろう。

「私のことは放っておいてほしい」とホルツワースは答えた。真剣になって生きていこうとしているとき、それだけでも大変な時期だというのに、どのサイトや新聞を見ても、別れた恋人の写真が掲載されている。今度はマイケルが強引に割り込んできて、昔の自分に引き戻し、苛もうとしている。

マイケルは話をやめようとせず、過去の一件について迫ってくる。韓国のあの日の夜、みんながやっていたのは唯一、カラオケに行ったことだけだと執拗に食いさがる。「そうだよね」となおも繰り返している。「それだけだよね」

ホルツワースは泣き出した。「自分の問題ぐらい、自分で始末できるわ」。泣きじゃくりながら、アイフォーンに向かって彼女は声をあげた。「お願い。お願いだから、私を巻き込まないで」

結局、ホルツワースは、記者が電話をかけてきても、それにはかかわらず、この件については黙っているという求めに応じた。最後にマイケルは、「なにもかもうまくいくといいね」と電話の向こうで涙を流している彼女に、相手を案じている友人のような印象を与えるふりをして励ました。

「ありがとう。元気でね」とホルツワースは答えた。そう言って挨拶を交わして電話を切った。

切ったとたん、彼女は激しい嗚咽《おえつ》の声を漏らしていた。破綻したカラニックとの関係——彼女に対する相手の応じ方、いっしょにいると卑屈になる思い――が、まるで堰《せき》を切ったように隅々まで蘇ったとのちに語っている。

取り乱したあまり、すぐさまウーバーのコーポレイト・コミュニケーションの責任者レイチェル・ウェットストーンに電話をすると、韓国での一件とマイケルが接触してきた事実を洗いざらい話した。話を聞いてウェットストーンは腰を抜かして驚き、ホルツワースに何度も何度もあやまった。相手をなだめながら、ウェットストーンはさらにいくつか質問をしてから電話を切った。

ウェットストーンはただちにウーバーの執行幹部チームを集めた。メンバーのなかには最高法務責任者（CLO）のサレ・ユ、HRの部長リアーヌ・ホーンジー、アリアナ・ハフィントンもいた。傷ついた会社のイメージの改善を図るため、ハフィントンの存在はますます高まっていた。集まった幹部はこの状況にどう対処するかを考え、一件が外部に漏洩しないように祈った。出席していた全員がエミール・マイケルにカンカンになって怒っていた。彼がやったのは、まるで映画『ゴッドファーザー』に出てくるような、向こう見ずで軽率な真似だった。

マイケルも自分の過ちには気づいていたにちがいない。この会議の翌日、ホルツワースはマイケルからのメールを受け取るようになったが、文面を読む限り、自分の失態を取りつくろおうとしているのがありありとうかがえた。こんな調子のメールだった。

先日の電話は事務的な話ばかりで本当に悪かった。僕もとてつもないパニックに陥っていた。あんな話ではなく、君や君の近況について聞くべきだった。君のことは心配しているし、友人だと思っている。いっしょにすばらしい時間を過ごしてきた。僕のことを信じてもらえれば幸いだ。いつかまた会いたいと心から願っている。[16]

知り合いの女性に頼んで、ホルツワースの懐柔にも努めた。ガールフレンドにメールを送らせ、ウーバーの女性社員にもメールさせて彼女の様子を尋ねさせている。そればかりか、別の知人女性を接近させ、誕生日パーティーに招待したいと連絡している。

ホルツワースは悲しかった。何がなんだかわからず、恐怖さえ覚えていた。なにより、自分をこんな状況に追い込んだエミール・マイケルに怒っていた。黙っているつもりは彼女にはもうない。のちに彼女は、「黙らされたくなかった。マイケルはどこからどう見てもごろつきで、ウーバーの邪魔をする者には容赦せず、私を力ずくでだましておけると思っている」とレポーターに語っている。

バイオリニストとして仕事を始めたころ、創業から間もないテクノロジー系のジャーナリズムのスタートアップ「ジ・インフォメーション」(The Information)のパーティーで演奏したことを彼女は覚えていた。このサイトはそれまで積極的にウーバーを取り上げ、彼女もサイトのレポーターの何人かには親近感を抱いていた。

彼女はそのレポーターの携帯電話の番号も知っていた。[17]

第26章

致命的な失敗

二〇一七年一月の「#デリートウーバー」を皮切りに、スーザン・ファウラーのブログ、「ブルームバーグ」のニュースサイトの動画、トランプの経済諮問委員をめぐる騒動、さらにグレイボールの発覚が続き、カラニックの評判は一気に失墜していった。

韓国のカラオケバーの記事も、世間がすでに抱いていた疑念、つまり、トラビス・カラニックはウーバーの有害な企業文化について見て見ぬふりを繰り返し、その文化がこの会社のトップにも浸透している事実を裏づけるものでしかなかった。入社を予定していた元グーグルのアミット・シンガルはセクハラ問題が暴露され、やはりグーグル出身でウーバーの南アメリカ市場を担当していたエド・ベイカーも辞めた。ジェフ・ジョーンズはマスコミの悪評が燃えさかるさなかに去っていった。カラニックの右腕で、親友でもあるエミール・マイケルも取り巻く状況は最悪だった。とりわけ重くのしかかっていたのが「ホルダー・レポート」であり、取締役会にはこれから提出される予定だった。「ホルダー・レポート」はギリシャ神話の「ダモクレスの剣」のように、ウーバー本部の頭上にぶら下がり、剣を吊す細い糸はいつ切れてもおかしくない気配を放っていた。カラニックがこの会社を創業して八年、その間の経営者の行動が調査されていた。ホルダーがほかに何を探り出してくるのか、それは誰にもわからなかった。

カラニックにとって最悪だったのは、自律走行の開発を進めるアンソニー・レヴァンドウスキーを解雇するよう、取締役会がカラニックに迫っていたことだった。二〇一七年三月下旬、レヴァンドウスキーに関する不祥事が明らかになり、彼の存在は会社にとって大きな負担となっていた。

前年の二〇一六年一二月、レヴァンドウスキーは許可を得ないまま、サンフランシスコで自律走行車の試験プログラムを開始した。走行はカリフォルニア州の交通当局に対する公然の反抗で、当局は違法だと非難していた。[1] だが、実験はテスト開始直後に失敗に終わった。テストカーの一台が白昼堂々と赤信号を無視して通過したうえに、その様子が近くを走っていた車のドライブレコーダーにとらえられていたのだ。映像がネットで広まり、ウーバーは次のような声明を発表している。「この事故はヒューマンエラーによるものです。車両は自動操縦で走行していた一台ではなく、乗客は乗せていませんでした。当該ドライバーは現在停職処分中で、弊社としては引き続き調査を行います。自律走行のウーバーが実現されれば、道路交通はさらに安全になると私たちは心から信じており、この調査もそのために行われます[2]」

三カ月後、「ニューヨーク・タイムズ」は内部資料を引用して、この声明が虚偽である事実をすっぱ抜いた。[3] 赤信号を無視したのは自律走行のソフトウエアが原因で、生身のドライバーではなかった。ウーバーは、地元サンフランシスコで実施中の違法プログラムについて、公開されるのを承知のうえでメディアを欺いていたのだ。

レヴァンドウスキーのせいで、ウーバーはほかの件でも何か不都合な事実を隠しているのではないかと疑われるようになっていた。ウェイモから提訴された民事訴訟では、レヴァンドウスキーは三月下旬まで、合衆国憲法修正第五条で保障されている黙秘権を行使して証言を拒んでいた。

カラニックもレヴァンドウスキーを解雇しなくてはならないとはわかっていたが、どうしてもその気にはなれない。カラニック同様、彼もまた生まれつきの人たらしの一面があり、カリスマ性とショーマンシップにあふれていた。臨海のエンバカデロ地区を時間を忘れて歩き続けながら、二人は興味の赴くままに議論を重ね、自分たちは〝腹ちがいの兄弟〟とまで思うようになり、そんな思いでカラニックの胸はいっぱいだった。二人は完全に自動化された未来という夢を共有していた。その未来では、ひとつのソフトウエアが、何百万人ものドライバーに相当する仕事を行っている無人運転の車列を指揮している。カラニックもただ手をこまねいていたわけではない。世間体をとりつくろうため、二人は一連の降格人事を思いついた。レヴァンドウスキーは今後も開発事業に携わるが、ウェイモの提訴の争点となっている主要技術のＬｉＤＡＲシステムに関係する研究からは身を引くという案をひねり出す。しかし、レヴァンドウスキーが依然として采配を振るう以上、このような小賢しい対応にだまされる者は誰もいなかった。

カラニックは以前から、面と向かって解雇を告げるのは苦手だったが、レヴァンドウスキーのようなケースでは、斧《おの》を振りおろせるのは自分しかいないのは痛いほどわかっていた。最終的にカラニックに圧力をかけ、解雇を通告させたのは、ベンチマークから来ているビル・ガーリーとＴＰＧキャピタルのデービッド・ボンダーマンの二人の取締役だった。二〇一七年の春の終わり、アンソニー・レヴァンドウスキーはひっそりと会社を去っていった。(4) カラニックは、無二の協力者であると同時に親密な友人の解雇を悲しんだが、彼以外の会社の人間は、幹部から平社員にいたるまで、誰一人として悲しんではいなかった。

それから数週間後、ウーバーとレヴァンドウスキーに対するウェイモの民事裁判を担当していたウィリアム・アルサップ判事は、「企業秘密を盗んだ可能性の有無を調査する」[5]ために、サンフランシスコの連邦検察局に捜査を依頼する。訴追されれば、レヴァンドウスキーは刑事告発され、判決しだいでは実際に刑務所に送られるかもしれなかった。

ウーバーの弁護団の一人は、ウェイモの民事訴訟で、「レヴァンドウスキーを取締役として迎えたことを、ウーバーはこれまでにもまして悔やんでいる」と陪審員に向かって語り、「彼がウーバーで残した業績は、唯一この訴訟だけである」と訴えた。

一連の災厄が降りかかった二〇一七年の第1四半期、ウーバーの広報担当チームは損なわれた会社のイメージを修復するために奔走していた。部員のなかには、この作業は地雷原を行くようなものだとたとえる者もいた。一歩前に踏み出すたびに、次の地雷へとまたにじり寄っていく。

戦略のひとつは会社の透明性を示すことだった。韓国のカラオケバーの一件が表面化してから数日後、ウーバーは「ダイバーシティー・レポート」をはじめて作成し、社員の性別と人種の内訳を詳細に公表した。調査結果を説明する記者会見の席上、リアーヌ・ホーンジー——HRの新部長は、ウーバーで数々のスキャンダルが発覚する二月の数週間前に入社——は集まった記者の前で反省の意を表した。[6]さらに、カラニックのとがりすぎた部分を和らげるように努め、ウーバーには取り組む問題があるが、一方で永続的な社内改革を進めていけると率直に打ち明けていた。

ホーンジーの記者会見で、世間の反発はしばらく収まったように見えた。アリアナ・ハフィントンも、ウーバーは今後、「優秀ではあるが、最低の人間《ジャーク》」は雇わないと語り、遠慮なくものを言うようになっていた。会社のブランド再生キャンペーンで、彼女は間もなくそれまで以上のリーダーシップを発揮していくようになる。ハフィントンはこの会社の権力の真空地帯や危機に瀕しているリーダーシップ、さらに周囲の人間を信じられないカラニック個人の危機に気づいていた。たしかに彼女自身、ウーバーの株式を所有していたが、このような危機に直面した状況で船を正しい方向に導いていく個人には特別な地位と力が必要だった。とくにその船が、ウーバーのように六九〇億ドルの企業価値があるタイタニックであればなおさらである。

「ダイバーシティー・レポート」とリアーヌ・ホーンジーのインタビューが発表されたのは三月下旬だった。世間の怒りは静まったが、それは半月あまりにすぎず、ふたたび次の爆弾が炸裂する。

　このころになるとウーバーとリフトの競合は世間にも知られ、両社のライバル関係は有名になっていた。カラニックは、単にリフトに勝つのではなく、倒産に追い込むことを望んでいた。二〇一七年四月一三日、両社の戦いにおいて、ウーバーはどれほど無慈悲であるのかが明らかにされる。テクノロジー系のニュースサイトで、例の〝ヘル〟の存在が明らかにされたのだ。[7] アイフォーンの技術を不正に利用し、リフトのドライバーに狙いを定め、ウーバーに誘い込むあのプログラムである。しかし、この発覚も単なる始まりにすぎなかった。

　前述したようにヘルは、同業他社の動きを監視するために競合他社情報（COIN）を担当する部署で作成された。ウーバーにはあるサーバーが設置されていた。そのサーバーはウーバーの主だったインフラには接続されておらず、社には帰属していない特別なサーバーだった。これらのサーバーを使い、ウーバーのエンジニアは、リフトのアプリやウェブサイト、コードリポジトリから情報の〝収集《ハーベスト》〟と〝解体《スクラップ》〟を行い、それらを保存し、処理したり、分析したりしていた。

COINはインドのオラキャブズ、中国の滴滴出行などの海外の競合企業の動向も監視していた。[8]そして、ウーバーでもっとも機密性の高い戦略を担当していたのが、戦略的サービス部隊(SSG)だった。CIA、シークレットサービス、FBIの元職員で構成された組織で、特別な匿名契約を結んだ下請け業者を雇い、ウーバーにまでたどり着かないようにしていた。黒い帽子を被ったスパイのようなこの集団はさまざまな活動を行っていたが、そのなかには最終的にウーバーの管理から逸脱したものもあった。

ニック・ジキントの指揮のもと、SSGはバーチャル・プライベート・ネットワーク(VPN)と安価なラップトップ、現金で購入した無線のホットスポットを使い、スパイ活動や防諜活動を実行していた。秘密活動の一環として、ウーバーのドライバーになりすまし、ワッツアップ(WhatsApp)の非公開のグループチャットにアクセスし、ドライバーがオルグされていないか、ストライキが計画されていないかなどの情報を収集していた。

バーチャルだけではなく、リアルな世界でも監視を行い、滴滴出行やリフトといった競合他社の関係者の盗み撮りや尾行をしていたばかりか、進出先でトラブルがあれば、その町の高名な政治家や法律家、あるいは警察を監視していた。さらにリフトのドライバーや乗客のふりをして、競合他社に関する機密情報を得ていた。滴滴出行とシンガポールのグラブに対しては、関係者の私的な会話さえ盗聴している。[9]リフトのある幹部は、しつこい尾行にノイローゼになってしまい、自宅のベランダに出て中指を立てた両手をかざし、自分をつけまわしているスパイたちに、尾行されていることなど先刻承知だというメッセージを送った。

SSGの部署内の連絡は、ウィッカー(Wickr)というメッセージアプリの企業版を使って行われていた。ウィッカーは構造上、すべてのメッセージを徹底的に暗号化し、送信者と受信者しか読めないようになっている。一定の時間が経過すると自動的に削除されるため、その後裁判になったとしても、証拠として開示されることはない。

セキュリティー最高責任者(CTO)のジョー・サリバンとクレイグ・クラークの二人は弁護士資格があったので、証拠開示の義務がない「弁護士・依頼者間の秘匿特権」を頻繁に用いて文書を扱い、万一の法的脅威に対する安全策としていた。

秘密工作を担当するこれらの部門への予算は不透明で、カラニックが権限を握っていた。無限とも思える予算を使い、カラニックと彼の精鋭部隊《Aチーム》はSSGの工作員を派遣して秘密任務を遂行させていた。Aチームの一人が言っていたように、それはまさに〝本物のスパイ活動のようなもの〟で、カラニックは自分が脅威と見なしたものに関する機密情報を集めた。コードカンファレンスで、滴滴出行の女性社長ジーン・リウを盗撮するという任務もSSGによって遂行された。よくわからないのは、こんな諜報活動にいったいどれほどの意味があるのかだ。だが、それにもかかわらずカラニックは、監視活動や世界規模の諜報活動、情報収集にともなう数千万ドルの予算を承認していた。

カラニックはライバル企業の一挙手一投足を知りたがっていた。彼が複数の国にまたがって繰り広げていた戦争は、僅差を競う戦争であり、SSGを使って競合他社の情報を得ていた。しかし、彼が相手の情報にこだわった真意はそんな有用性のためだけではなかった。ジーン・リウを盗撮した写真は、ウーバーに対するサウジアラビアの三五億ドルの投資を知った瞬間をとらえていた。それは、滴滴出行が中国市場で彼に負わせた苦痛に対する復讐だった。彼に近い人間は、滴滴出行と競合するようになったことで、彼のなかの何かが変わったと言っている。中国の一件以来、他人が自分の目をくらましたり、だまそうとしたりしているのではないかという疑念をカラニックは常に抱くようになった。自分の放ったスパイなら、現在進行中の戦いの意味を正しく理解するために必要なデータを集めてくれると彼は信じていたのだ。

CTOのジョー・サリバンは、ウーバーのこうしたやり方になんの問題も感じていなかった。彼と彼の腹心であるマット・ヘンリーとクレイグ・クラークらは、のちに調査官に対して、ウーバーのこれらの活動は、あらゆる企業が行っている情報収集とほとんど変わらないものであり、それらは「市場調査」と呼ばれている。優位に立つため、第三者の企業から情報を購入するのは当たり前の話だ。巧妙なスパイ部隊を使っているとウーバーを批判する人は、サリバンが着任する以前の状況を知らなくてはならない。社内のシステムは混乱を極め、走行中のドライバーをリアルタイムで見られる「ヘブン」にすべての社員がアクセスでき、泥棒は報奨金システムに好きなようにつけ込んでいたばかりか、ドライバーは文字どおり車内で命を奪われていた。南米やインドなどの町にSSGの工作員の派遣を命じたのは、人命を救助するためだとサリバンは言っていた。そして、その試みはただちに実を結んだ。サリバンが新設した法的執行機関への働きかけを行う部門は、警察がウーバーのドライバーに対する脅迫を捜査する際に役立ち、不正行為は32ページスポイント*訳註以上の単位で減少していった。

それでもなお、SSGとCOINの存在は多くの者を不安にさせていた。「データのむだをなくす」という方針にしたがい、ウーバーのすべてのレベルで、社内メール、グループチャット、会社資料が大量に削除されていたことに神経をとがらせていた。社員は、幹部はウーバーの痕跡を隠そうとしているのではないかと考え、いまだに知られていない事件をめぐり、裁判所から召喚状が届くのではないかと疑っていた。

また、一部のアジア市場では贈収賄の問題も抱えていた。現地の社員は、海外の市場でアメリカ企業が活動する場合、賄賂は必要悪の経費だと考えていた。

たとえば、インドネシアの一件が詳細に報道されていれば、大問題に発展していたはずだ。グラブに対抗してウーバーがインドネシア市場に参入した際、地元オフィスは、地域のドライバーが車両検査を受けたり、地区の管理者に苦情を伝えたり、その他の活動拠点として使ったりする仮設のチェックポイントである「グリーンライト・ハブ」を用意した。ただ問題は、そのハブが地元の住民しか暮らしていない郊外の住宅地に設置されていた点だった。一夜にして何百人ものドライバーがここに集まって道路を渋滞させ、住民をカンカンに怒らせていた。警察に通報され、警察はハブを閉鎖すると迫った。地元マネージャーはハブを移動させるかわりに、警察官に金を払うことにした。警察官が現れるたび、マネージャーは通常五〇万ルピア程度（およそ三五ドル相当）の賄賂を現金で手渡すと、警察官は立ち去っていく。当然のことながら、警察官はハブの常連になった。

ウーバーの社員は賄賂を払うため、小口現金箱から現金を抜いたり、賄賂の総額の記帳を偽造したうえで、必要経費の管理システムに打ち込んで払戻金をせしめたりすることで知られていた。本書の原稿を書いている時点で、このような行為は「連邦海外腐敗行為防止法」（ＦＣＰＡ）に抵触する可能性があり、司法省が調査を進めている。

二〇一七年春、エリック・ホルダーらが、報告書作成の一環として何百人もの社員に対して行った面接調査を通じて、これらの問題が全社的に発生していた事実が明らかになっていった。レイチェ

訳註＊ベーシスポイント：１パーセントの一〇〇分の一。万分率。証券の利回りを示す際に使われる。

ル・ウェットストーンは、かつて「部外者を一度でも社内に入れてしまえば、主導権はあっという間に失われていく」とカラニックに警告したが、いまやその警告が現実味を帯び始めていた。

カラニックは隙だらけだったが、事態の深刻さを彼が本当に理解しているのかどうかは取締役たちにもわからなかった。犯罪につながりかねない可能性がある不正行為を社員が行っている事実が投資家の知るところになれば、企業の価値評価にもまちがいなく影響を与えるはずだ。二〇一七年、わずか三カ月のあいだで、ウーバーは世界最大の投資先企業から、七〇〇億ドルもする時限爆弾になり果てていた。

親密なパートナーだったアンソニー・レヴァンドウスキーを解雇してからわずか数週間後、今度は古くからの友人だった人物にクビを宣告しなければならなかった。エリック・アレクサンダーはカラニックのフィクサーだと見なされてきた。だが、アレクサンダーはウーバーを破壊する鉄球《モンケン》になっていた。

カラニックにとって、エミール・マイケルがナンバー2なら、アレクサンダーはナンバー3だった。とはいえ、会社の経営陣のなかでは文字どおりの三番目の位置づけというわけではない。アレクサンダーの肩書はＡＰＡＣ、つまりアジア太平洋地区のビジネス担当社長として、アジア市場全域の関係維持に責任を負っていた。彼は人と人をどのように結びつけるのか、その方法に精通している男だった。敵をねじ伏せ、市場から叩き出すアジアの輸送力戦争において、アレクサンダーは得がたい戦力であり、壊れたものを修復できる男だった。

やがてアレクサンダーはカラニックにとってそれ以上の存在、つまり彼の友人になっていた。カラニックとマイケルが韓国や東南アジアの夜の街に繰り出すときには、いつしかいっしょに出向くようになっていた。自分のボス同様、彼もウーバーに人生を捧げ、毎週のように何時間も飛行機に乗っては国から国へと移動していた。

二〇一四年一二月、インドでウーバーのドライバーが起こしたレイプ事件をきっかけに激しい非難が爆発したとき、カラニックが最初に電話をした相手の一人がアレクサンダーだった。ただちにインドに乗り込むと、アレクサンダーはこの国の政治家や報道関係者に対応して、被害の最小化《ダメージコントロール》を効果的に行った。被害者女性がウーバーに起こした訴訟も、最終的に彼が解決している。この事件の影響で、デリー地域での操業は一時的に停止されたが、翌二〇一五年前半には解除され、営業を再開している。どうやら、最悪の事態を乗り切ったように思えた。

しかし、二〇一七年夏、テクノロジー系のニュースサイトが、インドのレイプ事件の調査の一環として、アレクサンダーが本来、非公開であるはずの被害者の個人的な医療ファイルを、法律事務所を通じて入手していた事実を明らかにする[10]。ファイルには、性的暴行を受けて数時間後の被害者の詳細が、診察した医師によって記録されていた。アレクサンダーはこのファイルをアメリカに持ち帰り、調査に進展があるたび、カラニックと幹部たちは法務チームから調査内容の説明を受けていたのだ。

事件直後の時点で、もしかしたらレイプはまったくのでっちあげで、実はインド市場の競合大手オラキャブズの幹部が仕組んだ陰謀の一部ではないかという説が浮上していたからである。ドライバーと被害者女性のアカウントを調べると、ドライバーはウーバーの複数のアカウントを持っており、被害者のアカウントは複数の人間が使用していた。それぞれのアカウントに登録されている身元に紐づけはできなかった。その結果、調査担当者たちは、これらのアカウントは襲撃劇を演じるために作成された可能性が否定できないと指摘していた。

さらにもうひとつ、衝撃的な指摘があった。医療ファイルによると、被害者となった若い女性の処女膜は無傷のままだったのである。調査担当者が、自説の正しさを裏づける根拠にしていたことで、この事実はカラニックの頭にこびりついてしまい、その後も折あるたびに、取締役たちの前でこの話を蒸し返していた。

二〇一七年四月、インドのレイプ事件に関してカラニックが本当にそうコメントしたのかと、「ニューヨーク・タイムズ」はウーバーに問い合わせを寄こした。担当役員は、被害者の主張の真偽について、カラニックは広報に疑義を呈したことはないと答えた。広報担当のメンバーもそんな話はでたらめだと一蹴し、結局、この件について記事が掲載されることはなかった。

だが二〇一七年夏、「リコード」はアレクサンダーがファイルをインドから持ち込んだ一件を報じる。記事の公表前日、「リコード」は掲載する旨をウーバーに伝えてきた。悪いことは重なるもので、アレクサンダーは、悪名高い韓国のカラオケバー事件でカラニックやマイケルとともに同席していた。ひとたび世間に知れ渡れば、ウーバーは壊滅的なダメージを受けるだろう。

執行幹部チームのメンバーはもううんざりしていた。カラニックは被害女性の主張に疑問を投げかけるため、医療ファイルに記された詳細な事実をわざわざ持ち出しているのだと彼らは考えていた。もっとも、疑っているカラニックに向かい、少なくとも二人の取締役が、被害者は肛門を犯されたかもしれないと反論したときにはみんなが呆れていた。

かりに取締役たちのあいだに疑念が残っていたにせよ、インドの法執行機関にウーバーが協力する妨げにはならなかった。事件の直後、アレクサンダーはインドの捜査当局にＧＰＳの記録を提出しており、その記録によると、アカウントがオフラインになったのは、被害女性が暴行を受けた現場の近くで、時間も報告された事件の発生時間とだいたい一致していた。のちにアレクサンダーは、ドライバーの刑事裁判でも証言をしている。

そうではあったが、被害者の個人的な医療ファイルを持ち歩いていた事実は、不問にできる行為ではない。「リコード」が記事をアップする前に、自分の友人に解雇を申し渡さなければならないことはカラニックにもわかっていた。そして、アレクサンダーに電話をかけ、状況を説明したうえで、解雇を告げなくてはならないことをわびた。六月七日、エリック・アレクサンダーにとってすべてが終わった[11]。会社の面子《メンツ》を保つために、最後まで努力したが、結局、彼はウーバーを去るしかなかった。努力は失敗に終わった。翌日、記事が掲載されると、社員は怒りを通りこして憤慨した。

執行幹部チームのメンバーもすでに岐路に立たされていた。それまでの一連の事態も十分すぎるぐらいに悪かったが、レイプ事件そのものを否定するのは明らかに行きすぎだ。そのころには、コーポレイト・コミュニケーション担当重役のレイチェル・ウェットストーンも辞任していた。彼女は何度も辞めるとカラニックを脅し、カラニックはそのたびに説得して慰留に努めてきたが、ウェットストーンにはもう十分だった。最後にはカラニックもその意思を受け入れ、彼女は四月に会社を去っていった[12]。

残った執行幹部のうち、六人がウーバーの取締役会宛に書簡を作成した。そのなかで彼らは、ウーバーにはカラニックの絶対的な権力に対抗できる独立した会長がどうしても必要だと必死に訴えていた。さらに彼らは取締役会に対して、エミール・マイケルの解雇を主張していた。マイケルこそ、カラニックの最悪の衝動をあおっている人間だと執行幹部たちは見なしていたのだ。

彼らはカラニックの休職をなにより願っていた。この会社の評判を回復させるには、取締役会の支援と付託が必要だと彼らは考えていたが、カラニックがウーバーに存在しつづける限り、それは不可能だった。

カラニックがその電話を受けたのは、五月の終わりにニューヨークに来ていたときだった。彼の両親が思ってもみなかったボート事故に巻き込まれたという知らせだった。カラニックはただちにカリフォルニア州フレズノに向かわなければならなかった。

マンハッタンからフレズノへ向かう専用機を申し込みながら、彼は両親のことを考えていた。カラニックの人生において、両親は自分に残された唯一頼れる存在だった。人生最悪の年に突入して五カ月、この事故で父親のドナルドは重傷を負い、危篤状態に陥っていた。そして母親は、取り返しのつかない被害を負っていた。

この事故の数週間前、カラニックは、五月末のメモリアルデーの週末を両親といっしょにフレズノ郡にある人造湖のパインフラット湖で過ごそうかと考えていた。カラニックが子供のころから、一家はこの湖で夏を過ごし、砂ぼこりのキャンプ場で遊んだり、父親の動かなくなったボートを修理したりしていた。「母から最後にもらった連絡は、キャンプ場から湖を写した美しい写真で、東海岸の会議をキャンセルして、自分たちに合流するよう誘っていた」[13]と、カラニックは事故から数日後にフェイスブックに書き込んでいる。「しかし、私はそうしなかった」

彼が子供のころ、こうした夏の旅行中、カラニックと家族はモーターボートに乗り、20マイル(32キロ)北にある湖の源流キングス川によく向かった。事故があった五月末の金曜日も、両親は二人でこのコースをたどっていた。ボートが水源近くにまで来たとき、母親のボニーが自分で操縦したいと言い出した。「母がかわって運転したのは、それまで何度も見てきた」とカラニックは書いている。そして、母親にかわろうとしたまさにその瞬間だった。ペットの犬が邪魔をした拍子にハンドルが大きくそれ、ボートは岩場に真っすぐに向かっていった。父親のドナルドが慌ててハンドルを戻したが、その前にボートは岩場に突っ込んでいき、その弾みで父親はボートから冷たい水のなかに放り出されてしまう。衝突したとき、母親はまだボートのなかにいた。

父親は肋骨が五本折れ、脊椎にもヒビが入り、さらに片脚を骨折、肺も片方がつぶれていたが、妻を乗せたまま沈んでいくボートに泳いで戻り、なんとか救い出した。父親は妻の体をライフジャケットで包むと、二時間近く泳いで岸にたどりついた。水からあがったその場でマウス・ツー・マウスの人工呼吸を試みたが、結局、父親の努力はむだに終わった。この事故でボニー・カラニックは死亡、衝突の際の衝撃による即死だった。結局、二人は漁師に発見されて病院に運ばれていった。

カラニックは激しいショックを受けていた。彼にとって母親は、この世でもっとも深く結びついた存在だった。両親はあらゆる面で彼を支え続けてきてくれた。大学卒業後、負け犬として芽の出ない日々を送っていたころ、彼は貧しく、スタートアップを立ち上げようにもあまりにも貧しいので、両親の家で暮らしていた。息子といっしょにいるとき、母親はいつも甘やかしてくれた。その母親が死んでしまったのだ。

つかの間、テクノロジー業界は母親の死を嘆くカラニックを叩くのを控えた。弟のコーリーと父親が眠るベッドのかたわらに座り、父親が危篤状態から無事に生還するのを見守った。事故のニュースが世間に伝わると、慰めの言葉を添えたメールが殺到した。数年前、カラニックと争ったアップルのティム・クックからも、追悼の言葉が送られてきていた。

カラニックは誰に頼っていいのかわからず、アリアナ・ハフィントンに電話をかけた。ハフィントンは次の便に乗ってフレズノに向かった。ニュースが広まると、さらに多くの人間がカラニックに連絡を寄こし、手を差し伸べてくれた。元ガールフレンドで、その後も親友としてつき合っていたアンジー・ユーは、よければそちらに行き、いっしょに父親のかたわらにいたいと言ってくれた。二人がつき合っていたころから、ユーはカラニックの両親をよく知っていた。のちにハフィントンは自分の友人に、生涯においてもっとも闇に閉ざされた時期に直面したカラニックを心配し、心からの世話を尽くしたと語っている。その様子を見ていた者は、ハフィントンはカラニックにとって母親のような役割を果たし、いまは亡き母親にかわり、彼を気づかっていたと言う。しかし、この事故に詳しいウーバーの幹部のなかには、ハフィントンはこの状況をしきることで、カラニックに取り入ろうとしていたとしか思えないと言う者もいた。

父親につきそっていないとき、カラニックは病院の向かいにあるホリデイ・インに戻り、その部屋で自分が失った企業人としての評価をなんとか回復しようとしていた。ホテルの会議室を借りていたが、いつも利用するフォーシーズンズのスイートルームに比べればはるかに見劣りがする部屋を仮設の司令部として使っていた。両親のことを忘れ、社員たちに向けて、うそ偽りのない心からの反省を表す手紙を書くことにしたのだ。そうすることで、社員の不満に耳を傾けている姿を示し、自分が変わりたいと切に願っていることを証明したかった。

考えを声に出して語り、会議室と薄暗い廊下を行ったり来たりしながら、あるいは廊下でうずくまりながら、カラニックは手紙の文面について考えていた。ハフィントンの助言にしたがい、読む者の心に直接訴える調子で書こうと思った。それは謙虚さと心からの謝罪がにじみ出ながら、読み手の情熱をかき立て、困難な時期に会社に復帰し、その苦難を乗り越えるリーダーの意志にふさわしい雰囲気をたたえているものでなくてはならない。

何度も書きなおしたあと、カラニックとハフィントンはある文面の手紙を社員に送ることに決めた。その手紙からは、カラニックが自分の行動について、彼自身が全責任を負おうとしていることが伝わってくる。少なくとも二人にはそう思えた。手紙には、これを読んだ社員が評価してくれると思われる内容が書かれていた。それはカラニックの謝罪だ。これこそ、カラニックが自分の欠点についてはじめて文字に記した謝罪文だった。もっと前に自分の過ちを認めるべきだったと彼は気づき、この手紙でウーバーは苦境から抜け出せるかもしれないと思った。

社員各位(14)

過去七年間で私たちの会社は大きく成長しました。しかし、残念ながら一人前の企業として成長することはできませんでした。

私はこれまでの人生を起業家として歩んできましたが、そのほとんどは、失敗と倒産の危機と背中合わせの毎日でした。これまで必死になって考えてきたのは、繁栄する組織作りであり、生き残ることでした。

ウーバーが軌道に乗ったとき、破綻の瀬戸際とは無縁の組織を率いることがようやくできるようになりましたが、それは私の人生ではじめてのことでした。わずか三年半の期間で、私たちが提供

するサービスと会社は空前の勢いで成長を遂げてきました。（略）
成長自体は喜ぶべきこととはいえ、成長に見合った抑制と均衡がともなわなければ、企業は重大なミスを犯しかねません。規模が大きくなれば、私たちが犯したミスは、私たちのチーム、私たちのお客様、私たちが貢献する地域社会に大きな影響を与えることになるでしょう。会社が拡大したいま、私たちは小さな会社のやり方を変えなければならない理由がここにあります。私は小さな会社として行動することで成功し、大きくなったことで失敗してしまったのです。（略）
皆さんも想像されるように、ここ数日、私は家族のことをずっと考えてきました。
私の母はいつも、ウーバーのいまあるすべてを作っている、才能に恵まれ、刺激的でかけがえのない人たちとできる限りつながっているように私を励ましてくれました。母は常に人を第一に考える女性でした。そして、母のその遺志を今度は私が継ぐときが来たのです。父からは「言葉ではなく行動で語れ」「模範を示せ」と教えられてきました。だからこそ、ウーバーで直面している難題について、ここで率直に話すことが大切なのだと私は考えました。しかし同時に、遅滞なくどのように行動を起こすのかについてもお話しすることが重要だと考えています。
ともに手を携え、これまで以上にすばらしいウーバーをみんなで作っていきましょう。

ホリデーインの廊下に置いたラップトップに覆いかぶさるようにして、カラニックの目は文面を追っていた。「時には、自分が正しいと証明するより、心遣いを示すほうが大切な場合があります」という一行があった。カラニックは疲れていた。まともに眠っていない日がもう何日も続いていたが、文面には確かな手応えを感じていた。数週間のうちには社員に送れそうな内容であり、「ホルダー・

レポート」が書き上がったら、自分のリーダーシップに対する社員の信頼をふたたび取り戻せるだけの内容だった。

だがそのとき、この手紙を社員に配信する機会そのものがなくなるとは、カラニックは知る由もなかった。

Part V

第27章 「ホルダー・レポート」

エリック・ホルダーと、彼がパートナーとして所属するコビントン・バーリング法律事務所にカラニックが社内調査を依頼してから四カ月半が経過していた。提出が間近に迫っていた報告書は、その間、ウーバーの社員だけでなく、外部の人間のあいだでも神話めいた存在として見なされるようになっていた。ある者にとって、それは魔道書『ネクロノミコン』*訳註であり、この会社の暗黒の秘密に満ちたオカルト文書のようなものだった。別の者はこの報告書を社内の問題を一掃するまたとない機会だと見なし、不正行為の実態を把握したうえで議論を再構築する好機だと考えていた。いずれにしても、六月一三日火曜日、ウーバーは全社会議の場で「ホルダー・レポート」の提言を発表する予定になっていた。

報告書には、これまで知らなかった悪いニュースが書かれていることは誰もが知っていた。問題はそれがどれほどひどいのかである。経営陣はその日に備え、なんらかのダメージコントロールを進めておくことを決定していた。六月六日に行われた社内会議で、調査結果を受け、会社は二〇人の社員をすでに解雇したことを発表していた。(1) そのなかには、記者をスパイし、部下を翻弄しつづけていたニューヨークのゼネラルマネージャー、ジョシュ・モーラーもいた。モーラーの場合、創業当時からのウーバーの支援者で、アドバイザーでもあった政治戦略家《ストラテジスト》が設立したタスク・ベンチャーズ*（Tusk

Ventures)のマネージングパートナーになるために退職すると述べ、解雇の痛手は被ることなく“軟着陸《ソフトランディング》”している。同じように、ほかの社員も痛手を被らない形で退社していた。解雇のほかにも、三一人の社員がカウンセリングもしくは追加トレーニングを受け、また七人を訓告処分にしたと会社は発表した。

六月一一日日曜日、ウーバーの取締役会のメンバーは、ロサンゼルスのダウンタウンにあるコビントン・バーリング法律事務所に集まり、報告書の調査結果とウーバーに対する提言をめぐって話し合った。その日の午後、法律事務所の会議室に入ってきたウーバーの七人の取締役はそれぞれ異なる意図を秘めていた。ベンチャーキャピタリストのビル・ガーリーは、このドラマに幕を引かなければならないと感じていた。プライベート・エクイティ・ファンドの超大物、デービッド・ボンダーマンが考えていたのは、ウーバーが泥沼のスキャンダルの連鎖から抜け出すことだった。そして二人とも、ウーバーが新規株式公開を果たし、彼らのファームが初期投資してきたリターンとして、何十億ドルもの利益を受け取ることを望んでいた。

そもそも「ウーバー」というアイデアを思いついたギャレット・キャンプは、もう何年も前に会社

訳註＊『ネクロノミコン』：アメリカの怪奇小説作家H・P・ラブクラフト（一八九〇～一九三七）の一連の作品に登場する架空の魔道書で、魔物を召喚したり、退治したりする力がある。
＊タスク・ベンチャーズの創業者ブラッドリー・タスクは、マンハッタンを征服しようとするカラニックの初期のアドバイザーで、補佐役でもあった。当時、タスクの政治コンサルティングの報酬は数万ドルだったが、報酬を得るかわりに、タスクはウーバーの株式取得を選んだ。その株は現在、一億ドル以上の価値があるといわれている。

から手を引き、〝不在創業者〟として、カラニックがウーバーの経営を掌握することに満足していた。それどころか、カラニックのおかげでキャンプはいまや「超」がつくほどの大富豪となり、その資産はこれからも増え続ける一方だった。短期間だったとはいえ、ウーバーの初代CEOを務め、その後、オペレーション担当重役という名誉職についたライアン・グレイブスにいたっては、カラニックに忠誠心さえ捧げていた。メディアは不当にウーバーを、ひいてはカラニックを標的にしているとグレイブスには思えた。ウーバーからカラニックを追放すべきではないと考えていたが、しばらくのあいだ会社から距離をとることは、カラニックにとっても、ウーバーにとってもいいことだと思っていた。

サウジアラビアの政府系ファンドである公共投資ファンド(PIF)の代表ヤシル・アルルマヤンは、当初からカラニックの側についていた。サウジ王室は王族が保有する資産の多様化を図ることで、最終的に〝石油王朝〟からの脱却を目ざしていた。そして、サウジアラビアをウーバー帝国に招いてくれた人物こそカラニックで、個人的にもカラニックを気に入っていた。彼がウーバーを辞める理由はないと考えていたので、アルルマヤンはカラニックの方針にしたがうことになる。

アリアナ・ハフィントンは独立取締役(IBM)だったが、公平な立場とは決して言えなかった。ホルダーの調査が行われているあいだも、カラニックを支持する姿勢を公然と明らかにしていた。「もちろん、私は彼を信頼し、取締役会も彼には信頼を寄せている」[2]と三カ月前の三月に開かれたカンファレンスで、彼女はカラニックについて話していた。ハフィントンのこの発言に、取締役会のほかのメンバーや幹部は神経をとがらせていた。彼らにすれば、ハフィントンは〝チーム・トラビス〟の一人で、カラニックの留任に投票するのは疑いの余地がなかった。彼女が取締役会に加わって以来、二人はますます親密になっていた。なにより、カラニックの盟友であるキャンプ、グレイブス、アルルマヤンがいる限り、カラニックは依然として過半数の議決権を持っていることも彼女にはよくわかっていた。ハフィントンは公の席では独立性を主張していたが、カラニックに対する彼女の忠誠は社内の誰もが知っていた。

そして、最後にカラニックがいた。「ホルダー・レポート」さえ届けば、これでようやくウーバーは世間の厳しい目から解放されると期待していた。報告書の提言がどのような内容だろうとも、CEOの地位を手放すつもりなど、カラニックにはまったくなかった。

意図しないリークを見越して、この日集まったウーバーの取締役は安全な開示方法に同意し、コビントン・バーリング法律事務所のオフィスで出力された報告書のコピーを読み、すべての電子機器は部屋の外に置いておくように求められた。デジタルデータは、同法律事務所のハードディスク以外に保存させてはならない。

報告書の全文を読んで、誰もが愕然としていた。世界何百カ所にも及ぶウーバーの事業所で起きていた違反行為の一覧が、何百ページにも及ぶレポートで延々と繰り返されていたのだ。そのなかには、性的暴行や身体的暴力も含まれている。ウーバーに対してはすでに、際立った件数の性的暴行や暴力事件の訴えが起こされていたが、今後、さらに多くの訴訟に直面することになるだろう。ライアン・グレイブスでさえ、報告書を読んで吐き気を催していた。

六月一一日日曜日のその日、報告書を読んだばかりのウーバーの七人の取締役は、書かれていた内容について議論するため、長時間の会議を行った。この部屋にいる者以外、誰一人調査結果を目にしていないとはいえ、それでもリークされてしまうおそれは大きかった。記者たちはそれまで、社内のあらゆるレベルの役職者のなかに、進んで情報を提供してくれる人間を見つけてきたからである。

「ホルダー・レポート」も、記事のトップに書き立てられるのは避けられないように思えた。会議の冒頭、グレイブスは、「ここで話した内容は秘密にしてほしい」と全員に告げ、「お願いだ。報道機関には絶対に話さないでほしい」と懇願していた。

報告書にはホルダーと事務所のパートナーであるタミー・アルバランの提言が添えられていた。最終版は十数ページに要約したものになり、そのなかには会社の抜本的な機構改革案が含まれており、追って別バージョンの提言を寄せる旨が記されていた。とはいえ、ホルダーとアルバランは、もっとも急を要する要処置事項《アクションアイテム》(AI)を一番目に記していた。それは、トラビス・カラニックは休職して経営をめぐる支配権を手放すというものであり、それを遂行するためにも、適切な最高執行責任者(COO)を招聘する必要があると記されていた。第二の処置事項として、報告書はエミール・マイケルの解雇を勧告していた。最後に、ウーバーとはまったく無関係で、独立性の高い取締役会長を新たに任命し、経営陣の審議に対して、見通しと均衡をもたらす必要があると説かれていた。

出席者の意見は分かれた。ビル・ガーリーとデービッド・ボンダーマンは、ボルダーの提言が不十分なものに終わってしまうのではないかと懸念していた。カラニックをウーバーから永久に追放するまでにはいたっていなかったからだ。執行幹部チームのなかには、最終版の報告書でカラニックを解任する勧告を求めないよう、ハフィントンが、ホルダーとアルバランに言い含めていたはずだと考えていた者もいた。しかし、ガーリーとボンダーマンも、提案された改革案には満足していた。社内の大掃除を行う時期を迎えており、その改革がトップから始まるのだ。

ハフィントン、キャンプ、グレイブス、アルルマヤンは、カラニックの解任は望んでおらず、彼にはしばらく会社から遠ざかる時間が必要だと考えていた。ウーバーに対する世間の目はますます厳しくなり、メディアは血を求めていたので、一時的にでもカラニックがスポットライトから離れれば、プレッシャーも和らぐはずだと考えていた。

退陣を求められるのは、すでにカラニックにもわかっていた。問題はどうやって復帰するかだ。とはいえ、マイケルの解任は、彼には苦渋の決断だった。この半年間、世界が彼の親友を糾弾する様子を見てきたが、それでもマイケルは最後までカラニックを支えてくれた。ウーバーの関係者のなかで、マイケルこそ唯一信頼できる人間だった。カラニックの元ガールフレンドは、この時点で彼を裏切っていた。その一方で、ウーバーが社の体質改善に本気になって取り組む姿を訴えるには、取締役会が一丸となって事に当たらなければならないとカラニックも考えていた。その日の終わり、七人の取締役は全会一致で、ホルダーの提言をすべて受け入れることを決定した。しかし、全社会議でレポートが発表される一三日の火曜日、カラニックが何をするのか、取締役の誰にもわからなかった。おそらく、カラニック本人ですらわからなかったのかもしれない。

その日の夜、マイケルに電話がかかってきた。彼の下で働いていた社員の多くは、変わらずに彼を支持していた。マイケルの最大の批判者でさえ、彼が有能な執行役であり、その労働意欲や人間関係を構築して取引を成立させる能力は、ほかの誰にも真似できないものだと認めていたほどだった。「ウーバーが持てる力を発揮してすべてを実現するには、まだまだ長い道のりが控えている」(3)。マイケルは、チームに宛てたメールにそう書き、手放しで自画自賛した。「これからの数年で、君たちが何をなし遂げるのか楽しみにしている」。さらに、かつてのビジネスチームの電話会議に招かれてもいないのに予告なしでダイアルした。マイケルは悲しみに打ちひしがれていた。四年間の歳月をウーバーのために捧げ、カラニックに対する風当たりを和らげる存在になろうと努めてきたが、案に相違して、彼はカラニックの最悪の部分を引き出してきた。電話会議を独占しながら、「世界を変えるような会社を作るのに貢献できたことを誇りに思う」とかつての部下たちに向かってマイケルは語っていた。

こうして、エミール・マイケルのウーバーでのキャリアに幕が引かれた。

ウーバーでは毎週火曜日の午前中に全社会議が行われるので、どの社員も太平洋標準時間の午前一〇時は会議のための時間に充てていた。時間になると、世界中のウーバーの社員がビデオ会議に接続し、副社長や取締役、カラニックみずからが会社の最新の状況を説明するのを見ていた。この日、ウーバーの広々とした会議場に本部の社員たちが入っていくと、数名の執行幹部チームのメンバーと取締役がプレゼンテーションの準備をしていた。

社員たちは不安を抱えていた。過去半年、ウーバーに対する批判的な記事や大混乱は彼らの仕事ばかりか、私生活にも影響を与えていた。この年の春、アリアナ・ハフィントンは、CNNやCNBCの番組に出演して、「ホルダー・レポート」についてずっと話してきた。レポーターを牽制するため、ハフィントンはこうした番組で、報告書は一週間もしくは二週間後には提出されると言い続けてきた。だが、カラニックの母親がボート事故で不慮の死を遂げたことで、報告書の発表はさらに遅れた。しかしいま、ハフィントンはステージの裏に立って、ほかの者が席に着くのを待っていた。

問題の日の朝、カラニックの姿はどこにも見えなかった。結局、ウーバーの本部ビルにいなかったことがあとで明らかになる。週末にかけて、カラニックが休職するかもしれないというニュースが流れていた。しかし、最高経営幹部たちでさえ、その日、カラニックが何をするつもりなのかは知らなかった。社員たちがビデオ会議に接続しようとしていたころ、カラニックは社外にいて、キーボードを猛烈に打ち続けながら、彼らに何を語るべきかを考えていた。午前九時五九分、ウーバーの全社員の受信トレーにカラニックからのメールが届いた。それはちょうど、アリアナ・ハフィントンが、取締役会のメンバーであるビル・ガーリーとデービッド・ボンダーマンを両脇にしたがえてステージに立ったときだった。

「皆さん、おはよう」とハフィントンがマイクに向かって話を始めると、何人かの社員が、この日の朝をしきる司会者のようなハフィントンに、「おはようございます」と気乗りのしない声で答えた。

「さて、会議を始める前に、ひとつやっかいな問題を片づけておきましょう。トラビスはどこにいるのでしょうか」と、ハフィントンはことさら大げさに尋ねた。

その答えはカラニックの謎めいたメールのなかにあった。ハフィントンのわざとらしい口上が始まったとたん、社員のなかにはメールを開いた者がいた。メールには次のように書かれていた。

社員各位

この八年間、私の人生は常にウーバーとともにありました[4]。最近起きた出来事のために実家に帰った私は、仕事よりも人間のほうが大切であること、そして、母の死を悼むためにしばらく日々の仕事から離れる必要があることと痛感しました。先週の金曜日に母を埋葬しました。さらに、自分自身を見つめなおし、自分自身を磨きなおし、世界に通用するこの会社の経営陣の構築に力をそそぐため、私は日々の業務から離れなくてはなりません。

ここまで来たこと、そしてここまで来た経緯については、最終的な責任は私の肩にかかっています。もちろん、誇りに思うべき部分はたくさんありますが、同様に改善すべき点も少なくありません。この会社が新しい会社に進化する「ウーバー2・0」を成功させるには、私の時間を経営陣の構築に費やす以上に大切なことはありません。しかし、私たちが「ウーバー2・0」に取り組むのなら、私自身もまた「トラビス2・0」のアップデートに切磋琢磨《せっさたくま》し、この会社が必要としている、そして社員の皆さんにふさわしいリーダーにならなければなりません。

暫定措置の期間中は、私の直属の部下である経営陣が会社を運営します。私も必要に応じて戦略的な決定は行いますが、会社を迅速に前進させるため、彼らが大胆かつ断固とした態度で臨めるように権限を授ける考えです。

この件に関して日程を設けるのは容易ではなく、皆さんが考えるよりも短くなるかもしれず、長くなるかもしれません。最愛の人を亡くす悲劇は私には辛く、この悲しみとはきちんと向き合い、心の整理をしなければなりません。皆さんからたくさんの心のこもったメールやお悔やみの言葉をいただいたおかげで私は自分を失わずにすみ、さらにどのメールも、「何かお手伝いできることはありますか」という言葉で結ばれていました。私の答えは簡単です。われわれが掲げる使命《ミッション》を実現するという、自分の生涯を懸けた仕事に取り組んでください。そうすれば、私も家族とともに過ごせる時間ができます。人を第一に考えること、それが母の遺志です。そして、「ウーバー2・0」を実現してください。「ウーバー2・0」を実現することで、皆さん全員によって達成されたすばらしい仕事を世界は目の当たりにして、今度はウーバーによって鼓舞された人びとが、この会社をさらにすばらしいものにしてくれるでしょう。

それでは、また会う日まで。

そんなことが書かれていた。カラニックはそう言って会社から身を引いていった。* トラビス・カラニックが指揮をしていないウーバーを想像するのは容易ではなかった。明けても暮れても仕事一辺倒の人間だった。その一方で社員たちは、この会社にとってカラニックがいかにまがまがしいシンボルになり果てていたのかにも気づいていた。

送信する直前、カラニックはメールに手を加えていた。その事実に恐怖を覚えた執行幹部チームのメンバーもいた。「また会う日まで」という一文と、彼の留守が、多くの者が予想する以上に、「短くなるかもしれず、長くなるかもしれません」という発言に居心地の悪さを感じていた。しかし、どの程度の期間になるのかはともかく、しばらくは身を引いてくれることに経営陣はひとまず安堵した。

ハフィントンの話が続いた。「今回の提言とその基礎となる報告書は、数カ月に及ぶ徹底的な調査の結果」だと彼女は話した。ホルダーとアルバランの二人は、二〇〇人以上に及ぶ人間に直接聞き取り調査を実施したほか、開設した匿名の直通電話を通じて数百人の現役社員と元社員からの情報を得たり、あるいは匿名を条件に話を聞き出したりしていた。さらに三〇〇万点以上の社内文書を精査し、

*それから九カ月後、クイズ番組の『ジェパディ!』で司会者のアレックス・トレベックが解答者たちに、「『トラビス2・0』に取り組むために休職した」ウーバーのCEOは誰かと尋ねた。カラニックは、テレビに映った質問の写真に「#バケットリスト」というハッシュタグをつけてツイートした(バケットリスト(bucketlist)とは死ぬまでにしたいことを書き出したリストのこと)。

ウーバーについて二人は隅から隅まで徹底的に調べ上げていた。この調査に数千万ドルの費用がかかった点についてハフィントンは言及していなかったが、これでウーバーが抱える問題が一掃できるなら、その価値は十分にあると経営陣は考えていた。

「提言は間もなくウーバーのニュースサイトにアップされます」と語るハフィントンの話を聞きながら、社員たちはカラニックから届いたメールをすばやく目で追っていた。報告書を管理するため、ウーバーではハフィントン、ガーリー、ボンダーマンの三人からなる特別委員会が結成され、三人でこの提言の採用を決定してから、残りの取締役会の役員にその旨が伝えられた。「日曜日の取締役会は、たぶん私がこれまで参加した取締役会でももっとも長時間に及ぶものでしたが、議案は全会一致で採用されました」とハフィントンは報告していた。

彼女が言ったとおり、報告書に書かれていた提言はウーバーのニュースサイトにアップされた。会議に参加していた社員の口からいっせいに安堵のため息が漏れた。報告書の冒頭には、聞いたばかりの話が書かれていた。カラニックの役割は制限され、はるかに厳しい監督下に置かれることになっていた。報告書の原文は取締役会の者以外は誰も見られなかったが、報告書は記録庫のようなものであり、そこにはウーバー社員が会社に対して提出したあらゆる不満や苦情がもれなく収められていた。発表まで何カ月も待たされたあとだけに、会議に参加していた社員のなかには、潔白を完全に証明するためにも、会社は報告書を公開する義務があると考える者もいた。しかし、プライバシーや法的な問題を理由に、ハフィントンは報告書そのものを公開するのは不適切だと語った。

ダイバーシティーに関する問題についてハフィントンは次のように答えた。「これだけは言っておきたいのは、この会社の取締役会に加わって以来、私の個人的な目標として広言してきたのは、取締役会そのものの多様性を高めることでした。ですがそれは、私が取締役会の白人男性の同僚を愛するのと、なんら変わりはありません」と言い、「本日、ウーバーのボードメンバーの一人として、新たにワン＝リン・マルテッロが加わったことをお知らせできるのをうれしく思います」と発表した。この報告にかすかな拍手が起きた。マルテッロは、クラフトやボーデンなどの食品業界でキャリアを積んできた執行役で、最近までネスレのアジア・アフリカ地区担当の副社長を務めていた。彼女がウーバーの独立取締役に就任することで、会社と株主の利益を第一に考える投票をしてくれる理性の声となるはずだった。

「彼女はどんな女性なのか、皆さんもきっと知りたくなるような人物がマルテッロです」とハフィントンはさらに話を続けた。会議に参加していた社員の大半は彼女が何者で、どのような考えの持ち主なのか見当がつかなかったが、取締役会にもう一人女性が加わるのはたぶん悪いことではないだろうと考えた。マルテッロは周囲の人間を相手に、派閥抗争が絶えないウーバーの取締役会において、自分は〝スイス〟のように永世中立国的な存在になると漏らしていたが、彼女が選任されたこの時期、取締役会の反目はピークに達していた。ハフィントンは続けて、依然として白人男性が支配的な取締役会に、自分がもたらす多様性について焦点を当てた。「取締役会に女性が一人いると、さらにもう一人の女性取締役が誕生する可能性が高くなることを示す数多くのデータがあります」

そのとき、彼女のかたわらに立つデービッド・ボンダーマンが甲高い声で話に割り込んできた。それまでガーリーといっしょに、ハフィントンが担当する報告書の説明部分を黙って聞いていたが、ボンダーマンの頭にある考えが不意に浮かんだ。

「女性取締役が増えるとどうなるのか言っておこう」と口をはさむと、「取締役会の話がますます外部に漏れていくだろう」と断言した。

取締役が居並ぶ部屋が凍りついた。ウーバーの取締役の一人がたったいま、「女はおしゃべりだ」という性差別発言をしたのではないのか。

会議中の社員は言葉を失った。テキサス州北部の都市フォートワースから来たボンダーマンはこのとき七四歳、プライベート・エクイティ・ファンドの共同創業者である。そのボンダーマンが、ウーバーの女性蔑視の企業カルチャーを変えるという発表を全社会議で行っているそのさなかに、女性を侮蔑する発言を口にしたのだ。ガーリーはあきれて首を振っていた。

ハフィントンはなんとかその場を取りつくろい、次の課題に進んで、なんでもなかったように発表を続けた。

「デービッドったら、またそんなことを言って」と笑って答え、「皆さん、気にしないでね。デービッドも話したいことはたくさんあるみたいね」。部屋は不気味なほど静まり返っていた。

「では、報告書の最後の部門は――」とハフィントンは言い、この間の悪さをかわそうとしていた。

「最後の部門は――『企業カルチャー』です」

ビデオ会議に参加していた社員のなかには、声をあげて笑い出す者がいた。

ボンダーマンに対して、カラニックも何カ月にもわたり、はらわたが煮えくり返る怒りに駆られてきた。

ボンダーマンは著名な投資家であり、筋金入りのビジネスマンで、プライベート・エクイティ・ファンド、テキサス・パシフィック・グループ（ＴＰＧ）の共同経営者として同社の舵を四半世紀にわたって握るかたわら、数多くの企業の取締役を務めてきた。生まれはロサンゼルスだが、その後、フォートワースに移り、ダラス・フォートワース複合都市圏の石油とガス関連事業を事実上支配していたバス一族のために働いてひと財産を築いた。そして、そこでやはりバス一族のために働き、のちに彼の共同経営者となるジェームス・カルターと知り合い、二人は一九九二年にTPGを設立した。カルターは石橋を叩いて渡る現実的な共同経営者だったが、ボンダーマンは好んでリスクを取りにいった。TPGがウーバーに投資したとき、ウーバーのその後の成長の軌跡を見れば確実に成功する投資であるのはまちがいなかった。しかし、カラニックが経営権を握っているので、彼が選出されている他社の取締役会に比べ、ボンダーマンは自身の影響力を謳歌できなかった。

大半の者の目には、ボンダーマンは体に合っていないスーツを着込み、ボサボサの白髪は手入れもせず、足を引きずって歩く、長身の大男として映っていた。[5] どこから見ても世界で二三九番目(当時)の富豪とは思えなかった。[6] かといって、テキサスのエネルギー業界の大物実業家《タイクーン》のように、これ見よがしなカウボーイスタイルで現れることなどまちがってもなかった。髪の生え際は大きく後退し、声はしわがれているうえに甲高く、世間話を心底嫌い、取締役会ではカラニックに対しても歯に衣着せず、思ったことを平気で口にしていた。カラニックがまるで小説『白鯨』の主人公エイハブ船長のように、ひたすら中国市場に執着するのを改めるように揺さぶりをかけ、また、ウーバーで初の、そしてただ一人の最高財務責任者(CFO)だったブレント・カリニコスを辞任に追い込んだことにいら立っていた。ボンダーマンをさらに激怒させたのがアンソニー・レヴァンドウスキーの一件だった。全社にマイナスしかもたらさないことがはっきりとしているのに、カラニックはレヴァンドウスキーにさっさと引導を渡そうとはしなかった。

ボンダーマンには、カラニックの機嫌などどうでもよかった。この会社をしきる体育会系軍団の思い入れなど彼の眼中にはなかった。自分が投じた金だけが問題であり、そして、ウーバーは誰もが望んでいたとおりの成功を収めた。TPGは何十億ドルもの資金をウーバーに投じてきたのだ。

カラニックは好機を目にしたとき、かならずそのチャンスに乗った。しかも、ボンダーマンのしつこさと不平にはすでにうんざりしている。ステージに立つボンダーマンが不用意な発言をしたあと、彼はスマートフォンで作業を始めた。そして、火曜日の全社会議で報告書の説明が終了する前に、取締役会のメンバーをはじめとする執行幹部チームの面々にメールを送った。

カラニックの伝言ははっきりしていた。ボンダーマンを辞任に追い込まなくてはならない。

社員たちは、アリアナ・ハフィントンの話を聞きながらそわそわしていた。ボンダーマンの発言にどう応じればいいのかわからなかったが、それにもかかわらずハフィントンの説明は続いた。社の体制変革を象徴するいくつかの方針について彼女は話していた。たとえば、夕食のサービスを受けるため、今後は夜八時過ぎまで待つ必要がなくなる。このルールはカラニックが取り入れ、それまで行われてきた習慣で、社員に長時間労働をさせることを目的にしていた。また、オフィスの中央に置かれた「作戦指令室《ウォールーム》」として知られていた部屋の名称は、ハフィントンの命名による「平穏の間《ピースルーム》」に改められた。この変更は陳腐な対策にも思えたが、社員たちはとくに文句を言わなかったようである。

次にガーリーがステージで話を始めた。

「提言の概要を踏まえ、全体的な点からいくつかコメントします」。雲を突くような長身だったが、彼自身ははにかみ屋で、ステージに立つとそのちぐはぐさはさらに目立った。「この会社はシリコンバレーの歴史のなかでも、最大の成功を収めたスタートアップである事実に疑いの余地はないでしょう。これまで存在したどの企業より、ウーバーは急速な成長を遂げ、日々拡大していき、より多くの人びと、顧客、国々、都市へと広がっていきました。

「しかし、私はある言葉を改めて取り上げたいと考えています。皆さんもよく耳にする言葉ですが、いまの状況を言い尽くした言葉だと私は思っています」と続けて、ガーリーは口調を改めた。「大きな成功には大きな責任がともなう――社外の人たちは、もはや私たちをスタートアップとは考えていません。ウーバーは世界でも屈指の大企業のひとつで、しかもきわめて重要な会社だと見なされています。私たちの言動、企業としての対応は、その期待に沿ったものでなければ、これからも問題が続くことになるでしょう」

話を聞いていた社員の誰もがうなずいていた。

「社会的な評価という点では、私たちは合格点に遠く及んでいません」とさらに話は続いた。「批判記事を読んで、こんな記事はフェアではないと言うことはできますが、そんなことを言っても意味はありません。なぜなら、私たちがこの状況から抜け出すには時間がかかり、世間の人たちも『疑わしきは罰せず』とは考えてくれないでしょう」

「私たちがここで、『ホルダー・レポート』の提言を採用したと公表しても、それで万事うまくいくとは誰も考えてくれません」と言うと、「現時点では、そんなことに注意を向けてはならないのです。いますべきこととは、みずからの仕事にベストを尽くし、『ウーバー２・０』の実現に向けて、たがいに力をそそぐことなのです」。そう話を結ぶと、ガーリーは次の者にマイクを渡した。

社員たちは喝采の声をあげた。ついにこの会社を変えることができるのだと、彼らは信じていた。

ボンダーマンの失言があったにせよ、火曜日の全体会議は上々だったように思えた。アリアナ・ハフィントンがステージで話をしてからほどなく、「ニューヨーク・タイムズ」のある記者がこの会議にこっそり入り込み、ツイッターで会議の実況中継を始めていた。[*] カラニックは顔を真っ赤にして怒り、セキュリティーチームがただちに調査に取りかかって、その記者を割り出した。ウーバーにとっては幸いなことに、その記者はボンダーマンの失言は見逃していた。[**] だったら、会社はこの失言について内々で処理することができるだろう。

だが、彼らの運もそこまでだった。「ホルダー・レポート」の説明が終わってから数時間後、今度は別のウェブサイトで、報告会の内容がもれなく公開されてしまった。[7] とくにボンダーマンの差別発言に焦点が当てられていた。最後の一撃は、まぎれもなく致命的な痛手となるものだった。本気になって変革に取り組むと打ち上げた報告書を何カ月ものあいだ待ちわびたあげく、よりにもよって取締役会のメンバーの一人が、六〇〇〇人以上もの社員の前で、「女はおしゃべりだ」と言い放ったのだ。社員は憤慨する一方だったが、ジャーナリストたちは、やはり「ウーバーの企業カルチャーはトップから毒されている」と妙に納得していた。

カラニックはそのどちらでもなかった。ボンダーマンを排除するために必要な実弾を彼はついに手に入れたのだ。その日、メールが交わされ、緊急取締役会の討議を経て、ボンダーマンは自分から退くしかないことを覚った。その日の終わり、社員たちにボンダーマンからメールが届いた。

本日[8]、ウーバー全社会議の席において、私は同僚であり、私の友人でもあるアリアナ・ハフィントンに対して、配慮を欠いた不適切で弁解の余地のない発言をしてしまいました。発言は私の真意とは正反対の形で伝わってしまいましたが、この発言がもたらす否定的な影響については私自身よくわかっており、その責任はひとえに自分が負うべきものにほかなりません。（略）

ウーバーが誇りを抱ける企業カルチャーの構築に取り組もうとしている矢先、今回の私の発言のせいで、混乱を生じさせるのは私の本意ではありません。私は自分自身についても、私たちがウーバーに求めている同じ規範を課さなくてはなりません。

その規範にしたがい、私は明日の朝をもって、ウーバーの取締役を辞任することにしました。この会社の取締役を務められたことは、私にとって名誉であると同時に誇りでもあります。ウーバーのさらなる進歩と将来の成功を心から楽しみにしています。

その言葉を残してボンダーマンは去っていった。こうして、カラニックは取締役会における自分の敵を一人減らした。その日以降、カラニックは休職することになると、取締役会とカラニック自身が言うようになった。それはウーバーがいやされるときであり、「ウーバー2・0」に生まれ変わるときだった。

少なくとも、そうなるはずだと誰もが考えていた。

*この件に関して、ウーバーは私（著者）をこころよく思っていなかった。
**この件について、私（著者）は本当にがっかりしていた。

第28章 シンジケート

火曜日に全社会議でデービッド・ボンダーマンが口を開いたとき、ビル・ガーリーは自分の耳を疑い、「ばかも休み休み言え」と考えていた。

火曜日の朝、ガーリーは前向きな見通しを抱いて会議に臨もうとしていた。だが、「ホルダー・レポート」の内容にはうんざりしていた。人種差別と性差別に満ちたシリコンバレーの無軌道なドンチャン騒ぎばかりが記され、まるで猥雑な雑誌を読んでいるようだった。しかし、レポートの提言を受け入れることが一人の反対者もなく取締役会で決まり、ガーリーは希望を持つことができた。

この混乱をどうにかして解決できる人物は、ガーリーを措いてほかにはいないと誰もが考えていた。カラニックとは数年に及ぶつき合いがあり、彼もまた取締役会のメンバーの一人だ。その長身もさることながら、彼には有無を言わせない威厳もあった。取締役会において大人としてふるまえるガーリーに対して、いまこそ何か対策を講じること、しかも大至急手がけることに期待が寄せられていた。

しかし、そのプレッシャーがガーリーを苦しめていた。ひょろりと背が高く、もともと余分な肉などないガーリーだったが、六月半ばごろから体重が増え始めていた。その年のはじめ、片方の膝を傷めたガーリーは、わざわざサンディエゴにまで出向き、大がかりな手術を受けていたのだ。六月一三日の全社会議の数週間前まで、脚の腫れを防ぐ機器を装着したまま、電話で指示を出していた。彼が所属する「ベンチマーク」のオフィスはカリフォルニア州ウッドサイドにある。デスクチェアにもたれ、パートナーを相手に、南テキサス訛りのバリトンの声を響かせてカラニックの強情ぶりを訴えていた。膝はとても痛かったが、ウーバーの問題が彼と彼の会社に与えている痛みに比べれば、まったく足元にも及ばなかった。

ただ、ガーリーは仲間の支援を受けることができた。ベンチマークは、これまで一貫して、文字どおりの共同経営《パートナーシップ》として運営されてきた。毎週月曜日の朝に行われるパートナーミーティングでは、緊密な協力関係にある共同経営者たちが、それぞれ担当する企業のポートフォリオについて何時間もの時間をかけて検討していた。彼らはいずれも名うてのベンチャーキャピタリストで、そのなかにはフェイスブックの初期のメンバーで、ユーザーを爆発的に増やした天才マット・コーラーがおり、彼からも助言が得られることを意味していた。「高いEQ（感情指数）を持つパートナー」のピーター・フェントンはツイッター社を支援し、創業者二人の解任と、同社の三代目CEOの就任に手を貸していた。パートナーとしては、新参のエリック・ビシュリアとサラ・タベルの二人は、精査したスタートアップの創業者や経営者が、将来どのように成長するのか、その視点からパートナーに助言を与えることができた。

だが、ベンチマークに関する主な負担はガーリーが負っていた。彼のもとには、ベンチマークのリミテッド・パートナー（LP）からひっきりなしに電話がかかってきた。彼らは大学の奨学金の基金や年金基金などの巨額な資金を持つ投資家たちで、有限責任のパートナーとして何億ドルもの資金をベンチマークに出資し、ベンチマークはその出資金を使って別の企業に投資している。LPたちはウーバーがばらばらに分解してしまうのではないかと恐れていた。そんなことにでもなれば、期待していた何十億ドルものリターンが蒸発してしまう。いら立ちを隠せないメール、不安に脅える電話がくるたびに、そのつどビル・ガーリーが応対して相手をなだめ、万事うまくやっていると請け合っていたのだ。

だが、ガーリーの友人たちにはそうは見えなかった。二〇一七年のある夜、デービッド・クレーンは、科学研究財団の基金集めのために自宅でパーティーを催した。前述したように、クレーンはグーグル・ベンチャーズのパートナーで、四年前には二億五〇〇〇万ドルにのぼるウーバーへの投資をまとめている。この日、ベンチマークのピーター・フェントンは、いつものように気さくでフレンドリーな雰囲気でパーティーに現れた。いっしょに来ていたガーリーはクレーンの家の居間の隅で一人ふさぎ込みながら飲んでいるか、裏庭に設けられた屋外バーのバックポーチにもたれていた。疲れとストレスのせいで、ガーリーは立っているのがやっとの状態だった。友人に「健康には十分に注意している」と話していたように、ヨガと瞑想を始めていたが、それでも眠ることはできなかった。ガーリーはほとほと疲れ切っていた。

「ホルダー・レポート」によって、流れは変わるものと思われていた。トラビス・カラニックはウーバーを離れ、会社はブランドを建て直すために対策を講じる。あらゆることが改善に向けて、一新されるはずだった。

しかし、全社会議は、デービッド・ボンダーマンの予期しない差別発言で脱線し、惨憺《さんたん》たる結果に終わった。カラニックにもおとなしくしている考えはまったくなかった。全社会議の翌日には、部門ごとのトップと執行幹部のメンバーたちに電話をかけ、全世界に向けて辞任すると誓ったことなどまったくなかったかのような調子で、ふたたび会社の経営に口を出し始めていた。〝休職中〟のはずのその週のうちに、ウーバーのエンジニアたちといっしょに仕事を始め、取締役会には報告もないまま、自分の命令を実行させていた。

カラニックの前に立ち、彼の〝休職〟は永久に続くとひと言えばすむかもしれなかったが、カラニックにはどこにも行く気はなく、休みを取るという約束など端から無視していた。だが、これ以上追い詰めれば、カラニックは反撃に転じてくるはずだ。そうした戦いになれば侮れない相手であるのは、ガーリーにはよくわかっていた。

ガーリーの懸念は、こうした実務にかかわるものだけでなく、ベンチマークの理念にも大いに関係していた。ベンチマークの対外的なイメージは、「創業者に友好的」なベンチャーキャピタルという評価に基づいている。ヘッジファンドやプライベート・エクイティ（ＰＥ）が創業者の経営する企業に出資する場合、創業者は企業統治について、投資家のあけすけな口出しをのまなければならない。たとえば、ボンダーマンは、ウーバーの資金燃焼率《キャッシュバーンレート》について臆面もなく非難していた。ボンダーマンはＰＥの人間だったが、ベンチャーキャピタルのパートナーたちは、「創業者に友好的」であると見られたかった。ベンチマークは自社のポートフォリオに掲載された企業を現場でサポートし、優れた執行役のリクルートを手伝い、経営戦略をいっしょに考え抜き、喜んで受け入れてもらえる助言を与えてきた。ベンチマークがカラニックを永久追放してしまうような真似をすれば、次なるウーバー、次なるフェイスブック、次なるビッグ・テックは今後もベンチマークの出資を受け入れてくれるだろうか。

ベンチマークの評判以外にも、現実的な問題があった。金をめぐる問題である。当時、ウーバーの企業評価額は六八五億ドルにまで膨れ上がっていた。その価値はピーク時のフェイスブックの評価額をうわまわり、しかもベンチマークはウーバーの設立当初から投資を行ってきたので、一一〇〇万ドルの投資で得た株式はいまや何十億ドルもの価値となり、シリコンバレーの歴史においても、もっとも大化けしたベンチャーキャピタル投資の一例になっていた。しかし、ベンチマークの持株はいまや深刻な危機に見舞われている。ウーバーに関する否定的な記事が報じられるたび、ウーバーの企業価値は少しずつ削り取られていき、ガーリーがどれほどすばらしい対策を講じてもその甲斐はなく、最終的には株主の利益を損なう結果になっていた。

投資家のなかには、ウーバーを公然と批判する者も出てきていた。表計算ソフト「ロータス1‐2‐3」(Lotus 1-2-3)の開発者ミッチ・ケイパーと妻のフリーダ・ケイパー・クラインは、二人とも創業当初からウーバーに投資を行い、社会的な関心をもって資本主義経済に取り組む、いわゆるインパクト投資[*訳註]を長いあいだ実践してきた。二人は、「株主として、内部から穏やかに影響を与えることに行き詰まりを感じている」[(1)]とブログに書いた。「私たちがこのようにブログで公開するのは、ウーバーの投資家と取締役会はその作為と不作為によって正しく判断されると信じているからだ。この会社のほかのあらゆる機構が破綻しているように思える以上、この発言がウーバーの指導者に責任を負わせるきっかけになることを願っている」

状況がどれほど深刻なのか、その事実をガーリーに思い知らせたのが一人の創業者から寄せられたメッセージだった。二〇一七年夏のある日の午後、ガーリーが受信トレーをチェックしていると新しいメールが届いていた。スティッチ・フィックス(Stitch Fix)の最高経営責任者カトリーナ・レイクからのメールだった。スティッチ・フィックスは、ネットを使って顧客個人の好みと体形にコーディネートした服を販売するeコマースとして多くの人に愛され、大きな成功を収めたスタートアップだった。

ガーリーはレイクをよく知っていた。立ち上がったばかりの会社に将来性を認めたベンチマークは、二〇一三年、スティッチ・フィックスに一二〇〇万ドルの投資を行った。この会社は、レイクがまだビジネススクールに通っているころに彼女の寝室で設立され、当時、まだ海のものとも山のものともつかなかった。だが、この年二〇一七年の一一月、スティッチ・フィックスは株式を公開、公募は成功してベンチマークに何億ドルものリターンをもたらす。スティッチ・フィックスの取締役会のメンバーとして、ガーリーとレイクは徐々に親しくなっていった。ガーリーは彼女の会社のすばらしさを信じており、レイクはガーリーの助言に信頼を寄せていた。

レイクのメッセージは素っ気なかった。「ウーバーのような会社が存在するばかりか、幅をきかせている事実に落胆しており、残念でなりません」と書かれていた。「しかも、自分が心から信頼を寄せている人物が、それに加担していることにもがっかりしています」

レイクにとってウーバーの問題は他人事ではなかった。レイクは当時、シリコンバレーの女性CEOのなかでもっとも傑出した存在として注目を浴びていた。小さなスタートアップから何十億ドルもの価値がある企業へと成長する過程で、彼女もまた卑劣な性差別主義者を相手にしていた。スティッチ・フィックスが上り坂にあったころ、この会社に投資していたベンチャーキャピタリストの一人、ジャスティン・カルドベックから彼女自身がセクハラを受けていたのだ。(2) 事件後、レイクから解任を

訳註＊インパクト投資：従来の「リターン」という利潤の獲得と並行して、社会的・環境的な「影響《インパクト》」を生み出すことを考えて行われる投資のこと。

要求されるまで、カルドベックは彼女の取締役会にオブザーバーとして出席していた。テック企業やベンチャーキャピタルのマッチョな男性中心文化が、女性にとってどれほどおぞましいものか彼女は身をもって知っていた。

しかし、スーザン・ファウラーのブログやインドのレイプ事件への対応をはじめ、堰を切ったように出てくるカラニックのスキャンダル記事を読んでからというもの、レイクは自分の会社がウーバーと同列に語られることを恥じるようになっていた。しかも、自分が助言者《メンター》として仰ぐ人物がそれを手をこまねいて見ている。それどころかカラニックをそそのかしているのではないかと思うと、なおさら悩ましかった。

彼女にとって、シリコンバレーの起業家とは、最新のハイテク技術を使い、新たな事業を手がけることだけを意味していない。それは、創業者がこの世界で見てみたいという新たな価値観を糧とする会社を築くことなのだ。「私の望みは、スティッチ・フィックスがアンチテーゼを語る、生き生きとした会社になることであり、それにもかかわらず、そうした価値を掲げているからこそ成功できる会社になることなのです」

ガーリーはただちに返信を送り、メールをくれた礼を伝え、彼女の意見に感謝の意を述べた。ガーリーは、「ずっと悪夢が続いてきた」と書いている。初期の時点でウーバーに投資したことで彼は高い評価を得ていたが、レイクのメールで腹は決まった。

「ホルダー・レポート」の全社会議の翌週に行われたベンチマークのパートナーミーティングで、ベンチマークは〝正しいこと〟を行う必要があるという決定に全員が同意した。ベンチマークは、カラニックをウーバーから追放しなくてはならない。

だが、それはベンチマーク一社でどうこうできる問題ではない。ガーリーには援護が必要だった。

カラニックは彼なりの理由から、投資家たちを厳しく抑えつけてきた。マイケル・オーヴィッツにスカウアを乗っ取られたときのように、ベンチャーキャピタルが自分の寝首をかく日に備え、自分の身は自分で守れるようにしておきたかった。

これまでは十分にうまくやってきた。時間をかけながら、株主の支配と影響力を徐々に削いできた。可能な限り多くの情報を隠蔽《いんぺい》して、投資家が会社の財務を理解しようにも、そもそもそれができないようにした。もちろん、投資家には不評だった。カラニックの会社に多額の出資をしたのだから、その会社の推移と、その資金を彼がどのように使っているのか知る権利があると考えた。ある投資家は、カラニックは自分たちをコケにしていると憤慨し、「奴はわれわれにクソをくらわせ、秘密をひた隠しにしている」*と言っていた。

投資家もカラニックの思惑には気づいていたようだが、ウーバーの企業評価が高まっていくと、彼らも口は出さなくなった。法律上、カラニックのこうした対応に正当化できるものではない。持株比率の高い投資家には、その会社に関する情報を知る権利がある。それにもかかわらず、ある投資家の話では、問いただされたカラニックは、「やれるものならやってみろ」と開きなおり、その投資家に

*この投資家の発言は、二〇〇六年に公開され、翌年アカデミー作品賞を受賞したマーティン・スコセッシ監督の犯罪映画『ディパーテッド』に登場するマーク・ウォールバーグのセリフを真似たものだ。映画では、マーク・ウォールバーグが演じる巡査部長が、自分とＦＢＩとの喧嘩腰の関係をそのように説明している。

向かって、「それじゃあ、俺を訴えろよ」と言い放ったという。「自分の会社を訴えたら、業界でのあんたの評価がどうなるのかはわかっているよな」。カラニックの言うことにまちがいはなかった。

それだけではなく、カラニックは時間をかけて、いわゆる「複数議決権株式」を集めてきた。議決権について有利な設定がされている株式で、大半の投資家が保有している一株一票の普通株より、行使できる議決権がさらに多く付与されている。カラニックは大量の複数議決権株式を持っており、それはウーバーを設立したころから考えてきたシナリオだった。彼の仲間であるギャレット・キャンプ、ライアン・グレイブスの二人も、同じように大量の複数議決権株式を保有していた。さらに、彼が持っている普通株も日ごとに増えていく一方だった。ウーバーの社員が、手持ちの自社株を社内の買い戻し制度で現金化しようとした場合、その株を自分に売るように求めてきたからである。[3] 社員の退職や人員削減にともない、日を追うごとにカラニックの発言権は高まっていった。

ただ、複数議決権株式を保有していたからといって、カラニックはあらゆる状況で自分を守れたわけではない。取締役の解任をめぐる投票では、取締役会のメンバー全員の票に格差はなかった。

とはいえ、カラニックはここでも優勢で、取締役会のメンバーをたくみに支配していた。八人で構成される取締役のうち、過半数のメンバー――アリアナ・ハフィントン、ワン＝リン・マルテッロ、ヤシル・アルルマヤン、ライアン・グレイブス、ギャレット・キャンプと連携しており、彼らはカラニックの指示にしたがっていた。二〇一六年、サウジアラビアからの三五億ドルの出資話を進めていたころ、カラニックはもうひとつ、とっておきの切り札の獲得をめぐる交渉を行っていた。この投資をまとめる条件として、カラニックからの要求があれば、さらに三名の取締役を任命できる権限を彼に授けるというものだった。この投資をめぐる条件について、ウーバーの取締役会は全会一致で合意していた。

二〇一七年夏、ウーバーに向けられる世間の目がますます厳しくなると、グレイブスとキャンプは不安になり始めた。しかし、二人ともカラニックには負い目を感じている。そもそもキャンプはウーバーの経営に携わることには乗り気ではなく、このまま後部座席で座り続けていたかった。グレイブスはグレイブスで、ここ数年、ウーバー関連のパーティーか旅行に出向くことを仕事にして過ごしてきたが、カラニックはそんな自分に厳しく当たらなかった。グレイブスはどうやら、カラニックは自分を気遣ってくれていると考えていたようである。自分たちはやはり、仲のいい兄弟のような関係なのだ。

キャンプやグレイブス、さらにカラニックの影響下にある者が、彼の言動について不満を述べると、そのたびにカラニックは次のように言って相手に応じていた。「これで君にいくら稼いでやれるのか知っているかい」

この言葉を聞くと、たいていの場合、相手はそれ以上言えなくなった。

二〇一七年中頃になると、ウーバーに出資している取締役は誰もが無力感を覚えるようになっていた。いずれにせよカラニックには、彼らの助言に耳を貸す気はさらさらなかった。長い時間をかけ、巧妙な裏切りと財務上の策略で、彼は主だった投資家を遠ざけてきた。投資家にやられる機会を与える前に、その投資家から力を奪おうと考えていた。この目標を達成するため、彼は八年間にわたり、投資家たちに先制攻撃をしかけてきたのである。

メンロー・ベンチャーズの共同経営者ショーン・カロランは、アーリーステージでウーバーに投資した際、オブザーバーとして取締役会に参加することを要求したが、カラニックは、オブザーバーには議決権がないことを確認したうえでその席をカロランに与えた。ファースト・ラウンド・キャピタルのパートナーのロブ・ヘイズは、ウーバーがサービスを開始する前のシードステージで出資するという幸運に恵まれ、株式を大量に獲得すると同時にウーバーの取締役会の席も確保した。* しかし、ウーバーがミドルステージの「シリーズB」で資金を調達した際、カラニックは契約内容を変えさせ、ヘイズから議決権を剝奪し、社内情報へのアクセスにも制限を加えた。元グーグルの弁護士で、その後ベンチャーキャピタリストに転身した、ロウアーケース・キャピタル(Lowercase Capital)の創設者クリス・サッカは、自分はカラニックの友人だとかつて自認していた。サッカもまたアーリーステージで三〇万ドルを投資して、ウーバーの株式を大量に獲得できた。しかし、サッカがアーリーステージで出資した別の出資者からウーバーの株式を買い取り始めたとき、この強引な方法にカラニックは反発した。サッカがオブザーバーとしてウーバーの取締役会に出席するのを拒み、この一件を境に二人はほとんど口をきかなくなっていた。(4)

ガーリーは一連の出来事を知っていた。カラニックから拒絶されたベンチャーキャピタリストと、何カ月にもわたってひそかに連絡を取ってきた。彼らは裏ルートでつながっていたのだ。そして、投資が失敗に終わることを誰もが心配していた。投資家たちを結集させるかたわら、ガーリーは部外者に接触して助言を求めていた。スタンフォード大学の法学部教授に連絡を取り、コーポレート・ガバナンスやホワイトカラー犯罪*訳註に精通している人物を探した。さらに、テック企業やベンチャーキャピタルにはおなじみのクーリー・アンド・ポール法律事務所、ワイス法律事務所というシリコンバレーでもトップクラスの法律事務所から弁護士を起用しただけでなく、危機管理広報の専門企業も雇っていた。そのうえでガーリーは、彼らが一丸となり、連携しながら事に当たる計画を提案した。みずからの意志でカラニックが辞任しないことが、ガーリーにはよくわかっていた。それなら、辞任しなくてはならない状況に追い込むしかない。

ガーリーが考えた計画はシンプルだった。方針は、ウーバー最大の株主——ベンチマーク、ファースト・ラウンド・キャピタル、ロウアーケース・キャピタル、メンロー・ベンチャーズ——で構成されたシンジケートを率いて交渉するというもので、各社が保有する株式を合わせれば25パーセントを超える。シンジケートは書面でカラニックに通告した。そこには、会社のために最高経営責任者を辞任することだけが記されていた。カラニックが要求を拒めば、シンジケートはこの件を公開することになっていた。「ニューヨーク・タイムズ」に連絡を入れ、計画についてありのままを記者に話せば、彼らがカラニックに送った書面は、翌朝の「ニューヨーク・タイムズ」の一面を飾ることになるだろう。これも戦略の一環であり、辞職勧告が公表されれば、さらに何十人といる出資者をこの問題に結集させることができる。

カラニックはこの書面を無視するだけでなく、直談判して申し入れても決して辞任はしないとガー

＊ヘイズがシードラウンドで投資した五〇万ドルで、ファースト・ラウンド・キャピタルはウーバーの株式の4パーセントを取得している。八年後、この投資は二〇億ドル以上の価値を生み出していた。ガーリーの投資同様、ヘイズのこのときの出資も史上もっとも成功したベンチャーキャピタルによるテック企業への投資となった。

訳註＊ホワイトカラー犯罪：企業の幹部、政治家、官僚など、社会的地位の高い人物がその職業にともなう地位や権限を利用して行う犯罪で、主に経済的利得を目的に行われる。アメリカの犯罪社会学者E・H・サザーランドが、一九三九年の著書『ホワイトカラーの犯罪』のなかで唱えた。

リーは踏んでいた。そのときに備え、ベンチマークは危機管理広報の専門家スティーブン・ルービンスタインを雇っており、「ニューヨーク・タイムズ」が記事にしたら、ほかの報道機関にも働きかけることになっていた。* カラニックではなく、シンジケートが「おおやけの物語《パブリック・ナラティブ》」をコントロールすることが重要だとガーリーにはわかっていた。アリアナ・ハフィントンの力を借りれば、カラニックは社外の人間の同情を集め、ベンチャーキャピタルを悪者にすることができた。

　事態がまったく進展しない場合に備え、シンジケートは秘密兵器を用意していた。弁護士たちがウーバーの会社定款に、ある欠陥を見つけていたのだ。この時点で、シンジケートが保有していた「クラスB」の株式、つまり、一株に対して一〇票の議決権が付与された複数議決権株式の合計はかなりの数になっていた。そして、シンジケートが定款の欠陥を突くという〝最終兵器〟を行使すれば、「クラスB」の株式を一株一票の議決権しかない「クラスA」の普通株に転換させることができた。もちろん、ベンチマークが保有する複数議決権の影響力は削がれるが、同様にカラニックの影響力を阻むことはできる。その結果、社内権力を掌握するため、株主たちはこぞって手を組むことになるだろう。しかし、シンジケートはこの時点では、まだそこまで望んでいなかった。複数議決権株式を放棄するのは最後の手段だと考えていた。

　だが、なんといっても肝心なのは時間だ。ガーリーたちシンジケートは、自分たちの要求に対して厳しい回答期限を設けてカラニックに迫った。カラニックという人間はロッククライマーのように絶えず足場を探しており、シンジケートからの攻撃に対して、その弱点を探し出してくるはずだとガーリーは見込んでいた。十分な時間と気力があれば、カラニックはシンジケートの弱点をかならず見つけ出し、その弱点をつけ込まれれば、彼ら全員が撃沈されてしまうだろう。カラニックは逆境に強い人間だった。シンジケートは彼を徹底的に封じ込めなければならない。

カラニックとの対決と決めた日、ガーリーはシンジケートのメンバーと助言者を交えてビデオ会議を開いていた。ガーリーが腰を降ろしていたのは、ウッドサイドにあるベンチマークのオフィスの会議室に置かれた椅子で、この部屋には黒革と金属でできたスチールケース社製の一二脚の椅子が、堅木の長テーブルを囲むように並べられていた。このテーブルで向かい合いながら、ベンチマークのパートナーたちは、シリコンバレーの著名な創業者たちの売り込み話に耳を傾けてきた。ガーリーもこのテーブルで世間の注目を浴びた企業の条件概要書《タームシート》に署名したり、ウーバーやツイッター、スナップなどのような投資先企業について、数え切れないほどの議論を行ったりしてきた。しかし、二〇一七年の六月二一日、ガーリーは、シンジケートがトラビス・カラニックをCEOの座から追放する管制センターとしてこの部屋を使おうとしていた。当日の朝の電話で、今日、何が行われるのか計画の微細な点まで改めて確認された。説明の途中、どうしてこれほど迅速かつ断固とした行動を取らなければならないのか、そして、事を進めるうえでどのようなリスクを負うのか、ガーリーはわざわざ時間をかけて説明した。シンジケートの投資家や弁護士、同僚らはガーリーの話に耳を傾けた。

「『ライフ』という映画を観たことはあるかな」とガーリーはモニターの向こうに座る全員に問いかけた。「ライアン・レイノルズが出てくるSF映画で、宇宙ステーションのクルーが発見した粘体のエイリアンが出てくる。初の地球外生命を発見したクルーは、このエイリアンを実験室の頑丈な箱に

＊前述したように、カラニックがウーバーのドライバーに向かって叫んでいる動画が拡散した数カ月前、皮肉なことに、ルービンスタインは、トラビス・カラニックにこの問題で対処してくれるように打診されている。

しまい、安全を確保しつつ、エイリアンに実験を続けた。だが、結局エイリアンは逃げ出してしまう。なんらかの方法で箱から出たエイリアンは、ついにはクルー全員を殺そうとする。切り離された宇宙ステーションは、今度は地球へと向かっていった。そこに生きている全員をエイリアンは殺そうとしている。何もかも、エイリアンを箱から出してしまったことに始まった」と話していた。

モニターの向こうで、シンジケートのメンバーは黙って話を聞いていた。「ガーリーはいったい何が言いたいのだろう」。なかには、「ガーリーはたとえ話が好きだからな」とニヤリと笑いながら聞いている者もいた。

「つまり、トラビス・カラニックはこのエイリアンとそっくりだ」とガーリーは言う。「もし、私たちが彼を箱のなかから逃がしたら——今日の交渉中、そんな機会はいくらでもあるだろう。しかし、逃がしてしまったら最後、カラニックは全世界を破滅させてしまうだろう」

第29章 ベンチャーキャピタリストたちの復讐

ガーリーがシンジケートのメンバーとビデオ会議を行っていた前日の六月二〇日、トラビス・カラニックはサンフランシスコにいるはずだった。だが、その日、カストロ地区の丘に建つコンドミニアムの最上階の自宅に彼の姿はなかった。マーケットストリート一四五五番地にあるウーバー本部のトラックで歩いてもいなかった。そのころカラニックは、サンフランシスコから2000マイル(3200キロ)離れた場所で、ラップトップに向かって仕事をしていた。

水曜日、シカゴの気温は華氏80度(摂氏27度)と暑く、湿度も高かったが、まだ中西部特有の真夏のような蒸し暑さではなかった。カラニックは、ホールフーズ・マーケットの共同最高経営責任者(Co-CEO)だったウォルター・ロブを面接するためにシカゴに来ていた。ウォルター・ロブは、ウーバーの新しい最高執行責任者(COO)の有力候補だとカラニックは見込んでいた。この面接のため、カラニックはダウンタウンのミシガンアベニューに建つリッツ・カールトン・シカゴに会議室を借りていた。会議室はホテルの最上階にあった。カラニックの好みは派手なホテルで、リッツの最上階で仕事をすることほど贅沢な気分に浸れるものはない。

カラニックがシカゴに行ったことで、シンジケートの計画にくるいが生じた。シンジケートのメンバーは、カラニックが依然として夜昼関係なく働いている事実は皆知っていた。ガーリーのもとには、カラニックが会社から去ろうとしないという電話が鳴り続いていた。だがこの日、まさか別の州で自分の〝副司令官〟*になるべき人物の面接をしているとは思いもよらなかった。自分たちの計画を実現するには、イリノイ州にまで行かなくてはならなかった。

二〇一七年の夏ごろになると、ガーリーとカラニックは口さえきかなくなっていた。それだけに、この日、シカゴまで飛んでいき、カラニックに辞任しろと説く人間は自分ではないとガーリーにもわかっていた。それまでカラニックは、ガーリーの小言や懸念を毛嫌いし、変化を受け入れなければならないとしつこく言うたびに反感を募らせてきた。辞任を話し合うためにガーリーがホテルの部屋に足を踏み入れたその瞬間、「勝手にくたばっていろ」というカラニックの罵声が飛んでくるだろう。

シンジケートが選んだのは、ベンチマークのパートナーのマット・コーラーとピーター・フェントンの二人だった。コーラーはフェイスブックで最初に採用された優秀な社員の一人で、ベンチマークには二〇〇八年に参加した。実務能力が高いうえに現実的で、しかも率直な人柄だった。彼ならカラニックを前にしても、相手が理解できるように落ち着いて話を伝えられるだろう。やせぎすな体形に白い肌、茶色の髪は縮れており、目は丸くて、バラ色の頬をしていた。四〇歳になったばかりだが、少なくとも一〇歳は若く見えた。ベンチマークでは、ガーリーに次いでウーバーに精通していた。ガーリーが出資話をまとめるため、はじめてカラニックに接近したときからコーラーはいっしょだった。カラニックもよく知っている顔なので、少なくともひと目見た瞬間に怒鳴りちらすようなことはしないだろう。

ただ、コーラーはきわめてハイレベルなEQ（感情指数）は持ち合わせていなかった。ピーター・フェントンに任されたのがその点だ。カリスマ性を放つベンチマークのパートナーのなかでも、フェントンはさらに際立ったカリスマ性があり、スタートアップの若い創業者と会っても、柔らかい人当たりと明るい笑顔で相手を安堵させた。間もなく四五歳になろうとしていたが、コーラーと同じように若々しく見えた。瞳はウグイス色、額は広く、髪は赤茶混じりの金髪という容貌のせいで、経験豊富なやり手のベンチャーキャピタリストというより、「隣の家の少年」という雰囲気を醸し出していた。交渉相手としては手強かったが、道理をわきまえ、必要とあれば相手に譲ることもできたので、相手には、自分たちの話に向き合っているという印象を与えた。それは、取引を成立させる者にとって必要な資質であると同時に、場合によっては厳しい話を伝えなくてはならないときには、どうしても欠かせない資質でもあった。

それまでシンジケートは何週間にもわたり、状況について話し合ってきた。ガーリーはほかのベンチャーキャピタリストたち――ファースト・ラウンド・キャピタルのジョシュ・コペルマンとロブ・ヘイズ、メンロー・ベンチャーズのドウ・カーライルとショーン・カロラン、ロウアーケース・キャピタルのクリス・サッカ――と電話で何時間も話し合ってきた。さらにガーリーは、こうした状況をめぐり、ベンチマークのパートナーとともに、いらだたしい時間を何時間も過ごしていた。シンジケートのメンバーは、自分たちの計画が誰かに聞かれているのではないかと疑心暗鬼に陥り、表立った場でこの問題を話し合うときには、カラニックを別名で呼んでいた。ウーバーの社内では、「トラビス」という名前は、「ボブ」や「ジェフ」など、一〇を超える名前をその場に応じて適当に使ってい

＊カラニックにとって〝副司令官〟を雇うことは、とくに重要だったわけではない。カラニックは以前、別の候補者との面接で、副司令官の仕事は「自分が口にした命令を実行することだ」と言っていた。この言葉にガーリーは激怒した。

た。カラニックとドライバーのやり取りを映した動画が公開されてから、誰かが四六時中、録画していたり、聞き耳を立てていたりしているのではないかと、彼らも疑うようになっていた。

ベンチマークのパートナーとガーリーの打ち合わせは、たいていの場合、オフィスの会議室にある堅木の長テーブルを囲んで行われた。出席者――ガーリー、コーラー、フェントンのほか、新しくパートナーになったエリック・ビシュリア、サラ・タベル、元ディズニー社員のミッチ・ラスキー――の六人は、計画を全員で詳細に検討して最後には記憶してしまうまで何度も繰り返した。彼らは、コーラーとフェントンがカラニックに接触したときに何が起こるのか、それについて予想できる可能な展開について、細大漏らさず考え抜いた（かんしゃくを起こしたら？　その場で辞任を受け入れたら？　テーブルを乗り越えて二人を殺そうとしたら？）。カラニックに渡す文書については、想定されうる頂上決戦を踏まえ、一〇以上のパターンが浄書されていた。それぞれの文書は、クーリー・アンド・ポール法律事務所、ワイス法律事務所の弁護士たちによって厳しくチェックされた。

決行前日の火曜日、シンジケートを含む関係者はベンチマークのオフィスに集まり、もう一度計画を練りなおし、世間を騒がす、醜悪な戦いになる覚悟を決めた。カラニックが譲歩するとは到底考えられない。ウーバーのある取締役は、カラニックが会社の指揮権を取り上げられる前に、「ウーバーの企業価値をゼロにする準備はできている」と言っていたことを記憶していた（そんな発言はしていないと、のちにカラニックは代理人を通じて答えている）。来たる事態に備えて腹をくくらなければならなかった。

これまでの煩悶を踏まえ、ベンチマークではパートナーたちが考えた路線に基づいて応じることになった。それはベンチマークを救うものであり、ひいてはこの会社のレガシーを守ってくれる。彼らにはトラビス・カラニックがたった一人で、六八五億ドルもの価値がある巨大企業を破産させるのを黙って見ているわけにはいかなかった。それまでの六週間、彼らは計画について話し合ってきた。そのとき、社外の人間に対しても、たがいに対しても常に口にしてきた言葉は同じだった。「できることはすべてやった」。あらゆる手を使い果たした末、もはやそう口にするよりほかになかった。

会議室に差し込む午後の日差しが弱まったころ、ガーリーはパートナーたちを見まわしてうなずいた。ガーリーも不安だった。しかし、事ここにいたって、彼はそうした事態を受け入れていた。「われわれは歴史の正しい側にいると、私は心から信じている」。ガーリーはそう語っていた。

その日の朝、マット・コーラーとピーター・フェントンはチャーターしたビジネスジェットでサンフランシスコ国際空港からシカゴ・オヘア国際空港に直行した。到着した二人は、リッツ・カールトンから通りをひとつ隔てたところに建つ、やはり一流のホテルにチェックインすると、今後の準備を始めた。ウーバーに乗って空港からホテルに到着した二人は、ここで危機管理広報の専門家スティーブン・ルービンスタインと落ち合った。カラニックが二人の提案を拒絶する状況がもはや避けられなくなった場合、プレス対応に当たるため、ルービンスタインはすでに東海岸からシカゴ入りしていた。ルービンスタインは危機管理広報の世界では第一人者と見なされている。二〇〇〇年代、一連の盗聴をめぐる悪名高きスキャンダルで、ルパート・マードックが率いるニューズ・コーポレーションが批判の矢面に立たされたとき、ダメージコントロールを手がけたのがルービンスタインだった。太い黒縁の眼鏡をかけ、ひょろりとした体つきのニューヨーク生まれの皮肉屋は、ひとたびカラニックとの対立が起きた場合に備えて、メディアの対応に当たる手はずになっていた。

三人ともカラニックはリッツ・ホテルにいるのは知っていたが、この町のどこかでばったり出会うのではないかという不安がぬぐえなかった。ここ数カ月、ベンチマークの疑心暗鬼は募る一方だった。セキュリティーに関するウーバーの秘密活動の一端を調査してからというもの、ガーリーは、常に誰かに尾行されているのではないか、カラニックの命令で自宅が盗撮されているのではないかという不安を常に感じていた。

ベンチマークのオフィスに戻ったガーリーは、会議室の上座に置かれた黒革張りのアームチェアに腰を降ろしたが、じっとしてはいられなかった。ときおり、パートナーが部屋を出たり、入ったりしている。状況がスムーズに伝わるよう、シンジケート内ではワッツアップを使って、グループチャットが始まっていた。この時点で一二人を超える人間がカラニック追放の計画にかかわっており、全員の考えがぶれない手段が必要だった。ワッツアップのほかにも、メンバーのあいだでは数々のスレッドが立ち上げられ、テキストがやりとりされていた。しかし、それらのやりとりの中心には常にガーリーがいた。

コーラーとフェントンはホテルを出て、カラニックに会うためにリッツ・カールトンへと向かった。ルービンスタインはホテルに残り、この問題を公開しなくてはならない場合に備え、二人からの連絡を待った。

シンジケートの全員が気づいていたわけではないが、前の週末、この計画を知っているある人物が「ニューヨーク・タイムズ」の記者に電話をかけていた。その人物の話では、投資家たちが騒いでおり、何か劇的なことが起きた場合に備え、「ニューヨーク・タイムズ」は記事を書く準備をしておいたほうがいいだろう。情報提供者のその言葉は謎めいており、とても興味をそそるものだった。

その話を聞いた記者が私だった。

六月二〇日火曜日の午前九時、サンフランシスコ国際空港のヴァージン・アメリカ〔経営統合で二〇一八年四月に消滅〕のターミナルの椅子に座っていると、ポケットの携帯電話が鳴った。私はその日、テックカンファレンスで講演するある企業の取締役にインタビューするためロサンゼルスに向かい、週末までとどまってほかの業界関係者と会うことになっていた。ミュートボタンを押してから、アイフォーンを確かめると、私の重要な情報源であるウーバーの関係者からだった。

先週末、その人物は、文字どおりなんの前触れもなく私に連絡を寄こし、何か大きなことが起ころうとしているとすでに注意をうながしていた。それまでの数年間、結局何も起こらなかったガセネタを私はたくさん受け取ってきた。しかし、その日の朝、飛行機に乗り込もうとしていた私に、情報提供者はカラニックに残された時間が刻々と迫っていると話していた。その日のうちに、辞任する可能性さえあると言う。「彼は辞任する。今日中に辞めてもおかしくはない」と言っている。

私は不意を突かれた。「なんだって？　信じられない」と私は口ごもりながら答えた。「これから飛行機に乗るところで、間もなく搭乗です。辞任はたったいまの話なんですか？　搭乗はキャンセルしたほうがいいんですか？」

客室乗務員が搭乗客に声をかけ始めた。機内ではWi-Fiが使えても、3万フィート（9000メートル）の上空から電話はかけられない。数カ月に及ぶスキャンダルの連続と世論の反発を受けて、カラニックがこのまま仕事を続けられるかどうか、シリコンバレー中のテック企業の関係者が注目していた。「ホルダー・レポート」の発表が無残な結果に終わったこと、デービッド・ボンダーマンが突然辞任したことなどで、それまで以上の注目がカラニックの去就に集まっていた。もしも今日がカラニックがウーバーから追放される日になるなら、私は待機していなければならなかった。「パソコンのそばにいて、携帯の電源は切らないでいてくれ」。情報提供者はそう言うと、「また連絡を入れる」という言葉を残して電話を切った。

エレベーターの金色のドアを出ると、そこは黒と白の大理石が敷きつめられたリッツ・カールトンの一二階にあるロビーだった。コーラーとフェントンはまさかスーツ姿の人たちに囲まれるとは思わなかった。その週、リッツ・カールトンでは、不動産業界の会合が開催されており、リマックスやコールドウエルバンカーなどの全米規模で事業を展開している不動産会社から関係者が集まっていた。メインロビーはボックス型のスーツを着た白人男性であふれ、コーラーとフェントンはそのあいだを、失礼がないように体をかわしながら進んでいった。

リッツ・カールトン・シカゴは、四〇年以上ものあいだ改修することなくこの町で営業してきたので、地元の人間や常連客には新鮮みのない、古くさい建物に思えた。しかし、その日の朝、コーラーとフェントンが目にしたのは、変貌した新しいホテルだった。数週間後、リッツは、一億ドルの費用と一年半の時間をかけて全面的に改築した新しいホテルを披露することになっていた[1]。ロイ・リキテンスタインの絵がスーツ姿でにぎわう人びとの頭上に飾られている。ロビーの向こう側、北向きの壁一面の窓からミシガン湖を見渡すことができる。不安であふれかえっていなければ、コーラーとフェントンもこの景色を堪能できたかもしれない。

ロビーを横切り、二人は二台目のエレベーターのほうへと向かった。このエレベーターはビルの最上階にあるゲストルームやプライベートオフィス、ビジネススイートにつながっている。その日の朝、フェントンはすでにカラニックに連絡を入れていた。自分ともう一人のベンチャーキャピタリストがシカゴに来ており、緊急を要する話があると伝えた。その日の朝、不意を突かれ、何かあるとカラニックは感じた。しかし、彼は、「リッツで仕事をしているから来てくれ」と答えた。一人で仕事をしながら、最上階で待っている。

二人は会議室に入った。それぞれかしこまった様子で挨拶を交わした。ガーリーがいないぶんだけ、少しはカラニックも穏やかで、少なくとも部屋から飛び出してはいかない。コーラーとフェントンはやんわりとここを訪れた本題に入っていった。二人はある要望を携えていたが、それは要望というよりも強硬な要求であり、会社のためを考え、二人はカラニックに辞任を求めた。「ただちに、しかも永続的」な辞任だ。茫然としてその場に座り込むカラニックに、フェントンは一通の文書*をテーブルの上にそっと差し出した。カラニックは顔を伏せたまま目の前に置かれた文書を読んだ。

トラビスへ
ベンチマーク、ファースト・ラウンド、ロウアーケース・キャピタル、メンロー・ベンチャーズ

*シンジケートはこの文書を何度も書き直している。カラニックが読んだ文書は、その日、彼が最終的に受け取ったものではないが、最終版の文書とほとんど変わらない。最終的な文書には、土壇場でシンジケートに加わった投資信託の巨人フィデリティ・インベストメンツ(Fidelity Investments)の名前が記されている。この文書の公開はこれがはじめてだが、情報提供者を保護するため一部の個人情報は削除されている。

ほかの出資会社を代表して、私たちはウーバーの経営方針に対する深刻な不安を表明するとともに、今後の方向性について提案するためこの文書を記しました。各社が所有するウーバーの株式の総数は、発行済株式の26パーセントを超え、議決権株式も39パーセントをうわまわっています。

この八年間、あなたの先見性とたゆまぬ努力によって、それまで誰もが夢にも思わなかった企業と産業を創設したことに対して、私たちが心から感謝していることはどうかご理解ください。しかし、残念ながら、最近になって発覚した一連の出来事に、私たちは動揺を隠すことはできません。(略)これまでの問題の多くは、ウーバーのブランドに深刻なダメージを与え、株主や出資者は、ウーバーの企業価値が破壊される恐れに脅えています。これらの問題は、ウーバーに染みついた企業カルチャーとこの会社のガバナンス問題、さらにトップの姿勢に起因していると私たちは考えています。(略)

私たちは、具体的な一歩を踏み出すことでこれらの問題に対処し、さらにウーバーのブランドとガバナンスを強化しなくてはなりません。適切な方法でただちにこれらの問題に取り組まなければ、ウーバーのブランドはもちろん、市場占有率は今後も侵食され続けていき、ついには会社をはじめ、あなたを含むすべての株主に損失をもたらすことになるでしょう。

(略)しかし、これらの変革を講じることによって、ウーバーはシリコンバレーが生んだもっとも重要な企業のひとつとして、その地位を取り戻せると私たちは確信しています。あなたにもまた、この道をともに進むことに賛同してもらえることを私たちは願ってやみません。

「ウーバーを前進させる」――これが私たち投資家の要求です。

第一に、あなたはCEOの地位をただちに、しかも永続的に退かなくてはなりません。ウーバーを前進させていくには、経営トップの変更がなにより求められています。それとともに、取締役会による効果的な監督、ガバナンスの改善をはじめとする緊急措置を一体的に講じる必要があると私たちは固く信じています。さらに私たちに必要なのは、経験豊富で信頼を寄せられるエネルギッシュな新しいCEOであり、ウーバーが現在抱えている多くの問題を乗り越え、この会社が持つ潜在能力を最大限に発揮させせられる能力を持つ人物です。

第二に、取締役会の構成や体制を含むウーバーの現在のガバナンス体制は、社員一万四〇〇〇名以上を擁する企業価値六八〇億ドルの企業には、もはや適切ではありません。新CEOは、適切な監督が行える独立性が担保された取締役会に報告しなければなりません。(略)さらに、ご存じのように「ホルダー・レポート」では、取締役会において独立取締役を追加任命するよう求められています。この目的を達成するため、あなたが支配している三名の取締役の追加任命権のうち二名分(残る一名分はあなた自身のため)には、「ホルダー・レポート」が提言する独立取締役にふさわしい人物を充当します。(略)

第三に、(略)あなたは、独立取締役ならびに上級管理職の代表、ドライバーとして働く者の代表らとともに、CEO選定委員会が主導する取締役会を支援しなければなりません。(略)

第四に、ウーバーは適切な経験に恵まれた、臨時もしくは常勤の最高財務責任者(CFO)をただちに採用しなくてはなりません。適切な資格を有する取締役を意図して財務部門のトップに据えないまま、ウーバーは二年以上にわたって財務を運営してきました。私たち投資家の多くは、最高財務責任者の採用について、早急に対処する必要があると考えています。
私たち投資家の希望は、あなたが私たちとともにこの道を進むことに応じていただくことにほかなりません。ご返事をお待ちしています。

カラニックは憤慨した。椅子から立ち上がり、最後まで読み通せなかった。ほんの数週間前、母親を悲劇的な死で突然失ったというのに、そんな自分に二人はこんなものを突きつけてきた。怒りが収まらない。ベンチマークはどうすればこんな真似ができるのだ。

ちょうど一週間前に開かれた取締役会のことを、カラニックはふと思い出していた。グレイブスやガーリーをはじめとする取締役たちが集まり、カラニックの休職について話し合っていた。誰もが素直に彼の幸せを願っていた。ガーリーも、休職後にカラニックが復帰することにはまだ判断がつきかねると言いながらも、「どちらにしても結果は支持する」と言葉を添えていた。この発言にカラニックは励まされた。あれもこれもと個人的なトラブルに直面してきただけに、カラニックは取締役会の仲間に支えられ、慰められていると感じていた。だが今度は、コーラーとフェントンが自分に引導を渡す文書をテーブルの上を滑らせて差し出した。連中はいったいいつから、こんなことをたくらんでいたのかとカラニックは考えていた。これ以上の裏切りはない。

カラニックは歩き始めた。いつものように歩きながら考えていた。コーラーとフェントンを怒鳴りつける。かつては自分の仲間であり、支援者だと考えていた人間だ。だが二人は椅子に座ったまま表情を変えず、その罵声に耐えていた。カラニックは追い詰められた獣のように吠え続けている。こんな要求を甘んじて受け入れるつもりは毛頭ない。断じて聞き入れられない。徹底的に戦い抜いてやる。

「これがお前たちの進みたいと願う道なら、状況はお前たちにとって最悪のものになるからな」と言い、「脅しではない。本気だ」と答えた。

コーラーとフェントンにも、その言葉が嘘でないのはわかっていた。そして、二人が文書を渡したそのとき、シンジケートは時計の針をスタートさせた。間もなく正午だ。二人はカラニックに最後通牒を行った。その日の終わり、午後六時ごろまでに答えを出さなければならないという通告である。カラニックが回答を拒否したり、時間をかけすぎたり、さらに回答を引き延ばそうとしたりすれば——そして何か姑息な策を弄そうとすれば、二人はこの部屋から出ていき、シンジケートにただちにメールを送って危機管理広報を開始《スピンアップ》させ、この抗争を公開することになっていた。翌朝、一件は「ニューヨーク・タイムズ」の一面に掲載されているだろう。そうなれば話はまたたく間に広がるばかりか、ウーバーの筆頭株主たちが強硬路線に転じたことで、ほかの投資家たちも背中を押され、最終的には彼らの側に加わるはずだ。少なくとも、すでに有力な一社が、最後通牒の直前に彼らの側に参加していた。投資信託の巨人フィデリティ・インベストメンツである。同社もウーバーには巨額の出資を行い、ベンチマークにとっては強力な味方となり、カラニックの解任を求める文書にも署名していた。フィデリティ・インベストメンツ以外にも、グレイド・ブルーク・キャピタル・パートナーズ(Glade Brook Capital Partners)、ウェリントン・キャピタル・グループ(Wellington Capital Group)、デービッド・サックスなどのエンジェル投資家も、個人的にではあるが、カラニックの解任を求めていた。コーラーとフェントンは、ベンチマークがこの一件を公表すれば、話は広がり、残りの投資家も解任に同調するだろうとカラニックに迫った。

追い詰められた事実にカラニックは気づいた。両者のあいだでさらに堂々めぐりが何時間も繰り返されたあと、カラニックは二人に考える時間をしばらくくれと頼んだ。二人はうなずき、この日はじめて両者は別々になった。コーラーとフェントンはウッドサイドにあるベンチマークのオフィスにいるガーリーに報告を入れると、ガーリーはシンジケートのメンバーに状況を知らせるテキストを打ち込んだ。

それから、「時間を稼いでいる《ストローリング》」というメールを送った。


カラニックは引き延ばしを図っていただけではない。コーラーとフェントンが部屋を出ると、必死になって電話をかけ始め、少ない盟友の一人、アリアナ・ハフィントンにまず電話をした。ハフィントンは、投資家たちが陰謀をたくらみ、こんな行動に打って出たことについて、カラニックに劣らずショックを受けていると答えた。それから二人はカラニックが打てる手について話し合った。

カラニックはハフィントンを信じていたが、ハフィントンが自分の辞任声明の草稿の準備をすでに手伝っている事実を彼は知らなかった。カラニックの世界が彼の足元で崩壊していこうとしているときも、ハフィントンは録音ブースに急いで向かい、俳優のアシュトン・カッチャーを相手に、ポッドキャストで配信する話を録音していた。

コーラーとフェントンは、ウッドサイドに新しい情報を伝え続けた。ガーリーは落ち着いていた。予想していたとおりの展開だ。カラニックは社内で多くの友人を失っているので、自分を守るためにきっと支持者を取り込もうとするはずだ。ベンチマークがすべきことは、カラニックにプレッシャーを与え続け、『ライフ』に出てくるエイリアンのように彼を囲い込むことだけだった。

ある投資家が最新の状況を問い合わせるメールを送ってきた。「あがいている《ダンシング・アラウンド》」とガーリーは返信している。

もちろん、電話をかけた先はハフィントンだけではない。ウーバーの事業開発部門のトップで取締役のデービッド・リクターやキャメロン・ポエッシャーにも電話をしている。二人とも社内政治に影響力があり、この窮地からカラニックが抜け出す方法を見つけられるかもしれない。取締役会のメンバー、ギャレット・キャンプやライアン・グレイブスのような昔からの盟友にも電話をかけ、さらにはシンジケートに対抗する妙案を持っていそうな投資家にも連絡を入れた。

突然、カラニックの頭のなかで突破口がひらめいた。ウーバーの株主を十分な数だけ自分の側に集めれば、株主同士の抗争は世間に知られてしまうものの、シンジケートに対抗できるだけの議決権株式が集められるかもしれない。このもくろみを実現させようと、カラニックはシンジケートのメンバーに電話をかけ始めた。相手を懐柔できれば、最終的に自分の側に寝返らせられると考えていた。

「ショーン、君かい」。アイフォーンに向かい、子犬のような無垢な声に、精いっぱいの哀れみを込めて叫んだ。「こんなことになるなんて、僕には信じられない。僕は変われる。どうか、僕に変われるチャンスを与えてくれ」と話した。

メンロー・ベンチャーズのパートナーであるショーン・カロランは、立ち上げ直後からウーバーを支援し、カラニックには信頼を寄せていた。そのカラニックの言葉を疑うなど彼にはできなかった。日ごろから友人たちには、カラニックには説得力があると話していた。カラニックに備わる自信や気迫、聡明さや魅力こそ、そもそもカロランが彼に賭けてみようと考えたまぎれもない理由だった。自分の仕事を守るために戦っている相手の声に、カロランは身をよじるようなカラニックの悲痛を感じていた。電話の向こうで話すウーバーのＣＥＯは泣いているようにも聞こえる。いけないとは思いつつ、カロランはやましさを感じていた。彼がいまやっているのは、自分が支援してきた創業者の一人の命脈を断つことであり、ベンチャービジネスにとってそれは大罪にほかならない。電話越しに、はっきりした返事をするのを避けてきたあと、カロランはそんなためらいを振り払い、あえて非情に徹することを選んだ。

「トラビス、すまない。本当にすまない」とカロランは言った。「君を信じたいのはやまやまだが、いまの私にはどうしてもできない。どう考えても、これ以上、この会社のＣＥＯとして君を支えることはできない」。そう言ってショーン・カロランは電話を切った。

しばらくして、コーラーとフェントンが部屋に戻ってきた。二人は腹を割ってカラニックと話し始めた。カラニックが争わず、潔く退くことに同意するなら、自分たちとしてはそれにふさわしい、尊厳ある花道を用意したいと申し出た。創業者が更迭されたり、降格されたりする場合、往々にしてその発表の際には、日本のカブキじみたきらびやかな演出がされるのを二人とも心得ていた。「一線を離れ、顧問に就任する」「愛する家族との時間を大切にするため退任を決意した」というような中途半端なコメントが、社内クーデターの陳腐な決まり文句として使われている。カラニックがその恩恵にあずかれるよう、ベンチマークとしては喜んで手伝いたい。

時間もだいぶ過ぎていた。リッツの会議室の窓から見える日差しもすでに傾き始めている。フェントンはいささかやっかいな状況に陥っていた。カラニックが完全に落ち着きを取り戻すのを待っていては、その日の夜の飛行機に乗り、大西洋を越えて子供たちに会いに行けなくなる。子供たちは母親とフランスで暮らしていた。間もなく午後四時になろうとしていたが、カラニックの時計はまだ動いていた。それどころかいまだに抵抗を続け、またもや一時中断を要求している。二人はふたたび部屋を出ていった。

結局、カラニックは自分の代理人を使って、コーラーとフェントンと話をさせているあいだに、どんな手を打つか考えようとした。アリアナ・ハフィントンはそれまで何時間もカラニックと連絡を取り合っていたが、この時点で彼女はフェントンと話したり、メールでやりとりをしたりしていた。

この日を迎えるまで、ハフィントンはカラニックと歩調を合わせ、彼を支え、メディアや怒れる社員から彼を守り続けてきた。この年前半、CNNの番組に出演した際には、カラニックの言動は徐々に〝進化〟しつつあると説き、CEOとしての彼の資質を擁護してきた。生放送の番組のなかで、カラニックこそウーバーの〝良心そのもの〟とまでうそぶいていた。[2] ハフィントンはそれまで何年もカラニックの味方だった。だが、それも今日という日までであり、どうやら、辞任について考えるべきときが来たようだとカラニックを諭した。

人生の別のタイミングでこの言葉を聞いていれば、カラニックは端から聞く耳など持ち合わせていなかっただろう。自分の望みのものを求めて戦うとき、彼は何があっても戦いの手を緩めたことはない。そして、何にもまして彼が望んでいたのは、過去一年にわたって続く苦境から立ち直り、ウーバーの世界制覇を手がけ続けていくことにほかならなかった。

しかし、いまは状況が違った。母親の不慮の死のせいでカラニックはボロボロだった。傷心の日々を送りながら、母親と二度と会えない現実を彼がなんとか受け入れようとしていたさなかを突いて、シンジケートのクーデターは起きた。事故の知らせを受けてフレズノに飛び、病院のベッドで眠る父親のかたわらで回復を願ってからまだ二週間しかたっておらず、母親の遺体をロサンゼルスで埋葬したのもつい先日のことだ。トラビス・カラニックは、生まれてはじめて戦うことに疲れたと感じていた。いったん会社から身を引いて母の喪に服すのが、彼にとってふさわしいことなのかもしれない。

ガーリーは、シンジケートのメンバーに伝える近況を更新した。「撤退《バッキングダウン》する方向に気持ちが傾いている」。この知らせを受けても、ワッツアップでグループチャットをしていたベンチャーキャピタリストやアドバイザーたちは、辞任が本当に実現するとはどうしても思えなかった。

日が暮れてシカゴは夜を迎えていた。そのころになっても、カラニックは依然として引き延ばしを図っている。コーラーとフェントンにはもう十分だった。ハフィントンがカラニックの退任を示唆する連絡を入れてから、これという進展は見られない。その日一日を通して、カラニックと彼の利益を代表するさまざまな人物たちから頻繁に電話があり、コーラーとフェントンはそのたびに電話に出て話をした。自分のために弁護してくれる仲間をカラニックは必死にかき集めていたのだ。

しかし、何時間たってもカラニックから明確な答えはなく、二人はすでにうんざりしていた。

東部標準時間の午後九時一九分、ピーター・フェントンはアリアナ・ハフィントンにメールを送り、シンジケートに連絡を入れ、「ニューヨーク・タイムズ」に電話を入れるように頼んだ。

「やきもきさせるメールですまない。あと一五分でヨーロッパに向かう」とメールし、間もなく搭乗する飛行機について知らせた。「しかし、僕には、シンジケートがこの件について公表するのをやめさせることはできない。君がどれだけ力を尽くしてきたのかは知っているが、もはや時間切れだ」と伝えた。

ハフィントンは折り返しのメールで、「すぐにカラニックに電話をする」と言っている。フェントンは感謝の気持ちを込め、「バンザイ」を意味する🙌の絵文字を送った。

シンジケートの最後の催促は、土壇場になってカラニックに辞任を勧めるハフィントンの忠告とあいまって、ようやくうまくいった。カラニックは疲れ果て、打つ手ももはや尽きていた。昔の仲間に連絡を入れて、自分とともにベンチャーキャピタリストと戦おうと説得したが、相手を動かすことはできなかった。ふたたび会い、書類にサインすることに応じた。

リッツ・カールトンでの最後の面談はインクと交渉の応酬だった。カラニックはペンを取り出し、契約文書を破り取ると、同意できない条項には線を引いて取り消し、行きすぎと思われるものには修正を書き加えていった。

自分が生み出した会社を率いていくことはもうできないが、ウーバーの将来の経営に対して、取締役会の一員としての発言権だけは今後も絶対に維持しなければならない。投資家たちもその点では同意しており、カラニックが取締役会にとどまるのを認めるのは、彼らにできる最低限のことだと考えていた。

しかし、ビル・ガーリーは取締役会に残れなかった。勝ったのはガーリーかもしれなかったが、カラニックにすれば、二度とガーリーの顔など見たくなければ、かかわりたくもない以上、これから何年にもわたり、ウーバーの取締役会で席を同じくして働けるはずはなかった。さらに交渉を繰り返した末、両者は妥協案に合意した。ガーリーは取締役を降りて、かわりに彼のパートナーであるマット・コーラーが就任する。

辞任に際して、シンジケートはソフトランディングを図ることをカラニックに約束していた。辞任発表は部外者にも理解しやすいように、さりげないが、世間体を保ったものになる予定だった。結果を報告するメールで、フェントンはハフィントンの尽力に対し、あふれんばかりの賛辞で讃えていた。

本当に心から感謝しています。今日、あなたのおかげで、不可能とばかり思っていたことがついに実現しました。僕にできるような真似ではありません。これからも、いつ、いかなる場合でも、あなたといっしょに仕事がしたいと願ってやみません。考えてもみてください。たとえ、これほど激しいストレスを強いられる仕事でなくても、はたして僕たちだけでいったい何ができたでしょう。僕は今後、生まれ変わった前向きなウーバーに自分の全エネルギーを捧げていくつもりです。この会社には輝かしい未来があります。

「署名済みの辞任届を入手」——ガーリーは、シンジケートに最後の報告をメールで送った。

太平洋標準時間午後九時三〇分、ロサンゼルスのダウンタウンを歩いてホテルに帰る途中、私のもとに情報提供者から最後の内部情報が届いた。例の文書のコピーが添付されていた。その日、シカゴで投資家たちと対決していたカラニックの様子のあらましを知ることができた。さらに、カラニックとハフィントンに連絡を入れ、カラニックのコメントを聞き出すように請われた。

私が知らなかったのは、カラニックの退任を求めて双方が平和裡に交渉を進めていたことだった。カラニックがみずからＣＥＯを辞任すると、ウーバーがメディアに向けて発表するなど、私にはどうしても信じられなかった。

情報提供者から私が聞かされたのは、カラニックは投資家のクーデターによって会社から排除されたこと、そして、急いで原稿を準備して、別のレポーターに抜かれる前に発表することだった。ずっとあとになって知ったのは、カラニックの失脚を画策していた者が集まったシンジケートのなかに、少なくとも一人の情報提供者がおり、カラニックがトップの座に二度と戻れないようにだめ押しをした事実だった。シンジケートを組んだ大半の投資家は、ソフトランディングの話が計画どおりに行われるのを望んでいたが、シンジケートの一部にそれを嫌い、ありのままの泥沼劇が報じられるのを望んだ者がいた。そして彼らは、そんな意図など露知らない部外者の私を利用して記事を書かせ、あんな騒動を引き起こしたのである。

情報提供者から連絡を受けた私は、大急ぎでホテルの部屋に戻り、猛烈な勢いでカラニック追放に関する一〇〇〇ワードの原稿を打ち上げ、さらにカラニックとハフィントンにコメントを求めるメールを送った。

私の問い合わせに、カラニックは「世界でいちばん愛しているのがウーバーだ」と最後の声明を送ってきた。「人生におけるこの困難な時期に際して、私は投資家の求めを受け入れて身を引くことにした。そうすることで、ウーバーは今後、新たな騒動に巻き込まれず、事業の構築に立ち返ることができるだろう」と述べた。

辞任の話がネット上に現れたのは、東部標準時間の午前一時三〇分だった。「ニューヨーク・タイムズ」のアプリをダウンロードしている何十万人という購読者のスマートフォンにプッシュ通知がいっせいに表示された。そこには、「ウーバーのCEOであるトラビス・カラニック氏退任。法的および職場環境をめぐる一連のスキャンダルに投資家たちが反発」と書かれていた。
カラニックは不意打ちを食らった。自分自身の言葉で辞任のいきさつを語り、ソフトランディングするものとばかり思っていた。そのかわり彼が強いられたのは、耐えがたいほどの屈辱だった。誰かが自分を裏切ったのだ。

ウッドサイドでは、シンジケートのメンバー全員がこのニュースにショックを受けていた。誰かが「タイムズ」にリークしたのだ。彼らが望んでいたのはカラニックの辞任だけであり、彼の面子をつぶすことではない。しかし、どこでどう迷ったのか、四八時間のもみ合いのさなかで事態は脇道にそれていた。シンジケートはやましさを感じていたが、しかし、やましさを圧倒する以上の安堵をメンバーたちは感じていた。もはや、トラビス・カラニックはウーバーの最高経営責任者ではなくなった。

会社はようやく再建の途につくことができたのだ。

それから二四時間もしないうちに、「ニューヨーク・タイムズ」の一面に記事が掲載された。シカゴにいたカラニックに、いったい何が起きていたのか記事は克明に伝えていた。紙版のビジネス部門のトップには、時間を追って詳述された記事に添えて、カラニックの顔を描いた大きなイラストが掲載されていた。[3] 首から顎にかけての部分が、ヒビの入ったガラスのように描かれている。カラニックにとって、とてもではないが見るに堪えられない記事だった。彼は顔色を変えて怒った。連中はいつかきっと自分をだますと日ごろから疑っていたが、奴らはとうとう自分をハメたのだ。

世界中の人間が見ている前で、ベンチャーキャピタルは彼を笑いものにした。

第30章 ダウンはしたがまだ敗れたわけではない

シンジケートがCEOの地位を剝奪して、情報提供者が「ニューヨーク・タイムズ」に彼を売った翌日の午前、カラニックは実家があるカリフォルニアに飛んだが、何かしようという予定がとくにあったわけではない。母親とウーバー、彼がこの世でもっとも愛したものをカラニックは失っていた。メディアは彼の周辺をうるさく嗅ぎまわり、ウーバーでは社員の大半がこの追放劇に喝采の声をあげていた。

その手で築き上げた会社をクビにされた創業者は何をすればいいのだろう。カラニックは途方もないエネルギーとやる気に満ちた人間だが、そのエネルギーを向ける場所を彼は突然なくしていた。戦いは終わり、彼は敗者になっていた。今度は何をすればいいのだろう。

彼が決めたのは楽園への旅だった。高級ファッションのデザイナーとして知られるダイアン・フォン・ファステンバーグの勧めで、カラニックは遠く離れた島で鋭気を養うことにしたのだ。彼女の夫バリー・ディラーはマンハッタンのメディアの大物として、メディア・インターネット企業のアイ・エー・シー・インタラクティブ(IAC/InterActiveCorp)の会長を務めており、豪華なパーティーをタヒチで開くことでも知られていた。いつものカラニックなら喜んで招待を受けるような華やかなパーティーだが、いまの彼の気分はそれどころではなかった。ショック続きのあまり、自分ではまともな判断はできないと思い、身近な人間の意見を仰ぐことにした。アリアナ・ハフィントンに相談すると、ぜひ招待を受けるべきだと言う。シカゴでは土壇場で寝返ったハフィントンだったが、それでも彼はまだ彼女に信頼を寄せていた。

六月下旬、カラニックは飛行機に乗り、フランス領ポリネシアの首都パペーテに向かった。この町の沖合に浮かぶディーラーのヨット「イオス」で、一週間滞在して疲れをいやすことになっていた。「イオス」はこのタイプとしては世界で二番目に大きなヨットで、船名は天界の門を毎朝開く、ギリシャ神話の曙の女神の名前に由来する。セレブや友人が入れ替わり立ち替わり乗船してくる。一六人の寝泊まりができるが(二〇人のクルーが乗船していた)、ほかの者たちは近くに自分たちの船を碇泊させていた。客が出たり入ったりしていたが、結局、カラニックはタヒチに数週間にわたって滞在した。彼にとって唯一の慰めが、フォン・ファステンバーグの気配りで、彼女もまた彼を元気づけようとできるだけのことをしていた。

おそらく、追放劇が直後にリークされていなければ、カラニックはもっと長くタヒチに滞在していたかもしれない。休日にかかわりなく、毎日一八時間働く日々を八年間続けてきた彼には、なにより南の島で体を休めることが必要だった。もしかしたら、体を休めることで、自分が引き起こした現実と真摯《しんし》に向き合う機会を得ていたかもしれず、ウーバーのCEOとして自分のキャリアに破滅的な結末をもたらした事実から、何かしらの学びを得ていたかもしれない。カラニックはこのとき、自分を成長させる機会を手にしていたのだ。

しかし、自分の追放をめぐる詳細な報道が世界の主要紙に次々に報じられていくのを知ってからというもの、彼は素直に負けを認める考えを捨ててしまった。六月末、カラニックはここタヒチで戦争の準備に取りかかろうとしていた。

シカゴでの直談判を終え、頭痛の種はこれでなくなったとビル・ガーリーは考えていた。

あの日から数週間、彼の生涯でもっとも苛酷なストレスを抱え込んだ時期が続いたが、そうした状況もやがて鎮まっていくだろう。当初こそ嵐のように報道が吹き荒れたが、やがてメディアの関心も別の対象に移っていった。そして、ウーバーの取締役会は、次のＣＥＯの候補者を選定する準備に取りかかっていた。

専任のＣＥＯの不在中、一四人からなる執行幹部チームが経営に当たりながら、常勤のＣＥＯの候補者を探していた。だが、この体制は仰々しいだけで素早さに劣り、一四人もの人間がいては即断即決ができるＣＥＯのかわりを果たせなかった。

それ以上に問題だったのは、カラニックだった。やつぎばやの要求が彼から突きつけられていることに取締役会はすぐに気づいた。取締役を個別に切りくずし、自分の側に取り込もうとしている。それぞれ別の取締役のもとに、連日のように元ボスからメールや電話が届いていた。いずれも取締役会の日々の意思決定に、自分の意向を反映させるためで、リッツ・カールトンの直談判などまるでなかったような調子だった。さらに一人の社員と連絡を取り続け、例のドライブレコーダーの公表で明らかにされた恥ずべき一件のその後の影響について話をしていた。退任後もこの問題はカラニックについてまわっていた。*カラニックがしかけていたのは、ビジネスの健全性について取締役に質問を浴びせ続け、その将来に関する決定を左右することだった。カラニックは辞任したと思われていたが、彼自身はそんなふうには考えていなかった。

執行幹部チームのなかには葛藤を抱えている者もいた。アンドリュー・マクドナルド、ピエール＝ディミトリー・ゴア＝コティ、レイチェル・ホルトの三人は、古代ローマの三頭政治のように、世界中の何百という都市で展開するウーバーの事業を共同で監督していたが、職業人として人生の大半はカラニックに捧げてきた。数学とロジスティックスの専門家ダニエル・グラフはカラニックに目をかけてもらい、ウーバーの中核製品を扱える上級職に昇進できたので、元ＣＥＯには親近感を抱いていた。最高技術責任者（ＣＴＯ）のトゥアン・ファムは、カラニックに個人的にリクルートされ、何年も二人三脚で働いてきた。いまや、彼らは全員がカラニックとのかかわりを断たなければならなかったのだ。

執行幹部チームらは疑いもなくカラニックを支持してきたわけではない。この一年半、取締役の多くがボスとの親密な関係を断ち切ってきた。彼らの反感を買ったのは、カラニックが甘言を弄して、取締役会にあまりにも深入りしてきたからだった。七月になると、カラニックはさかんに電話をかけてくるようになり、そのなかにはライアン・グレイブスのように主要株主の取締役も含まれており、要求できると踏んだときには、カラニックは自分への忠誠と議決権を求めた。このうえなく無力で見通しが立たない立場に置かれ、彼は自分を裏切らない盟友を探していた。カラニックのこうした言動は、執行幹部チームを不安がらせた。次に何をしでかすのかわからなかったからである。

結局、一四人の執行幹部チームで取締役会宛の書簡を作成して署名した。そこにはカラニックの干渉を阻むため、さらに行動を起こすことが説かれていた。七月二七日木曜日、彼らは次のような書簡を取締役会に送った。

取締役各位(1)

無視できないと考えるこの問題を明確にするのは、われわれに課された義務であり、その義務を果たすため、次の三例について各位の注意をうながしたい。

(1)トラビスは最近、ある社員に直接接触してきた。当初はファウジ・カメル事件(カメルは三月に起きたドライブレコーダーの動画に出てくるドライバー)に関する否定的な記事が間もなく公表されるが、その件について記者と話してほしいと頼んでいた。これに先立ち、トラビスの個人弁護士が同様の件でこの社員にすでに接触している。

さらにトラビスは、この社員が保管する個人的な社内メールを自分に提出するように要求し、拒絶した場合、取締役としての権限に基づき、セキュリティチームに命じてただちに送らせると言った。社員はこの要求を拒否、そのためトラビスはセキュリティチームにメールを提出させるように命じた。だが、セキュリティーチームもこの命令を拒み、一件を最高法務責任者(CLO)のサレ・ユに報告、報告を受けたサレは執行幹部チームに対して、プライバシーに関する社員の権利を侵害するかもしれないいかなる要求も、断固とした姿勢で臨むべきだと進言し、さらに取締役は自身の一存で独自調査は行えないと忠告した。

この社員は、エリック・ホルダーたちが調べていた問題について話したかどうかを問い詰めら

＊結局、運転していたファウジ・カメルに対して、カラニックは口止め料として約二〇万ドルを個人的に支払った。だが、ビデオがすでに公開されているので、それだけの金銭を払う意味があるのかと考える者もいた。

れていた。調査の機密性を考えると、この質問はきわめてやっかいな問題で、結局、彼はこの件を法務部に報告した。

(2)ごく最近、トラビスは執行幹部チームの一人に電話をして、投票を依頼できるかどうかを頼んでいる(具体的な目的および投票内容は特定されていない)。現社員および退職した社員も同様の依頼を受けたことを執行幹部チームに報告している。これらの報告を受け、執行幹部チームは現在、トラビスが何をしようとしているのか、それが懸念すべきことなのかどうかという疑問を抱くなど、微妙な立場に置かれている。

(3)トラビスは、執行幹部チームを差し置き、事業目的のために社員に接触を続けている。接触の意図にかかわらず、この行為はウーバーでの日常業務の妨げになっている。その際の会話について、部課長には秘匿することを要求され、その点においても懸念される。

関係者各位に深い敬意を表して。

執行幹部チーム

この書簡とともに、さらに確固とした要求が出されていた。かりにカラニックがふたたび法的な権限を得た場合、執行幹部チームの一四人全員が現職を退くというものだった。

この決断はガーリーをはじめ、ほかの取締役を震撼させた。会社のトップが集団で離脱するようなことにでもなれば、会社は〝死のスパイラル〟に放り込まれてしまう。カラニックを無力化するために、なんらかの対策を講じなくてはならなかった。

セキュリティー最高責任者（CSO）のジョー・サリバンにはアイデアがあった。会社のほかの人間はカラニックを阻止する勇気を持ち合わせていないが、サリバンは自分が何をしなくてはならないかわかっていた。カラニックがウーバーに電子的にアクセスする手段をことごとく奪い去るつもりだった。

サリバンは、自分の元ボスが持っていた最高機密情報へのアクセス権をひとつずつ無効にしていった。グーグルドライブ（Google Drive）へのアクセスが遮断され、社内のチャットルームやウィキ形式の社内情報サイト、社員のディスカッション・フォーラムからもカラニックは閉め出された。わずか数回のキー操作で、サリバンはカラニックから牙をもぎ取った。

たしかに有効な方法だったが、しかし、その効果は長く続かなかった。

ただちに次期CEOを見つけるため、取締役会は経営幹部専門のスカウト会社《エクゼクティブ・サーチ・ファーム》に選定を依頼した。新しいCEOの名前が取りざたされるようになれば、死にものぐるいで社内にもどろうとするカラニックを阻めるはずだと取締役会のメンバーは考えていた。しかしその人物は、ウーバーの放蕩息子に鉄槌をくだせるだけの強さを持っていなければならない。

ベンチマークはその人物――メグ・ホイットマン――が適任だと考えた。ホイットマンはフォーチュン500社にリストアップされている企業を次々とのぼりつめてきた経営者で、ベンチマークとは深いつながりがあった。プリンストン大学で学士号を取得後、ハーバード・ビジネス・スクールを卒業という学歴で、タフなうえに積極的に攻めまくるタイプで、しかも決断力に富んでいた。ボストンのベイン・アンド・カンパニーでコンサルタントとして勤務したのち、ウォルト・ディズニー・カンパニーでは戦略担当重役、さらに玩具メーカーのハズブロのゼネラルマネージャーなどを歴任してきた。部下に対する彼女の要求は大変厳しく、業績が劣る社員は降格や担当をはずされたり、あるいは会社から追い出されたりしていた*。

ホイットマンにとってもっとも大きなチャンスは、一九九八年三月に訪れた。ベンチマークの創業時からのパートナーであるボブ・ケイグルが、eベイの新CEOとして彼女を迎え入れた。オンライン・オークションサイトのeベイは、ベンチマークのポートフォリオのなかでももっとも収益性が高い企業だったが、当時、eベイを経営していた創業者のピエール・オミダイアは、CEOとしては専門家ではなかった。eベイの取締役会の一員だったケイグルは、この若い会社が秘めている成長性を見抜き、その指揮官として四十代を迎えたばかりの若々しいホイットマンを据えた。一〇年後、ホイットマンがこの会社を去るまでに、eベイは業界の巨人に変貌を遂げ、社員数は一万五〇〇〇人以上、時価総額は四〇〇億ドルを超えるまでになっていた。

退任の翌年、カリフォルニア州知事選に出馬するが落選、結局、二〇一一年にヒューレット・パッカード(HP)のCEOに就任する。彼女については、eベイでの成功をさかんに口にする支持者がいる一方で、先細りのHPのハードウエア事業を盛りかえすには、彼女はCEOとしてふさわしくないと当初から考える者もいた。そうしたこともあり、ウーバーのCEO候補として声をかけられたとき、ホイットマンはこのオファーを受け入れることにした。なんといってもウーバーは、急成長を続けて世間の注目を浴びている、現在の「ユニコーン」時代を象徴する企業である。

ウーバーについて、ホイットマンは創業当初から内情に精通しており、二〇一〇年にはエンジェル投資家として出資さえしている。また、ベンチマークの求めに応じ、自分たちの方向性を探っていたウーバーの若き経営者たちに助言を与えたり、時にはホイットマンの自宅や会社で夕食を食べながらおしゃべりに興じたりしていた。彼女のお気に入りは誰にでも好かれる男らしいライアン・グレイブスだったが、厚かましくて粗暴なカラニックには差し障りのない程度の距離を置き、いつも目を光らせていた。取締役会の増員について助言を与え、彼女自身、その候補者の一人として自分を考えていた。カラニックに対して、彼女がはじめて本当の意味で相談に乗り、ビジネス上の忠告を与えたのは、中国市場に対する彼の執着だった。カラニックには決して征服できない市場であるのが彼女にはわかっていた。あるとき、「あの国の市場の30パーセント以上は押さえられない」とカラニックに話したことがある。「中国政府のせいで、あなたは惜しみなく与えるマザー・テレサにはなれても、それ以上のシェアは得られない」とまで言っていた。

カラニックが失脚すると、ただちにサーチ・ファームのハイドリック・アンド・ストラグルズが、ウーバーのCEO候補としてホイットマンに接触してきた。当初、ホイットマンは返事を曖昧なままにしておいた。なんと言っても、自分はまだHPのCEOであるうえに、第三者の目から見ても、あの会社は手がつけられないほど混乱しているのがわかっていた。「私の前に候補者全員と話したほう

＊文字どおり「追い出した」例もあった。二〇〇七年、ホイットマンは大勢の社員が見ている前で自分の部下を押しのけたとして訴えられた。彼女と部下のキム・ヨンミは、結局、内々のうちにこの問題を処理し、ホイットマンは和解金としておよそ二〇万ドルを支払ったといわれている。

がいいでしょう」とリクルーターに応じ、「ひと通り面談したうえで、それでも私が適任だと考えるなら、もう一度電話を寄こしなさい」と話していた。

ベンチマークはすでに決定をくだしていた。自分たちは〝チーム・メグ〟の一員だ。彼女にはベンチマークが求める専門的な見識があり、ソフトウエアを基盤とするビジネスを世界的な規模にまで拡大させた経験がある。なにより、彼女には揺るぎない鉄則がある。彼女がウーバーの経営に携われば、カラニックの存在は完全に過去のものとなり、経営に口をはさむことも、邪魔をすることもすべてなくなる。彼女自身、メグ・ホイットマンが率いるウーバーとは、トラビス・カラニックの終わりを意味すると言っていた。ベンチマークのパートナーの耳には、これほど心地よい言葉はなかった。

カラニックが社外からちょっかいを出してくるので、ベンチマークはすぐに動かなくてはならなかった。ホイットマンは現職の取締役たち――ベンチマークのマット・コーラー、TPGのデービッド・トルヒーヨ(デービッド・ボンダーマンの後任)、ライアン・グレイブス、ギャレット・キャンプなどほぼ全員のメンバーとただちに面談を行った。

七月二五日火曜日の午後、パロアルトのダウンタウンで車を走らせていたホイットマンは、HPのコミュニケーション兼マーケティング戦略担当役員のヘンリー・ゴメスの電話を受けた。ゴメスはすっかり取り乱しており、ホイットマンがウーバーのCEO候補の一人だという内容の記事が掲載されると伝えていた[2]。

ホイットマンは顔色を変えて怒った。カラニックに対する彼女の強硬な姿勢を知る取締役会のなかの盟友の一人が、彼女が次期CEOの最終候補に残った事実をリークし、彼女を追い払うために世間に暴露したのだ。株式を公開している企業の現職CEOとして、HPの社員や株主の反乱を回避するには、今回の話は辞退するしかなかった。

その日にいたるまでの数週間、ホイットマンはウーバー移籍に関する話や自分が移籍を検討している話については、ひと言もリークされてはならないと念を押してきた。彼女の退社を示唆するような話が出れば、すでに財政難にあるヒューレットは壊滅的な打撃を受けるだろう。記者に感づかれたら、いっさい否定すると彼女は明言していた。彼女のスポークスマンは、二日間何度も同じ話を繰り返した。「ホイットマンはHPの経営に〝全力をあげて取り組んでおり〟、自分に課された仕事が終わるまで会社にいる覚悟だ」と訴え続けた。

しかし、ウーバーの新CEOをめぐるメディアの憶測はその後もやまず、それどころかますますエスカレートしていき、七月二七日木曜日には、ゼネラル・エレクトリック(GE)の現職のCEOであるジェフリー・イメルトが最有力候補だとリークされる[3]。

取締役会のメンバーのほとんどが、このリークについて勝手な思惑をめぐらしていた。ベンチマークはホイットマンを懸命に推す一方、カラニックと彼の盟友が推していたのがイメルトだった[4]。ホイットマンに比べ、カラニックの存在を素直に認めそうなので、イメルトを推していると考える者もいた。ホイットマンはカラニックが会社に足を踏み入れることさえ望んでいなかったが、イメルトがCEOなら、自分のカムバックの道が開けるとカラニックは考えていた。

ガーリーにすればこれ以上の悪夢はない。イメルトには、彼が現在経営に携わっている会社にどのようなビジョンを持っているのかさえはっきりしない。彼の在任期間中、GEの株価と事業は低迷を続けていた。まして、ウーバーについて一貫したビジョンが彼にあるとはとても思えなかった。しかしガーリーは、もっと別のことを心配していた。もしもイメルトがカラニックの復帰の足がかりとなる隙を見せたら、次に何が起こるのか誰にもまったくわからなかったのだ。

メディアの報道が最高潮に達すると、ホイットマンへの圧力はさらに高まった。HPの取締役会は、ホイットマンの最初の声明では納得できず、社員も株主もその点では同じだった。ホイットマンは、自分に課された義務を遂行することを選んだ。すなわち、ウーバーの一件から手を引くことを彼女は決めた。

ジェフリー・イメルトの話がリークされた木曜日の夜七時、ウーバーの取締役会がCEO探しの進捗状況を議論するため、四半期ごとの会議を始めたころ、ホイットマンは三件の短いツイートを世界に向けて発信した。[5]

「通常、私は噂話の類いにはコメントしませんが、[6]自分の将来とウーバーに関する憶測が仕事の妨げになっているので、この機会に可能な限りはっきりさせておきます。[7]私は現在、HPE(ヒューレット・パッカード・エンタープライズ)の仕事に全力をあげて取り組み、今後もこの会社のCEOであり続けるつもりです。HPEでは、まだやるべきことがたくさんあり、私はどこにも行きません」と彼女は投稿していた。ホイットマンのツイートがネットワークに拡散していくと、ウーバーの八人の取締役の携帯電話が次々に明滅して着信音が鳴り響いた。

最後の一行は疑いようがなかった。「ウーバーのCEOは、私ことメグ・ホイットマンでは断じてありません」[8]

ビル・ガーリーは心底から落胆していた。

ベンチマークは何週間もの時間をかけてホイットマンをウーバーのCEOに据えようと骨を折って

きたが、土壇場でホイットマンは候補者リストから自分の名前を公然と削除してしまったのである。カラニックはこれで勢いづいて臨戦態勢に入り、ガーリーが恐れていたとおり、汚い手を使うようになっていった。

今度はガーリーが反撃に転じる番だった。八月一〇日、ベンチマークのパートナー、マット・コーラーは、アフリカの奥地でサファリを楽しみ、ゾウやライオン、カバなどに囲まれていた。アフリカにいるそのコーラーからウーバーの取締役に連絡が入り、ベンチマークの次の動き、つまりカラニックを告訴する旨が伝えられた。[9] 告訴理由は株主を欺いたことと忠実義務の違反だったが、世間の注目を集める企業の取締役同士が公然と戦火を交えるという驚くべき展開をベンチマークは考えていた。

戦略に基づいたガーリーの判断だったが、彼も必死だった。カラニックは二人の独立取締役を指名できる権利を放棄する取り決めを反古《ほご》にして、会社を支配するためにじわじわと包囲網を敷いてきている。彼の傀儡《かいらい》にすぎない二人の取締役が加われば、その支持のもと、カラニックのウーバー復帰への道が整えられていくはずだ。

ガーリーが考えていたのは、元CEOを訴えることで、取締役会に対するカラニックの権利を根こそぎ無効にすることだった。裁判において、ベンチマークは次のように主張した。カラニックはガーリーをはじめ、取締役会全員に嘘をついた。カラニックがいかに不法な経営を行っているかを知っていたら、取締役会はそのような権限を彼に与えはしなかっただろう。

そう主張するベンチマークにとって、これは皮肉な裁判だった。それまで、カラニックが規制当局の目を盗んで進出した都市で違法に営業したり、交通当局の意向を無視してサンフランシスコで自律走行車を走行させたりしても、ガーリーは眉ひとつ動かさず平然と見ていた。彼が投資したのは既成の交通機関の破壊者であり、破壊者がルールにしたがわないのは当然だ。それにもかかわらず、ガーリーとベンチマークは、カラニックの行状に「震撼した」と訴えた。ウーバーの社内には、「震撼しただと」と言って、この発言は誠実ではないと考える者もいた。

とはいえ、ベンチャーキャピタルが投資先のCEOを訴えたことには、やはり大きな意味があった。ウーバーからトラビス・カラニックを排除するため、ベンチマークがどれほど不退転の覚悟で臨んでいるのかだけははっきりとうかがえた。しかし、クーデターはまだしも、訴訟によって、ベンチマークがそれまで長い時間をかけて培ってきた、「創業者に友好的」というイメージはやはり傷つくのを免れなかった。

初期のころからウーバーを支援してきたシャービン・ピシェバーは、カラニックを擁護しており、投資家グループ対トラビス・カラニックの対立では、カラニックの側についていた。八月一一日、ピシェバーはベンチマークに手紙を送り、ウーバーの取締役会から降りるように求めた。「株主の観点からすれば、カラニック氏の辞任を要求するため、会社を人質にして、パブリックリレーションの構築に混乱をもたらすことは、賢明であるとも、必要であるとも考えていない」[10]と株主を代表して主張していると手紙には書かれていた。ピシェバーのこのちょっかいには、ある申し出が添えられていた。彼と彼についている株主たちは、ベンチマークが所有する株式の75パーセントを買い取る用意がある。ただし、そのためにはベンチマークが取締役の席を明け渡す必要がある。

ガーリーと彼の味方は、こんな話など誰も信じなかった。彼らにとってピシェバーは、口先だけの存在だった。大げさな自慢話をあまりにも頻繁に繰り返しているせいで、ベンチャーキャピタルのあいだでは、シリコンバレーの道化師として扱われていた。あきれるほど度が過ぎていたので、彼の友人たちでさえまともに取り合おうとはしない。そんな人物がいま、なんの根拠もないまま、投資金額数十億ドルの投資家グループを代表していると言い出し、ベンチマークが保有するウーバーの株式を買い取ると言い張っている。ピシェバーは明らかにカラニックの隠れみので、カラニックはベンチマークを取締役会から追い出そうとたくらんでいるとガーリーたちは考えた。

ただ、ベンチマークとの戦いで、カラニックが自分にかわって戦ってくれる人間を自由に選べるとしたら、ピシェバーは真っ先に指名する候補ではなかったはずだ。そうではあったが、ピシェバーの要求に向き合うことで、ウーバーの取締役会にはなんらかの戦略的な影響を及ぼすことはできた。会社の規則にしたがい、取締役会とベンチマークは、ピシェバーの提案について誠実に検討をしなくてはならなかった。ベンチマークが取締役会から降りれば、カラニックがCEOに復帰するために必要な余地が生じる。そうなれば、巧妙な引き延ばし戦術以上の効果を実際にもたらしていたのかもしれない。

ガーリーとカラニック、そして双方の陣営が公然と戦っているとき、金の臭いを嗅ぎつけて、ウーバーの上空をハゲタカのように旋回する人物が現れた。その人物が孫正義だった。

アメリカのビジネス界では、気安く「マサ」と呼ばれているが、孫正義は日本の巨大コングロマリットであるソフトバンク(SoftBank)の創業者兼CEOで、ソフトバンクは世界でもっとも成功している金融や通信、テクノロジー関連の企業にいくつも出資していた。

ビジネスの世界に対して、孫は〝無鉄砲《マッドマン》〟と思われる手法で果敢に攻めていく場合が珍しくなかった。ライバル企業は彼の戦略を予測できず、彼の次の行動を推測することもできなかった。

小柄で陽気な人物だが、日本で育った在日韓国人として常にアウトサイダーであり続けた。子供のころ、出自を理由に日本人の同級生から石を投げられたこともある。高校生のときに、崇拝する日本マクドナルドの創業者の助言にしたがってアメリカの大学で学ぶことを決意し、カリフォルニア州に渡ると、その後、カリフォルニア大学バークレー校に編入して経済学を専攻した。すでに学生時代に会社を設立して、日本から輸入したアーケードゲームをベイエリアのバーやレストランなどにリースしていた[11]。

日本に帰ってきた孫は事業に乗り出し、一九八一年に日本ソフトバンクを立ち上げ[12]、通信業界に一石を投じた。それから二〇年以上の歳月をかけ、巣立ちしたばかりのスタートアップを時価総額一八〇〇億ドルの巨大企業に孫は育て上げた。ソフトバンクのこうした成長は、世界を変えるような企業や産業に大きな賭けをするという、孫正義一流の破天荒なスタイルに基づいている。ドットコム・バブルが最高潮に達していたころ、孫はシリコンバレーで幅広く投資を行い、ソフトバンクの資金をリスクをともなう何十もの企業に出資していたが、二〇〇〇年のバブル崩壊で、一夜にして数十億ドルの市場価値が失われ、ソフトバンクの時価も急落した。孫自身、約七〇〇億ドルの個人資産を失っている。そして、孫の最大の投資先だったウェブバン(Webvan)は、ベンチマークの投資先企業でもあったのだ。

だが、孫の低迷は長く続かなかった。その後の一〇年間、彼はひるむことなく大きな賭けを続け、ソフトバンクはかつての力強さを取り戻していった。二〇一〇年代前半の時点で、ソフトバンクは一〇〇〇社を超えるインターネット関連の企業の株式を保有するまでになり、さらに二〇一三年、携帯電話のスプリント(Sprint)を買収〔その後TモバイルUSに吸収合併されてスプリントは消滅〕したことで、ソフトバンクは世界第三位の通信会社となった。友人や仕事仲間は、孫は怖いもの知らずだと考えているが、孫自身は、「未来に賭けるクレージーな奴」(13)として記憶されたいと語っている。

二〇一七年、ソフトバンクは投資ファンド、ソフトバンク・ビジョン・ファンド(SoftBank Vision Fund)の初回の手続きが完了したことを発表し、シリコンバレーで大騒ぎを巻き起こしていた。ファンドはサウジアラビアの公共投資ファンドに加え、アラブ首長国連邦アブダビ首長国のムバダラ開発公社(Mubadala Development Company)、アップル、クアルコム(Qualcomm)、そしてソフトバンクのほか、さらに数社の関係企業が出資企業として参加していた。孫がこのファンドに託していた思いは明快だった。彼が自分のキャリアを通じて一貫して実践してきたように、このファンドを技術投資に集中させ、未来を支える地球規模の技術基盤に対して、ソフトバンクが融資を行うことだった。彼が設計したのは、投資スピードを高める達成手段だった。(14)ビジョン・ファンドは、手続き完了日から五年以内に、すべての資金を投じることが求められている。つまり、トラック一台分の現金が、ただちにスタートアップに投入される。*

ウーバーの経営と志気が損なわれていく様子に、孫正義は好機の到来を感じていた。カラニックと出資者たちが反目することで、ウーバーが秘めている市場価値は大きな損失を生み出していた。直近の約六八五億ドルという企業評価額よりも低い価格でウーバーの株式が購入できれば、ウーバーが再

*この戦略は、シリコンバレーのダイナミックなベンチャー投資さえ覆すものだった。シリコンバレーでは、ソフトバンクに対抗できる資金を持つファンドは存在せず、ソフトバンクから一億ドルの投資を受ければ、一夜にしてスタートアップが生まれ、逆にソフトバンクに締め出されれば破綻するかもしれなかった。

建されて株式を公開したとき、何十億ドルもの利益を手にする機会が得られる。もちろん、そうした日が来ればの話である。

だが、この時点で株式公開はまずありそうもない話だった。取締役会のメンバー間で戦闘状態が続き、辞めていく社員はあとを絶たず、顧客もウーバー最大のライバル企業に流れていた。ウーバーの低迷はこのまま続き、ひょっとすると内部から自壊してしまうかもしれない。

それだけに、孫正義にとって、ウーバーへの投資はますます魅力的に思えた。そのためには、突破口を見つけなくてはならなかった。

第31章 大取引《グランドバーゲン》

八月二五日金曜日からその週の週末にかけて、ウーバーの取締役会は、誰がこの会社の次のCEOになるのか最終的に決定する予定になっていた。

メグ・ホイットマンが候補を退いてから数週間後、サーチファームは夏の終わりにかけて五人の人物をリストアップし、さらに三人まで候補者は絞り込まれていた。八月最後の週末、三人の候補者はそれぞれ、取締役会の前で個別にプレゼンテーションを行うことになっていた。これは試運転のようなもので、みずからの力量を証明すると同時に、CEOに選出された場合、どのようにウーバーを経営していくのか、そのロードマップを提案する格好の機会でもあった。

ジェフリー・イメルトはすでにGEのCEOを退任していたが、依然としてカラニックが指す最有力候補だった。当時六一歳のイメルトは、GEでのぶざまな経営に幕を閉じようとしていた。彼がCEOとして在任していたあいだ、名門GEは何十億ドルもの時価総額を失い、取締役会は二〇一七年前半の時点でイメルトに対して、すでに「引退」を要請していた。(1) イメルトにすれば、もっとも苛酷な時期を迎えたウーバーを救い出し、最終目標の新規株式公開を実現させれば、自分のイメージはかならず回復し、経営者としてのレガシーを確かなものにできると考えていた。もっとも、カラニックにとってなにより重要だったのは、イメルトが自分に従順で、今後も会社に影響を与え続けていくことを受け入れてくれる点に尽きた。追放はされたが、支配権を手放す気などさらさらない創業者にとって、イメルトほど眼鏡にかなった候補はいなかった。

二人目の候補者ダラ・コスロシャヒはダークホースだったが、キャリアに恵まれた経営者で、旅行の予約や関連のサービスを提供するエクスペディア・ドット・コム（Expedia.com）の現職ＣＥＯを務めていた。書類上は申し分ない条件を満たしていた。ブラウン大学では生体電気工学を専攻したが、その後、投資銀行のアレン&カンパニー（Allen & Company）のバンカーに転進した。薄くなった髪とそれを補うような太い眉、筋の通った高くて豊かな鼻、コスロシャヒはハンサムで魅力的で、しかもクールな人物でもあった。知り合いのお父さんが、なんの気なしにはいた黒のスキニージーンズがたまたまよく似合っていたような感じがした。周囲の人たちには「コスロシャヒ」というペルシャ語の名字は発音しにくかったので、みんな「ダラ」と呼んでいた。

コスロシャヒの家族は、一九七〇年代末、ホメイニ師が権力を握ったイラン革命のさなかに首都テヘランを脱出して南フランスに逃れ、その後、ニューヨーク州のタリタウンに移り住んだ。両親はできるだけ負担をかけずに息子たちをアメリカ文化になじませようと考え、幼いダラと二人の兄を地域にあるK－12[*訳註]の名門私立校ハックリー校に入学させた。三人の兄弟はすぐにアメリカ文化になじんでいった。高校生になったコスロシャヒは勉強に打ち込んだ。アイビーリーグに進むためである。「移民というハンデを抱えていれば、誰だってがんばるはずだ[2]」と自分の子供時代について彼はのちに語っている。

アレン&カンパニーで働いたコスロシャヒは、その後、前出のファッションデザイナー、ダイアン・フォン・ファステンバーグの夫バリー・ディラーが率いるアイ・エー・シー・インタラクティブで働いたあとエクスペディアに移り、最終的にCEOにまでのぼりつめる。[3] エクスペディアが手がける旅行ビジネスは、旅行に関連するあらゆる仕事を扱い、オンラインのマーケットプレイスをベースに、世界中の人びとを相手にビジネスを展開していた。ふたを開けてみれば、その仕事は、彼がいま経営を請われているウーバーが行っている事業と大差なかった。

カラニックがピンボールマシンのような弾ける運動エネルギーで横溢しているとすれば、コスロシャヒは沈着冷静で、彼のことをよく知らない者には、悟りの境地に達した人物として映り、それだけに退屈で受け身の印象を時として与えていた。ウーバーの取締役たちはカラニックのような活気に満ち、世界を変えようとする先見性を持つ人間に慣れていた。カラニックこそまぎれもないショーマンだったが、対してコスロシャヒは控え目で、経営者としては申し分ないが、取締役会が慣れ親しんだアクの強さと華々しさが欠けていた。だが、取締役会の全員がコスロシャヒを気に入ったのは明らかだった。同時に、心から押していないのも明らかだった。ほかの候補者と比べた結果、コスロシャヒは緊急時のバックアップ用候補として最適で、取締役会にとっても安全な選択肢だった。選考期間中、報道機関には彼の正体はいっさい伏せられた。

ベンチマークのパートナーたちとしては、従順で言いなりになるような人物を次期CEOに選ぶことだけは避けなければならなかった。カラニックに一歩でも譲ろうものなら、それを足がかりにし

訳註＊K–12：「ケー・スルー・トゥエルブ」「ケー・トゥエルブ」。幼稚園《キンダーガーデン》の一年と一二年間の初・中・高等学校を含めた一三年間の教育期間を意味する。アメリカやカナダの英語圏で主流の教育制度で、義務教育期間に相当するので無償で教育が提供される。

て、彼はじりじりと内部に食い込んでくるはずだ。ジェフリー・イメルトにカラニックがコントロールできるわけはない。とはいえ、コスロシャヒにそんな気概があるのかどうかもわからなかった。必要なのは決して動じない人物だった。その人物こそメグ・ホイットマンにほかならなかった。

ガーリーはもう一度、候補になってくれるよう、ホイットマンを説得できるのではないかと考えていた。ツイッターに投稿された声明にうかがえる断固とした決意を踏まえれば、それは容易なことではない。そのうえ、CEOに就任したらしたで、それは途方もない言行不一致になってしまう。それは問題ではないと彼女を納得させるのは、ひとえに彼らベンチマークしだいだった。ウーバーのCEOに就任しさえすれば、予期しない影響はなんとか修正できるだろう。

ベンチマークのためにホイットマンの説得に当たってくれたのがライアン・グレイブスである。グレイブスに経営者のリーダーシップを教えてくれたのが彼女だ。人なつこい、ウーバーの等身大マスコットのような存在のグレイブスは、ある時期ともに教えをあおいでいたカラニックよりも、ホイットマンとは親しくなっていた。週末に行われる最後のプレゼンテーションが迫ったころ、グレイブスはホイットマンに電話を入れ、再考してほしいと頼み込んだ。「もうすぐというところまできている」と泣きついた。そして、台なしにするようなへまは二度としないと誓った。「メグ、約束する。今度はだいじょうぶだ。絶対にリークなんてさせない」

ホイットマンは前回のリークをまだ引きずっていた。株式を公開している会社のCEOが、他社のオファーを喜んで受けるなど世間体が悪いばかりか、株主には聞き捨てならない問題だった。ホイットマンは、世間からふたたび非難を浴びるような危険な状況を自分から招くような真似は避けたかった。彼女には確実な保証が必要だった。

「あなたたちがいますべきは、まず、ほかの二人と話をしなさい。そして、その二人ではなく、どうしても私でなくてはならないことを確認しなさい」とホイットマンは答えた。

グレイブスは、ジェフリー・イメルトを支持しているのは取締役会ではただ一人、カラニックだけで、そのほかは全員、ダラ・コスロシャヒがいいと思っているが、彼がふさわしいと心から納得している者は一人もいないと話した。「メグ、僕らに必要なのは君なんだ」とグレイブスは包み隠さず必死に訴えた。彼女が考え直し、八月最後の週末に取締役会の前でプレゼンテーションをしてくれれば、ウーバーのＣＥＯは君だとまで。ほとんど請け合うように話をしていた。

メグ・ホイットマンは決心した。ウーバーの次のＣＥＯに彼女はなりたかった。「わかったわ。それじゃ、プレゼンで話してみるわ」とグレイブスに答えた。


八月二五日金曜日、ジェフリー・イメルトとダラ・コスロシャヒの二人はそれぞれカリフォルニアストリート三四五番地に向かった。ここに建つテキサス・パシフィック・グループ（ＴＰＧ）の金色に彩色されたビルの玄関を入ると、エレベーターに乗って上階のオフィスに向かった。ＴＰＧは退任したデービッド・ボンダーマンが設立したプライベート・エクイティ・ファンドだ。三三階にある会議室は明るくて、広々としていた。ウーバーの取締役のほとんどがすでに集まっており、*トラビス・カラニックの顔もあった。創業以来、ウーバーのほとんどの歴史は、押しの強さではほかに並ぶ者がいないこの男が率いてきた。超気合いが入っ《スーパーパンプド》たビジョナリーで、自分自身と会社をギリギリまで攻め

*二人の取締役は国外にいたため、ダイヤルインしてビデオ会議で参加する形式となった。

たて、そのあげくついには自分自身がその一線を跳び越えてしまった。ウーバーはいま、これまでとは違うリーダーを必要としていた。成熟した大人が必要とされていた。二人の男性候補はその日の金曜日、自身のビジョンを披露し、メグ・ホイットマンは翌日の土曜日にプレゼンテーションを行うことになっていた。

最初にイメルトがプレゼンテーションを行ったが、結果は惨憺たるものだった。彼はまったく何もわかっておらず、明らかに準備が不足していた。ウーバーのビジネスは三者の需給で成立するマーケットプレイスの運営であり、しかも、複雑で厳しい規制がともなう。そうしたビジネスを営む会社を経営していくためには何が必要なのかが、イメルトにはよくわかっていないようだった。彼のプレゼンテーションを聞いたある取締役は、「悪い冗談だ」と漏らしていた。

ダラ・コスロシャヒのプレゼンテーションを聞いたあとでは、イメルトのプレゼンテーションはますます貧弱に思えた。ラップトップを立ち上げると、コスロシャヒはスライドを使って取締役たちに説明を始めた。ウーバーのビジネスの基本を理解していることはすぐにわかった。彼はロジスティックとオンライン・マーケットプレスの世界の出身であるばかりか、エクスペディアではCEOを一二年間務め、その間、同社の年間収益を二〇億ドルから一〇〇億ドルにまで伸ばした。ライド・ヘイリング市場の複雑さについても承知しており、安価な料金を求める利用者と、走り続けるため十分な収入を得なくてはならないドライバーの必要をどう擦り合わせるのか、その複雑な経済学にも通じていた。さらにこの会社の屋台骨が、現場のオペレーション能力に根ざしているのを理解する一方で、優れた技術的能力や強力なエンジニアリング文化の重要性についても認めていた。なにより、コスロシャヒにはブランド価値の重さがわかっていた。そしてそのころ、ビジネスの世界において、ウーバーほど手ひどいダメージを被っていたブランドはほかになかった。

プレゼンテーションの途中で、コスロシャヒはパワーポイントのスライドを取り出した。スライドを見て、会議にいた全員に緊張が走った。そこには、「CEOは一人で十分だ」と書かれていた。コスロシャヒは周囲を見まわし、トラビス・カラニックにも目を据え、自分がウーバーのCEOになったら、カラニックは文字どおりこの会社から立ち去ることになるだろう。元CEOは取締役会のメンバーの一人として義務は負うだろうが、それ以上の関与はさせないとコスロシャヒは語った。

その日の夜、取締役たちはディナーの席をともにしながら、候補者二人のプレゼンテーションの結果について話し合った。ワインを飲み、農場直送のメインディッシュを食べながら、彼らはコスロシャヒが刻みつけた印象について話した。数週間にも及んだ候補者探しのあいだ、とりたてて注目されてきたわけではないが、ダラ・コスロシャヒのプレゼンテーションは申し分なかった。取締役会のメンバーにとって、これはうれしい驚きだった。ホイットマンとイメルトとの交渉が完全に失敗に終わっても、彼らには安心して任せられる控えの候補者がいるのだ。

もっとも、イメルトがこの仕事に向いていないという点では全員の考えが一致していた。彼をウーバーの次期CEOに選ぼうにも、良心が許さなかった。その点では、カラニックや彼の支持者でさえ同じだった。

翌八月二六日土曜日の午前、マーケットストリートに建つフォーシーズンズのエレベーターから出てきたメグ・ホイットマンは、五階の広々としたロビーを横切り、エクゼクティブスイートに向かった。ここでウーバーの取締役たちと会い、プレゼンテーションを行うことになっていた。ホテルのレストランやエレベーターのそばにレポーターが張っているかもしれないので、ホイットマンはキャップを目深に被り、顔をできるだけ隠していた。シリコンバレーの幹部たちは、ホテルのレストラン「MTK」をよく利用しており、しかもホイットマンの顔はベイエリアではよく知られていた。もし、ウーバーのオフィスやTPGにいるところを見られたら、またもや醜態を世間にさらけ出してしまうかもしれない。

ホイットマンのプレゼンテーションは忌憚のない彼女の意見を語ることであり、スライドのような不要なものは使わなかった。彼女がCEOに選ばれたら、それはビジネスに邁進することを意味する。「私が適任と思うなら、ただちにいくつかの問題を解決しなければなりません」と、ホイットマンは取締役たちの注目を集めた。「この訴訟にどんな意味があるんでしょう」とベンチマークとカラニックの紛争に言及し、「この問題を早く解決して、終わりにしなくてはならないでしょう」。

さらに問題に思えたのは、役員室からの情報がただ漏れしている点だった。HPに入社したばかりのころを思い出すとホイットマンは話した。機能不全に陥った取締役会が報道機関に情報をリークしつづけ、取締役たちを混乱させ、彼ら相互の信頼関係を揺るがしていた。「取締役会から情報が漏れることを封印しなくてはなりません」と言い、「取締役会のメンバーは誰一人として、誰一人の例外もなく、独断で一方的な措置を講じるべきではありません。いまの取締役会は分裂しています」と語ると、効果を考えてしばらく間を置いた。「私たちに必要なのは結束であり、取締役会はひとつに団結しなくてはなりません。会社を傷つけるような、恣意的な行為は許されないのです」

ホイットマンは厳しかったが、とくにカラニックには容赦なかった。カラニックには経営に携わる資格がない点をはっきりさせた。創業者で取締役の一人ではあるが、CEOではない。ホイットマンはその姿勢を貫くつもりだった。さらに、取締役会が彼女をCEOに選んだ場合、会社のガバナンスを全面的に再構築する必要が生じる。取締役会の席をカラニックが圧倒することは、彼女のもとではもはや通用しないだろう。

翌日曜日の午前中、取締役会のメンバーがその日の審議の準備をしていると、あるツイートが届いた。ジェフリー・イメルトのツイートで、CEO候補を辞退する決心をした旨をおおやけの場で発表していた。「ウーバーでリーダーシップを発揮する地位を求めない決心をした」[4]と書かれており、「この会社とこの会社の創業者——カラニック、キャンプ、グレイブスを心から尊敬している」と結ばれていた。イメルトに近い者たちは、この辞退は選考がスムーズに行われるのを考え、イメルトがみずから身を引くことを選んだのだとすぐさま説明した。[5]だが、土曜日の夜にメンバーの一人が、礼儀としてイメルトに連絡を取っていたことは取締役会もよく知っていた。そのメンバーは、CEOになるために必要な支持を得られなかった事実を本人に伝えた。それから数時間後、イメルトは面目を保つため、ツイートで辞退を明らかにしたのだ。

候補者が二人に絞られたところで、取締役会での審議と投票が行われた。どこで決着がつくかはすぐに明らかになった。イメルトが辞退すると、彼を支持していた四人の取締役は一転してコスロシャヒの支持にまわった。ホイットマンを支持する取締役の数は変わっていない。その日、投票は匿名で行われ、今回のヘッドハンティングを担当したハイドリック・アンド・ストラグルズの共同経営者ジェフ・サンダースに、自分が選んだ候補者をメールで伝えるという独創的な方法が採用されていた。だが、どちらの側も譲らないまま、投票は膠着状態が続いた。

午後になっても、これという進展がほとんどないまま討議は続いた。ベンチマークのマット・コーラーが立ち上がってスピーチを始める。ベンチマークは、ホイットマン優勢のもとですでに準備に取りかかっており、彼女に対しては事実上、確約にも等しい調子でＣＥＯの就任を請け合っていた。ウーバーの広報部では、ホイットマンがＣＥＯに決定した際、社内向けに発表する声明の原稿の準備にすでに取りかかっており、メディアに対する発表についても計画が練られていた。あとは取締役会がホイットマンに投票するだけでよかった。

そして、今度はコーラーのスピーチである。これはコーラーの判断ミスだったといまでも考えている者がいる。取締役会に対して、コーラーは最後の切り札を出したのだ。取締役会のメンバーがホイットマンに票を投じるなら、ベンチマークはカラニックに対する訴訟を取りさげると断言したのである。取締役たちの目に、この提案は最後通牒として映った。これが平和の代償だ。

このとき、子供じみた真似をしているのはカラニック一人ではないと取締役たちは気づいた。緊張をあおることで相手から譲歩を引き出そうとするコーラーの〝瀬戸際外交〟に、部屋にいたほぼ全員が呆れていた。公正な手続きを踏んでもっともふさわしい候補者を決定するのではなく、ベンチマークは取締役会を人質にして、自分たちが選んだ候補者を承認させようとしている。

コーラーのスピーチのせいでホイットマンはＣＥＯの座を逃したのかもしれない。次の投票も無記名で行われ、ふたたび票が投じられたが、開票の結果は違っていた。膠着状態を抜け出して、五票対三票でコスロシャヒが勝ちを制していた。取締役会はウーバーの次期ＣＥＯをようやく選び出すことができた。

選出過程が全会一致という外見を整えるため、取締役会はあらかじめある同意を交わしていた。誰が最終的に選ばれようとも、その後、最後にもう一度投票を行い、選ばれた候補者に全員が投票を行うのだ。最終的な次期ＣＥＯを公表する際、そのほうが取締役会は終始足並みをそろえていたという印象が与えられる。

結局、事態は計画どおりには進まなかった。取締役会が決定事項を発表する最終の声明文を用意するために広報担当者と打ち合わせをしているころ、内容が報道機関にリークされていたのである。午後五時過ぎ、取締役会がコスロシャヒに電話をして本人に朗報を伝える前に、ウーバーの新CEOが確定したという記事が発表される。(6) コスロシャヒに電話して、正式にオファーする役はハフィントンに任されていた
「もしもし、ダラ」と彼女だとすぐにわかるギリシャ語のアクセントでハフィントンは話を始めた。

「あなたに聞かせたい話があるの。いい話と悪い話の両方があるわ」。コスロシャヒは電話口で笑いながら話を聞いていた。

「ダラ、まずいいニュースから話しますね。あなたがウーバーの次期CEOに決まりました。そして、悪いニュースね。実はね、この話はとっくにリークされています」


カラニックをウーバーの経営から最終的に切り離したのは、ダラ・コスロシャヒをCEOに指名した取締役会の投票でもなく、投資家を欺いたという理由でガーリーが彼を訴えたからでもなかった。それはコスロシャヒのCEO決定から数カ月後に行われたある取引の結果だった。ガーリーが「大取引《グランドバーゲン》」と呼ぶ、ソフトバンクの孫正義による出資提案だった。

二〇一七年一二月、孫はコスロシャヒらウーバーの取締役会とのあいだで、ソフトバンクがウーバーの全発行済株式の17・5パーセントを買い付ける合意を交わした。(7) いわゆる株式公開買付《テンダー・オファー》と呼ばれるもので、ウーバーの社内にいる既存の株主から株式を購入することになっていた。カラニックに課

された制限のせいで、ウーバーの社員は手持ちの株式を売却できず、換金できるのを以前から待ち望んでいた。ソフトバンクは、こうした社員を含むさまざまな既存株主から株を買い集め、さらにベンチマーク、ファースト・ラウンド、ロウアーケース、グーグル・ベンチャーズなどが手放す株式も見込んでいた。

孫にとってもっとも重要だったのは、ソフトバンクがこれらの株式を、初期のウーバーの企業評価額から大幅に割り引いた金額で購入することだった。ウーバーの評価額はおよそ四八〇億ドルという前提のもと、孫とコスロシャヒのあいだで、購入価格は一株当たり三三ドルとすることで話がついたが、これはソフトバンクにとって掘り出しものだった。つまり、この一年間に起こり続けたスキャンダルのせいで、市場でのウーバーの評価額は約二〇〇億ドルも暴落していたことを意味する。

書類上の評価額を変わらずに上昇させ続けるため、投資家は手品のような巧妙な操作を行っていた。ソフトバンクは、ウーバーのかつての評価額である六八五億ドルに基づいて新規発行された株式を一二億五〇〇〇万ドルで追加購入していたのだ。不条理な前提だった。流通市場では、ウーバーの評価額は、悪夢の二〇一七年が始まる前よりもはるかに低くなっているのは明らかだった。しかし、市場の目という点では、この作戦は功を奏し、ウーバーの評価額は六八五億ドルのまま据え置かれることになった。

孫との大取引を通じて、ウーバーの取締役会には新たに六人の取締役を追加することが決まる。そのうちの二議席はソフトバンク側から、残りの四議席は独立取締役と取締役会長に充当される。六議席というのは、一企業の取締役会に追加する数としてはきわめて多いが、しかし、これは必要な措置だという意見のほうが多かった。これだけの数の独立取締役を追加することで、カラニックがまたもや経営権を奪おうと挑んできた場合、その力を相殺することが可能になる。

実際、大取引の条件が話し合われていたとき、カラニックはふたたび権力奪還を試みていた。九月、カラニックはウーバーの定款の一部を利用して、ゼロックス（Xerox）のウルスラ・バーンズとメリルリンチのジョン・セインの二人を取締役として新たに任命していた。これはまぎれもない先制攻撃で、取締役会のほかのメンバーがこの話を聞いたのは、カラニックがこの人事を公表するわずか五分前だった。(8)

ガーリーは笑うしかなかった。取締役会とソフトバンクの交渉が進んで出資契約が成立すれば、こうしたカラニックの不敵な攻撃もむだに終わってしまうからである。

カラニックが取締役を任命してから数時間後、「彼の今日の決断は、これまで続いた暗黒の支配の扉が閉ざされる前の、彼の最後のあがきだ」とガーリーは数杯の酒を飲んだあと親しい友人にメールしている。

ガーリーは、ソフトバンクとの契約交渉で最後に重要な条項を加えていた。カラニックは長年にわたり、一〇対一の議決権を持つ大量の株式を保有してきたが、ソフトバンクとの契約に「一株一票」(9)のルールを導入することで、カラニックの会社に対する影響力と、株式を使って会社の方向を左右する力に大幅な制限を加えた。さらに彼の監督権限を奪い、中立的な取締役の議席を追加したことで、ウーバーの取締役会は、カラニックが一〇年近くにわたって掌握してきた力の支配から脱する手段をようやく手に入れることができた。

二〇一七年一二月二八日、ガーリーの提案した条項が記された大取引の契約が締結された。カラニックは敗れ、ガーリーはついに勝利した。

コスロシャヒと取締役会にとって、八月最後の日曜日にCEOが決定したあとの四八時間は、目もくらむ慌ただしさで過ぎていった。だが、指名をめぐるリークはやはりただではすまなかった。週末の選考会について、取締役会は機密の保持に細心の注意を払い続けてきた。新たな一歩を踏み出す瞬間となるはずの選考会だったが、結局、経営陣の信頼を損ねる結果になった。

交渉がまとまるまでに二日かかっている。ウーバーが次のCEOとしてコスロシャヒを望んでいることはすでに世界中で知られていたが、コスロシャヒはまだ正式に同意したわけではない。受諾する条件として、彼はウーバー側から大幅な譲歩を引き出せた。エクスペディアでの仕事を終え、新しい契約の内容を整えると、次に経営を任された会社に向かう準備をした。交渉の結果、コスロシャヒはかなりの好条件を引き出していた。就任から約二年後の二〇一九年末までに、企業評価額一二〇〇億ドルで株式が公開できれば、彼は個人的に一億ドルをうわまわる報酬が得られることになっていた。

必要な契約書にサインをすると、シアトルにあるエクスペディアの各部署で働く社員に別れを告げ、火曜日には飛行機に乗ってサンフランシスコの新しい会社に向かった。

ハフィントンはCEO交替の発表準備にただちに取りかかった。彼女が提案したのは、水曜日に全社会議を開いてコスロシャヒを紹介するというものだった。ステージの上で彼にインタビューを行い、その様子を一万五〇〇〇人の社員全員にライブ配信し、新しいリーダーを知ってもらう。さらに執行幹部チームとの意見の相違が解消されつつあるように印象づけるため、翌日にはコスロシャヒと並んでステージに立つようにカラニックに頼んだ。ハフィントンはこの手のことが得意で、ギリシャの野外劇のような華やかな式典が好きだった。この式典ではウーバーの聖火が、それまでの指導者から次の指導者に手渡される。カラニックはこの願いに応じた。

取締役会のメンバーには、この発表会がマスコミの格好の餌食にされることがわかっていた。大イベントの前に、最後の晩餐をともにして、経営陣がたがいをよく知る機会を持つのも悪くはないと考えた。

火曜日の夜、取締役たちと執行幹部チームのメンバーは、サンフランシスコのジャクソン・スクエアにあるレストラン「クインス」に集まって食事をした。ミシュランが格付けしたレストランだ。奥にある広々とした個室で、二〇人のグループは新CEOに次々に質問を浴びせた。笑い合い、リラックスした雰囲気のなかで、それまで何カ月ものあいだ続いた煩悶が溶けていった。ウェイターが巨大なデカンタから、ボルドーやリースリングをグラスに注いでまわっている。

夜がふけるころには大半の者が酔っていた。即興でスピーチを行い、これまで抱えていた不満の種を包み隠さず語り、口に出すことでその夜を境に片をつけようとした。スキャンダルが次々と続き、そのたびにマスコミや世間に厳しい目で見られてきたが、そんな悪循環もこの夜で終わりを迎えるだろう。カラニックは裏舞台に消えていき、コスロシャヒの功績が世間の注目を浴びていく。

カラニックの名誉のために言っておけば、この日の夜、彼は大半の時間を鷹揚に構えて過ごし、いつものように話を独占したりはしなかった。控え目ではあるが口を閉ざしていたわけではなく、打ち解けてはいたがはしゃいでいたわけでもない。このときどんな苦悩を抱えていたとしても、それを覚られないように隠し、かつての部下たちとともに楽しく一夜を過ごした。

セキュリティー最高責任者（CSO）のジョー・サリバンが、不意にその場で立ち上がり、乾杯の音頭をとった。背が高く、こうした場は苦手そうだったが、赤ワインが注がれたグラスを手にしながら、新しいボスに向きなおると、このとき参加者全員が感じていたと思われる気持ちを伝えた。「ダラ、私が言いたいのは、あなたがこの会社に来てくれて心からうれしいというひと言だ。それはここにいる全員の思いでもある」と述べ、「私たちがウーバーに来たのは、この会社は世界を変えると信じていたからだった。その一人に自分もなりたい。いまでもその考えに変わりはない。ウーバーは変革を象徴する会社になってほしい」と話し続けた。本人もあとで認めているように、このとき彼は酔ってはいたが、そう言ってから、裏切りと食うか食われるかの競争がはびこる環境のもとで、信じられないような恐ろしい一年を過ごし、ほかの取締役と考えを共有できなかった時期もあったと正直な気持ちを語った。

そして、「あなたが二年間のCEOでないことを願っている」と言うと、コスロシャヒを正面から見据え、「あなたこそ唯一のCEOであることが、私たちみんなの願いなのだ」と語った。

サリバンはグラスを掲げ、「乾杯」と言った。

全員がその声に応えた。「そうだ、そのとおりだ」

エピローグ 尽きせぬ闘争心

それから一年半のあいだ、ウーバーの新CEO、ダラ・コスロシャヒは前任者が掲げていたほぼすべての方針を整然と取り消していった。

ガーリーの〝大取引〟も正解だった。会社に対するカラニックの影響力は弱まっていった。しかし、カラニックを永久に除外する代償として、コスロシャヒはこの会社の企業評価額に二〇〇億ドルの打撃を与える出資条件を結局受け入れなければならなかった。

コスロシャヒが真っ先に手がけたのは、長年邪険に扱われ、ないがしろにされてきた何十万人もの常連のドライバーとの関係修復だった。彼が就任した時点でウーバーでは、ドライバーとの関係改善を目的にした「変化の一八〇日」[1]というプログラムが進められており、すでに半分まで消化していた。カラニック時代から、二人の幹部社員――レイチェル・ホルトとアーロン・シルドクラウト――が中心になり、おわび行脚と長時間の聞き取りが実施され、ドライバーが長年要求してきたアプリの機能の追加と改善が進められた。なかでももっとも重要な変更は、カラニックがこれまでずっと阻んできた機能、アプリ内のチップ機能の実装だった。カラニックの解任後、この機能がウーバーのアプリに追加されると、会社に対するドライバーの信頼は大いに高まった。

コスロシャヒは腹心の部下となる人材を集め始めた。カラニックにとってのエミール・マイケルに相当するナンバー2の地位についたのがエクスペディアの元取締役で、コスロシャヒにとって信頼できる積年の同僚でもあるバーニー・ハーフォードで、ウーバーの最高執行責任者（COO）に就任した。*カラニックは財務を自分一人で管理していたが、コスロシャヒは最高財務責任者（CFO）としてメリルリンチの元取締役ネルソン・チャイを指名すると、投資家たちはCFOによってウーバーの財務が健全な状態に戻るよう期待した。経営陣とは関係のない独立した会長として、軍需メーカーのノースロップ・グラマンの元最高経営責任者ロナルド・シュガーが取締役会に加わった。会長職はコスロシャヒがCEOに就任するまで空席のポストだった。さらに司法省の元副長官トニー・ウェストを採用することで、コスロシャヒは、ウーバーが法的義務とコンプライアンスの問題に真剣に取り組む姿勢を明確に打ち出した。九年の歴史のなかで、ウーバーははじめて適切なコーポレート・ガバナンスを導入したのである。それはビル・ガーリーが長年望んできた企業経営を管理する仕組みであり、担当取締役たちだった。

それまで大きく掲げられてきたウーバーの理念にも手が加えられた。神聖不可侵とされてきた一四のバリューは月並みな八つの行動原則に置き換えられた。いかにも傲慢な青年の思いあがりから生まれたような、「超気合いを入れろ《スーパーパンプド》」とか「いつも押しまくれ」といったバリューは削除された。それらにかわり、ジェフ・ベゾス風の「顧客第一主義」や社員たちの「個性を大事にする」など、あまりにも当たり障りがない、ありふれた文言に置き換えられていった。

なかでももっとも重要な行動規範は、就任翌年の二〇一八年まで続けられたおわび行脚の期間中、コスロシャヒが記者会見やテレビのインタビューの場で毎回のように繰り返していた規範——「正しいことをする。ただそれだけだ[2]」——だった。

前のボスはろくでなしだったが、次のボスは高潔だ。新たな規範はカラニックをはっきりと否定していた。[3] 大きく後退した生え際に、けば立ったヒゲ、笑うと温かい笑顔が広がる。ダラ・コスロシャヒはシリコンバレーの〝親父さん《ダッド》〟というニックネームで呼ばれるようになった。[4]

ほぼ一夜にして、〝ダッド〟があらゆるところに出現するようになった。ラジオやテレビ、雑誌、新聞、ユーチューブなど、ウーバーはメディアというメディアを通じて、コスロシャヒの顔を使った広告を流し始めた。[5] 二〇一八年の一年だけで五億ドルを投じて傷ついた企業イメージを修復し、ブランドの再構築に努めている。NBAのポストシーズンやファイナルをはじめ、ゴールデンタイムの人気番組のCM枠、さらには「ウォールストリート・ジャーナル」などの主要紙にも幅広くウーバーの広告を掲載した。

しかし、ウーバーの経営陣にすれば、こうした積極的なメディア展開以上に喜んでいたのは、新聞沙汰になるような問題が減ったことだった。マイナスイメージの見出しで埋めつくされた記事が新聞やテレビ、ネットに掲載され続けた丸一年を過ごし、取締役会はできるだけ姿勢を低くして目立たないようにしてきた。

「コスロシャヒは一年をかけて、〝無難〟というブランドを築き上げてきた」[6]。雑誌「ワイアード」は、彼がCEOに就任してからちょうど一年目の二〇一八年秋にそんな記事を掲載している。

＊ウーバーでのハーフォードは、かならずしも順風満帆というわけではない。彼がCOOとして働き出してから数カ月後、ハーフォードが部下に対して性差別的、人種差別的な発言を繰り返しているらしいと私は記事に書いた。ハーフォードは懲戒処分を受け、感受性訓練（ST）と管理職向けのコーチングを受けるように指示されたが、退任はしていない。

企業イメージの再構築や広報活動も決して簡単な仕事ではないが、コスロシャヒはそれらよりもはるかに重大で、しかもやっかいな難題をさらに抱えていた。ウーバーの浪費体質にメスを入れ、黒字への道筋をつけることだった。カラニックは自分の決定事項に対して、検証することもないまま何年も経営を続けてきた。たとえば、進出する先々の国で対抗する同業他社に対して採算を度外視した戦争をしかけ、何十億ドルもの資金をむだに使い果たしてきた。一方、コスロシャヒはアイ・エー・シーインタラクティブ会長のバリー・ディラーのもとで、最高財務責任者(CFO)として働いた経験があり、数字には強く、予算を守る取締役だった。赤字だらけのウーバーのバランスシートを見て、彼は不採算部門から撤退を始めた。その方針に基づき、東南アジアの事業から手を引くため、現地企業の株式の27・5パーセントをシンガポールのグラブに売却した。以前からウーバーは競合他社から社員を引き抜くことで不評を買ってきた。才能あるエンジニアをめぐり、フェイスブックやグーグルと競り合うため、途方もない賃金をばらまくことをやめさせた。

ウーバーの自律走行車開発部門は、かつてのウーバーでは、この会社に〝なくてはならない〟部門と見なされていたが、財政を大きく圧迫する原因のひとつになっていた。ただ、その対応については、この原稿を書いている時点ではまだ決まっていない。*訳註

ウーバーでの日々を終え、いまやシリコンバレーではすっかり面目を失ってしまったアンソニー・レヴァンドウスキーだったが、静かな夜を過ごすことはなかった。彼はその後、プロントAI(Pronto.AI)という自律走行のトラックを開発するスタートアップを設立する。長距離トラックのドライバーに向けて、自律走行を導入する既製のキットをわずか五〇〇〇ドルで提供することを目ざしている。「『奴は戻ってきたのか』と思っている人間もいるのはわかっている」。新会社の設立を告げるブログ

の冒頭でそう記すと、「そう、私は戻ってきた」[7]とその一文に続けた。

新会社を立ち上げる前の話だが、そのころレヴァンドウスキーは、自身の宗教団体の設立に忙殺されていた。教団は人工知能を神と崇め、「ウエイ・オブ・ザ・フューチャー」[8]と呼ばれていた。コスロシャヒがもたらした状況のもとで、社員はようやくほっとしていた。彼のおかげで、ウーバーが全米でもっとも忌み嫌われている企業から抜け出せたのを心から喜んでいた。カクテルパーティーに行っても、もはや白い目で見られない。しかし、社員のなかには、ある懸念をずっと抱えている者もいた。その懸念とは、ダラ・コスロシャヒが率いるウーバーは、今後も特大ホームランを狙っていくのだろうか。イノベーションを生み出すようなムーンショットや世界征服への意欲はあるのだろうか。それらはカラニックが手がけてきた魅力的な目標であり、そもそも彼らはその魅力的な目標に引きつけられてこの会社を選んだ。

かつてウーバーで働いていた社員は次のように語った。「ウーバーはアマゾンのようになるのだろうか。参入したすべての分野を支配する企業になるのだろうか。それとも、もうひとつのeベイになるのか」

ビル・ガーリーの毎日はかなり楽になっていた。

訳註＊二〇二〇年一二月七日、ウーバーはオーロラ・イノベーション(Aurora Innovation)に自律走行車開発部門を売却することが決まったと発表した。ウーバーがオーロラに四億ドルを出資し、両社の開発チームを統合させ、最終的にはオーロラが開発した自律走行車を使い、ウーバーのネットワークで走らせる。

二〇一七年末、ガーリーはカトリーナ・レイクとともにナスダック証券取引所のフロアに立っていた。前述したようにレイクはスティッチ・フィックスの創業者兼CEOで、この年のはじめからガーリーに助言を求めていた。一一月のその日、上場を果たしたレイクは一般投資家の前ではじめて挨拶をしていた。生後一四カ月の息子がいっしょだった。彼女のうしろでそびえるように、ぎこちなく立っていたのがガーリーである。黒のスーツにスカイブルーのネクタイを締め、白髪が目立ち始めた黒髪をきれいに左に分け、笑顔で起業家を讃えた。レイクは史上最年少で新規株式公開を実現させた女性創業者となった。ガーリーはレイクのような教え子の存在を心から誇りにしていた。三四歳のレイクは、二八歳で起業して以来、スティッチ・フィックスが獲得してきた地歩を死守して一歩一歩前に進んできた。ガーリーの助言や指示を重んじる一方で、自分の直感に自信をもってしたがい、スティッチ・フィックスを上場企業に育て上げようと誠実に取り組んできた。

同じことがカラニックとはどうしてもできなかった。ソフトバンクとの取引は、かつてもっとも信頼できる同志であり、親友だと考えていた創業者と投資家の関係に悲しい結末をもたらした。そして、「創業者に友好的」というベンチマークのイメージは未来永劫続くはずだった。

だが、状況は変わった。ウーバーがもっとも悲惨な状況にあがいていた期間、ガーリーは、この会社のビジネスそのものが破綻する運命にあるのではないかと考えていた。何百億ドルもの価値が一瞬に蒸発してしまうかもしれない。しかもそれは、トラビス・カラニックという名前の常軌を逸した人間から、ガーリーが会社を救えなかったからである。その考えが頭にこびりつき、夜も眠れないほどだった。

もっとも、その心配をする必要はもうない。最近はずっとよく眠れるようになった。

二〇一七年一一月末、ジョー・サリバンはシエラネヴァダ山中のタホ湖の近くで家族とともにいた。彼は娘たちといっしょに翌日の感謝祭のためのごちそうを準備していた。感謝際をサンフランシスコから北へ数時間の場所にある一家のキャビンで過ごすのは、彼の家の恒例だった。料理をしながらサリバンは、別の部屋のテレビから聞こえてくるフットボールの中継を聞き流していると、ウーバーのHR（ヒューマンリソース）からメールが届いた。その日に行われるビデオ会議に参加してほしいという。

サリバンはバカではない。前触れもなく、HR経由で取締役がビデオ会議への出席を要請するメールを受け取ることはない。しかも祭日前の週末の夕方だ。サリバンはその要請を断り、何が起きているのかを知りたいと返信した。

HRの担当者は、ウーバーはサリバンを解任すると返事した。一年以上も前になるが、ウーバーはセキュリティー侵害を受け、数百万人のドライバーの個人情報が盗まれたという事件があった。このときサリバンは、外部から法的な助言や指示を受けず、当局にもその事実を報告しなかった。そのかわりサリバンと彼の部下たちは、数百万ドルの費用をかけてデータを侵害したハッカーを探し出し、そのハッカーに数万ドルの金を支払ってデータを削除させ、この一件に関する口外を禁じた。

サリバンは、そのときの金銭の支払いは「脆弱性報奨金制度《バグバウンティプログラム》」の一環だと考えていた。このプログラムは、企業が「ホワイトハット・ハッカー」と呼ばれる善玉ハッカーに報酬を支払うという、シリコンバレーでは当たり前に行われている制度で、ハッカーは企業のセキュリティーシステムの欠陥を見つけたり、あるいは脆弱性を攻略したりして、その結果を企業に通知することで対価として金銭を受け取る。企業側にすれば、これは脆弱性の発見に対する報奨金《バウンティ》だった。そして、ソフトの欠陥《バグ》が大きければ大きいほど、手にする報奨金も大金になる。サリバンは「説教師《プリーチャー》」という名前のこのハッカーに、報奨金として一〇万ドルを支払っていたのだ。大惨事になりかねない事件を未然に防いだのだから、この作戦は成功したとサリバンは考えていた。

しかし、ウーバーの新しい経営陣はそのように考えなかった。新たに最高法務責任者(CLO)になったトニー・ウェストは、サリバンやカラニックが情報漏洩を当局にすぐさま報告しなかったことに激怒していた。しかも、サリバンがなぜ何百万ドルもの金を使ってまで、「プリーチャー」というハッカーの正体を調べ上げたのかウェストは測りかねていた。ハッカーは、ブランドンという名前の二一歳の男性で、母親と弟といっしょにフロリダのトレーラーに住んでいることが判明した。サリバンはブランドンを当局に引き渡すべきだったとウェストは言う。なぜなら、データの漏洩が発生した場合、ウーバーにはその事実を消費者に通知する義務があるからだ。そうしなければ、最終的に数百万ドルの和解金の支払いが発生する。それどころかサリバンは、「プリーチャー」に金を払い、そのまま見逃してさえいたのだ。

サリバンは一時間近くにわたり、ウーバーの法務担当者とHR担当者に、彼らの判断が誤っており、自分と自分の部下たちがいかに公明正大にデータ侵入に対処したのか説明に努めた。

しかし、努力はむだに終わった。彼らが提示した最良の条件は、会社に対する誹謗中傷行為の禁止の契約書に署名すれば、一時金を支払うというものだった。頭に血がのぼり、サリバンは考えもせずに断っていた。

しかし、この決断について時間をかけて考える余裕は彼にはなかった。それから四五分後、サリバンのもとに記者から電話があり、二〇一六年のデータ流出とハッカーへの金銭支払いという彼の対応についてコメントを求められた。ウーバーの取締役たちは、その記者に対して、サリバンがハッカーに金を支払い、事件の証拠を消費者の目からそらす隠蔽工作を主導したとリークすることを認めたのだ。一五分後、記者の書いた記事が世界に向けて発信された。

サリバンが反応する間もなく、彼の電子機器は動かなくなっていた。会社から支給されたラップトップは、ウーバー本部からの遠隔操作で内容が残らず消去されている。その直後、やはり会社から支給されていたアイフォーンがラップトップ同様、操作不能《ブリック》になり、なかのデータも消えた。

キャビンのリビングルームに座り、サリバンは茫然としながら、同時に怒りに駆られていた。そして、次に何をすべきか考えていた。彼は会社を守るために自分の仕事を行い、それはうまくいったと信じていた。二〇一五年にウーバーに入社するまで、この会社のセキュリティーシステムは目も当てられないほどのありさまで、事実上、存在しないに等しかった。最初のデータ流出のときはもちろん、二度目のデータ流出、さらに当時のウーバーが抱えていた悪夢のようなプライバシー侵害の問題を解決したのも彼だった。そしていま、ウーバーで法務や政策、広報を担当する取締役たちは、シリコンバレーにおける彼の名声とキャリアにまぎれもない打撃を与えた。おそらく年内に彼の行動が犯罪行為に相当するかどうか、連邦検事による捜査が始まるだろう。*訳註

自分のしてきたことが誤っていたとは彼は考えていなかった。しかし、カラニックの影響のもとで、倫理に対しては曖昧な姿勢のまま三年の年月を過ごし、サリバンはある事実に気づいていた。当面のあいだ、彼の人生はこのまま悪くなっていく一方だという確信だった。

訳註＊二〇二〇年八月、アメリカ司法省は、ジョー・サリバンを司法妨害の罪で起訴している。

ジョー・サリバンの人生が崩壊しようとしているとき、新たな億万長者トラビス・カラニックの人生はこれから始まろうとしていた。

それまで暮らしてきたサンフランシスコを二〇一八年に離れたカラニックは、マイアミで時間を過ごすようになっていた。サンフランシスコの州所得税は13・3パーセントとてつもなく高いが、マイアミは大富豪にはまさに天国で、州所得税そのものがなかった。シリコンバレーから見放された二人の仲間がカラニックに続いてマイアミに来た。彼の右腕だったエミール・マイケルと、初期のウーバーに投資していた友人でもあるシャービン・ピシェバーである。二人とも、テクノロジー関係のメディアではすこぶる評判が悪かった。自分の新しい財産を政府から守るため、二人もただちにフロリダ州に居住権を得た。

追放されてから数カ月後、ウーバーの元幹部たちは、自分たちはウーバーのコミュニケーションチームの無能と策略の犠牲者だと考えるようになっていた。インドのレイプ事件の際、被害者の個人的な医療ファイルを保持していたことが報じられて会社を追われたエリック・アレクサンダーは、ウーバーの元最優先政策およびコーポレイト・コミュニケーションの担当役員だったレイチェル・ウェットストーンを訴えた。アレクサンダーやマイケルは、彼女がまだウーバーにいたころ、記者たちに情報の提供を働きかけ、自分たちを血祭りにあげようと仕組んだと考えていた。この訴えに対して、ウェットストーンはその事実を強く否定している。この原稿の執筆時点では裁判はまだ終わっていない。

独身のカラニックは、ナイトライフを過ごす場所をすぐに見つけた。友人たちとクラブを転々としながら、デートの相手や知人の女性たちに、栄《は》えある「スリー・カンマ・クラブ」——三桁区切り《スリーカンマ》、つまり一、〇〇〇、〇〇〇、〇〇〇ドル（一〇億ドル）の大富豪――のメンバーになったと話をするのが習慣になっていた。マイアミにいないときは、フランス領西インド諸島でヨットパーティーに参加しているか、ロサンゼルスにある二つの自宅のうちのどちらかで過ごしていた。その日の居場所に合わせ、ロサンゼルスの東側と西側の両方に家を構えていた。

起業家としてのカラニックの日々はまだ終わってはおらず、次のスタートアップに取り組んでいる真っ最中だ。今度は不動産事業が舞台で、遊休の建物を購入してそこに「マイクロキッチン」と呼ばれるキッチンを整備する。そして、ここで作った料理をウーバーイーツ（Uber Eats）でデリバリーするというものだ。この計画が成功するかどうかは、ひとえにウーバー本体の継続的な成功にかかっている。

そして、この計画が、長い目で見た場合、ウーバーにどんな意味を持つようになるのか不安視する者もなかにはいる。

二〇一八年二月六日、トラビス・カラニックはゴールデンゲートアベニュー四五〇番地に建つフィリップ・バートン連邦裁判所ビルの階段に現れた。この日の午後に予定されている証言に合わせ、彼は鉄壁の準備をしていた。

黒ずくめのスーツにラベンダー色のシャツ、黒と白のネクタイと、この日の法廷にはふさわしい身支度だった。カラニックはこれから自動運転技術の盗用訴訟をめぐる裁判ではじめて証言台に立つことになっていた。ウーバーに対するウェイモの訴えは、数カ月にわたる審議と証拠開示を経て、ついに裁判へと進んだ。ビルの入り口にはすでに大勢のパパラッチが集まり、王位を追われたビリオネアの写真を撮ろうと待ちかまえている。連邦裁判所の一九階の通路には記者たちが居並ぶ。傍聴席を確保しようと、彼らは朝五時からここに陣取っていたのだ。

堂々としながらも慎重なカラニックは、その日、説得力のある証言を行い、ウーバーとオットーとの取引をめぐる自分の行動は公明正大なものであると陪審員に向かってきっぱりと答えていた。ウーバーが自律走行車の研究を独自に始めたとき、グーグルのCEOだったラリー・ペイジのほうは、開発プロジェクトについて、〝超気合いを入れて《スーパーパンプド》〟とは真逆で、「ますます関心を失って《アンパンプド》いった」(9)と証言した。ボトルの水を飲みながら、ひたむきな姿勢で裁判に臨む様子はとても魅力的で、陪審員のなかには彼の態度に好意的な者もいたようだ。原告のウェイモの弁護団はそうした陪審員の反応にいらいらしていた。

「どんな質問にも、彼は冷静にしかも穏やかに答えていた(10)」。陪審員の一人、ミゲル・ポサダスは、裁判後、記者の質問に答えてカラニックの様子をそんなふうに語った。同じく陪審員スティーブ・ペラッゾは、カラニックについて「掛け値なしの好人物のように思えた」と語り、「このアイデアを取り入れ、きわめて果敢に向き合い、しかも世界一になりたいと考えている人物だ」とまで言っていた。

結局、陪審員が評決をくだす機会はなかった。カラニックの証言の直後、裁判の風向きが変わるとウェイモは察知した。ウーバーがウェイモ側に二億四五〇〇万ドル相当の自社株を譲渡することで裁判は突然終了する。和解にはいくつかの条件がついていた。そうした条件のひとつとして(11)、ウーバーは今後、自社の自律走行車の開発計画において、ウェイモが企業秘密とする技術をいっさい使用しないことが盛りこまれていた。ウーバーはそれに同意した。さらに、ウェイモのいかなる機密情報もこれ以降使用しないことを確認するため、ウーバーの自動運転部門は、独立した第三者による審査を受けなければならなくなった。とはいえ、株式を持っている以上、ウェイモもまたウーバーの成功には利害関係があった。

カラニックがはじめて証言に立つというその日、私も連邦裁判所にいた。「ニューヨーク・タイムズ」の担当編集者が記事をきっとほしがるだろうと考えたからだ。私は休暇中で、休みを利用して本書の原稿を書いていたが、結末部分はまだ書き上げていなかった。この裁判がまだ続いていたからである。

昼の休廷後、午後になってからカラニックは証言を行う予定になっていた。原告側と被告側の弁護士が続々と入廷し、それに続いて報道陣も法廷に入ってきた。審議が始まる前に用を足しておこうと思い、廊下の向こうにあるトイレに駆け込んだ。

だが、法廷に戻ったときにはもう遅かった。扉は閉じられて裁判が再開していた。カラニックが証言台に立ち、そこで陳述する姿をレポートする機会を私は逃してしまったのだ。法廷前の木材と花崗岩でできた長い廊下に立ちつくしながら、私は押し黙ったまま自分を呪っていた。連邦保安官がなかに入れてくれることを願っていたが、状況を考えると、そんなことは起きそうにもなかった。

そのときだった。カラニックがまだ入廷していないことに私は気づいた。廊下の向こうから、カラニック本人が法廷の入り口に向かって颯爽と歩いてくる。そして、入り口の前に立つと、証言台に呼ばれるのを待った。法廷警備員が出てきて、カラニックに指示している。呼ばれるまで私のほか数人といっしょに別室で待つように伝えると、ふたたび扉を閉めた。

カラニックは静かに待っていた。連れはいない。彼とはもう何カ月も会っておらず、話もしていない。職業人としての彼の人生で、もっとも重要な瞬間の前に、彼がおしゃべりに応じるとは思えない。実際、彼と最後にやりとりしたのは去年――二〇一七年六月のことで、彼の追放を記事として公表する前に、本人のコメントを求めて連絡したときが最後だった。私の図々しさを嫌っているはずだ。法廷の外にある静かな部屋にいっしょにいて、私たちのあいだは数メートルしか離れていない。彼はドアから離れ、部屋の反対側に歩いていった。私たちのあいだには、三人の弁護士が所在なげに立っていた。

一分もしただろうか。意を決したように顔をあげたカラニックは、私のほうに真っすぐ向かってきた。私の目をのぞき込むように目を凝らし、さっと手を伸ばす。「やあ、元気にしているかい」と小声で話しかけてきた。握手を交わしながら、左手を私の肩に置いている。私を不倶戴天の敵と見なしているのはよくわかっていたが、それでもなお、目の前にいる彼は人を魅了せずにはおかなかった。私も笑顔で握手を返した。

「証言台に立つ準備はできていますか？　座りましょうか？」と答え、緊張を和らげようと、「法廷じゃ歩きまわるのを許してくれませんよ」と私は言った。

「しまった。それは知らなかった」と笑いながら答えていたが、明らかに緊張していた。その日の午後に行われた彼の証言は一時間近く続いたが、証言中にボトル四本の水が空になっていた。

自分がいま話している相手は記者だと、誰かに教えられたかのように、カラニックは不意に気を取り直した。「ここからの話はオフレコにしてもらえるかな」と言う。おしゃべりはしたいが、秘密を守ってもらえるのかどうか疑っているのは明らかだ。

私はオフレコに同意した。そして、その約束はこれからも守っていくつもりだ。私たちは廊下で一〇分ほど話をした。ごく普通の間柄のように話し、彼が築いた何百億ドルもの価値がある会社が、資金的にも技術的な面においても破滅的な法的危機に直面していないかのように話を交わした。ウーバーからの追放、母親の死、友人のほぼすべてを失うなど、さまざまなことが続いたにもかかわらず、カラニックは快活で、人を引きつけてやまない魅力にあふれた自分を呼びさますことができた。カラニックは依然としてカラニックで、カラニックとしてその場で変わらずに立っていた。

過去九年の自分の人生から、彼は何を学んだのだろうかと私は考えていた。カラニックは大金持ちで、ありあまる金を持つ、「スリー・カンマ・クラブ」というとてつもない大富豪だ。悪名かもしれないが、いまや有名人でもある。自分のイメージを変えようと努め、本気になって「トラビス2・0」を達成しようとしている。この原稿を書いている二カ月前、カラニックはクリスマスをカリブ海のサン・バルテルミー島で過ごしたという話を聞いた。事故のケガから回復した父親、それに弟もいっしょだ。おそろいのパジャマを着て、リラックスウェアで過ごす様子をカラニックはインスタグラムにあげた。夜はヨットで過ごし、友人やモデルたちといっしょに酒を飲んだり、パーティーに興じたりしていた。

フードデリバリーと関連事業に特化したスタートアップを起業している話は、私もすでに聞いていた。情報提供者の話では、以前ほどではないが、新しい会社ではいまだにバリバリ働いており、ウーバーのころとまったく同じように、社員たちの尻を叩いて仕事に駆り立てているという。この会社の設立に際し、「ホルダー・レポート」が原因でウーバーから解雇された多くの社員を採用している。

カラニックはビリオネアだ。ギャレット・キャンプとライアン・グレイブスの二人も夢のような大金持ちになった。ベンチャーキャピタルもこれまでの出資から、間もなくばくだいな報酬を得るだろう。ウーバーが株式を公開する二〇一九年には、新たな億万長者がシリコンバレーで続々誕生し、彼らの仲間入りを果たして、次なるイノベーションの波を寿ぎ、新たなスタートアップの時代に喜んで資金を提供するだろう。遠からず、トラビス・カラニックの教え子に相当する新世代の創業者が登場してくるのだと考えた。彼らはウーバーの創業者の興隆と、そこにいたるまでの彼の道のりをどう思うのだろうか。

話を終えた私たちは、ふたたび握手をした。彼は私から離れていき、閉ざされた法廷の扉のガラス窓からなかをのぞき込んだ。

「やれやれ」と法廷のなかに目を凝らしながら、大きな声を出した。廊下にいるみんなに向かって言っているようでもあり、そうでないようにも思えた。「スーパーボウルが始まる直前、スタジアムの地下通路で出番を待っているプレイヤーの気分だな」と言いながら、カラニックは一人静かに笑っていた。

腕をゆっくりと頭の上にあげ始める。目線は法廷内の証言台に向けられたままだ。スーパーボウルのプレイヤーよろしく、定められた自分の席に向かって通路をゆっくりと走っていく準備はできた。笑みを浮かべながら、法廷警備員が扉を開け、なかに入れてくれるのを待っている。

「さあ、いつでもこい」。カラニックはそう声をあげた。

追記
裏切られた期待

何カ月にもわたる検討を経て、ウーバーは二〇一九年五月に新規株式公開を行うと発表した。ライバル企業のリフトはその数週間前に上場を果たし、一株当たり七二ドルの初値をつけて株式市場にデビューしていた。公開初日の価格は、最初は急騰して七八ドル前後に落ち着いたので、ウーバーはリフトよりもさらに高い想定価格を掲げていた。

ウーバーはモルガン・スタンレーとゴールドマン・サックスを幹事会社にして公開準備を進めた。想定する予想時価総額はうなぎのぼりに高まり、ついに一二〇〇億ドルにまで達していた。これは前回のラウンドで資金を調達した際の倍近くの企業評価額だった。

公開作業をめぐってウーバーに売り込む際、モルガン・スタンレーとゴールドマン・サックスの担当者らは、CEOの報酬パッケージの条件を忘れてはいなかった。エクスペディア時代のコスロシャヒは、アメリカの上場企業でもっとも高額の報酬を得ていたCEOだった。だが、制限付き株式付与(RSU)のうち、権利を付与されてから実際に株式が交付される前にウーバーに移籍するため、コスロシャヒは数千万ドル分のエクスペディアの株を取得することはできなくなった。この損失を埋め合わせるため、コスロシャヒは、ウーバーの仕事を引き受ける際、多額の条件交渉を行っていた。企業価値評価一二〇〇億ドルをうわまわる金額でウーバーを上場させ、上場後、時価総額を九〇日以上にわたって維持できたら、コスロシャヒは一億ドル以上もの巨額の報酬が得られるというものだった。モルガン・スタンレーやゴールドマン・サックスの担当者たちは、この数字を頭に叩き込んで、（暗黙のうちだったのかもしれないが）一二〇〇億ドルという派手な時価総額を目ざした。

しかし、盛大なお披露目パーティーがあと数カ月と迫ってくるころ、幹事会社の担当者たちの期待は現実に直面していく。ウーバーの味方であるはずのソフトバンクが、ウーバーでもっとも成長著しい南アメリカのような地域で、ウーバーの競合企業やさまざまなフードデリバリー業界に資金の提供を始めたのだ。投資家が詳細を吟味するにつれて、ウーバーのバラ色の業績は色あせていった。さらに、新規株式公開に向けた投資家説明会《ロードショー》――投資会社はこの説明会を通じてウーバーの株を購入するかどうかを決定する――が数週間にわたって進むうちに、時価総額一二〇〇億ドルなどとうてい手の届かない現実であることが明らかになってきた。

二〇一九年五月一〇日、その日、コスロシャヒ一行がニューヨーク証券取引所（ＮＹＳＥ）に到着すると、フロアにはすでに投資銀行のバンカーやトレーダーたちが大勢集まっていた。一行には、会社が招待した初期のウーバーの社員や運転歴がもっとも長い数名のドライバーもいた。ウーバーの社員たちが会社のロゴが記された黒い帽子やＴシャツを証券トレーダーたちに配っていく。これらを着用して、フロアに並ぶ取引所のコンピューターに最初の売買注文を入力してもらうのだ。ケータリング業者がビッグマック、フライドポテト、ハッシュブラウン・ポテトを運んできた。ウーバーイーツのフードデリバリーに関して、ウーバーとマクドナルドが大きな契約を結んだことにちなんだ演出だった。誰もがウーバー株の取引を始める準備を終えた。

この日に向けて、ある種の緊張が高まっていた。コスロシャヒはトラビス・カラニックに対して、当日の朝、取引所内のベルの指揮台《バルコニー》で行われる上場セレモニーへの出席はどうかご遠慮願いたいと告げていたのだ。カラニックを怒らせるには十分な依頼だった。二人が対立しているという話がメディアにリークされ、カラニックが参加するかどうかが注目されていた。当日、カラニックは早めの朝食会に間に合う時間に到着し、彼とウーバーの現ＣＥＯは、表向きは矛を収めて和睦した。その日、コスロシャヒは、カラニックは「一世代に一人の起業家」であると讃えると、部屋にいた全員が相槌を打った。

コスロシャヒは朝食会の席で、ギャレット・キャンプとライアン・グレイブスともども、カラニックに部屋の前に出てくるように呼びかけた。前に立った三人に盛大な喝采があがる。それから数時間後、グレイブスが保有する株式の総額は一六億ドル、キャンプの株式は四一億ドルになっていた。もっとも多くの株式を保有していたのがカラニックだ。午後四時のクロージングベルが鳴ったとき、彼が保有する株式の総額は五四億ドルになっていた。過去一〇年間でウーバーをここまで成長させた三人は、全員がビリオネアになっていた。しかし、その三人はもはやかつてのように親しく話を交わす間柄ではなかった。それからしばらくして、カラニックはなんの騒動も起こさずにその場をあとにした。ウーバーの株式が売り出される数時間前のことで、スポットライトを浴びる席はコスロシャヒに残していった。

コスロシャヒと経営陣が最初の取引のために集まってくると、社員、証券会社のトレーダー、カメラマン、報道陣がまわりを囲んだ。モニターを見上げ、ＣＥＯは株価が表示されるのを待った。公開前日の昨夜、ウーバーは公募・売り出しの想定価格を四五ドルに下方修正していた。公開価格が堅調に上昇していくように周到に調整された価格で、公開直後から株価があがれば、買い手に対する早期購入のインセンティブが高められる。バンカーたちが好んで使う手法だ。一株当たり四五ドルなら、公開直後から少なくとも数ドルは上昇するだろうとバンカーは見込んでいた。

だが、そうはならなかった。刻々と時間が過ぎていくとともに、株価が下降しはじめたのだ。株価は四四ドルから四三ドルへと値をさげていき、最終的には四二ドルまでさがっていた。そして、これがウーバーの公募・売り出し価格となる。コスロシャヒは顔を曇らせた。興奮に包まれていた場内は、一転して押し殺したささやき声に変わっている。株式公開は当初想定していた価格をしたまわる株価で終わり、前代未聞の新規上場になってしまった。公開当日、好調に続伸を続けるのが当たり前のハイテク株だっただけに、異例ぶりが際立っていた。その日の終わり、ウォール街でドルベースで行われた新規株式公開として、ウーバーのデビューパーティーは一九七五年以来の大失敗に終わる。

公開直後から、民間市場の価値評価がどれほど予測のつかない状態になっているのかと疑問の声があがり始めた。ユニコーンの王様と呼ばれるウーバーでさえ、ウォールストリートの現実《リアル》に飼い慣らされてしまったのか。株式市場の投資家に自社の株を買うように売り込んでいるとき、収益化への明確な道筋が見えないまま、何十億ドルもの損失を出し続ける事態になど耐えられるものではない。シリコンバレーの投資家は、不本意な結果に終わったウーバーのデビューは、今後行われるハイテク企業の上場が困難になる前兆ではないかと考えていた。

コスロシャヒは、努めて明るくふるまっていた。その日の夜、証券取引所で開かれたパーティーで、ビッグマックやシャンパンを手にした社員たちに向かって彼は乾杯の挨拶をした。今日の株式公開について、容赦ない記事が掲載されているが、そんな記事などにめげず、彼らの志気を高めようとした。彼らの多くも下落した自社株を大量に所有していたのだ。

「いまこそ私たちの真価を示すときだ」とコスロシャヒは集まった者に向かって口火を切った。「今日から五年後、私たちのあとに株式を公開したハイテク企業は、その日、この取引所に立ち、私たちがなし遂げたものを目にしているだろう」。厳粛な雰囲気のなかで、コスロシャヒはそこにいる者全員を鼓舞するために最善を尽くした。

「彼らはきっとこう口にしているはずだ——『本当なのか。自分もウーバーのようになりたい』」

結びにかえて
アフターコロナのユニコーンたち

二〇一九年に本書の原稿を書き上げた私は、ウーバーをめぐる興亡史は、投資家やスタートアップの創業者にとって、トラビス・カラニックが事業に対して抱いていたような、あまりにも自信過剰な青写真を避けるうえで、世に知られる反面教師になったと考えていた。シリコンバレーでは、ウーバーの急速な衰退は、経営者がスタートアップとしての大罪を犯した好例、企業に対する戒めの物語、あるいは年若いコンピューター技術者《テッキー》が経営にかかわってはいけない典型例だと指摘されてきた。

どうやら私は、とんでもない勘違いをしていたようだ。この本が発売された二〇一九年秋の時点では＊訳註、すでにコワーキング・スペースを提供するウィワーク（WeWork）が内部から崩壊しつつあったのだ。メディアにはすでに見慣れてしまった見出しが躍っていた。数十億ドル規模の企業価値を持つスタートアップの急落、大金を投じてその企業を支持していた超一流のベンチャーキャピタルやプライベート・エクイティ・ファンド、スタートアップを率いる天性のカリスマ性とカルト的な個性を持つリーダー、リーダーはそれらの魅力によって投資家や社員たちを一種の現実歪曲空間に引き込み、不可能を可能だと信じ込ませていた。

会社がのぼり坂にあるころ、ウィワークが語っていた突拍子もない売り文句は、この会社を支持する者に抗いがたい魅力を放っていた。創業者でＣＥＯだったアダム・ニューマンは、「ウィワークは単なるコワーキング・オフィスのレンタル会社ではない」と言っていた。そうではなく、この会社は「成長をサポートし、経験と真の成功をシェアする世界規模のプラットフォーム」だと、同社が新規株式公開のために提出した書類には書かれていた。ウィワークに課されたミッションは、「Ｗｅのエネルギー」で「世界の意識を高める」ことだった。投資家はこの考えに夢中になった。その多くはかつてウーバーとトラビス・カラニックに投資していた者たちで、彼らは第二のウーバーに投資することを望んだ。

しかし、ウーバーが実際に何百万もの人に価値あるサービスを提供していたのに比べると、ウィワークのバリュープロポジション、つまりこの会社だけが顧客に提供できる価値はあやふやだった。ニューマンは数百万ドルを投じてスタートアップを買収したが、それはウィワークのコアビジネスであるコワーキング・スペースのレンタルオフィスにはふさわしくない企業だった。ウィワークの共同創業者で、ニューマンの人生のパートナーでもあるレベッカ・ニューマンは、ウィワークと連動した五歳児向けの教育事業を行うスタートアップを立ち上げた。レベッカによれば、そのスタートアップ、ウィグロー(WeGrow)が目的としているのは、私たちの世代が「自分に秘められた強大な力を理解する」のを助けることだという。

ウィワークとその関連事業が拡大するとともに、資金燃焼率が上昇していっても、投資家たちは、ウィワークが次世代の会社員のワークスペースを世界中に提供するという夢を決して疑おうとしなか

訳註＊本書のハードカバー版は二〇一九年九月に刊行され、その後、二〇二〇年にこの「結びにかえて」を追加したペーパーバック版が出された。この部分を除き、本文に関しては両版とも内容は同じである。

った。最盛期、ウィワークの企業評価額は四七〇億ドルを超えていたが、その大部分はソフトバンクの孫正義のばくだいな出資に負っていた。

しかし、事は計画どおりには進まなかった。ウーバーの実態が明らかになった余波を受け、メディアは、経営者としてのニューマンの常軌を逸した過去の行動についてそれまで以上に執拗に調べるようになった。調べてみるとニューマンは、出張中でさえ大麻が手離せなかった。あるときなど、マリファナの塊をシリアルの箱に隠して機内に持ち込み、国境を越えて飛んだこともある。ニューマンが株式公開の書類で行っていた財務上の操作について、当時、あるハイテク企業の元ＣＥＯは、何百万ドルもの資金を「私的な取引に使う悪質なものだ」と評していた。ニューマンの個人的な欠点以上に、ウィワークが大量の資金を急速に失っているという問題が常につきまとった。ウーバーの一件が記憶にあり、しかも上場申請が撤回されたことで、投資家はようやくウィワークはニューマンの幻想である事実に気づき、言葉巧みなペテン師が、自分たちが目にしたいと願っている何かをでっちあげた話であると覚った。

ウーバーがそうだったように、ウィワークもまたあらゆることが崩壊して動きをとめた。取締役会は昏睡状態から突然目覚めたようだった。ＣＥＯに対して反乱を起こしたが、例の議決権株式の過半数はニューマンが押さえていた。しかし、一連のリークと取締役たちの圧力で、結局はＣＥＯを辞任するほかなくなる。当初一〇億ドル以上の価値があった株式を手に、ニューマンはウィワークを去っていった。

ウーバーとウィワークは悪名を馳せたが、いずれもベンチャーキャピタルが支援する世代のスタートアップの精神《エートス》を象徴していた。ベンチャーキャピタルが出資する新興企業のバランスシートは何年にもわたって赤字まみれだが、創業者たちは、さらにばくだいな出資を得て規模を拡大することによって、最後には大量の資金を使うのではなく、新しい金を生み出せると約束して周囲を鼓舞してきた。規模こそが決め手なのだと彼らは訴えてきた。

だが、ウーバーとウィワークのあいつぐ破綻は、シリコンバレーに大きな変化をもたらした。その変化は二〇〇〇年代初頭のドットコム・バブルの崩壊に匹敵し、シリコンバレーのカルチャーに転換を引き起こした。上場前、ウーバーに出資した者たちは、同社には一二〇〇億ドルを超える価値があると信じて疑わなかったが、株式市場で彼らが目の当たりにしたのは容赦ない現実だった。予定価格にも届かずに損失を生み出す会社、利益を出せるのか、その見通しさえ曖昧で、しかもそこにいたるまでには長くて険しい道のりが待っている。二〇二〇年はじめ、ウーバーの時価総額は半分になった。さらに四月一日には当初の株式評価額の三分の一にまで下落し、まさにエイプリルフールにふさわしい株価だった。ウィワークの財務状況はさらにひどく、激しく血を流し続けた。ソフトバンクはウィワークに数十億ドルの出資をしていたが、孫正義も最終的には後悔していると認めた。ピーク時には四七〇億ドルだった同社の評価額は80パーセント以上も引き下げられ、五〇億ドルを切っていた。現実歪曲空間はもはや機能しなくなっていたのだ。

低迷はほかの不採算企業にも波及していった。孫正義がビジョン・ファンドで行った大きな投資の大半は苦戦を強いられている。技術投資を中心にした一〇〇〇億ドルのファンドで、ウーバーやウィワーク、フードデリバリーのドアダッシュ、不動産仲介のコンパス(Compass)などのような企業に何十億ドルもの投資をしてきた。そうした投資の多くが、まるで悪い投資の見本のような様相を呈するようになった。トラッキング〔貨物の配送状況の追跡〕の自動化を図ったフレックスポート(Flexport)は、何十人もの社員を解雇した。犬の散歩代行を提供するスタートアップのワグ(Wag)は、事業の不振にともなってCEOを解任した。ロボットキッチンのピザ製造の新興企業ズームピザ(Zume Pizza)は、社員の半分を解雇から救えなかった。「私の投資判断がまずかったと大いに反省している」と、孫は二〇一九年に投資家たちに語っていた。

シリコンバレーが大規模な経費削減を行っているころ、誰も予想もしなかったことが起きた。コロナウイルスとして知られる「COVID‐19」の大流行だ。アメリカ政府は二〇二〇年初頭からウイルスの蔓延を食い止めようと奔走していたが、ハイテク業界は発生直後から影響を受けた。シアトルの大半の地域が初期の感染で大きな打撃を受けると、感染はすぐにカリフォルニア州の北部にも広がる。テクノロジー企業はオフィスを閉鎖し、社員はリモートワークを余儀なくされた。市民に対して、各州の知事や市長は、シェルター・イン・プレイス――自宅待機を命じ、ほぼすべての人が家から出られないように閉じ込めた。人びとの生活にとって必要不可欠な〝エッセンシャル・ビジネス〟のみが業務を許され、小売業、接客業、運輸業などの分野はほぼ壊滅に近い状態に追い込まれた。企業は一夜にして倒産し、何百万もの人たちが失業保険を申請した。路上に出て、わずかに残った乗客を拾う勇気のあるウーバーのドライバーは、フェースマスクをつけて運転した。この文章を書いている時点では、病院は何千人もの患者であふれ返り、ウォール街は完全な混乱状態に陥っている。トランプ政権が生み出した経済効果は、わずか数週間のあいだで消え去り、二〇〇八年の世界金融危機さえうわまわる景気後退が迫りつつある。人の命を奪う恐ろしさ以上に、このウイルスには世界経済を停止させる恐れがある。

シリコンバレーでは、あるベンチャーキャピタルが警鐘を鳴らした。二〇二〇年三月三日、テクノロジー業界への投資の歴史において、ひときわ有名で高い評価を得ているセコイア・キャピタルは、同社の投資先企業の創業者たちに公開書簡を送った。書簡のなかでセコイア・キャピタルは、コロナウイルスを「二〇二〇年のブラックスワン」と呼んでいた。金融の世界では、マーケットにおいて予想不可能な大事件が起き、業界に致命的な影響を与える出来事を「ブラックスワン」と呼んでいる。投資家たちは、このような不吉な前兆に備え、創業者たちに準備をさせようとしていた。収益構造を高め、バランスシートを踏まえて慎重に判断し、社員の数を減らすこと——こうした点に企業は目を向けるべきだ。

シリコンバレーに向けてセコイア・キャピタルが発信したメッセージは、これまでにないものだった。自由に使える経費や軽薄の時代は終わった。厳しい選択をしなければならない。そしてそれは、誰もがやり遂げられるものではない。

「ある意味、ビジネスは生物学に通じるものがある」とセコイアのパートナーたちは、投資先の創業者たちに語った。「ダーウィンが推察していたように、生き残るのは『もっとも強い者でも、もっとも賢い者でもなく、もっとも変化に適応できる者』なのである」

その言葉どおり、シリコンバレーはたしかに変わりつつある。カラニックやニューマンは威勢のいい、体育会気質のシリコンバレーのカルチャーを好んだ。しかしなんでもありの時代のシリコンバレーのカルチャーは、もはや過去のものと見られている。かつてウーバーの一部の社員は職場で公然と女性を差別していたが、現在ここで働く者はそんなこともしてはならないとわきまえている。ラスベガスのような罪深い町で繰り広げられる、七日間のドンチャン騒ぎも減った(少なくとも社名を出さずに、こっそりと行われるようになった)。

このように厳格な方向に向かっているにもかかわらず、当の創業者たちの感性そのものは今日でもあまり変わってはいない。ウーバーのかつてのマネージャーたちや当時のほかのスタートアップのように、彼ら起業家たちも進んでルールをすり抜け、世界を変える可能性がある次の会社を作るために近道することをいとわない。

一例としてズーム(Zoom)を取り上げよう。かつてこの会社は電話会議のソフトウエアを提供するありきたりな企業にすぎなかった。だが、コロナウイルスの大流行をきっかけに利用者を一気に拡大させた。在宅勤務を余儀なくされた会社員から、外出を控えて部屋に閉じこもるようになった十代の若者まで、それまでにはないほど多くの人たちがオンラインに集まった。シームレスなソフトで構成された、シンプルで容易なズームの操作性が好まれた。

だが、このソフトの人気を受け、セキュリティーを研究する専門家が調べてみると、ズームは無数のプライバシー侵害を行っており、決してユーザーフレンドリーなソフトではなかったことが判明したのだ。セキュリティーのループホールや悪質なデータ共有が行われ、脆弱性のある暗号化方式が採用されていた。もちろん、メディアの批判を浴びてズームは改善を誓っていたが、コロナウイルスが大流行するさなか、ズームは適切な時期に適切な場所にいた。市場シェアを獲得するため、積極的に動いたことも功を奏したのだろう。アメリカ史上最悪の下げ相場にもかかわらず、二〇二〇年四月、ズームの時価総額は三五〇億ドルを超えた。

さらに言うなら、前世代の創業者たちを鼓舞した、テクノロジーで世界を救うという夢のような精神《エートス》は、案外正しかったのかもしれない。結局のところ、ズームのような企業は、ウーバーの創業時には考えられなかった方法で、人びとがコミュニケーションできる方法を生み出していた。

そして、トラビス・カラニックに続く次の世代は、「いつも押しまくれ《オールウェイズ・ビー・ハッスリン》」――一番目に掲げられたウーバーのかつてのバリュー――など、声高らかに誓ってなどいないだろう。その必要はないからだ。この精神はすでに暗黙の了解になっている。「テックラッシュ」と呼ばれるビッグ・テックへの反発と、テクノロジー業界に対する世間の目が厳しくなったことで、テクノロジー業界はこれまで以上に閉鎖的になり、ますます身構えるようになった。おそらく内省的に考える機会さえ失いつつあるのだろう。メディアで彼らを批判する者は無知な「嫌悪者《ヘイター》」と見なされ、スタートアップの王国を断固として守ろうとする者は、若い創業者が批判者の冷笑の餌食にならないよう、ますます強固に彼らをかばうようになった。

テクノロジー業界のハッスルカルチャーは、いまもなお健在なのだ。トラビス・カラニックは、ドットコム・バブルが弾けたあとの廃墟と新たなモバイル機器が出現した世界からみずからの会社を立ち上げてきた。コロナ禍という二〇二〇年の壊滅的な大変動のさなかでも、次世代のユニコーン企業はすでにその形を着実に整えつつあるはずだ。そのとき、唯一の問題となるのは、どうやってユニコーンに変貌するのか、実はその方法なのである。

謝辞

本書のカバーに記された名前は私一人だけだが、これまで二年間にわたって私を支えてくれた何十人もの人たちの助けがなければ、本書の原稿を書き上げることはできなかった。

W・W・ノートンの担当編集者である Tom Mayer に感謝を申し上げる。私のアイデアや文章に専門家ならではの見事な方法で命を吹き込んでくれたのが彼だった。これまでの仕事で、彼ほど才能のある編集者はほとんどいなかった。彼といっしょに仕事をしたことで、私も少しはましな書き手になれたと思う。

さらに W・W・ノートンの以下のメンバーが本書の刊行を実現してくれた。Will Scarlett, Dassi Zeidel, Becky Homiski, Beth Steidle, Anna Oler, Nneoma Amadi-obi, Steven Pace, Brendan Curry, Nicola DeRobertis-Theye, Elisabeth Kerr, Meredith McGinnis ——そして数多くのほかの方々にもお礼を申し上げる。どなたも本書を成功させるために一生懸命取り組んでくれた。彼らのかけがえのない支持と尽力に感謝したい。

私のエージェントであるレバイン・グリーンバーグの Daniel Greenberg にも感謝の意を伝えたい。二〇一四年に出会った際、その席で私はウーバーの執筆構想に関してはじめて手応えを感じていた。会ってから三年、その間私のほうから連絡をすることはなかったが、彼は粘り強く原稿を待っていてくれた。

長年いっしょに仕事をしてきた「ニューヨーク・タイムズ」の担当編集者Pui-Wing Tamがいなければ、私はいまだに半人前のレポーターのままだっただろう。私にとって彼女はかけがえのない指導者である。ウーバーにとって激動の一年になった二〇一七年、進展があるたびに緊密に協力しながらともに働くことができた。「タイムズ」の一員としてなじめたのも、彼女の貴重なアドバイスのおかげだった（勤務時間外に何度も電話してウーバーに関する別の記事を書いてほしいと依頼したこと、改めて陳謝します）。

本書の執筆をサポートしてくれた「タイムズ」のみんなにもお礼を申し上げる。Dean Baquet, Joe Kahn, Rebecca Blumenstein, Ellen Pollockの各氏は、この本を書くために私が休暇を取ることをこころよく認めてくれた。私の不在をカバーしてくれたのが、テクノロジー担当デスクの同僚たちだ。この計らいに改めて感謝の意を表したい。A. G. Sulzbergerは親切にも、私の記事に関するメモを控えていてくれた。とくに取材の全内容を理解しようと四苦八苦しているとき、メモに書かれた指摘は新たな気づきを与えてくれた。

Sean Laveryは私の原稿のファクトチェックの担当者で、煮詰まったときにはよき相談相手となってくれた。Simone Stolzoffには初期の調査で協力が得られ、大いに助けられた。お二人にも心からの礼を述べたい。

「タイムズ」のSam DolnickとStephanie Preissはいつものように、私のすばらしい協力者である。

また、話を聞かせてくれた人全員にお礼を申し上げなくてはならないだろう。本書の取材のため、彼らは個人的に大きなリスクを負って話をしてくれた。記者と話をする動機は人それぞれだが、私に情報を提供してくれた多くの方は、自分が正しいことをしていると考えている人たちばかりだった。情報の提供を申し出、話を聞かせることで、人びとがウーバーの物語をより正しく理解することに役立つことを望んでいた。この場を借りて、情報提供してくださった皆さんに心からの感謝を申し上げる。皆さんの協力がなければ、本書を書き上げることはできなかったはずだ。

本書の刊行にいたるまで、相談に乗ってくれたり、力を貸してくれたりしたライターや友人にも礼を申し上げる。Kevin Roose, B. J. Novak, Nick Bilton, Anna Wiener からは貴重な意見を聞くことができ、また、Tristan Lewis, Emily Silverman, Hana Metzger の心遣いのおかげで原稿を書き続けていくことができた。

最後に私の家族——Michael, Lorraine, Joe, とくに Sarah Emerson と Bruna にお礼を言いたい。昼夜を問わず、取材と執筆に明け暮れる我を忘れた私の仕事に、家族全員がなんとかつきあってくれた。私は生涯にわたってその辛抱強さに感謝する。本書は家族に捧げたい。

情報源に関する但し書き

本書の内容は、私が五年にわたってウーバーを取材してきたなかで、延べ二〇〇人以上の関係者に行った何百回ものインタビューと、何百枚にも及ぶ未公開文書を綿密に調べたうえで書かれている。

本書で起きるあらゆる出来事は、いずれも一次資料と二次資料、つまり当事者の目撃談、あるいはその問題を直接知る二人以上の関係者から得た情報に基づいている。描かれたすべてのシーンは、複数の関係者によって裏づけられている。

掲載されているいずれの会話も、ビデオ録画、音声ファイル、記録文書から引用したものであり、さらにその状況を直接知っている人物が語ったものだ。また、電子メールやテキストメッセージは、私が直接閲覧したもの、または私に伝えられたものである。

私がもっとも懸念するのは、情報提供者の安全と彼らの身に及ぶかもしれない脅威だ。それだけに、本書の物語を語るうえで欠かせなかった彼らの協力に心からのお礼を申し上げる。

訳者あとがき

本書『ウーバー戦記――いかにして台頭し席巻し社会から憎まれたか』は、二〇一九年九月に刊行された「ニューヨーク・タイムズ」の記者マイク・アイザックの *Super Pumped*《スーパーパンプド》 *: The Battle for Uber* を全訳したものである。原書タイトルを直訳するなら、『超気合いを入れろ――ウーバーをめぐる戦い』となるだろう。「超気合いを入れろ」は本書の第1章に紹介されているカラニックがＣＥＯとしてウーバーに君臨していた時代に掲げていた一四の行動基準《バリュー》のひとつで、本書のなかでも繰り返し言及されている彼の信念でもある。勝つことに取り憑かれた創業者は、常にハイテンションであれと自分ばかりか部下たちにも迫っていた。

カラニックは、ジェットコースターのような波乱に飛んだ目まぐるしい半生を送ってきた。その経過は本書に詳しいが、一九七六年に生まれ、現在四五歳になったカラニックの起業家としての生き方がどれほど劇的だったのか振り返るうえで、彼の経歴については年を追いながら改めて記しておいたほうがいいだろう。

・一九九八年：カリフォルニア大学をドロップアウトしてスカウア設立に参加。
・二〇〇〇年：全米レコード協会などから巨額の賠償請求を受けてスカウア破産。

・二〇〇一年：ドットコム・バブル崩壊直後にレッド・スウッシュを共同創業。
・二〇〇七年：レッド・スウッシュ売却。スタートアップ向けのエンジェル投資家に転進。
・二〇〇九年：ギャレット・キャンプとともに「ウーバーキャブ」を創業。
・二〇一〇年：ライアン・グレイブスにかわってCEOに就任。社名を「ウーバー」に変更。
・二〇一一年：ベンチマークからシリーズ「Aラウンド」の出資。パリに初の海外進出。
・二〇一二年：アリアナ・ハフィントンと出会う。ウーバーXのサービス開始。
・二〇一三年：世界三五の都市に進出。グーグル・ベンチャーズから二億五〇〇〇万ドルの出資。
・二〇一四年：中国進出。インドでレイプ事件発生。「GQ」誌で「ブーバー」発言。セイラ・レイシーの身辺調査に関するオフレコの会話が暴露。オレゴン州ポートランド進出。
・二〇一五年：スーザン・ファウラー入社。世界各国の支社でトラブルや事件が頻発。
・二〇一六年：サウジアラビアのPIFから三五億ドル調達。中国市場から撤退。アンソニー・レヴァンドウスキーから「オットー」買収。大統領戦略政策フォーラムのメンバー入りを宣言。
・二〇一七年
〈一月〉ダン・オサリバンのツイート「#デリートウーバー」。大統領戦略政策フォーラム辞退。

〈二月〉ファウラー「ウーバーで過ごしたとてもとても奇妙な一年を振り返って」をブログにアップ。「ウェイモ」、特許権の侵害などでウーバーとオットーを提訴。運賃をめぐってドライバーをののしるカラニックを映した動画がブルームバーグで報じられる。

〈三月〉グレイボール発覚。ソウルの性的カラオケバー訪問を元恋人が証言。

〈五月〉ボート事故で母親が死亡、父親も重傷を負う。

〈六月〉インドのレイプ事件被害者の医療ファイルをひそかに入手していた事実が暴かれる。「ホルダー・レポート」発表。主要投資家のシンジケートがシカゴでCEO辞任要求。辞任を受け入れたものの、取締役会の承認のないまま職務を継続。

〈七月〉執行幹部が辞職をかけてカラニックの退任を要求、サーバーへのアクセス権を剝奪される。

〈八月〉ベンチマークがカラニックを提訴。新CEOとしてダラ・コスロシャヒを選出。

〈一二月〉ソフトバンクによる株式公開買付の契約を締結。六名の取締役が新たに増員されて支配力を失う。
・二〇一八年：ベンチマーク、カラニックに対する訴訟を取りさげる。
・二〇一九年
〈五月〉ウーバー、新規株式公開。上場直後から値を下げて大幅の下落を記録。

〈一二月〉カラニック、一二月末で取締役を辞任。ウーバーの手持ち株の九割を売却する。


原書のサブタイトル「ウーバーをめぐる戦い」は、直接的には二〇一七年に起きたカラニックのCEO辞任を求める主要投資家のクーデターと、ウーバーの覇権をめぐる彼らとの戦いを指し、著者アイザックが「アメリカの企業の歴史において、史上最悪の一二カ月」(三二一頁)と評している戦争のことである。だが、創業者としてのカラニックの半生を俯瞰してみると、その「戦い」とはウーバーのCEOに就任した二〇一〇年から取締役を退任した二〇一九年まで続いた彼の〝十年戦争〟だったとも言えるだろう。

カラニックはあらゆるものを敵にして戦ってきた。宿敵は同様のビジネスモデルを掲げる世界中の競合他社はもちろん、既得権益の上にあぐらをかき、イノベーションを怠ってきた既存の運輸業界とその業界の意向を受けた政治家や市当局、かつて自分に煮え湯を飲ませ、隙あれば会社を取り上げようと目を光らせているベンチャーキャピタルだった。それだけではない。テクノロジーで世界を一変させようとする自分の意志を阻むのであるなら、カラニックはためらうことなく、社会や法律そのものを敵と見なして戦いを挑んだ。

生来の気質とあいまって、あらゆる戦いで勝利することはカラニックに課された使命だった。勝つためなら法令遵守やコンプライアンスを無視することも彼は辞さなかった。不正なソフトで当局の裏をかき、利用者の個人情報を不当に集め、さまざま違法行為を専門に担当する部署を組織していたばかりか、アップルさえ欺いて不正なコードをアプリに仕込んでいた。〝グレー〟な領域につけ込み、それを足がかりに一点突破を目ざすのが彼の流儀だった。一方、社内では絶えず緊張をあおり、社員同士の競争心を駆り立て、闘犬さながらの激しさで競わせて勝ち残った者だけに称賛を授けてきた。その結果、ウーバーでは若い白人男性《ブラザー》が支配する、野卑で子供じみた男尊女卑の〝ブロカルチャー〟がはびこり、セクシャルハラスメントが横行したが、シリコンバレー特有のこうした文化はむしろカラニックが理想とするところであり、社員の訴えなどまったく意に介さなかった。

革新的なビジネスモデルとともに、この闘争心こそウーバーがまたたく間にユニコーン中のユニコーンとしてトップに躍り出て、アマゾン、アップル、グーグル、フェイスブックに肉迫する巨大企業に短日で拡大できた源泉にほかならなかった。本書『ウーバー戦記』で描かれているのは、二〇〇〇年代後半の世界金融危機をきっかけに急速に変化していったシリコンバレーを背景に、一〇年にわたって繰り広げられたウーバーと創業者カラニックの興亡の物語でもある。カラニックがＣＥＯだった絶頂期、ウーバーは七〇〇億ドル近い企業価値評価を受け、ベンチャーキャピタルから何十億ドルも資金を引き出しながらも、経営権を独占して出資者の声を封殺していた。奔放で野心的な創業者に率いられ、世界の人やモノの移動手段に革命を起こすことをウーバーは約束していた。

だが、すべてを敵にまわした代償はただではすまなかった。カラニックの経営理念やウーバーの企業カルチャーはやがてシリコンバレーそのものの醜悪さを象徴する存在となっていく。年が改まった二〇一七年の直後から、積年の問題がこれでもかとばかりに暴き立てられていく。そこに描かれているのはスタートアップのハッスルカルチャーの危うさと、創業者を盲目的に崇拝することがいかに企業を誤った方向に向かわせていくのかという手痛い実例である。それは本書に通底するテーマのひとつであり、ペーパーバック版で増補された「結びにかえて」では、ウーバーとともにウィワークを例にあげ、創業者信仰にともなう危うさが改めて説かれている。

ウーバーはデジタルテクノロジーで既存の業界の秩序やビジネスモデルを破壊する「ディスラプター」の典型だといわれている。必要とあれば、法律さえ自分たちの手で変えてしまえという発想は、法的な規制以前に行政指導がものを言う日本ではなかなか理解できないが、アメリカのビジネス環境の徹底した弱肉強食ぶりをまざまざと見せつける。既成事実を先に作り出し、新しいビジネスモデルで業界を覆して業界のルールそのものを書き変え、勝った者が成功の果実を総取りする。そうした考えに基づいてカラニックは中国で滴滴出行《ディディチューシン》と争い、インドや東南アジア、韓国へと進出していった。日本には二〇一二年に進出してきた。現在、既存のタクシー会社と提携して配車サービスなどを提供しているが、ご存じのように他国のような一般ドライバーによるライドシェアは行われていない。もっとも、その試みがなされなかったわけではない。

二〇一五年二月に福岡で実施された「みんなのウーバー」という検証実験がそれだ。しかし、実験から三週間後の二月二七日、国土交通省はこのプロジェクトに対して行政指導を行っていた。実験に先立ち、ドライバーに対する報酬は「無償」だとウーバーは国交省に説明していたが、実際は報酬が発生して「有償」だった事実が判明したのだ。いわゆる〝白タク〟に分類される可能性が高かったからである。

さらに、実験に協力するドライバーや顧客とウーバーが交わした契約書の主体がウーバーの日本法人ではなかった。ドライバーの契約相手はヨーロッパのある国に存在するウーバーの関連会社で、顧客の契約相手も同じ国にある別の関連会社だった。しかも、いずれの契約も法域は日本ではなくその国に属していた。つまり、この実験で何らかのトラブルが起きて訴訟に発展した場合、ドライバーと顧客は日本国内ではなく当該国の裁判所に訴え、現地の法律に基づいて裁判を争わなくてはならない。国交省は実験にともなう資料の提出を求めたが、説明はいずれも口頭で、プロジェクトの概要が記された契約書が提出されたのは実験が始まってから半月以上が経過していた(以上については「ニューズピックス」二〇一五年三月一〇日「国交省幹部が語る『Uberに行政指導を下した本当の理由』」を参照：https://newspicks.com/news/866792/body/)。

この実験プロジェクトが行われたのは、本書の第1章にある「10の10乗」が達成された年で、ラスベガスでドンチャン騒ぎの記念イベントが開催される八カ月前のことである。すでに世界各地でウーバーが世界各国でトラブルを引き起こし、日本にも当然ウーバーの評判は伝わっていた。しかし、こうした悪評こそカラニックがこの時期に押しに押していた事実を裏づけるものであり、文字どおり〝超気合いを入れて《スーパーパンプド》〟事業を拡大していた。

＊

二〇二一年はスティーブ・ジョブズが亡くなってからちょうど一〇年目に当たる。カラニックは「ジョブズになれなかった男」と言われるときもある。ともにアグレッシブな創業者で、イノベーションを通じて創造的破壊を引き起こして世界を一変させた点、さらに尊大で非情な点においても二人からは共通する印象が感じられる。ただ、カラニックの場合、攻撃的な創業者であると同時に、徹底したアウトローでもあった。その点でジョブズとは大きく異なるのだろう。ジョブズは社会に受け入れられ、世間の尊敬も勝ち得た。彼に捧げられた敬愛は、二〇〇五年のスタンフォード大学の卒業スピーチでピークに達した。

それでも「しかし」と思うのは、もしジョブズが病を得ずに生きながらえていたら、これほどの評価が現在も変わらずに寄せられていたのかという点だ。一九八〇年代、シリコンバレーの若き創業者たちはサンフランシスコ流の自由奔放な文化と、ハッカーとして自由市場に対する熱烈なビジネスマインドを融合させた「カリフォルニアン・イデオロギー」という価値体系を掲げていた。反権威の「ヒッピー」と若きビジネスエリートの「ヤッピー」という、本来なら相反する価値観にもかかわらず、テクノロジーの本質は人間を解放させ、よりよき世界を築くためにあると唱えることで、彼らはこのイデオロギーにひそむ矛盾を取りつくろってきた。自分たちが手がける事業はビジネスではなく革命であり、文化闘争なのだと説いて人びとを魅了してきた。そして、ジョブズこそこの理念をもっとも体現した存在にほかならなかった。

彼らはカリフォルニアン・イデオロギーについて念入りに磨きをかけてきた。だが、そんな話はもはや誰も信用していない。ユーザーの情報やデータを独占し、秘密裡に利用し、巨額な富を得てきたビッグテックに対する怒りは高まり、GAFAは「ニューモノポリー」(新独占)の象徴と見なされ、もはや憎悪の対象だ。かつてSNSの寵児としてもてはやされたマーク・ザッカーバーグはいまや批判の矢面に立たされ、フェイスブックという社名をメタ(Meta)と変えて社会の逆風をなんとかかわそうと必死だ。グーグルとともに、司法省から独占禁止法で提訴さえされている。本書の最終頁(五三九頁)に出てくる「テックラッシュ」(techlash)は二〇一〇年代後半以降、頻繁に目にするようになった言葉で、テクノロジーに対するbacklash《バックラッシュ》(反発、反感)を意味している。

本書の第14章「文化戦争」に書かれているように、二〇〇八年の金融危機をきっかけに、それまでウォール街を目ざしてきたMBAの取得者たちは、針路を西に変えてシリコンバレーに流れ込むようになった。いまではユニコーン企業の四分の一がビジネススクールの卒業生たちだという。カラニックが好んで採用していたという彼らは、非情なビジネスマンだったのである。プラットフォームを握ったテック企業がシェアリングビジネスに君臨して、ギグワーカーを支配する。自分たちは雇用を生み出していると彼らは説くが、単発の仕事を文字どおり「セッション」として謳歌できる者ははたしてどれくらいいるのだろう。

こうした論評も本書『ウーバー戦記』の読みどころである。もちろん読み物としてもおもしろい。ジャーナリストらしいスピード感あふれる文体で、入念なファクトに基づいた簡潔なシーンが続いて一気に読み進めることもできる。登場人物は多岐にわたり、ラリー・ペイジやティム・クックなど、シリコンバレーの大立者の意外な素顔が見られる点でも興味は尽きない。カラニックを無力化するうえで、ソフトバンクの孫正義氏が決定的な役割を果たしていた。ビヨンセやキャメロン・ディアス、オプラ・ウィンフリーなどのセレブの名前も出てくる。

スティーブ・ジョブズはアイフォーンの可能性をひと目で見抜き、先行していたアイパッドに先んじてアイフォーンの開発を急がせた。だが、「〝クソみたいなアプリ〟の波が押し寄せる」のを嫌い、アップストアの潜在性については当初見誤っていたエピソードが本書には書かれている。ジョブズの卓越した美的センスが邪魔をしていたとも読めそうな話だが、あの不世出の天才でさえ、直感的に見抜けなかったものがあったことを物語る興味深いエピソードだ。

アメリカでは、ウォルター・アイザックソンの『スティーブ・ジョブズ』はいまでもさかんに読み継がれ、子供向けのジョブズの伝記の刊行も続いている。『スティーブ・ジョブズ』が亡くなった直後から歴史に名前を残した人物の人となりと業績を記した評伝なら、本書『ウーバー戦記』は破れてもなお戦意を失わず、満々の闘志をみなぎらせて闘い続けるトラビス・カラニックという破天荒な創業者の半生を描いたピカレスクロマンと位置づけたくなるノンフィクションである。

たしかに、まぎれもない悪童ではあるが、カラニックは「それでもなお人を魅了せずにはおかない」何かを秘めた人物なのである。

本書についてはすでにドラマ化が決定している。二〇二二年から「ショウタイム」でファーストシーズンが配信される予定で、主な配役についても発表されている。カラニックを演じるのは『スノーデン』のジョセフ・ゴードン＝レヴィット、カラニックと対立するベンチマークのビル・ガーリーを『ゴジラ vs コング』のカイル・チャンドラーが演じる。また、アリアナ・ハフィントン役には、『キル・ビル』『パルプ・フィクション』などクエンティン・タランティーノの作品で知られるユマ・サーマンがキャスティングされたとその後発表された。

最後になるが、草思社取締役編集部長の藤田博氏と編集実務を担当していただいた片桐克博氏に改めてお礼を申し上げます。

二〇二一年一一月

訳者

原註

プロローグ●進撃の夜

（1）Karen Weise, "This Is How Uber Takes Over a City," Bloomberg Businessweek, June 23, 2015, https://www.bloomberg.com/news/features/2015-06-23/this-is-how-uber-takes-over-a-city.
（2）Max Chafkin, "What Makes Uber Run," Fast Company, September 8, 2015, https://www.fastcompany.com/3050250/what-makes-uber-run.
（3）Weise, "This Is How Uber Takes Over a City."
（4）Alyson Shontell, "10 Ads That Show What A Circus the War Between Uber and Lyft Has Become," Business Insider, August 13, 2014, https://www.businessinsider.com/10-uber-lyft-war-ads-2014-8.

第1章●10の10乗

（1）Kara Swisher and Johana Bhuiyan, "Uber CEO Kalanick Advised Employees on Sex Rules for a Company Celebration in 2013 'Miami Letter,' " Recode, June 8, 2017, https://www.vox.com/2017/6/8/15765514/2013-miami-letter-uber-ceo-kalanick-employees-sex-rules-company-celebration.
（2）Kara Swisher, "Man and Uber Man," Vanity Fair, November 5, 2014, https://www.vanityfair.com/news/2014/12/uber-travis-kalanick-controversy.
（3）Aileen Lee, "Welcome to the Unicorn Club: Learning From Billion Dollar Startups," TechCrunch, October 31, 2013, https://techcrunch.com/2013/11/02/welcome-to-the-unicorn-club/.
（4）Sam Biddle, " 'Fuck Bitches Get Leid,' the Sleazy Frat Emails of Snapchat's CEO," Valleywag, May 28, 2014, http:// http://valleywag.gawker.com/fuck-bitches-get-leid-the-sleazy-frat-emails-of-snap-1582604137.

(5) Jack Morse, "Bros Attempt to Kick Kids Off Mission Soccer Field," Uptown Almanac, October 9, 2014, https://uptownalmanac.com/2014/10/bros-try-kick-kids-soccer-field.
(6) Brad Stone, *The Upstarts: How Uber, Airbnb, and the Killer Companies of the New Silicon Valley Are Changing the World* (New York: Little Brown, 2017).〔ブラッド・ストーン著『UPSTARTS――UberとAirbnbはケタ違いの成功をこう手に入れた』井口耕二訳、日経BP社、2018年〕
(7) "Leadership Principles," Amazon, https://www .amazon.jobs/principles.〔https://www.amazon.co.jp/b?ie=UTF8&node=4967768051〕
(8) Alyson Shontell, "A Leaked Internal Uber Presentation Shows What the Company Really Values in Its Employees," Business Insider, November 19, 2014, https://www.businessinsider.com/uber-employee-competencies-fierceness-and-super-pumpedness-2014-11.

第2章●創業者の作り方

(1) Elizabeth Chou, "Bonnie Kalanick, Mother of Uber Founder, Remembered Fondly by Former Daily News Coworkers," *Los Angeles Daily News*, August 28, 2017, https://www.dailynews.com/2017/05/28/bonnie-kalanick-mother-of-uber-founder-remembered-fondly-by-former-daily-news-coworkers/.
(2) Chou, "Bonnie Kalanick."
(3) Travis Kalanick, "Dad is getting much better in last 48 hours," Facebook, June 1, 2017, https://www.facebook.com/permalink.php?story_fbid=10155147475255944&id=564055943.
(4) Kara Swisher, "Bonnie Kalanick, the Mother of Uber's CEO, Has Died in a Boating Accident," Recode, May 27, 2017, https://www.recode.net/2017/5/27/15705290/bonnie-kalanick-mother-uber-ceo-dies-boating-accident.
(5) Taylor Pittman, "Uber CEO Travis Kalanick and His Dad Open Up on Life, Love and Dropping Out of School," Huffington Post, April 11, 2016, https://www.huffingtonpost.com/entry/uber-travis-kalanick-talk-to-me_us_57040082e4b0daf53af126a9.
(6) Swisher, "Bonnie Kalanick."
(7) Pittman, "Uber CEO Travis Kalanick."
(8) Adam Lashinsky, *Wild Ride: Inside Uber'fs Quest for World Domination* (New York: Portfolio/Penguin, 2017), 40.〔アダム・ラシンスキー著『ワイルドライド――ウーバーを作りあげた狂犬カラニックの成功と失敗の物語』小浜杳訳、東洋館出版社、2020年〕
(9) Jesse Barkin, "Valley Conference Basketball Honors Top Students," *Los*

Angeles Daily News, March 30, 1988, Z10.
(10) Chris Raymond, "Travis Kalanick: 'You Can Either Do What They Say or You Can Fight for What You Believe,' " Success, February 13, 2017, https://www.success.com/travis-kalanick-you-can-either-do-what-they-say-or-you-can-fight-for-what-you-believe/.
(11) Sarah E. Needleman, "A Cutco Sales Rep's Story," *Wall Street Journal*, August 6, 2008, https://www.wsj.com/articles/SB121788532632911239.
(12) 著者によるインタビュー(2017年).
(13) TechCo Media, "Travis Kalanick Startup Lessons from the Jam Pad—Tech Cocktail Startup Mixology," YouTube video, 38:34, May 5, 2011, https://www.youtube.com/watch?v=VMvdvP02f-Y.
(14) Stone, *Upstarts*.
(15) John Borland, "Well-Scrubbed Business Plan Not Enough for SuperPumped_txt_pbk.indd 358 6/1/20 4:31 PM Notes 359 Scour," CNET, January 11, 2002, https://www.cnet.com/news/well-scrubbed-business-plan-not-enough-for-scour/.
(16) BAMM.TV, "FailCon 2011—Uber Case Study," YouTube video, 26:18, November 3, 2011, https://www.youtube.com/watch?v=2QrX5jsiico&t=2s.
(17) BAMM.TV, "FailCon 2011."
(18) BAMM.TV, "FailCon 2011."
(19) Rich Menta, "RIAA Sues Music Startup Napster for $20 Billion," MP3newsire.net, December 9, 1999, http://www.mp3newswire.net/stories/napster.html.(リンク切れ)
(20) Matt Richtel, "Movie and Record Companies Sue a Film Trading Site," *New York Times*, July 21, 2000, https://www.nytimes.com/2000/07/21/business/movie-and-record-companies-sue-a-film-trading-site.html.
(21) Richtel, "Movie and Record Companies Sue."

第3章●心に刻まれた教訓

(1) "Where Are They Now: 17 Dot-Com Bubble Companies and Their Founders," CB Insights, September 14, 2016, https://www.cbinsights.com/research/dot-com-bubble-companies/.
(2) Matt Richtel, "A City Takes a Breath After the Dot-Com Crash; San Francisco's Economy Is Slowing," *New York Times*, July 24, 2001.
(3) BAMM.TV, "FailCon 2011."
(4) BAMM.TV, "FailCon 2011."
(5) Liz Gannes, "Uber CEO Travis Kalanick on How He Failed and Lived to

Tell the Tale," D: All Things Digital, November 8, 2011, http://allthingsd.com/20111108/uber-ceo-travis-kalanick-on-how-he-failed-and-lived-to-tell-the-tale/.
(6)TechCo Media, "Travis Kalanick, Founder & CEO of Uber— Tech Cocktail Startup Mixology," YouTube video, 34:35, June 14, 2012, https://www.youtube.com/watch?v=Lrp0me9iJ_U.

第4章●ニューエコノミー

(1)Stephen Labaton and Edmund L. Andrews, "In Rescue to Stabilize Lending, U.S. Takes Over Mortgage Finance Titans," *New York Times*, September 7, 2008, https://www.nytimes.com/2008/09/08/business/08fannie.html.
(2)U.S. Bureau of Labor Statistics, "More than 75 Percent of American Households Own Computers," *Beyond the Numbers* 1, no 4 (2010), https://www.bls.gov/opub/btn/archive/more-than-75-percent-of-american-households-own-computers.pdf.
(3)John B. Horrigan, "Home Broadband 2008," Pew Research Center, July 2, 2008, http://www.pewinternet.org/2008/07/02/home-broadband-2008/.
(4)著書によるジョン・ドーアへのインタビュー(2018年4月3日).
(5)Rene Ritchie, "The Secret History of iPhone," iMore, January 22, 2019, https://www.imore.com/history-iphone-original.
(6)Brian X. Chen, "iPhone Developers Go from Rags to Riches," Wired, September 19, 2008, https://www.wired.com/2008/09/indie-developer/.
(7)著者によるインタビュー(2018年4月3日).

第5章●揺るぎない上昇志向

(1)Brad Stone, "Uber: The App That Changed How the World Hails a Taxi," *Guardian*, January 29, 2017, https://www.theguardian.com/technology/2017/jan/29/uber-app-changed-how-world-hails-a-taxi-brad-stone.
(2)Stone, Upstarts.
(3)引用元はトラビス・カラニックのブログ. Travis Kalanick, "Expensify Launching at TC50!!," *Swooshing* September 17, 2008, https://swooshing.wordpress.com/2008/09/17/expensify-launching-at-tc50/.
(4)TechCo Media, "Travis Kalanick, Founder & CEO of Uber."
(5)TechCo Media, "Travis Kalanick Startup Lessons."
(6)https://twitter.com/konatbone.(リンク切れ)
(7)Garrett Camp, "The Beginning of Uber," Medium, August 22, 2017, https://medium.com/@gc/the-beginning-of-uber-7fb17e544851.

第6章●「好きなように作れ」

(1)Travis Kalanick(@travisk), “Looking 4 entrepreneurial product mgr/biz-dev killer 4 a location based service.. pre-launch, BIG equity, big peeps involved—ANY TIPS??,” ツイッター：2010年1月5日20時14分,https://twitter.com/travisk/status/7422828552.

(2)Ryan Graves(@ryangraves), “@KonaTbone heres a tip. email me :) graves.ryan[at]gmail.com,” ツイッター：2010年1月5日20時17分, https://twitter.com/ ryangraves/status/7422940444?lang=en.(リンク切れ)

(3)Anita Balakrishnan, “How Ryan Graves became Uber's first CEO,” CNBC, May 14, 2017, https://www.cnbc.com/2017/05/14/profile-of-ubers-ryan-graves.html.

(4)ryangraves, Tumblr, http://ryangraves.tumblr.com/.(リンク切れ)

(5)ryangraves, Tumblr, http://ryangraves.tumblr.com/post/516416119/ via-fuckyeahjay-z.(リンク切れ)

(6)Brian Lund, “From Dead-End Job to Uber Billionaire: Meet Ryan Graves,” *DailyFinance*, July 3, 2014, https://web.archive.org/web/20140707042902/http://www.dailyfinance.com/on/uber-billionaire-ryan-graves/.(リンク切れ)

(7)ryangraves, Tumblr, http://ryangraves.tumblr.com/post/336093270/dpstyles-crunchie-closeup-aka-the-heisman-of.(リンク切れ)

(8)Ryan Graves, “Into the Infinite Abyss of the Startup SuperPumped_txt_pbk.indd 360 6/1/20 4:31 PM Notes 361 Adventure,” Facebook, February 14, 2010, https://www.facebook.com/note.php?note_ id=476991565402.(リンク切れ)

(9)Michael Arrington, “Uber CEO ‘Super Pumped’ about Being Replaced by Founder,” TechCrunch,https://techcrunch.com/2010/12/22/uber-ceo-super-pumped-about-being-replaced-by-founder/.

(10)Uber HQ(@sweenzor), Instagram Photo, September 18, 2013, https://www.instagram.com/p/eatIa-juEa/?taken-by=sweenzor.(リンク切れ)

(11) Leena Rao, “UberCab Takes the Hassle Out of Booking a Car Service,” TechCrunch, https://techcrunch.com/2010/07/05/ubercab-takes-the-hassle-out-of-booking-a-car-service/.

(12) Michael Arrington, “What If UberCab Pulls an Airbnb? Taxi Business Could(Finally) Get Some Disruption,” TechCrunch, https://techcrunch.com/2010/08/31/what-if-ubercab-pulls-an-airbnb-taxi-business-could-finally-get-some-disruption/.

第7章●ベンチャーキャピタルでもっとも背の高い男

(1) GigaOm, "Bill Gurley, Benchmark Capital (full version)," YouTube video, 32:48, 2012年12月14日, https://www.youtube.com/watch?v=dBaYsK_62EY.

(2) John Markoff, "Internet Analyst Joins Venture Capital Firm," *New York Times*, July 14, 1997, https://www.nytimes.com/1997/07/14/business/internet-analyst-joins-venture-capital-firm.html.

(3) Marissa Barnett, "Former Resident Donates $1M to Dickinson," *Galveston County Daily News*, September 6, 2017, https://www.galvnews.com/news/article_7c163944-63ee-5499-8964-fec7ef7e0540.html.

(4) Bill Gurley, "Thinking of Home: Dickinson, Texas," *Above the Crowd* (ブログ), 2017年9月6日, http://abovethecrowd.com/2017/09/06/thinking-of-home-dickinson-texas/. (リンク切れ)

(5) "Commodore VIC-20," Steve's Old Computer Museum, http://oldcomputers.net.

(6) Eric Johnson, "Full Transcript: Benchmark General Partner Bill Gurley on Recode Decode," Recode, September 28, 2016, https://www.vox.com/2016/9/28/13095682/bill-gurley-benchmark-bubble-uber-recode-decode-podcast-transcript.

(7) "Bill Gurley," Sports Reference, College Basketball (CBB), https://www.sports-reference.com/cbb/players/bill-gurley-1.html および "Bill Gurley Season Game Log," Sports Reference, College Basketball (CBB), https://www.sports-reference .com/cbb/players/bill-gurley-1/gamelog/1988/.

(8) Gabrielle Saveri, "Bill Gurley Venture Capitalist, Hummer Winblad Venture Partners," Bloomberg, August 25, 1997, https://www.bloomberg.com/news/ articles/1997-08-24/bill-gurley-venture-capitalist-hummer-winblad-venture-partners. (リンク切れ)

(9) Stross, Randall E., *EBoys: The First Inside Account of Venture Capitalists at Work* (Crown Publishers, 2000). 〔ランダル・E・ストロス著『eボーイズ――ベンチャーキャピタル成功物語』春日井晶子訳、日本経済新聞出版、2001年〕

(10) Bill Gurley, "Benchmark Capital: Open for Business," *Above the Crowd* (ブログ), 2008年12月1日, https://abovethecrowd.com/2008/12/01/benchmark-capital-open-for-business/.

第8章●二人のステップ

(1) Artturi Tarjanne, "Why VC's Seek 10x Returns," *Activist VC Blog* (ブログ), Nexit Adventures, January 12, 2018, https://www.nexitventures.com/blog/

vcs-seek-10x-returns/.
(2) Amir Efrati, "Uber Group's Visit to Seoul Escort Bar Sparked HR Complaint," The Information, March 24, 2017, https://www.theinformation.com/articles/uber-groups-visit-to-seoul-escort-bar-sparked-hr-complaint.
(3) Andreessen Horowitz, Software Is Eating the World, https://a16z.com/.
(4) Richard Florida and Ian Hathaway, "How the Geography of Startups and Innovation Is Changing," *Harvard Business Review*, November 27, 2018, https://hbr.org/2018/11/how-the-geography-of-startups-and-innovation-is-changing.
(5) Center for American Entrepreneurship, "Rise of the Global Startup City," Startup Revolution, http://startupsusa.org/global-startup-cities/.
(6) Center for American Entrepreneurship, "Rise of the Global Startup City."
(7) "From the Garage to the Googleplex," About, Google, https://about.google/intl/ALL_us/our-story/.
(8) "The Effects of Dual-Class Ownership on Ordinary Shareholders," Knowledge@Wharton, June 30, 2004, http://knowledge.wharton.upenn.edu/article/the-effects-of-dual-class-ownership-on-ordinary-shareholders/.
(9) Larry Page and Sergey Brin, "2004 Founders' IPO Letter," Alphabet Investor Relations, https://abc.xyz/investor/founders-letters/2004-ipo-letter/.
(10) "Snapchat Spurned $3 Billion Acquisition Offer from Facebook," *Digits* (ブログ), *Wall Street Journal*, November 13, 2013, https://blogs.wsj.com/digits/2013/11/13/snapchat-spurned-3-billion-acquisition-offer-from-facebook/.

第9章●チャンピオンの気がまえ

(1) Liz Gannes, "Travis Kalanick: Uber Is Raising More Money to Fight Lyft and the 'Asshole' Taxi Industry," Recode, May 28, 2014, https://www.recode.net/2014/5/28/11627354/travis-kalanick-uber-is-raising-more-money-to-fight-lyft-and-the.
(2) Andy Kessler, "Travis Kalanick: The Transportation Trustbuster," *Wall Street Journal*, January 25, 2013, https://www.wsj.com/articles/ SB10001424127887324235104578244231122376480.
(3) Alexia Tsotsis, "Spotted! Secret Ubers on the Streets of Seattle," TechCrunch, https://techcrunch.com/2011/07/25/uber-seattle/.
(4) Adam Withnall, "Uber France Apologises for Sexist Promotion Offering Men Free Rides with 'Incredibly Hot Chicks' as Drivers," *Independent*, October 23, 2014, https://www.independent.co.uk/life-style/gadgets-and-tech/

uber-france -apologises-for-sexist-promotion-offering-men-free-rides-with-incredibly-hot-chicks-as -9813087.html.
(5)Bill Gurley, "How to Miss by a Mile: An Alternative Look at Uber's Potential Market Size," *Above the Crowd*(ブログ), 2014年7月11日, https://abovethecrowd.com/2014/07/11/how-to-miss-by-a-mile-an-alternative-look-at-ubers-potential-market-size/.
(6)Travis Kalanick, "Principled Innovation: Addressing the Regulatory Ambiguity Ridesharing Apps," April 12, 2013, http://www.benedelman.org/uber/uber-policy-whitepaper.pdf.(リンク切れ)
(7)Swisher, "Bonnie Kalanick."
(8)Travis Kalanick(@travisk), "@johnzimmer you've got a lot of catching up to do . . . #clone," Twitter, March 19, 2013, 2.22 p.m., https://twitter.com/ travisk/status/314079323478962176?lang=en.(リンク切れ)
(9)著者によるウーバー元取締役へのインタビュー.
(10)Swisher, "Man and Uber Man."
(11)Liz Gannes, "Uber's Travis Kalanick on Numbers, Competition and Ambition (Everything but Funding)," D: All Things Digital, June 27, 2013, http://allthingsd.com/20130627/ubers-travis-kalanick-on-numbers-competition-and-ambition-everything-but-funding/.
(12)初期の幹部社員に対するインタビュー(2018年・サンフランシスコ).

第10章●ホームショー

(1)Eric Jackson, "Tellme Is One of the Best Silicon Valley Companies Most People Have Never Heard Of," CNBC, October 23, 2017, https://www.cnbc.com/2017/10/23/tellme-is-the-best-tech-company-most-have-never-heard-of.html.
(2)Tomasz Tunguz, "Why Negative Churn is Such a Powerful Growth Mechanism," November 18, 2014, https://tomtunguz.com/negative-churn/.

第11章●兄と弟

(1)Jillian D'Onfro, "Google and Uber were like 'Big Brother and Little Brother'—Until it All Went Wrong," CNBC, February 7, 2018, https:// www.cnbc.com/2018/02/07/travis-kalanick-on-google-uber-relationship.html.
(2)Jack Nicas and Tim Higgins, "Google vs. Uber: How One Engineer Sparked a War," *Wall Street Journal*, May 23, 2017, https://www.wsj.com/articles/how-a-star-engineer-sparked-a-war-between-google-and-uber-1495556308.
(3)Charles Duhigg, "Did Uber Steal Google's Intellectual Property?," *New*

Yorker, October 22, 2018, https://www.newyorker.com/magazine/2018/10/22/did-uber-steal-googles-intellectual-property.
(4) Nicas and Higgins, "Google vs. Uber."
(5) Max Chafkin and Mark Bergen, "Fury Road: Did Uber Steal the Driverless Future from Google?," Bloomberg, March 16, 2017, https://www.bloomberg.com/news/features/2017-03-16/fury-road-did-uber-steal-the-driverless-future-from-google.

第12章●成長

(1) Felix Salmon, "Why Taxi Medallions Cost $1 Million," Reuters, October 21, 2011, http://blogs.reuters.com/felix-salmon/2011/10/21/why-taxi-medallions-cost-1-million/.
(2) Winnie Hu, "Taxi Medallions, Once a Safe Investment, Now Drag Owners Into Debt," *New York Times*, September 10, 2017, https://www.nytimes.com/2017/09/10/nyregion/new-york-taxi-medallions-uber.html.
(3) Ginia Bellafante, "A Driver's Suicide Reveals the Dark Side of the Gig Economy," *New York Times*, February 6, 2018, https://www.nytimes.com/2018/02/06/nyregion/livery-driver-taxi-uber.html.
(4) Doug Schifter, Facebook, https://www .facebook.com/people/Doug-Schifter/100009072541151.(リンク切れ)
(5) Nikita Stewart and Luis Ferré-Sadurní, "Another Taxi Driver in Debt Takes His Life. That's 5 in 5 Months.," *New York Times*, May 27, 2018, https://www.nytimes.com/2018/05/27/nyregion/taxi-driver-suicide-nyc.html.
(6) Emma G. Fitzsimmons, "A Taxi Driver Took His Own Life. His Family Blames Uber's Influence.," *New York Times*, May 1, 2018, https://www.nytimes.com/2018/05/01/nyregion/a-taxi-driver-took-his-own-life-his-family-blames-ubers-influence.html.
(7) Stephanie Kirchgaessner, "Threatening Sign Hung Near Home of Italian Uber Boss," *The Guardian*, February 12, 2015, https://www.theguardian.com/technology/2015/feb/12/threatening-sign-italian-uber-boss.
(8) Andrew Maykuth, "Uber pays $3.5M fine to settle fight with Pa. taxi regulators," *Philadelphia Inquirer*, April 6, 2017, https://www.inquirer.com/philly/business/energy/Uber-fine-PA-PUC.html.
(9) ウーバー関係者から著者に送られてきテキストメッセージ.
(10) Mike Isaac, "Uber's System for Screening Drivers Draws Scrutiny," New YorkTimes, December 9, 2014, https://www.nytimes.com/2014/12/10/technology/ubers-system-for-screening-drivers-comes-under-scrutiny.html.

(11) Borkholder, Montgomery, Saika Chen, Smith, “Uber State Interference.”
(12) Fitz Tepper, “Uber Launches ‘De Blasio’s Uber’ Feature in NYC with 25 Minute Wait Times,” TechCrunch, https://techcrunch.com/2015/07/16/uber-launches-de-blasios-uber-feature-in-nyc-with-25-minute-wait-times/.
(13) Rosalind S. Helderman, “Uber Pressures Regulators by Mobilizing Riders and Hiring Vast Lobbying Network,” *Washington Post*, December 13, 2014, https://www.washingtonpost.com/politics/uber-pressures-regulators-by-mobilizing-riders-and-hiring-vast-lobbying-network/2014/12/13/3f4395c6-7f2a-11e4-9f38-95a187e4c1f7_story.html
(14) Anthony Kiekow, “Uber Makes a Delivery to MTC with Hopes of Operating in St. Louis,” Fox2now: St. Louis, July 7, 2015, https://fox2now.com/2015/07/07/uber-says-water-bottles-were-symbolic-of-petitions-for-service-in-st-louis/.
(15) Alison Griswold, “Uber Won New York,” Slate, November 18, 2015, https://slate.com/business/2015/11/uber-won-new-york-city-it-only-took-five-years.html.

第13章●魅力攻勢

(1) Sarah Lacy, “The Horrific Trickle Down of Asshole Culture: Why I’ve Just Deleted Uber from My Phone,” Pando, October 22, 2014, https://pando.com/2014/10/22/the-horrific-trickle-down-of-asshole-culture-at-a-company-like-uber/.
(2) Mickey Rapkin, “Uber Cab Confessions,” GQ, February 27, 2014, https://www.gq.com/story/uber-cab-confessions?currentPage=1.
(3) Swisher, “Man and Uber Man.”
(4) “Announcing Uberpool,” Uber(ブログ), https:// web.archive.org/web/20140816060039/http://blog.uber.com/uberpool.(リンク切れ)
(5) “Introducing Lyft Line, Your Daily Ride,” Lyft(ブログ), August 6, 2014, https://blog.lyft.com/posts/introducing-lyft-line.(リンク切れ)
(6) Sarah Lacy(@sarahcuda), “it troubles me that Uber is so OK with lying,” ツイッター:2014年8月20日19時01分, https://twitter.com/sarahcuda/status/502228907068641280. (リンク切れ)
(7) “Statement On New Year’s Eve Accident,” Uber(ブログ), https://web.archive.org/web/20140103020522/http://blog.uber.com/2014/01/01/statement-on-new -years-eve-accident/.(リンク切れ)
(8) Lacy, “The Horrific Trickle Down of Asshole Culture.
(9) Erik Gordon, “Uber’s Didi Deal Dispels Chinese ‘El Dorado’ Myth Once and

For All," The Conversation, http://theconversation.com/ubers-didi-deal-dispels-chinese-el-dorado-myth-once-and-for-all-63624.
(10) American Bar, "Salle Yoo," https:// www.americanbar.org/content/dam/aba/administrative/sciencetechnology/2016/salle_yoo.authcheckdam.pdf.(リンク切れ)
(11) Mike Isaac, "Silicon Valley Investor Warns of Bubble at SXSW," *Bits*(ブログ), *New York Times*, March 15, 2015, https://bits.blogs.nytimes.com/2015/03/15/silicon-valley-investor-says-the-end-is-near/.
(12) Johana Bhuiyan, "Uber's Travis Kalanick Takes 'Charm Offensive' To New York City," BuzzFeedNews, November 14, 2014, https://www.buzzfeednews.com/article/johanabhuiyan/ubers-travis-kalanick-takes-charm-offensive-to-new-york-city.
(13) Mike Isaac, "50 Million New Reasons BuzzFeed Wants to Take Its Content Far Beyond Lists," New York Times, August 10, 2014, https://www.nytimes.com/2014/08/11/technology/a-move-to-go-beyond-lists-for-content-at-buzzfeed.html.
(14) Ben Smith, "Uber Executive Suggests Digging Up Dirt On Journalists," BuzzFeedNews, November 17, 2014, https://www.buzzfeednews.com/article/bensmith/uber-executive-suggests-digging-up-dirt-on-journalists.

第14章●文化戦争

(1) Think different, http://www.thecrazyones.it/spot-en.html.
(2) Natalie Kitroeff and Patrick Clark, "Silicon Valley May Want MBAs More Than Wall Street Does," Bloomberg Businessweek, March 17, 2016, https://www.bloomberg.com/news/articles/2016-03-17/silicon-valley-mba-destination.
(3) Gina Hall, "MBAs are Increasingly Finding a Home in Silicon Valley," Silicon Valley Business Learning, March 18, 2016, https://www.bizjournals.com/sanjose/news/2016/03/18/mbas-are-increasingly-finding-a-home-in-silicon.htmll.
(4) ウーバーの14のバリュー．著者の取材による．
(5) Winston Mohrer(@WinnTheDog), "#Shittybike #lyft," Twitter, July 11, 2018, 7:21 a.m., https://twitter.com/WinnTheDog/status/1017005971107909633.(リンク切れ)
(6) Caroline O'Donovan and Priya Anand, "How Uber's HardCharging Corporate Culture Left Employees Drained," BuzzFeedNews, July 17, 2017, https://www.buzzfeednews.com/article/carolineodonovan/how-ubers-hard-charging-

corporate-culture-left-employees.
(7) "What Is the Safe Rides Fee?," Uber, https://web.archive.org/web/20140420053019/http://support.uber.com/hc/enus/articles/201950566.
(8) Bradley Voytek, "Rides of Glory," Uber(ブログ), March 26, 2012, https://web.archive.org/web/20141118192805/http:/blog.uber.com/ridesofglory.

第15章●帝国建設

(1) Joshua Lu and Anita Yiu, "The Asian Consumer: Chinese Millenials," Goldman Sachs Global Investment Research, September 8, 2015, http://xqdoc.imedao.com/14fcc41218a6163fed2098e2.pdf.
(2) Po Hou and Roger Chung, "2014 Deloitte State of the Media Democracy China Survey: New Media Explosion Ignited," Deloitte, November 2014, https://www2.deloitte.com/content/dam/Deloitte/cn/Documents/technology-media-telecommunications/deloitte-cn-tmt-newmediaexplosionignited-en-041114.pdf.
(3) Sally French, "China Has 9 of the World's 20 Biggest Tech Companies," Market Watch, May 31, 2018, https://www.marketwatch.com/story/china-has-9-of-the-worlds-20-biggest-tech-companies-2018-05-31.
(4) Jessica E. Lessin, "Zuckerberg and Kalanick in China: Two Approaches," The Information, March 25, 2016, https://www.theinformation.com/articles/zuckerberg-and-kalanick-in-china-two-approaches.
(5) Amir Efrati, "Inside Uber's Mission Impossible in China," The Information, January 11, 2016, https://www.theinformation.com/articles/inside-ubers-mission-impossible-in-china.
(6) Travis Kalanick, "Uber-successful in China," http://im.ft-static .com/content/images/b11657c0-1079-11e5-b4dc-00144feabdc0.pdf. (リンク切れ) uploads/2015/06/Uber-China-letter-leak-from-Travis-Kalanick.pdf.
(7) Octavio Blanco, "How this Vietnamese Refugee Became Uber's CTO," CNN Money, August 12, 2016, https://money.cnn.com/2016/08/12/news/economy/thuan-pham-refugee-uber/index.html.
(8) Leslie Hook, "Uber's Battle for China," Financial Times Weekend Magazine, June 2016, https://ig.ft.com/sites/uber-in-china/.
(9) Sanjay Rawat, "Hyderabad Uber Driver Suicide Adds Fuel to Protests for Better Pay," Outlook, February 13, 2017, https://www.outlookindia.com/website/story/hyderabad-uber-driver-suicide-adds-fuel-to-protests-for-better-pay/297923.
(10) Ellen Barry and Suhasini Raj, "Uber Banned in India's Capital After Rape

Accusation," New York Times, December 8, 2014, https://www.nytimes.com/2014/12/09/world/asia/new-delhi-bans-uber-after-driver-is-accused-of-rape.html.

第16章●アップル問題

(1) Ben Smith, "Uber Executive Suggests Digging Up Dirt on Journalists," BuzzFeedNews, November 17, 2014, https://www.buzzfeednews.com/article/bensmith/uber-executive-suggests-digging-up-dirt-on-journalists.
(2) Average Joe, "What the Hell Uber? Uncool Bro.," *Gironsec*(ブログ), November 25, 2014, https://www.gironsec.com/blog/2014/11/what-the-hell -uber-uncool-bro/.(リンク切れ)
(3) "Permissions Asked for by Uber Android App," Y Combinator, November 25, 2014, https://news.ycombinator.com/item?id=8660336.

第17章●「最大の防御とは……」

(1) Amir Efrati, "Uber's Top Secret 'Hell' Program Exploited Lyft's Vulnerability," The Information, April 12, 2017, https://www.theinformation.com/articles/ubers-top-secret-hell-program-exploited-lyfts-vulnerability.
(2) Kate Conger, "Uber's Massive Scraping Program Collected Data About Competitors Around The World." Gizmodo. December 12, 2017, https://gizmodo.com/ubers-massive-scraping-program-collected-data-about-com-1820887947/.
(3) Colleen Taylor, "Uber Database Breach Exposed Information of 50,000 Drivers, Company Confirms." TechCrunch. February 27, 2015, https://techcrunch.com/2015/02/27/uber-database-breach-exposed-information-of-50000-drivers-company-confirms/.
(4) Kashmir Hill, "Facebook's Top Cop: Joe Sullivan," *Forbes*, February 22, 2012, https://www.forbes.com/sites/kashmirhill/2012/02/22/facebooks-top-cop-joe sullivan/?sh=2f37dc2b54f4.
(5) Hill, "Facebook's Top Cop: Joe Sullivan."
(6) Emilio Fernández, "En Edomex *Cazan* al Servicio Privado," *El Universal*, May 28, 2015, http://archivo.eluniversal.com.mx/ciudad-metropoli/2015/impreso/en-edomex-cazan-al-servicio-privado-132301.html.
(7) Stephen Eisenhammer and Brad Haynes, "Murders, Robberies of Drivers in Brazil Force Uber to Rethink Cash Strategy," Reuters, February 14, 2017, https://www.reuters.com/article/uber-tech-brazil-repeat-insight-pix-tv-g-idUSL1N1FZ03V.

第18章●自律走行車の衝突

(1) James Temple, "Brin's Best Bits from the Code Conference(ビデオ)," Recode, May 28, 2014, https://www.vox.com/2014/5/28/11627304/brins-best-bits-from-the-code-conference-video.
(2) Biz Carson, "New Emails Show How Mistrust and Suspicions Blew Up the Relationship Between Uber's Travis Kalanick and Google's Larry Page," Business Insider, July 6, 2017, https://www.businessinsider.com/emails-uber-wanted-to -partner-with-google-on-self-driving-cars-2017-7.(リンク切れ)
(3) American Trucking Associations, "News and Information Reports, Industry Data," https://www.trucking.org/News_and_ Information_Reports_Industry_Data.aspx.(リンク切れ)
(4) National Highway Traffic and Safety Administration, "USDOT Releases 2016 Fatal Traffic Crash Data," https://www.nhtsa.gov/press-releases/usdot-releases-2016-fatal-traffic-crash-data.
(5) Duhigg, "Did Uber Steal Google's Intellectual Property?"
(6) John Markoff, "Want to Buy a Self-Driving Car? Big-Rig Trucks May Come First," *New York Times*, May 17, 2016, https://www.nytimes.com/2016/05/17/technology/want-to-buy-a-self-driving-car-trucks-may-come-first.html.
(7) Mark Harris, "How Otto Defied Nevada and Scored a $60 Million Payout from Uber," Wired, November 28, 2016, https://www.wired.com/2016/11/how-otto-defied-nevada-and-scored-a-680-million-payout-from-uber/#.67khcq4w5.
(8) Chafkin and Bergen, "Fury Road."
(9) Chafkin and Bergen, "Fury Road."
(10) From Waymo LLC v. Uber Technologies, 3:17-cv00939-WHA, and Paayal Zaveri and Jillian D'Onfro, "Travis Kalanick Takes the Stand to Explain Why Uber Wanted to Poach Google Self-Driving Engineer," CNBC, February 6, 2018, https://www.cnbc.com/2018/02/06/travis-kalanick-reveals-why-he-wanted-googles-anthony-levandowski.html.
(11) Mike Isaac, "Uber to Open Center for Research on Self-Driving Cars," *Bits* (ブログ), *New York Times*, February 2, 2015, https://bits.blogs.nytimes.com/2015/02/02/uber-to-open-center-for-research-on-self-driving-cars/.
(12) Zaveri and D'Onfro, "Travis Kalanick Takes the Stand."
(13) Alyssa Newcomb, "Former Uber CEO Steals the Show with 'Bro-cabulary' In Trade Secrets Trial," NBC News, February 7, 2018, https://www.nbcnews.com/tech/tech-news/former-uber-ceo-steals-show-court-trade-secrets-bro-

cabulary-n845541.

第19章●前途洋々

(1) Mike Isaac and Michael J. de la Merced, "Uber Turns to Saudi Arabia for $3.5 Billion Cash Infusion," *New York Times*, June 1, 2016, https://www.nytimes.com/2016/06/02/technology/uber-investment-saudi-arabia.html.
(2) Eric Newcomer, "The Inside Story of How Uber Got into Business with the Saudi Arabian Government," Bloomberg, November 3, 2018, https://www.bloomberg.com/news/articles/2018-11-03/the-inside-story-of-how-uber-got-into-business-with-the-saudi-arabian-government.
(3) Sun Tzu's Art of War, "6. Weak Points and Strong," no. 30, https://suntzusaid.com/book/6/30.
(4) Greg Bensinger and Khadeeja Safdar, "Uber Hires Target Executive as President," *Wall Street Journal*, August 30, 2016, https://www.wsj.com/articles/uber-hires-target-executive-as-president-1472578656.(リンク切れ)
(5) Ryan Felton, "Uber Drivers Ask 'Where Are the Answers?' In Shitshow Q&A," Jalopnik, February 16, 2017, https://jalopnik.com/uber-drivers-ask-where-are-the-answers-in-shitshow-q-a-1792461050.
(6) Felton, "Uber Drivers Ask 'Where Are the Answers?' "
(7) Emily Chang, "Uber Investor Shervin Pishevar Accused of Sexual Misconduct by Multiple Women," Bloomberg, November 30, 2017, https://www.bloomberg.com/news/articles/2017-12-01/uber-investor-shervin-pishevar-accused-of-sexual-misconduct-by-multiple-women.
(8) Susan Fowler, "Reflecting on One Very, Very Strange Year at Uber," Susan J. Fowler(ブログ), February 19, 2017, https://www.susanjfowler.com/blog/2017/2/19/reflecting-on-one-very-strange-year-at-uber.

第20章●三カ月前

(1) Sheera Frenkel, "The Biggest Spender of Political Ads on Facebook? President Trump," *New York Times*, July 17, 2018, https://www.nytimes.com/2018/07/17/technology/political-ads-facebook-trump.html.
(2) Max Read, "Donald Trump Won Because of Facebook," Intelligencer, November 9, 2016, https://nymag.com/intelligencer/2016/11/donald-trump-won-because-of-facebook.html.
(3) Mike Isaac, "Facebook, in Cross Hairs After Election, Is Said to Question Its Influence," *New York Times*, November 12, 2016, https://www.nytimes.com/2016/11/14/technology/facebook-is-said-to-question-its-influence-in-

election.html.
(4) Nicholas Confessore and Karen Yourish, "$2 Billion Worth of Free Media for Donald Trump," *New York Times*, March 15, 2016, https://www.nytimes.com/2016/03/16/upshot/measuring-donald-trumps-mammoth-advantage-in-free-media.html.
(5) Biz Carson, "'I Do Not Accept Him As My Leader'—Uber CTO's Explosive Anti-Trump Email Reveals Growing Internal Tensions," Business Insider, January 24, 2017, https://www.businessinsider.com/uber-cto-internal-email-donald-trump-deplorable-2017-1.
(6) Isaac and de la Merced, "Uber Turns to Saudi Arabia for $3.5 Billion Cash Infusion."
(7) Alex Barinka, Eric Newcomer, and Lulu Yilun Chen, "Uber Backers Said to Push for Didi Truce in Costly China War," Bloomberg, July 20, 2016, https://www.bloombergquint.com/business/uber-investors-said-to-push-for-didi-truce-in-costly-china-fight.
(8) Paul Mozur and Mike Isaac, "Uber to Sell to Rival Didi Chuxing and Create New Business in China," *New York Times*, August 1, 2016, https://www.nytimes.com/2016/08/02/business/dealbook/china-uber-didi-chuxing.html.
(9) https://www.bloomberg.com/news/articles/2016-07-20/uber-investors-said-to-push-for-didi-truce-in-costly-china-fight.（リンク切れ）
(10) David Streitfeld, " 'I'm Here to Help,' Trump Tells Tech Executives at Meeting," *New York Times*, December 14, 2016, https://www.nytimes.com/2016/12/14/technology/trump-tech-summit.html?module=inline.

第21章●#デリート・ウーバー

(1) Michael D. Shear and Helene Cooper, "Trump Bars Refugees and Citizens of 7 Muslim Countries," *New York Times*, January 27, 2017, https:// www.nytimes.com/2017/01/27/us/politics/trump-syrian-refugees.html.
(2) Patrick Healy and Michael Barbaro, "Donald Trump Calls for Barring Muslims From Entering U.S.," *New York Times*, December 7, 2015, https://www.nytimes.com/politics/first-draft/2015/12/07/donald-trump-calls-for-banning-muslims-from-entering-u-s/.
(3) Jonah Engel Bromwich, "Lawyers Mobilize at Nation's Airports After Trump's Order," *New York Times*, January 29, 2017, https://www.nytimes.com/2017/01/29/us/lawyers-trump-muslim-ban-immigration.html.
(4) NY Taxi Workers (@NYTWA), "NO PICKUPS @ JFK Airport 6 PM to 7 PM today. Drivers stand in solidarity with thousands protesting inhumane &

unconstitutional #MuslimBan.," Twitter, January 28, 2017, 5:01 p.m., https://twitter.com/NYTWA/status/825463758709518337.

（5）Dan O'Sullivan, "Vengeance Is Mine," Jacobin, https://www.jacobinmag.com/2016/11/donald-trump-election-hillary-clinton-election-night-inequality-republicans-trumpism/.

（6）Dan O'Sullivan（@Bro_Pair）, "congrats to @Uber_NYC on breaking a strike to profit off of refugees being consigned to Hell. eat shit and die," Twitter, January 28, 2017, 8:38 p.m., https://twitter.com/Bro_Pair/status/825518408682860544.

（7）Dan O'Sullivan（@Bro_Pair）, "#deleteuber," Twitter, January 28, 2017, 9:25 p.m., https://twitter.com/Bro_Pair/status/ 825530250952114177.

（8）The Goldar Standard @Trev0000r）, "done," Twitter, January 28, 2017, 10:50 p.m., https://twitter.com/Trev0000r/status/825551578824396800.

（9）Simeon Benit（@simeonbenit）, Twitter, January 28, 2017 11:04 p.m., https://twitter.com/simeonbenit/status/825555284428988416.

（10）_m_（@MM_schwartz）, "@uber Hope I'm not too late to the party #deleteUber," Twitter, January 28, 2017, 11:33 p.m., https://twitter.com/MM_ schwartz/status/825562459088023552.（リンク切れ）

（11）Travis Kalanick, "Standing Up for What's Right," Uber Newsroom, https://www.uber.com/newsroom/standing-up-for-whats-right-3.

（12）Travis Kalanick, "Standing Up for What's Right."

（13）Rhett Jones, "As #DeleteUber Trends, Lyft Pledges $1 Million to ACLU," Gizmodo, January 29, 2017, https://gizmodo.com/as-deleteuber-trends-lyft-pledges-1-million-to-aclu-1791750060.

（14）Mike Isaac, "Uber C.E.O. to Leave Trump Advisory Council After Criticism," *New York Times*, February 2, 2017, https://www.nytimes.com/2017/02/02/technology/uber-ceo-travis-kalanick-trump-advisory-council.html?_r=1.

第22章●「ウーバーで過ごしたとてもとても奇妙な一年……」

（1）Johana Bhuiyan, "Uber has Published Its Much Sought After Diversity Numbers For the First Time," Recode, March 28, 2017, https:// www.recode.net/2017/3/28/15087184/uber-diversity-numbers-first-three-million.

（2）Maureen Dowd, "She's 26, and Brought Down Uber's C.E.O. What's Next?," *New York Times*, October 21, 2017, https://www.nytimes.com/2017/10/21/style/susan-fowler-uber.html.

（3）Dowd, "She's 26, and Brought Down Uber's C.E.O."

（4）Chris Adams, "How Uber Thinks About Site Reliability Engineering,"

Uber Engineering, March 3, 2016, https://eng.uber.com/site-reliability-engineering-talks-feb-2016/.

(5) Megan Rose Dickey, "Inside Uber's New Approach to Employee Performance Reviews," TechCrunch, https://techcrunch.com/2017/08/01/inside-ubers-new-approach-to-employee-performance-reviews/.

(6) Greg Bensinger, "Uber Shutting Down U.S. Car-Leasing Business," *Wall Street Journal*, September 27, 2017, https://www.wsj.com/articles/uber-confirms-it-is-shutting-down-u-s-car-leasing-business-1506531990.

(7) Fowler, "Reflecting On One Very, Very Strange Year at Uber."

(8) Fowler, "Reflecting On One Very, Very Strange Year at Uber."

(9) Fowler, "Reflecting On One Very, Very Strange Year at Uber."

(10) Fowler, "Reflecting On One Very, Very Strange Year at Uber."

第23章●殴り続けられても倒れない《ザ・ハーダー・ゼイ・フォール》

(1) Chris Messina (@chrismessina), "This is outrageous and awful. My experience with Uber HR was similarly callous & unsupportive; in Susan's case, it was reprehensible. [angry face and thumbs-down emojis]," Twitter, February 19, 2017, 6:44 p.m., https://twitter.com/chrismessina/status/833462385872498688.

(2) Arianna Huffington (@ariannahuff), "@travisk showing me his super cool app, Uber: everyone's private driver uber.com," Twitter, May 30, 2012, 3:23 p.m., https://twitter.com/ariannahuff/status/207915187846656001.(リンク切れ)

(3) Vanessa Grigoriadis, "Maharishi Arianna," *New York*, November 20, 2011, http://nymag.com/news/media/arianna-huffington-2011-11.

(4) Lauren Collins, "The Oracle: The Many Lives of Arianna Huffington," *New Yorker*, October 13, 2008, https://www.newyorker.com/magazine/2008/10/13/the-oracle-lauren-collins.

(5) Collins, "The Oracle."

(6) Collins, "The Oracle."

(7) Meghan O'Rourke, "The Accidental Feminist," Slate, September 22, 2006, https://slate.com/news-and-politics/2006/09/arianna-huffington-the-accidental-feminist.html.

(8) Maureen Orth, "Arianna's Virtual Candidate," *Vanity Fair*, November 1, 1994, https://www.vanityfair.com/culture/1994/11/huffington-199411.

(9) https://www.vanityfair.com/culture/1994/11/huffington-199411.

第24章●誰もラリー・ペイジから盗むことはできない

(1) John Markoff, "No Longer a Dream: Silicon Valley Takes on the Flying Car," *New York Times*, April 24, 2017, https://www.nytimes.com/2017/04/24/technology/flying-car-technology.html.

(2) Daisuke Wakabayashi, "Google Parent Company Spins Off Self-Driving Car Business," *New York Times*, December 13, 2016, https://www.nytimes.com/2016/12/13/technology/google-parent-company-spins-off-waymo-self-driving-car-business.html.

(3) Biz Carson, "Google Secretly Sought Arbitration Against Its Former Self-Driving Guru Months Before the Uber Lawsuit," Business Insider, March 29, 2017, https://www.businessinsider.com/google-filed-against-anthony-levandowski-in-arbitration-before-uber-lawsuit-2017-3.

(4) Waymo LLC v. Uber Technologies.

(5) Waymo LLC v. Uber Technologies.

(6) Daisuke Wakabayashi and Mike Isaac, "Google Self-Driving Car Unit Accuses Uber of Using Stolen Technology," *New York Times*, February 23, 2017, https://www.nytimes.com/2017/02/23/technology/google-self-driving-waymo-uber-otto-lawsuit.html.

(7) Mike Isaac and Daisuke Wakabayashi, "Uber Hires Google's Former Head of Search, Stoking a Rivalry," *New York Times*, January 20, 2017, https://www.nytimes.com/2017/01/20/technology/uber-amit singhalgoogle.html?module=inline.

(8) Mike Isaac and Daisuke Wakabayashi, "Amit Singhal, Uber Executive Linked to Old Harassment Claim, Resigns," New York Times, February 27, 2017, https://www.nytimes.com/2017/02/27/technology/uber-sexual-harassment-amit-singhal resign.html.

(9) Eric Newcomer, "In Video, Uber CEO Argues with Driver Over Falling Fares," Bloomberg, February 28, 2017, https://www.bloomberg.com/news/articles/2017-02-28/in-video-uber-ceo-argues-with-driver-over-falling-fares.

(10) Eric Newcomer and Brad Stone, "The Fall of Travis Kalanick Was a Lot Weirder and Darker Than You Thought," Bloomberg Businessweek, January 18, 2018, https://www.bloomberg.com/news/features/2018-01-18/the-fall-of-travis-kalanick-was-a-lot-weirder-and-darker-than-you-thought.

(11) Travis Kalanick, "A Profound Apology," Uber Newsroom, March 1, 2017, https://www.uber.com/newsroom/a-profound-apology.(リンク切れ)

第25章●グレイボール

（1）情報提供者の匿名性を尊重するため、名前と具体的な詳細については変更を加えている.

（2）Mike Isaac, "Insider Uber's Aggressive, Unrestrained Workplace Culture," *New York Times*, February 22, 2017, https://www.nytimes.com/2017/02/22/technology/uber-workplace-culture.html.

（3）情報源の保護ためメールの文章は編集されている.

（4）著者の取材による.

（5）The Oregonian, "Portland vs. Uber: City Code Officers Try to Ticket Drivers," YouTube video, December 5, 2014, 1:53, https://www.youtube.com/watch?v=TS0NuV-zLZE.

（6）Victor Fiorillo, "Uber Launches UberX In Philadelphia, but PPA Says 'Not So Fast,' " *Philadelphia*, October 25, 2014, https://www.phillymag.com/news/2014/10/25/uber-launches-uberx-philadelphia/.

（7）著者の取材による.

（8）Mike Isaac, "How Uber Deceives the Authorities Worldwide," *New York Times*, March 3, 2017, https://www.nytimes.com/2017/03/03/technology/uber-greyball-program-evade-authorities.html.

（9）Isaac, "How Uber Deceives the Authorities Worldwide."

（10）Daisuke Wakabayashi, "Uber Seeks to Prevent Use of Greyball to Thwart Regulators," *New York Times*, March 8, 2017, https://www.nytimes.com/2017/03/08/business/uber-regulators-police-greyball.html.

（11）Mike Isaac, "Uber Faces Federal Inquiry Over Use of Greyball Tool to Evade Authorities," *New York Times*, May 4, 2017, https://www.nytimes.com/2017/05/04/technology/uber-federal-inquiry-software-greyball.html.

（12）Mike Isaac, "Justice Department Expands Its Inquiry into Uber's Greyball Tool," *New York Times*, May 5, 2017, https://www.nytimes.com/2017/05/05/technology/uber-greyball-investigation-expands.html.

（13）Harry Campbell, "About the Rideshare Guy: Harry Campbell," *The Rideshare Guy*（ブログ）, https://therideshareguy.com/about-the-rideshare-guy/.

（14）Kara Swisher and Johana Bhuiyan, "Uber President Jeff Jones Is Quitting, Citing Differences Over 'Beliefs and Approach to Leadership,' " Recode, March 19, 2017, https://www.vox.com/2017/3/19/14976110/uber-president-jeff-jones-quits.

（15）Emily Peck, "Travis Kalanick's Ex Reveals New Details About Uber's Sexist Culture," Huffington Post, March 29, 2017, https://www.huffpost.com/entry/

travis-kalanick-gabi-holzwarth-uber_n_58da7341e4b018c4606b8ec9.
(16) Amir Efrati, "Uber Group's Visit to Seoul Escort Bar Sparked HR Complaint," The Information, March 24, 2017, https://www.theinformation.com/articles/uber-groups-visit-to-seoul-escort-bar-sparked-hr-complaint.（リンク切れ）
(17) Efrati, "Uber Group's Visit to Seoul Escort Bar."

第26章●致命的な失敗

（1）Mike Isaac, "Uber Expands Self-Driving Car Service to San Francisco. D.M.V. Says It's Illegal.," *New York Times*, December 14, 2016, https://www.nytimes.com/2016/12/14/technology/uber-self-driving-car-san-francisco.html.
（2）Isaac, "Uber Expands Self-Driving Car Service to San Francisco."
（3）Mike Isaac and Daisuke Wakabayashi, "A Lawsuit Against Uber Highlights the Rush to Conquer Driverless Cars," *New York Times*, February 24, 2017, https://www.nytimes.com/2017/02/24/technology/anthony-levandowski-waymo-uber-google-lawsuit.html.
（4）Mike Isaac and Daisuke Wakabayashi, "Uber Fires Former Google Engineer at Heart of Self-Driving Dispute," *New York Times*, May 30, 2017, https://www.nytimes.com/2017/05/30/technology/uber-anthony-levandowski.html.
（5）Aarian Marshall, "Google's Fight Against Uber Takes a Turn for the Criminal," Wired, May 12, 2017, https://www.wired.com/2017/05/googles-fight-uber-takes-turn-criminal/.
（6）Mike Isaac, "Uber Releases Diversity Report and Repudiates Its 'Hard-Charging Attitude,' " *New York Times*, March 28, 2017, https://www.nytimes.com/2017/03/28/technology/uber-scandal-diversity-report.html.
（7）Efrati, "Uber's Top Secret 'Hell' Program."
（8）Kate Conger, "Uber's Massive Scraping Program Collected Data About Competitors Around the World," Gizmodo, December 11, 2017, https://gizmodo.com/ubers-massive-scraping-program-collected-data-about-com-1820887947.
（9）Paayal Zaveri, "Unsealed Letter in Uber-Waymo Case Details How Uber Employees Allegedly Stole Trade Secrets," CNBC, December 15, 2017, https://www.cnbc.com/2017/12/15/jacobs-letter-in-uber-waymo-case-says-uber-staff-stole-trade-secrets.html.
(10) Kara Swisher and Johana Bhuiyan, "A Top Uber Executive, Who Obtained the Medical Records of a Customer Who Was a Rape Victim, Has Been

Fired," Recode, June 7, 2017, https://www.vox.com/2017/6/7/15754316/uber-executive-india-assault-rape-medical-records.
(11) Mike Isaac, "Uber Fires Executive Over Handling of Rape Investigation in India," *New York Times*, June 7, 2017, ttps://www.nytimes.com/2017/06/07/technology/uber-fires-executive.html.
(12) Mike Isaac, "Executive Who Steered Uber Through Scandals Joins Exodus," *New York Times*, April 11, 2017, https://www.nytimes.com/2017/04/11/technology/ubers-head-of-policy-and-communications-joins-executive-exodus.html.
(13) Kalanick, "Dad is getting much better in last 48 hours."
(14) 著者の取材による未公開の手紙．原文は4000ワードを超えている．

第27章●「ホルダー・レポート」

(1) Mike Isaac, "Uber Fires 20 Amid Investigation into Workplace Culture," *New York Times*, June 6, 2017, https://www.nytimes.com/2017/06/06/technology/uber-fired.html.
(2) Anita Balakrishnan, "Uber Board Member Arianna Huffington Says She's Been Emailing Ex-Engineer About Harassment Claims," CNBC, March 3, 2017, https://www.cnbc.com/2017/03/03/arianna-huffington-travis-kalanick-confidence-emailing-susan-fowler.html.
(3) Emil Michael, "Email from Departing Uber Executive," *New York Times*, June 12, 2017, https://www.nytimes.com/interactive/2017/06/12/technology/document-Email-From-Departing-Uber-Executive.html.（リンク切れ）
(4) Entrepreneur Staff, "Read Travis Kalanick's Full Letter to Staff: I Need to Work on Travis 2.0," Entrepreneur, June 13, 2017, https://www.entrepreneur.com/article/295780.
(5) Henny Sender, "Breakfast with the FT: David Bonderman," Financial Times, June 20, 2008, https://www.ft.com/content/569a70ae-3e64-11dd-b16d-0000779fd2ac.
(6) "#667 David Bonderman," Forbes, https://www.forbes.com/profile/david-bonderman/#27d33dd32fce.（リンク切れ）
(7) JP Mangalindan, "LEAKED AUDIO: Uber's All-Hands Meeting Had Some Uncomfortable Moments," Yahoo! Finance, June 13, 2017, https://finance.yahoo.com/news/inside-ubers-hands-meeting-travis-194232221.html.
(8) 著者はこのメールを2017年6月13日に入手した．

第28章●シンジケート

(1)Mitch and Freada Kapor, "An Open Letter to The Uber Board and Investors," Medium, February 23, 2017, https://medium.com/kapor-the-bridge/an-open-letter-to-the-uber-board-and-investors-2dc0c48c3a7.
(2)Dan Primack, "How Lightspeed Responded to Caldbeck's Alleged Behavior," Axios, June 27, 2017, https://www.axios.com/how-lightspeed-responded-to-caldbecks-alleged-behavior-1513303291-797b3d44-6b7d-4cd1-89ef-7e35782a32e6.html.
(3)Katie Benner, "How Uber's Chief Is Gaining Even More Clout in the Company," *New York Times*, June 12, 2017 https://www.nytimes.com/2017/06/12/technology/uber-chief-travis-kalanick-stock-buyback.html.
(4)Alex Konrad, "How Super Angel Chris Sacca Made Billions, Burned Bridges and Crafted the Best Seed Portfolio Ever," Forbes, April 13, 2015, https://www.forbes.com/sites/alexkonrad/2015/03/25/how-venture-cowboy-chris-sacca-made-billions/?sh=21fb6ccd6597.

第29章●ベンチャーキャピタリストたちの復讐

(1)Lori Rackl, "Get A First Look at the 'New' Ritz-Carlton Chicago, $100 Million Later," *Chicago Tribune*, July 19, 2017, https://www.chicagotribune.com/travel/ct-ritz-carlton-chicago-renovation-travel-0730-20170718-story.html
(2)Sara Ashley O'Brien, "Arianna Huffington: Sexual Harassment Isn't a 'Systemic Problem,' At Uber," CNN Business, March 23, 2017, https://money.cnn.com/2017/03/20/technology/arianna-huffington-uber-quest-means-business/ index.html.
(3)Mike Isaac, "Inside Travis Kalanick's Resignation as Uber's C.E.O.," *New York Times*, June 21, 2017, https://www.nytimes.com/2017/06/21/technology/uber-travis-kalanick-final-hours.html.

第30章●ダウンはしたがまだ敗れたわけではない

(1)著者の取材による.
(2)Eric Newcomer, "Uber's New CEO Short List Is Said to Include HPE's Meg Whitman," Bloomberg, July 25, 2017, https://www.bloombergquint.com/technology/uber-s-new-ceo-short-list-is-said-to-include-hpe-s-meg-whitman/timeline.
(3)Eric Newcomer, "GE's Jeffrey Immelt Is on Uber's CEO Shortlist,"

Bloomberg, July 27, 2017, https://www.bloomberg.com/news/articles/2017-07-27/ge-s-jeffrey-immelt-is-said-to-be-on-uber-ceo-shortlist.（リンク切れ）

(4) Mike Isaac, "Uber's Search for New C.E.O. Hampered by Deep Split on Board," *New York Times*, July 30, 2017, https://www.nytimes.com/2017/07/30/technology/uber-search-for-new-ceo-kalanick-huffington-whitman.html.

(5) Mike Isaac, "Uber's Next C.E.O.? Meg Whitman Says It Won't Be Her," *New York Times*, July 27, 2017, https://www.nytimes.com/2017/07/27/ technology/ubers-next-ceo-meg-whitman-says-it-wont-be-her.html.（リンク切れ）

(6) Meg Whitman（@MegWhitman）, "（1/3）Normally I do not comment on rumors, but the speculation about my future and Uber has become a distraction.," Twitter, July 27, 2017, 10:04 p.m., https://twitter.com/megwhitman/status/890754773456220161.（リンク切れ）

(7) Meg Whitma（@MegWhitman）, "（2/3）So let me make this as clear as I can. I am fully committed to HPE and plan to remain the company's CEO.," Twitter, July 27, 2017, 10:04 p.m., https://twitter.com/MegWhitman/status/890754854632787969.（リンク切れ）

(8) Meg Whitman（@MegWhitman）, "（3/3）We have a lot of work still to do at HPE and I am not going anywhere. Uber's CEO will not be Meg Whitman." Twitter, July 27, 2017, 10:05 p.m., https://twitter.com/megwhitman/status/890754932990763008.（リンク切れ）

(9) Mike Isaac, "Uber Investor Sues Travis Kalanick for Fraud," *New York Times*, August 10, 2017, https://www.nytimes.com/2017/08/10/technology/travis-kalanick-uber-lawsuit-benchmark-capital.html.

(10) Mike Isaac, "Kalanick Loyalists Move to Force Benchmark Off Uber's Board," *New York Times*, August 11, 2017, https://www.nytimes.com/2017/08/11/technology/uber-benchmark-pishevar.html.

(11) Cyrus Farivar, "How Sprint's New Boss Lost $70 Billion of His Own Cash（and Still Stayed Rich）," Ars Technica, October 16, 2012, https://arstechnica.com/information-technology/2012/10/how-sprints-new-boss-lost-70-billion-of-his-own-cash-and-still-stayed-rich/.

(12) Andrew Ross Sorkin, "A Key Figure in the Future of Yahoo," Dealbook, *New York Times*, December 13, 2010, https://dealbook.nytimes.com/2010/12/13/a-key-figure-in-the-future-of-yahoo/.（リンク切れ）

(13) Walter Sim, "SoftBank's Masayoshi Son, the 'Crazy Guy Who Bet on the Future,' " *Straits Times*, December 12, 2016, https://www.straitstimes.com/

asia/east-asia/softbanks-masayoshi-son-the-crazy-guy-who-bet-on-the-future.
(14) Dana Olsen, "Vision Fund 101: Inside SoftBank's $98B Vehicle," PitchBook, August 2, 2017, https://pitchbook.com/news/articles/vision-fund-101-inside-softbanks-93b-vehicle.

第31章●大取引《グランドバーゲン》

(1) Steve Blank, "Why GE's Jeff Immelt Lost His Job: Disruption and Activist Investors," *Harvard Business Review*, October 30, 2017, https://hbr.org/2017/10/why-ges-jeff-immelt-lost-his-job-disruption-and-activist-investors.
(2) Sheelah Kolhatkar, "At Uber, A New C.E.O. Shifts Gears," *The New Yorker*, April 9, 2018, h https://www.newyorker.com/magazine/2018/04/09/at-uber-a-new-ceo-shifts-gears.
(3) https://www.newyorker.com/magazine/2018/04/09/at-uber-a-new-ceo-shifts-gears.
(4) Jeff Immelt(@JeffImmelt), "I have decided not to pursue a leadership position at Uber. I have immense respect for the company & founders – Travis, Garrett and Ryan." Twitter, August 27, 2017, 11:43 a.m., https://twitter.com/JeffImmelt/status/901832519913537540.(リンク切れ)
(5) Kara Swisher, "Former GE CEO Jeff Immelt Says He Is No Longer Vying to Be Uber CEO," Recode, August 27, 2017, https://www.recode.net/2017/8/27/16211254/former-ge-ceo-jeff-immelt-out-uber-ceo.
(6) Mike Isaac, "Uber Chooses Expedia's Chief as C.E.O., Ending Contentious Search," New York Times, August 27, 2017, https://www.nytimes.com/2017/08/27/technology/uber-ceo-search.html.
(7) Mike Isaac, "Uber Sells Stake to SoftBank, Valuing Ride-Hailing Giant at $48 Billion," *New York Times*, December 28, 2017, https://www.nytimes.com/2017/12/28/technology/uber-softbank-stake.html.
(8) Katie Benner and Mike Isaac, "In Power Move at Uber, Travis Kalanick Appoints 2 to Board," *New York Times*, September 29, 2017, https://www.nytimes.com/2017/09/29/technology/uber-travis-kalanick-board.html.
(9) Katie Benner and Mike Isaac, "Uber's Board Approves Changes to Reshape Company's Power Balance," *New York Times*, October 3, 2017, https://www.nytimes.com/2017/10/03/technology/ubers-board-approves-changes-to-reshape-power-balance.html.

エピローグ●尽きせぬ闘争心

（1）Rachel Holt and Aaron Schildkrout, “180 Days: You Asked, and We're Answering,” Uber, https://pages.et.uber.com/180-days/.

（2）Dara Khosrowshahi, “Uber's New Cultural Norms,” LinkedIn, November 7, 2017, https://www.uber.com/newsroom/ubers-new-cultural-norms/.

（3）Mike Isaac, “Uber's New Mantra: ‘We Do the Right Thing. Period.,’ ” *New York Times*, November 7, 2017, https://www.nytimes.com/2017/11/07/technology/uber-dara-khosrowshahi.html.

（4）Geoffrey A. Fowler, “I Was Team #DeleteUber. Can Uber's New Boss Change My Mind?,” *Washington Post*, May 11, 2018, https://www.washingtonpost.com/news/the-switch/wp/2018/05/11/i-was-team-deleteuber-can-ubers-new-boss-change-my-mind/

（5）Priya Anand, “Uber to Spend Up to $500 Million on Ad Campaign,” The Information, June 5, 2018, https://www.theinformation.com/articles/uber-to-spend-up-to-500-million-on-ad-campaign.

（6）Jessi Hempel, “One Year In, The Real Work Begins For Uber's CEO,” Wired, September 6, 2018, https://www.wired.com/story/dara-khosrowshahi-uber-ceo-problems-lyft/.

（7）Anthony Levandowski, “Pronto Means Ready,” Medium, December 18, 2018, https://medium.com/pronto-ai/pronto-means-ready-e885bc8ec9e9.

（8）Mark Harris, “Inside the First Church of Artificial Intelligence,” Wired, November 15, 2017, https://www.wired.com/story/anthony-levandowski-artificial-intelligence-religion/.

（9）Daisuke Wakabayashi, “Why Google's Bosses Became ‘Unpumped’ About Uber,” *New York Times*, February 7, 2018, https:// www.nytimes.com/2018/02/07/technology/uber-waymo-lawsuit.html.

（10）Eric Newcomer, “Inside the Abrupt End of Silicon Valley's Biggest Trial,” Bloomberg, February 9, 2018, https://www.bloomberg.com/news/articles/2018-02-09/inside-the-abrupt-end-of-silicon-valley-s-biggest-trial.（リンク切れ）

（11）Daisuke Wakabayashi, “Uber and Waymo Settle Trade Secrets Suit Over Driverless Cars,” New York Times, February 9, 2018, https://www.nytimes.com/2018/02/09/technology/uber-waymo-lawsuit-driverless.html.

著者略歴――――
マイク・アイザック (Mike Isaac)

「ニューヨーク・タイムズ」のテクノロジー担当レポーター。カリフォルニア大学バークレー校卒。「フォーブス」などの記者・編集者を経て2014年から現職。ウーバー、フェイスブックなどのシリコンバレーの巨大テックをカバーし、CNBCやMSNBCなどにもたびたび出演している。「ニューヨーク・タイムズ」に掲載されたウーバーに関する一連の記事で2018年にジェラルド・ローブ賞を受賞。サンフランシスコ在住。

訳者略歴――――
秋山勝 (あきやま・まさる)

立教大学卒。日本文藝家協会会員。出版社勤務を経て翻訳の仕事に。訳書に、サウトバイ『重要証人』、ミシュラ『怒りの時代』、ローズ『エネルギー400年史』、ダイアモンド『若い読者のための第三のチンパンジー』、バートレット『操られる民主主義』(以上、草思社)、ウー『巨大企業の呪い』、ウェルシュ『歴史の逆襲』、フォード『テクノロジーが雇用の75%を奪う』(以上、朝日新聞出版)など。

ウーバー戦記

いかにして台頭し席巻し社会から憎まれたか

2021年12月30日　第1刷発行

著　者　マイク・アイザック
訳　者　秋山　勝
装幀者　日下充典
発行者　藤田　博
発行所　株式会社 草思社
〒160-0022　東京都新宿区新宿1-10-1
電話　営業 03(4580)7676　編集 03(4580)7680

本文組版　株式会社 キャップス
本文印刷　株式会社 三陽社
付物印刷　株式会社 暁印刷
製本所　大口製本印刷 株式会社

ISBN978-4-7942-2555-9 Printed in Japan　検印省略

造本には十分注意しておりますが、万一、乱丁、落丁、印刷不良などがございましたら、ご面倒ですが、小社営業部宛にお送りください。送料小社負担にてお取替えさせていただきます。